Deutsche Bilderbogen
für Jung und Alt.

Nr. 100.

Der Rattenfänger von Hameln.
Gezeichnet von C. Offterdinger.

Verlag von Gustav Weise in Stuttgart.

Literatur in der Gesellschaft

Herausgegeben von Jochen Vogt
Neue Folge, Band 8

Über die Verfasserin
Elke Liebs, Jahrgang 1942; Dipl. Bibl., Studium der Germanistik, Anglistik und
Psychologie; z. Z. Privat-Dozentin im Fachbereich Deutsche Sprache und Literatur
und ihre Didaktik der Westfälischen Wilhelms-Universität Münster; Veröffentlichungen zur Rezeption des „Robinson Crusoe" („Die pädagogische Insel",
Stuttgart [Metzler] 1977 u. a.), Mitarbeit an Josef Billen u. a.: Identität und Entfremdung. Beiträge zum Literaturunterricht, Bochum 1979 sowie an Hans-Dieter Kübler
u. a.: Massenmedien im Deutschunterricht. Lernbereiche und didaktische Perspektiven, Frankfurt 1981; desgl. an: Dieter Richter (Hrsg.): Marienbüchlein. Von Friedrich Glasenapp. Sammlung alter Kinderbücher, München 1980 (Nachwort: Schwie-
rige Idylle. Kindergeschichten aus dem 19. Jahrhundert) und an Johannes Merkel /
Michael Nagel u. a.: Erzählen. Die Wiederentdeckung einer vergessenen Kunst.
Reinbek b. Hamburg 1982.
Zusammen mit Jürgen Hein und Helmut Koch Hrsg. von: Das Ich als Schrift.
Privates und öffentliches Schreiben heute, Baltmannsweiler 1984; Mitarbeit am
„Lexikon der Kinder- und Jugendliteratur", Weinheim und Basel 1981.
Die vorliegende Arbeit wurde im Frühjahr 1984 vom Fachbereich 21 (Deutsche
Sprache und Literatur und ihre Didaktik) der Universität Münster als Habilitation
angenommen.

Elke Liebs

Kindheit und Tod

Der Rattenfänger-Mythos als Beitrag
zu einer Kulturgeschichte der Kindheit

Wilhelm Fink Verlag München

Als Habilitationsschrift auf Empfehlung des Fachbereichs 21 der Universität Münster, Deutsche Sprache und Literatur und ihre Didaktik, gedruckt mit Unterstützung der Deutschen Forschungsgemeinschaft.

Abbildung Seite 1:

Der Rattenfänger von Hameln. Gezeichnet von C. Offterdinger. Deutsche Bilderbogen für Jung und Alt. Nr. 100. Verlag von Gustav Weise in Stuttgart.

ISBN 3-7705-2297-4
© 1986 Wilhelm Fink Verlag, München
Gesamtherstellung: Ferdinand Schöningh, Paderborn

Inhaltsverzeichnis

Vorbemerkung

Im Jahr 1984 jährte sich der Zeitpunkt des Hamelner Kinderauszugs zum siebenhundertsten Mal. Die Stadt an der Weser bereitete sich darauf vor wie auf ein Jubiläum. In Festakten, Ausstellungen, Vorträgen und Theateraufführungen bzw. literarischen und wissenschaftlichen Publikationen, vor allem aber in der multimedialen Spielzeug- und Souvenir-Industrie wurde eines Geschehens gedacht, das gleichsam als überdimensionaler Trauerfall in die Annalen der Stadt eingegangen ist. Dennoch spricht einiges dafür, daß diese Veranstaltungen keineswegs das Gepräge von Trauerfeierlichkeiten hatten. Vielmehr richtete sich die gesamte Kommune auf ein Touristenspektakel ein, dessen erklärtes Ziel es war, die „Rattenfängerstadt" über ihr attraktivstes Merkmal, den Auszug der Hamelner Kinder im Jahr 1284, wieder in größerem Umfang, wie schon 1884, ins Bewußtsein der Leute zu rücken.

Die Ursprünge der damaligen Hamelner Ereignisse führen in den Grenzbereich von Sage, Mythos und Geschichte. Seit über dreihundertfünfzig Jahren sind Forscher damit beschäftigt, den historischen Kern der divergierenden Überlieferungen ausfindig zu machen und von da aus zu schlüssigen Deutungen des gesamten Geschehens zu kommen. Ihre besondere Sorgfalt galt dabei Daten und Fakten, die im topographischen Umfeld der Stadt angesiedelt und nachgewiesen sind oder deren Spur nach Osten führt, ins Böhmische und Mährische, wo man die Nachfahren der Hämelschen Kinder ausgemacht zu haben glaubt.

Die Ergebnisse dieser positivistischen Untersuchungen, als deren bedeutendster Repräsentant hier der Hamelner Bürger Heinrich Spanuth genannt sein soll, haben neben überraschenden Dokumenten und Belegmaterialien noch andere Funde gezeitigt: Spanuth legt in der 1951 erschienenen Kurzfassung seiner Dissertation über die Hamelner Sage* auch eine

---

Abbildung: Volkstümliche Darstellung aus dem 13. Jahrhundert. (Anonym)

* Heinrich Spanuth: Der Rattenfänger von Hameln. Vom Werden und Sinn einer alten Sage, Hameln ²1969 (1951 ersch.). Der Verfasser stellt insofern ein Phänomen für sich dar, als er sich 1951 — bereits 78jährig! — der Doktorprüfung unterzieht, um so seine jahrelangen begeisterten Studien und Forschungen zur Rattenfängersage zu krönen. Da die Kurzfassung alle wichtigen Ergebnisse der gleichlautend betitelten Dissertation enthält, wird aus ihr allein zitiert.

erste Aufstellung der literarischen Zeugnisse vor, die sich auf das rätselhafte Ereignis beziehen. Sie bilden den Grundstock der Rattenfänger-Sammlung im Stadtmuseum zu Hameln, die zur 650-Jahr-Feier im Jahr 1934 in Auftrag gegeben wurde. Seither ist sie beträchtlich angewachsen und ergänzt worden. Die vorliegende Studie versucht, die wichtigsten dieser Texte vom 14. Jahrhundert bis heute analytisch aufzuarbeiten und in einen theoretischen Rahmen zu stellen.

I. Einleitung

1. Die Wiederkehr des Gleichen

Die Tatsache, daß ein Sujet über siebenhundert Jahre hin Menschen veranlaßt, sich künstlerisch bzw. literarisch damit auseinanderzusetzen, verdient in mehrfacher Hinsicht Aufmerksamkeit. Erstens scheint es sich hier um einen Stoff zu handeln, dessen unsicherer Realitätsgehalt die Faszination nicht beeinträchtigt. Vielmehr erweist sich gerade diese Ungewißheit u. a. als causa movens für die zahllosen Bearbeitungen des Erzählkerns. Zweitens muß es etwas darin geben, was jenseits von Epoche, Stil, Gesellschaftsform, Schichtzugehörigkeit oder religiösem Bekenntnis einen zentralen Nerv in der Problematik menschlichen Zusammenlebens trifft: das Verhältnis der Generationen zueinander.

Auf seine innerste Erzählgestalt reduziert, ist der „Exodus Hamelensis"[1] eine Geschichte von Erwachsenen und Kindern (oder Jugendlichen), an deren Ende die jüngere Generation auf unerklärliche Weise verschwunden ist und bleibt. So gesehen, ist dies ein Prozeß, der allenthalben stattfindet und wiederkehren wird, solange es Menschen gibt. Zu irgendeinem Zeitpunkt — sei er gesellschaftlich festgelegt oder emotional erfahren — sind Kindheit und Jugend zuende, gehört man zu den Großen. Die Grenze zwischen beiden Bereichen ist immer fließend gewesen, ebenso wie sich die Rituale des Übertritts von der einen in die andere Welt epochenweise und international unterscheiden.

Das ungelöste Rätsel des Rattenfänger-Stoffs besteht nun in der Radikalität des Abgangs der Kinder, in der Unwiderruflichkeit des Verlustes. Anders als in der klareren Bild- und Symbolsprache mancher Märchen[2], die im Scheintod die Reifungsphase der (psychoanalytisch so benannten) „Latenzzeit" zu veranschaulichen suchen[3], haben wir es hier — statt mit einzelnen Personen — mit einem ganzen *Kollektiv* zu tun. Die gesamte Kindheit der Stadt Hameln ist plötzlich weg — nur Säuglinge und Erwachsene bleiben zurück. Kein glückliches Wiedererwachen, keine fröhliche Heimkehr löst den Schock wieder auf. Kein refrainartiger Märchenschluß tröstet mit dem naturgegebenen Rhythmus von Leben und Sterben.

Nicht zuletzt liegt das fortdauernde Irritationsmoment der „story" in der magischen Gewalttätigkeit, die in ihr zugange ist, ohne vom Ende her funktional einsichtig zu werden. Damit entgleitet sie dem hermeneutischen Radius des Märchens, beansprucht einen Platz weniger im Gedächtnis als im Bewußtsein. Und das Bewußtsein verlangt nach der Geschichte einer „Geschichte".

Sage und Mythos

„Sage" bedeutet im Grimm'schen Wörterbuch eigentlich nicht mehr als die Fähigkeit zu sprechen, die Aussage, oder auch (mündliche) Kunde von

Zurückliegendem. Erst spätere Kommentatoren haben die Konnotation der „Unglaubwürdigkeit" hinzugefügt.[4] Bezeichnenderweise entpuppt sich aber gerade die Grimm'sche Version der Rattenfänger-Geschichte – entgegen ihrem Anspruch der Volkstümlichkeit – als ausgesprochen literarisch[5], d. h. als ein Konglomerat aus verschiedenen Entwicklungsstufen der Erzählgeschichte, wie sie Spanuth nachgewiesen hat.[6] Einzelne Details lassen die Quellen erkennen, aus denen die Brüder den Stoff bezogen und durch Addition mehrerer „Schlüsse" ausweiteten, so etwa die Erläuterungen über zurückbleibende Kinder oder den Trauerbrauch der Hamelner Bevölkerung nach dem Auszug der Kinder usw..[7]

Schon diese relativ primitive Form der „Bearbeitung" läßt ein Bedürfnis erkennen, das in verschiedener Verkleidung auch vielen späteren Abwandlungen zugrundeliegt: Die Verkehrung von *Zufälligem* in *Allgemeingültiges*, von *Vagem* in *Eindeutiges*, von *Unglaubwürdigem* in irgendeine Form der *Beglaubigung*. In diesem Sinn findet jede einzelne Literarisierung des Motivs ihre eigene „geistige Wahrheit"[8], wobei die eigentlich sagentypische Ortsanbindung mit der Zeit eine immer geringere Rolle spielt. Spätestens seit dem 16. und 17. Jahrhundert tauchen Rattenfängergeschichten an allen Ecken und Enden auf, und keineswegs nur auf Deutschland beschränkt.[9] Einerseits empfiehlt es sich also, Bausingers Unterscheidung von „genetischen Voraussetzungen" und „motivischer Ausprägung" der Sage zu beherzigen[10], andererseits gibt es einen Umstand, der solche Differenzierungen in den Hintergrund drängt: Kinderauszug und Rattenfängergeschichte sind ursprünglich zwei völlig getrennt existierende Motivstränge. Die erste erhaltene Aufzeichnung der „Ereignisse" aus dem Jahr 1384 (Lüneburger Handschrift), die auch den Ausgangspunkt dieser Untersuchung bildet, weiß noch nichts von einer Rattenplage, sondern dreht sich ausschließlich um die Entführung der Kinder (und die Reaktion der Eltern). Erst über zweihundert Jahre später (1557) wird in einer anderen, der Zimmerschen Chronik, das Schicksal der Kinder mit dem der Ratten in Zusammenhang gebracht und taucht von da an kaum noch gesondert auf.

Von daher erweist sich als die treibende Kraft für die Phantasie der Bearbeiter das Motiv der *Rache*. Ein dialektischer Prozeß kommt in Gang: korrelativ zur zunehmenden Plausibilität des Geschehens verändert sich die magische Potenz des negativen „Helden", des Rattenfängers. Je zwingender die Kausalität allgemein akkreditierter Verhaltensmechanismen (Betrug – Rache), desto blütenreicher die Phantasiespiele um die Mittel und Wege dieser Rache und ihr offenes Ende.

„Nichts ist je das Gleiche", wandelt Urs Widmer auf dem Grazer Literatur-Symposion 1983 über die „Wiederkehr des Gleichen" den alten Heraklitischen Satz ab; er beklagt damit die tagtägliche Wiederholung uralter Lebensmuster im Leben jedes einzelnen, eins der zwei Dinge, die stets neu zu verstehen (nicht nur) ihm die größte Mühe bereitet. Und das zweite: „. . . daß, was ich den anderen zuschiebe, fast stets ich selber bin."[11] Damit bringt er auf einen scheinbar simplen Nenner, was den fließenden Übergang auch eines Motivs wie des Rattenfänger in einen neuen Deutungsbereich beschreibt: den Mythos – heute könnte/müßte man fast sagen: Alltagsmythen.

Alltagsmythen — das meint hier die fraglose Hinnahme von Gewohntem (Verhalten), das zum „Gewöhnlichen" mutiert, Alltagstopoi, deren formale Hülse ihre Ungeklärtheit verwischt, deren häufige Wiederkehr glauben macht, es handele sich um unveränderbare Gegebenheiten, seis in der Natur der Dinge oder der Menschen. Mit anderen Worten: Mythen entstehen meist, um über den *Glauben* Einsicht und Analyse zu vermeiden bzw. Gesetzmäßigkeiten zu installieren, die der Revision und Neuorientierung entheben.[12]

Die „anderen", denen man gern zuschiebt, was man selber ist, sind nicht zufällig oft auch die Mächtigeren. Zumindest werden sie in der Phantasie mit Eigenschaften ausgestattet, die als Alibi für die eigene Ohnmacht oder Handlungsunfähigkeit herhalten müssen. In der relativ fest umrissenen Glaubenswelt des Mittelalters läuft das im Zweifelsfall auf die Dualität *Gott* und *Teufel* hinaus, eine Sprachregelung, die keineswegs die zahllosen Spielarten des gleichzeitig noch virulenten Aberglaubens ausschließt. Der Widersacher in seiner Allgegenwärtigkeit wird zum Alltagsmythos par excellence, während Gott die Glaubenshoheit vorbehalten bleibt. „Satan ist der Name einer Abweichung des Willens von der Wahrheit, nicht aber einer erkennbaren eigenen Natur" — heißt es bei dem Mystiker Isaak von *Ninive*.[13] Die fast schon „psychologische" Formulierung gibt einen Eindruck vom breiten Spektrum der Zuweisungsmöglichkeiten für nicht einzuordnende Phänomene. Vom „Gegenspieler Gottes" bis zum „Regierer der tiefen Traurigkeit" rangiert der Teufel in der einen oder anderen Maskierung eigentlich bis heute als *die* Instanz, die für das Abgründige, Unkontrollierbare im Menschen bzw. im menschlichen Zusammenleben zuständig ist, genauer: für das Mißlungene, Unbewältigte. So ist es nur folgerichtig, wenn die Psychologie als die Wissenschaft, die den unbewußten „Abweichungen des Willens von der Wahrheit" und ihrer mehr oder minder geglückten Verkapselung in (Alltags-)Mythen analytisch auf die Spur zu kommen sucht, von denen „verteufelt" wird, die sich in ihren Rezeptionszwängen von solcher Wissenschaft im Sinne von „Mitwisserschaft" bedroht fühlen. Dabei erweist sich die Literaturwissenschaft als eine der Disziplinen, deren Arbeitsfeld, die literarischen Texte, ein gewisses „Grenzgängertum" erfordert.

2. Die Entzifferung des Mythos

„Lesen und Entziffern des Mythos" nennt Roland Barthes ein Kapitel seiner Untersuchung an „Mythen des Alltags"[14] und deutet damit die unterschiedliche Funktion der Mythen für den jeweiligen Leser (bzw. Erzeuger) an. Grundsätzlich als ein Mitteilungssystem, eine „Botschaft" auf geschichtlicher Grundlage zu denken, definiert sich der Mythos nicht durch das Objekt seiner Botschaft, sondern durch die Art und Weise, wie er sie ausspricht, also durch den geschriebenen Diskurs.

Dabei ergibt sich insofern ein erweitertes semiologisches System, als neben die Objektsprache der direkten Aussage eine Art Metasprache des Mythos tritt, die beispielsweise den „Schrift"-Charakter von *Bildern* in ihrer

Formenvielfalt mit einschließt, um „Bedeutung" zu konstituieren. Durch die Form verliert der ursprüngliche Sinn seine Beliebigkeit, wird gleichsam künstlich verarmt, um dann sekundär neu aufgeladen werden zu können.

Man glaubt, der Sinn stirbt, aber es ist ein aufgeschobener Tod. Der Sinn verliert seinen Wert, aber er bleibt am Leben, und die Form des Mythos nährt sich davon. Der Sinn ist für die Form wie ein Vorrat an Geschichte, wie ein unterworfener Reichtum, der in raschem Wechsel zurückgerufen und wieder entfernt werden kann. Die Form muß unablässig wieder Wurzel im Sinn fassen und aus ihm sich mit Natur nähren können. ... Es ist dieses unablässige Versteckspiel von Sinn und Form, durch das der Mythos definiert wird.[15]

In diesem Sinn wird die Untersuchung des Rattenfänger-„Mythos" zur Diskursanalyse. Dabei befaßt sie sich in erster Linie mit den Veränderungen des Sinns beim Übergang in die eine oder andere Form, die sich zunächst als unbestreitbares Bild präsentiert. Aber gleichzeitig wird die Präsenz dieses Bildes durchsichtig gemacht (hier: der flötende, ver-führende Rattenfänger), wird gleichsam „ausgeborgt" und einer „Begrifflich-keit" dienstbar gemacht, der es um „plausible Ganzheiten" (S. 96) zu tun ist (hier: eine ominöse Macht bzw. Betrug- Rache). Wobei sich freilich diese Ganzheit wiederum aus einer Offenheit ergibt, in der neben linguistischen Zeichen, also rational erfaßbarer und sinnlich wahrnehmbarer Realität, z. B. über „Bilder", auch unbestimmte, unbegrenzte Assoziationen Platz finden, ein diachronischer Prozeß, der zu einer „nebulösen Kondensation" (S. 99) führt, deren Kohärenz nur aus ihrer Funktion begreifbar ist.

Ähnlich wie bei Freuds Trennung zwischen manifestem und latentem Trauminhalt[16] bzw. Traum- Sinn, bei dem sich die eigentliche Intention der „Botschaft", der eigentliche Verhaltenswunsch erst unter Einbeziehung der zweiten (latenten) Ebene ausmachen läßt, paßt sich auch der jeweilige Begriff, auf den ein Mythos gebracht wird, einer tieferliegenden Situation an, zeigt eine Tendenz. Dabei macht die Entwicklung eines sekundären semiologischen Systems es dem Mythos möglich, von der Semiologie zur Ideologie überzugehen, indem er die jeweilige Funktion dem *Leser* der Mythen selber überläßt. Das eigentliche Prinzip des Mythos, sagt Barthes, ist: „Er verwandelt Geschichte in Natur" (S. 113).

Die Sache, die es zu einer mythischen Aussage kommen läßt, (hier: die Entführung der Kinder), wird nicht als *Motiv*, sondern als *Begründung* gelesen (ebda.). Dem „unschuldigen" Leser werden Kausalitäten suggeriert, wo allenfalls Äquivalenzen bestehen. Nicht, daß seine Intentionen verborgen sind, macht den Mythos so wirksam, sondern daß sie „natürlich" erscheinen, daß sich als Faktensystem präsentiert, was doch ein semiologisches System bleibt, ein System von Werten.

Das Erkenntnisinteresse der vorliegenden Arbeit gilt nun insbesondere den unterschiedlichen Modifikationen von Sinn und Form, d. h. den poetischen Diskurs-Variablen, die sich am Rattenfänger—Mythos entzündet haben. Wenn es stimmt, daß „jede primäre Sprache zwangsläufig Beute des Mythos" (S. 115) wird, würde das übersetzt heißen: Ich stehle den flötenden Rattenfänger (ich als Autor irgendeines diesbezüglichen Textes), um das Eingreifen von magischen oder numinosen Mächten bzw. das Kausalitätsprinzip von hie Betrug — hie Rache „natürlich" zu machen. Im

Verlauf dieses Prozesses verliert der Mythos zunehmend seine historische Eigenschaft, d. h. die geschichtlich bedingten, hergestellten Voraussetzungen seiner Entstehung, und ersetzt sie durch eine in Natur und Ewigkeit begründete Klarheit, die nicht „erklärt", sondern lediglich konstatiert.

Jeder der im folgenden analysierten Rattenfänger-Texte leistet in diesem Sinne eine Einsparung, eine Abwendung von der Komplexität menschlicher Handlungen, von deren Widersprüchlichkeit und Dialektik. Nicht die Wahrheit, sondern der Gebrauchswert entscheidet beim Griff des Autors nach einem bestimmten Mythos. Es gibt starke und schwache Mythen. Was den Rattenfänger-Mythos betrifft, so hat er durch seine jahrhundertealte Metasprache die politische Dimension seiner ursprünglichen Aussage eingebüßt; offenbar evozierte er schon früh eher das Besingen und Feststellen, also die jeweils modifizierte Rezeption, statt Bewegung und Veränderung.

In der chronologischen Abfolge der Diskursanalysen wird sich jedoch herauskristallisieren, daß diese Entwicklung gleichsam einen Kreis beschreibt. Da jeder Mythos ein (widerruflicher) Wert innerhalb eines widerruflichen Systems ist, genügt es, seine Umgebung, seine Situation zu verändern, um auch seine Entpolitisierung umzufunktionieren.

Plurale Sprache

Über Mittelalter, Barock, Romantik, Realismus bis ins zwanzigste Jahrhundert mit seinen beiden Weltkriegen und einem daraus resultierenden wacheren Bewußtsein zumindest in einigen Schichten, z. B. bei den Jugendlichen, ergibt sich langsam, fast unmerklich, eine Umkehrung der Werte und damit die Rückkehr der Erinnerung an die Zeit, bevor die geschichtliche Situation über ihre Mythisierung in politische Bedeutungslosigkeit abglitt. Dies geschieht durch die Unterscheidung von zweierlei Sprache, der Objektsprache und der Metasprache. Dabei ergibt sich in der Reihe der hier vorgestellten Texte ein quantitatives Überwiegen der Metasprache. Ungefähr ab dem Ende des neunzehnten Jahrhunderts könnte man sagen, daß die Sprache dem Mythos (vom Rattenfänger) einen „durchbrochenen" Sinn vorschlägt (S. 117). Spätestens die Erfahrung des Ersten Weltkriegs verursacht einen Einbruch der Objektsprache in die Metasprache, der sich kaum noch rückgängig machen läßt. Nur vereinzelt gelingt es noch, über die Mythifizierung des Mythos einen neuen, künstlichen Mythos zu schaffen[17], Barthes nennt ihn: einen „Mythos zweiten Grades" (S. 121).

Eine einfachere Form des Widerstands gegen den Mythos ist die Sprache, die man spricht, um das Wirkliche zu verändern und nicht, um es als Bild zu bewahren. In dem Maße, in dem sich die Rattenfänger-Texte zunehmend ihrer bedienen, gewinnt ihre Aussage auch wieder an revolutionärer Potenz, an politischer Qualität. Korrespondierend mit dem überhandnehmenden Gebrauch der Objektsprache, verflüchtigt sich der Mythos. Eine Entwicklung *innerhalb* dieser Entwicklung ist an dem Bogen abzulesen, der sich etwa von den Liedern Brechts und Degenhardts bis zu den von heutigen Kindern gemeinsam erarbeiteten Rattenfänger-Stücken schlagen läßt. Von der erhellenden Ironisierung (Brecht) führt er über die narrative Beschreibung (Degenhardt) zum direkten Widerstandsappell und zur konkreten Utopie alternativer Lebensweise.

Es ist die *Offenheit* des Ausgangspunkts, der ersten Chronik vom Kinderfänger zu Hameln, die solchen Wechsel von der historischen über die mythische in eine anthropologische Dimension erlaubt. Zu der Selbstverständlichkeit, mit der jede Epoche die kanonische Bedeutung eines Werks bzw. eines historischen Faktums zu kennen glaubt, tritt die Vielfalt der Bedeutungen, die es bereits einem einzigen Menschen eröffnet, zu schweigen von Gestalt- und Bedeutungswandel durch die Jahrhunderte und durch die dialektische Dreiecksbeziehung zwischen wiederkehrendem Sujet, wechselnder Form und einem ständig sich verschiebenden Autor-Leser-Verhältnis.

Darum erfordert diese Offenheit eine Äquivalenz in der Herangehensweise an die Texte. Neben den Vieldeutigkeiten schon der Objektsprache, der praktischen Sprache mit ihren linguistischen Regeln, gilt es, die zahlreichen Informationen der literarischen Werke sowie ihre metasprachliche Botschaft zu ermitteln, man könnte das mithin als die „plurale Sprache" der Texte bezeichnen.[18] Sie schließt nicht nur die (Mit-)Wissenschaft (auch im eigentlichen Wortsinn) von den Inhalten, in Barthes Terminologie: von *Sinn* und *Form* mit ein, sondern vor allem auch von den Bedingungen der Inhalte, von ihrer Polivalenz.

Aus ihr resultiert der „plurale" Standort, den ich auch für meine Untersuchung einnehme. Der meint nicht nur ein „naives", induktives Sich-Hineinfinden in den jeweiligen Text, sondern auch die analytische Dokumentation seiner verifizierbaren und denkbaren Voraussetzungen. Dabei soll das genaue Lesen, d. h. eine Art „plebiszitärer Literaturwissenschaft", das Zugänglichmachen von unten nach oben[19], vom Offensichtlichen zum Verdeckten, als Interpretationsansatz gelten.

Indem ich eine ganze Reihe von in den Senken der bürgerlichen Literaturgeschichte verschwundenen Texten vorstelle, ist es mir auch vor allem darum zu tun, neugierig auf sie zu machen, indem ich das eigene Interesse daran erkennen lasse.[20] Erst das Zulassen der eigenen Lust erlaubt ein Weitersprechen des Textes über alle analytischen (Schein-) Fixierungen hinaus, den „freien assoziativen Umgang mit dem Text", der als Reflex auf das „Textbegehren" (d. i. das Begehren des Textes an mich)[21] über die „ödipale Lust am Enthüllen der Wahrheit" (Barthes) weit hinausreicht.

3. Literarische Anthropologie

Die Frage nach den spezifischen Bewandtnissen von Kindheit und Tod im Umfeld des Rattenfängermotivs verdichtet sich so zur Bewußtseins- und Ideengeschichte anhand eines literarischen Phänomens, zu einem Stück „Kulturgeschichte der Kindheit". Um die Thematik einzugrenzen, erschien es sinnvoll, *ein* einziges literarisches Motiv durch sieben Jahrhunderte zu verfolgen und es jeweils im Kontext seiner geschichtlichen, sozialhistorischen, psychologischen und ästhetischen Signifikanten darzustellen.[22] Über die literatur- bzw. ideologiekritische Auseinandersetzung mit einer

Vielzahl von Texten und Text*sorten*, die sämtlich um die Thematik „Kinderleben mit tödlichem Ausgang" kreisen, ergibt sich der Schwerpunkt der Arbeit, der kulturwissenschaftliche Ansatz. Die interdisziplinäre Vorgehensweise manifestiert sich dabei parallel auf drei Erkenntnisebenen:

1. der Kindheitsgeschichte
2. der Motivgeschichte
3. der Gattungsgeschichte (Textsorten).

In der Gestalt der Rattenfängersage und ihrer verschiedenen literarischen Modifikationen ergibt sich eine Koinzidenz der „Geschichte der Kindheit" mit der „Geschichte des Todes"[23], die sich aus der je und je am ästhetischen Produkt ablesbaren historischen Einstellung Erwachsener gegenüber dem Tod von Kindern herausdestillieren läßt: Die *Figuration Kind*[24] als Indikator (und Katalysator) für die Alibi-Funktion gesellschaftlicher Tabus (den Tod).

Parallel zum Prozeß der Zivilisation werden Stationen deutlich, an denen sich der Bereich der „Kindheit" allmählich herauszubilden beginnt. Als soziales und kulturelles System, das in zunehmendem Maß die Welt von Kindern und Erwachsenen auseinanderdividiert, dient er dabei zugleich als Vorwand für die ambivalenten Projektionen der Erwachsenen, die diesen Bruch verschleiern oder rückgängig machen möchten. In diesem Sinn sind sie immer beides: Täter *und* Opfer. Die Analyse der einzelnen Texte wird nach und nach erhellen, inwieweit die Kinder demselben dialektischen Prozeß unterworfen sind.

Um den Versuch einer integrativen Darstellung aller *drei* Ebenen zu bewerkstelligen, ohne in ein rasterartiges Auflisten der jeweiligen Abweichungen und Variationen zu verfallen, hat sich ein eher essayistischer Zuschnitt der Einzelkapitel als ratsam bzw. angemessen erwiesen. Ungeachtet zahlreicher Querverweise ist jedes für sich lesbar. Auch die Einbeziehung fremdsprachlicher Texte, mithin also eine vierte, komparatistische Ebene, bedingt eine Erweiterung des herkömmlichen Wissenschaftsduktus, die man als wissenschaftliche Narrativik bzw. „narrative Wissenschaft" bezeichnen könnte.

Sie versteht sich — im Interesse der Lesbarkeit überaus komplexer Zusammenhänge — als wesentlicher Bestandteil dieser Arbeit, indem sie wieder etwas von dem sichtbar machen will, was aller Wissenschaft, speziell der hier unternommenen „literarischen Anthropologie", vorausgeht und genuin zugehört: „le Plaisir du Texte", die „Lust am Text".[25]

4. Tierische Spekulationen[26]

In einer überregionalen Tageszeitung[27] war im Januar 1980 folgende Notiz zu lesen:

Ratten überfielen Hummer. Paris, 6. Januar (dpa). Eine Invasion von „Feinschmecker"-Ratten hat auf der Insel Houat im Süden der Bretagne etwa 3 000 junge Hummer das Leben gekostet. Die Ratten überfielen Zuchtbecken mit rund 10 000 frischgeschlüpften Hummern, die später an den Küsten ausgesetzt werden sollten. Ein Entrattungskommando aus Paris wurde zum Kampf gegen die gefräßigen Angreifer gerufen.

Diktion und Vokabular dieses Berichts scheinen mir einiger Aufmerksamkeit wert. Sie verweisen auf die Geschichte eines Kollektiv-Symbols, das zum Alltags-Mythos geworden ist. Symbole werden in Handlungen umgesetzt, um so Mythen zu konstruieren. Dies erfolgt über den Diskurs.[28] Auch in beiläufigen Mitteilungen läßt sich die Struktur des Unbewußten mit derjenigen der Sprache vergleichen, beide gehören derselben symbolischen Ordnung an.[29] Dabei ergibt sich aus den „synchronen Systemen von Kollektivsymbolen"[30] eine hohe kulturelle Reproduktionskapazität, genauer müßte man sagen: eine Reproduktionsspirale, die nur scheinbar immer wieder zu ihrem Ausgangspunkt zurückkehrt.

Der Verfasser des obigen Artikels verläßt sich offenbar auf einen mehrschichtigen Assoziationsfluß beim Signal *Ratten*. „Es scheint das Schicksal der Tiere zu sein", schreibt Silvia Bovenschen in einem Aufsatz über kulturelle Muster von Tierprojektionen[31], „. . . daß sie aus menschlicher Perspektive — über die der Tiere wissen wir nichts — immer „irgendwo" *zwischen* den Dingen angesiedelt werden: zwischen Natur und Kultur, zwischen Kreatürlichem und Künstlichem, zwischen Mythologischem und Geschichtlichem . . .". Das beginnt etymologisch im Fall der Ratte schon beim Namen, der sich zwischen Ratte und Maus nicht recht entscheiden kann (lat. „mus rattus").[32] In ähnlichem Dunkel liegt ihre eigentliche Herkunft. Die Antike kannte sie nicht; das euorpäische Mittelalter konnotiert mit ihrem Auftreten sogleich Unrat, Ungeziefer, Hunger, Krankheit — *Pest*! Neuere Gerüchte besagen, daß sowohl die schwarzen Ratten, die die Pest übertragen haben und mittlerweile als ausgestorben galten, als auch die Krankheit selbst wieder im Kommen sind.[33]

Daneben behaupten sich — auch dies seit dem Mittelalter — Spekulationen über die außerordentliche Intelligenz der Ratten. Nur unzureichend verbirgt sich hinter solcher Anerkennung eine tiefwurzelnde Ambivalenz gegenüber dem Tier: Mit seiner Unvernunft beweist es einerseits die Menschenwürde — wie wenige Ideen gehört die Unterscheidung des Menschen vom Tier durch seine Vernunft zum „Grundbestand der westlichen Anthropologie"[34]; auf der anderen Seite löst es Ängste aus. Mag ein einzelnes Exemplar der Spezies noch Sympathie, Neugier oder allenfalls Ekel hervorrufen[35], so geht mit seinem massenhaften Auftreten ein allgemeines Entsetzen einher. In der *Masse* werden auch kleine Tiere zur *Macht*, zu einer unberechenbaren, unkontrollierbaren Potenz, der mit gewöhnlichen Mitteln nicht beizukommen ist. Entsprechend die „Ungewöhnlichkeit" der Ausdrucksweise unseres Berichterstatters. Kehren wir also zu seinem Artikel zurück:

„Mord à la carte"

Bereits die ersten drei Worte: „Ratten überfielen Hummer" knüpfen ein Bedeutungsnetz aus Elementen der Anthropomorphisierung und Militarisierung, in dem sich der Autor selbst verfängt. „Feinschmeckern" wird gemeinhin die Fähigkeit zum Genuß unterstellt. Sie essen nicht aus *Hunger*, sondern aus *Lust*. Die geballte Konfrontation mit Intelligenz, Aggressivität *und* Sinnlichkeit (der Ratten) verwirrt dem Schreiber offenbar zunehmend

18

die Sinne: Nicht nur, daß ein „Überfall" (z. B. als militärische Aktion oder dergleichen) so etwas wie Planung erfordert, er „kostet" hier auch Opfer (junge Hummer) das „Leben". Hier meint man förmlich den mühsam durch Entrüstung kaschierten *Neid* des Verfassers zu spüren, daß er nicht selbst von den köstlichen (und kostbaren) jungen Hummern „kosten" durfte. „Das Leben gekostet" — sonst nur auf Menschen angewendet — gerät, so gesehen, ins Zwielicht eines merkwürdigen Doppelsinns: Endlich ein bißchen vom „Leben kosten" (d. h. von einem Lebensstil, der sonst nicht zugänglich ist), anläßlich eines Vorfalls unter Tieren? Schauderndes Heimweh nach ein bißchen Kannibalismus?

Man darf annehmen, daß der Verfasser der Notiz keine materielle Not leidet. Er schreibt für eine anonyme Masse, der er nicht nur selber zugehört, sondern deren Sprachrohr er gleichzeitig ist. Dadurch wird seine Empörung zum kollektiven Affekt einer Wohlstandsgesellschaft, die zum Krieg bereit ist, wenn sie ihre statussymbolischen Konsumzwänge beeinträchtigt sieht. Die Ratten werden in diesem Sprachduktus zu ernstzunehmenden *Gegnern* aufgewertet, zu sensiblen Feinden, die die tabuisierte Ruhe eines satten Volkes bedrohen. Das „große Fressen" der reichen Industrienationen wird durch die kleinen Fresser empfindlich gestört, so empfindlich, daß dem Verfasser ganz unwillkürlich kriegerisches Vokabular in die Feder fließt: Invasion, Überfall, Angreifer, Kampf, Komando. Eine spezialisierte Kampftruppe wird zur Vernichtung eingesetzt. Wodurch ist dieser gewaltige (verbale) Aufwand gerechtfertigt?

Die Opfer des „Überfalls" sind dreitausend frischgeschlüpfte junge Hummer — kleine, niedliche Hummerkinder, die eigentlich erst viel später und womöglich „humaner" umgebracht werden sollen. In nachgerade biblischer Dimension ist fast der ganze Nachwuchs ausgerottet. Die Ratten sind den Menschen zuvorgekommen. Dadurch läßt sich deren Freßgier bequem auf sie projizieren, ohne daß die unwillkürliche Identifizierung mit ihnen und ihrem „Feinschmeckertum" bewußt wird.

Hätte der Schreiber z. B. „hungrige Tiere" statt „gefräßige Angreifer" geschrieben, ergäbe sich ein anderes Bild. Die gewählten Formulierungen nehmen dem Vorgang seine „Natürlichkeit", sie verraten Angst und Aggressivität gegenüber der mythischen Masse, vor ihrer „Menschlichkeit" und Un-Menschlichkeit zugleich. Die Natur selbst scheint aus der Rolle gefallen, scheint die „menschheitsgeschichtliche Anstrengung der Naturbeherrschung und -distanzierung in Frage" zu stellen und den Rückfall in die Gesetzlosigkeit vorgeschichtlicher Zeit einzuleiten.[36] So zum „Zerrbild menschlicher Eigenschaften"[37] stilisiert, wächst auch die ambivalente tierische Bedrohlichkeit proportional zum gestörten Selbstbild der menschlichen Gesellschaft, zu ihrer Disharmonie. „Wenn die Menschen über Tiere reden, reden sie von sich."[38]

Ratten — Diskurs: *Liberté, Egalité, Raternité*

Daß Ratten politisch „in" sind, ist kein Geheimnis. Wer zu jung ist, um sich an die einschlägige Metaphorik während des Nationalsozialismus zu erinnern, begegnet ihr aufs Neue in der Auseinandersetzung christlicher

Demokraten mit kritischen Intellektuellen im Jahr 1981. Leute, die unliebsame „Vergangenheitsbewältigung" evozieren, werden dort (wieder) als „Ratten und Schmeißfliegen" tituliert. Wie sagte doch Silvia Bovenschen? „Wenn die Menschen über Tiere reden, reden sie von sich!" Auch hier also die Wiederkehr des Gleichen?

Schon Einstein hat festgestellt, daß der Mensch nicht länger Herr der Welt wäre, wenn die Ratte zwanzig Kilo mehr hätte.[39] Im Kontext neuester Spekulationen über Resistenz und Mutationsverhalten von Ratten im Falle eines Atomkrieges mag das Wissen um ihre Intelligenz und Organisationsfähigkeit tatsächlich zu einer verbalen Kurzschlüssigkeit verleiten, in der sich die oben beschriebenen „mythischen" Ängste mit dem „nagenden" Unbehagen an der jüngsten Geschichte (bzw. ihrer Aufdeckung) zu massiver Abwehr vereinigen. Die Sehnsucht nach eigener Größe benötigt die abwertende Verkleinerung dessen, wovor man sich fürchtet.

Überraschend erfährt die Ratte jedoch neuerdings eine Form von Beachtung, die in geradezu beispielhafter Dialektik Roland Barthes „Mythisierung des Mythos", und zwar auf dem Wege einer scheinbaren „Entmythisierung" illustriert. Unter dem Slogan: „Liberté, Egalité, Raternité" hat man in Paris im Jahr 1981 eine *Internationale Akademie der Ratte* gegründet, die es sich zur Aufgabe macht, das ramponierte Image ihres Forschungsgegenstandes zu rehabilitieren. Im Bemühen um eine plausible Absicherung seiner These, daß die Ratte im Grunde menschlicher und der Mensch rattenhafter sei, als allgemein angenommen, versteigt sich freilich Michel Dansel, der Präsident der neuen „Ratothéque", in so schwindelnde Diskurs-Spiralen, daß es selbst obengenannten Christdemokraten die Sprache verschlagen würde. „Unsere Brüder die Ratten" nennt er sein Buch über die Geschichte, Geheimnisse und Legenden der Ratten und „über die Kunst, sie zu lieben".

Das christliche Gebot, seine Feinde zu lieben „wie sich selbst", erfordert in solch vermintem Gelände eine identifikatorische Gratwanderung, die noch manchen „Ausrutscher", wenn nicht „Sturz" zeitigen wird. „Man kann", erläuterte der Präsident in einem Interview, „über die Ratte im Niveau der Gosse sprechen, man kann über sie jedoch auch auf einer literarischen Ebene reden, etwa über die Beziehungen zwischen Ratten und Christen. Kratzt man da etwas an der Oberfläche, entdeckt man sofort, daß man jedesmal in der Geschichte des Christentums, wenn man ein Symbol für etwas Negatives benötigte, auf die Ratte zurückgriff. Die Ratte war stets der andere – der Jude, der Neger, der Japaner oder der Chinese."

Man ist in Versuchung, die Reihe fortzusetzen: ... der Opositionelle, der Taugenichts – das *Kind*. Aber bleiben wir noch einen Augenblick bei den Chinesen. Auf ihrem Terrain befindet sich seit 1982 ein Institut, dessen innovatorischer Charakter – um in der angemessenen Diskurs-Dialektik zu bleiben – auf der Erinnerung an jahrhundertealte Tradition gründet. Unter der Leitung von Frau *Zwang* wurde in Shanghai eine *Schule für Rattenfänger* eröffnet, die bereits zwanzig Schüler zählt und beachtliche Erfolge zu verzeichnen hat.[40]

Unter solchen Auspizien erscheint der neue Ratten-Diskurs zwingend – um nicht zu sagen: „*Zwang*haft". Vivat *Rattus Rex!*

5. Projektionskarussel: „Tiere" — „Ratten" — „Kinder"

Wenn die Menschen über die Menschen reden, indem sie über die Tiere reden, werden sie unvorsichtig. Das macht das Thema soziologisch interessant: Das elementare Sozialisationstier Donald Duck ißt zusammen mit seinen Neffen Tick, Trick und Track zu Weihnachten immer eine Ente.[41]

Die satirische Schlußpointe von Silvia Bovenschens klugen Spekulationen über das Verhältnis von Mensch und Tier scheint an den projektiven „Kannibalismus" des Zeitungsberichterstatters direkt anzuschließen. Über die Notwendigkeit, *nützlich* zu sein, stellt sich zwischen *Kindern* und *Tieren* eine Analogie her, die aus der griechischen Antike (Chronos, Tantalus, Iphigenie usw.) über das Alte Testament (Opfer des Abraham) bis in die Märchen des 19. Jahrunderts bzw. bis in die Gegenwart geläufig ist (Machandelboom). Kinder und (kleine) Tiere scheinen präjudizierte *Opfer*, ihre Kleinheit und Wehrlosigkeit fordern dazu heraus: die französischen und südländischen Fronleichnamsprozessionen, denen fellumkleidete Knaben mit dem (Opfer-)Lamm auf den Armen voranschreiten, vermitteln einen Eindruck von der Koinzidenz ganz unterschiedlicher Traditionsstränge auch und gerade im christlichen Gedankengut. In animistischen Spurenelementen wirken sie fort bis in die Eucharistie-Feier, die (symbolische) Einverleibung des Mächtigeren, an dessen Kraft man teilhaben will.

Für den Christen ist das Verhältnis sowohl zu den Tieren, als auch zu den Kindern durch die Bibel geregelt. Die Aufforderung der Genesis, die Erde untertan zu machen und über die Tiere zu herrschen[42], wird im Weltraum, Tier-KZs und Laboratorien pünktlich befolgt. Darum die apokalyptischen Ängste, wenn dies System zusammenzubrechen droht.

Mit den Kindern verhält es sich sehr viel schwieriger: zu viele kontradiktorische Weisungen enthält die heilige Schrift, zu viele einander widersprechende Akte, deren Deutung den Kirchenmännern überlassen bleibt. Auch Kinder sind *klein*, darin liegt ihre Nützlichkeit, ihre Anziehungskraft, ihre Gefährdung. Einzeln und in überschaubaren Gruppen erzeugen sie Rührung; in Riesenscharen haftet ihnen etwas Irrationales an. Eine selbständige Organisationsfähigkeit wird ihnen von den Erwachsenen nicht zuerkannt, und die Nettigkeit des einzelnen verliert sich in der Masse.

Indem sie sich dem Schutzraum des Hauses bzw. der Familie entziehen, begeben sie sich aus der Zone der normalen bürgerlichen Reflexe, stellen sie in Frage und werden so — ebenso wie die Tiere — zur potentiellen Bedrohung, zum Sprengkörper im Ordnungsgefüge. Die Zusammenrottung von Kindern hat immer etwas Anarchisches und zugleich Utopisches (vgl. das Kap. „Kinderkreuzzug"). Sie setzen Regeln, die sie noch gar nicht kennen, außer Kraft und steigern sich in einen Zustand der Ungezähmtheit hinein, den die Erwachsenen gerade überwunden zu haben meinen. Sie *leben* die Phantasien, die die Eltern sich verbieten, die bei den Erwachsenen zu Projektionen erstarren — sie sind „in ewiger Erwartung des Rattenfängers von Hameln mit seiner Flöte"[43]. Auf sein Zeichen hin werfen sie alle Dressur ab, kommen gleichsam zu sich, und dieses Zu-sich-kommen bedeutet allemal den Abschied von den Eltern.

Denn die Entführung ist für das Kind ebenso angstbesetzt wie ersehnt. Sie ist wegen der Furcht selbst, die sie einflößt, begehrt. Der Bruch mit der Alltäglichkeit, den sie impliziert, besteht im Eindringen des Fremden und zugleich im Eindringen in fremdes Land.[44]

Schérers provozierende Argumentation bezieht sich auf die Erkenntnis der Psychoanalyse, daß Jugendliche ihre Ambivalenz gegenüber den allmählich kritischer betrachteten Erwachsenen gern in Tagträume und Phantasien von anderen, besseren „Eltern" kleiden.[45] In diesem Sinn zielt sie auch auf die gegenläufige Lesart einer Literatur, die besonders im 19. Jahrhundert weite Verbreitung erfährt: die trivialen Kinder- und Erwachsenenromane wimmeln geradezu von verlorengegangenen und entführten Kindern, von verzweifelten Trennungen und glücklichen Wiedervereinigungen, letztere oft erst, wenn die Kinder bereits erwachsen sind.[46] Die latente Botschaft solcher Texte fußt auf der selben Ambivalenz der Eltern gegenüber den Kindern wie umgekehrt. Wie früh solche Gefühlsirritationen anzusetzen sind, zeigt eine Studie aus dem Jahr 1937 über „Das Wiegenlied"[47].

Aus den Hinweisen auf durchaus gebräuchliche Reime und Verse zum Wiegen der Kinder geht hervor, wie nahtlos die aus den Mühen der Mutterschaft resultierende Gereiztheit oft über drastische Verbalisierung zu aggressiv verstärktem Schaukeln bis zu kaum verschleierten Todeswünschen eskalierte:

> Du, min Orske, bu,
> legg din Koppke an,
> Morgen ward di Fleischer kame,
> Wird din Koppke afgename.

oder:

> Hush, my darling, sleep quickly,
> for there comes the black man,
> who will eat all little children,
> that lie awake.

Gängiger wird freilich mit der fortschreitenden Tabuisierung dieser „natürlichen" Aggressivität bzw. mit der Romantisierung von Mutterschaft zur selben Zeit[48] die Abwehr der eigenen feindseligen Regungen gegen das Kind als Projektion in die Außenwelt. Die Zeit ist verworren genug, um immer einen Schuldigen zu finden: Soldaten, Zigeuner, Katastrophen usw., mitunter auch — wie die Rattenfänger-Literatur zeigt — der Teufel. Als „schwarzer Mann" im Wiegenlied bildet er gleichsam ein (lediglich) optisches Kontrastprogramm zu verklärenden Bildern wie z. B. im folgenden Vers von Schiller aus dem Gedicht „Mutter":

> Seh ich mein Englein stehen
> in einem Sternelein . . .

eine Vision, an der sich eine wichtige Funktion von Kitsch (als Gewissensentlastung) exemplifizieren ließe, aber das führt hier zu weit.

6. Abschied von den Eltern

Heute wie früher kann die Ablösung auf verschiedene Weise vonstatten gehen. Es gibt öffentliche und private Abschiede, traurige und heitere, befristete und endgültige, bewußte und unbewußte, freiwillige und erzwungene, zufällige und geplante. Abschied von den Eltern heißt immer auch Abschied von der Kindheit. Abkehr von Träumen, die *andere* (Eltern) für mich gehabt haben, von Hoffnungen, die ich in anderen geweckt habe, von den Normen, die andere für mich errichtet haben, vom Recht auf Fürsorglichkeit, Abhängigkeit, Schwäche.

Der Prozeß, der dem vorangeht, ist nicht einheitlich, nicht auf eine Altersstufe festgelegt. Zeitgeschichtliche, zivilisatorische, individuelle Entwicklung, Schichtzugehörigkeit, Bildung, Erziehung, Religion usw. wirken daran mit. Douglas Milburn spricht in diesem Zusammenhang von der „filizidalen Gesellschaft"[49], die nur aufgrund dieses Systems der fortwährenden „Kindestötung" überhaupt funktioniert. Dabei geht er — ähnlich wie Lloyd de Mause[50] — davon aus, daß sich im Lauf der Jahrhunderte lediglich die *Mittel* der Unterwerfung bzw. Kindstötung geändert und verfeinert haben, nicht aber Intention und Vollzug — eine Theorie, die Philippe Ariès' These von der seit dem Mittelalter fortschreitenden Respektierung des Kindes wieder auf die Füße stellt.[51]

Staat und Kirche inszenieren den Übertritt vom einen in den anderen Status meist, bevor er natürlicherweise stattfindet (Kommunion, Konfirmation, Jugendweihe usw.). Dabei dient, was als ehrenvoller Aufnahmeritus hingestellt wird, in Wirklichkeit zur Kontrolle, zur Zähmung des letzten Rests von „Unzivilisiertheit". Wer sich einmal ins System der Erwachsenen begeben hat, muß sich fortan seiner Gesetzlichkeit beugen, wird zur juristischen Person.[52] Nach der eigenen muß er nun fortzeugend fremde Kindheiten töten, seis die der Jüngeren, der eigenen Kinder — seis professionell, z. B. als Erzieher, die fremder Kinder.

Auch Gruppenbewegungen sind statthaft, aber sie müssen überschaubar bleiben. Zeugnisse der „Reife", d. h. der Kindheitstötung, des Filizids, werden von Staats wegen ausgestellt. Je gründlicher der Tod, desto höher die Belohnung.[53] Nur eins sabotiert die Entpersönlichung, d. h. die Nutzbarmachung für immer höhere Zivilisationsstufen: die Angst.

Je schöner das Gehege, desto ungreifbarer wird sie[54], teilt sich in Partialängste auf: in Trennungsangst, Verlassensangst, Angst vor schlechtem Gewissen, vor dem anderen Geschlecht, Existenzangst, Leistungsangst, Todesangst — all das immer bezogen auf *beide* Generationen. Diese Ängste entstehen aus der Ambivalenz einander entgegenlaufender Wünsche, wobei die weniger oder gar nicht realisierbaren ins Abseits gedrängt werden, für unstatthaft erklärt werden. In neuer Gewandung treten sie wieder hervor: als Traum, als kompensatorische Phantasie, als zwanghaftes Verhalten, als Utopie.

Führer und Masse

Wo viele sich in einer vergleichbaren Situation befinden, dieselben bzw. ähnliche Ängste haben, dieselben Versagungen erleiden, liegt nahe, daß sie sich zusammenschließen. Da aber die Einzelbedürfnisse eines jeden *einzeln* und individuell bleiben – auch innerhalb einer Masse „Gleichgesinnter" in Akzentuierung und Gewichtung differieren – bedarf es eines Mittelsmannes, einer Person, eines Führers oder dergleichen, um das größte gemeinsame Vielfache der Frustrationen und Hoffnungen herauszufinden, ihm einen Namen zu geben oder es zumindest in der eigenen Persönlichkeit zu veranschaulichen, zu verlebendigen, zur Hoffnung – wo sie zu zaghaft ist – zu verführen, auf welche Weise immer.

Je unartikulierter die Unzufriedenheiten, desto vager die Wünsche. Veränderung allein scheint schon für Erleichterung zu bürgen. Ungenaue Sehnsüchte nach Verwandlung der Verhältnisse, nach Abenteuer, nach dem Fremden inmitten des unerträglich Bekannten, nach unbekannten Zielen und Glücken, nach Grenzüberschreitung in allen Richtungen verdichten sich zur Abwehr alles Bestehenden und fixieren sich auf einen, der alles versteht und alles verspricht; der dazugehört und zugleich den Überblick behält, der als unabhängig und frei gilt, weil man seine Abhängigkeiten nicht kennt, nichts von ihm weiß, alles in ihn hineinprojizieren kann. Er selbst ist ein Teil des Fremden, Neuen, zu Erwartenden, eine Phantasiefigur, eine, an die sich alle noch so widersprüchlichen Phantasien heften können, bunt, malerisch, verwegen, Zeuge einer anderen Welt, anderer Lebensformen, anderer Kategorien, ein *Fahrender*, der die Welt und die Menschen und Dinge „erfahren" hat, der Erfahrung hat, der nirgendwo und überall seßhaft wird, ein Outsider, halb verachtet, halb beneidet, mit allen Schichten vertraut, keiner zugehörig, nicht einzuordnen, ohne Religion, ohne Eltern und Familie, ohne Kinder, außerhalb der bürgerlichen Normen von Wohlverhalten und Selbstachtung.

In seinen Studien zur „Massenpsychologie und Ich-Analyse" (1921) versucht Freud dem Phänomen des Führertums auf die Spur zu kommen, indem er zwischen „künstlichen" und „natürlichen" Massen unterscheidet. Auf den Fall der Kinder, und speziell der Hamelner Kinder bezogen, würden sie genau den Übertritt vom einen in den anderen Status markieren. Aus der „Urhorde" bzw. ihrer zivilisierteren Form in Gestalt der Familie, also aus einer „natürlichen Masse", wechseln sie über in eine „künstliche Masse", d. h. in die Ausrichtung auf einen Führer, von dem erwartet wird, daß er sie alle auf die gleiche Weise liebt.[55] Freud führt als klassische Beispiele für die libidinöse Bindung an Führerfiguren die *Kirche* und das *Heer* ins Feld, wobei die Einschränkung der einzelnen Persönlichkeit innerhalb der Masse aus ihrer Doppelbindung an den Führer *und* die anderen Massenindividuen resultiert. Inwieweit dieser Führer seinerseits solche Empfindungen erwidert, spielt eine sekundäre Rolle. Festzuhalten ist, daß die Rezeptions- und Reproduktionsgeschichte der Hamelner Sage nicht zuletzt durch die beschriebenen psychologischen Mechanismen zum „Mythos" avancierte und daß ihre z. T. skurrilen Manifestationen auf die eine oder andere Weise in jedem Text nachzuweisen sind.[56]

II. Das Mittelalter

1. *Diskurs der Vagheit*
Lüneburger Handschrift

In der ersten Chronik des Hamelner Kinderauszugs, der Lüneburger Handschrift, sind dem Kinder(Ver-)Führer bereits stark divergierende Züge beigegeben:

Zu vermelden ist ein höchst seltenes Wunderzeichen, das sich in der Stadt Hameln in der Diözese Minden i. J. des Herrn 1284 gerade am Tage des Johannes und Paulus ereignete. Ein Jüngling von 30 Jahren, schön und überaus wohl gekleidet, so daß alle, die ihn sahen, ihn wegen seiner Gestalt und Kleidung bewunderten, trat über die Brücke und durch das Wesertor (in der Stadt) ein. Auf einer silbernen Flöte von wundersamer Form begann er sodann durch die ganze Stadt hin zu pfeifen. Und alle Kinder, die diese Flöte hörten, an Zahl etwa 130, folgten ihm zum Ostertore hinaus zur sogenannten Kalvarien- und Gerichtsstätte. Dort verschwanden und entwichen sie, daß niemand aufspüren konnte, wo eines von ihnen geblieben war. Die Mütter der Kinder aber eilten von einer Stadt zur andern, doch fanden sie nirgends etwas von ihnen. Daher (heißt es): ,Eine Stimme wurde in Rama gehört, und jede Mutter beweinte ihren Sohn'. Und wie man nach Jahren des Herrn oder nach dem 1., 2., 3. Jahre nach einem Jubiläum zählt, so zählte man in Hameln nach dem 1., 2., 3. Jahre nach dem Ausgang und Verschwinden der Kinder. Dieses habe ich in einem alten Buche gefunden... Und die Mutter des Herrn Dekans Johann von Lüde sah die Kinder fortziehen.[1]

Obwohl nicht bekannt ist, ob der Verfasser dieser nachträglichen historischen Notizen geistlichen oder weltlichen Standes war, überwiegt in der Erzählung der Anteil biblischer Assoziationssignale. Dem Verfasser kommt es nicht in den Sinn, an der Faktizität des Berichts zu zweifeln. Sein Ton bemüht sich um Sachlichkeit und Distanz, kann sich unwillkürlicher Kommentare aber nicht enthalten bzw. übernimmt die vorhandenen, macht sie sich zu eigen. Er „vermeldet" *Wunder*!

Das Unbegreifliche wird im selben Duktus erzählt wie das Begreifliche, als wäre beides zur damaligen Zeit an der Tagesordnung. Orts- und Zeitangaben bezeugen die selbstverständliche Verankerung im Kirchenjahr. Beschlossen wird die Erzählung durch ein Bibelzitat. Es ist dem Matthäus-Evangelium entnommen und endigt die Erzählung vom *Kindermord* des Herodes! „Zu Rama hat man ein Geschrei gehört, viel Weinen und Heulen; Rahel beweinte ihre Kinder und wollte sich nicht trösten lassen, denn es war aus mit ihnen."[2]

Die Vorstellung, die sich aus dem angeführten Zitat heraus übersetzen ließe, ist zweigleisig, zwiespältig. *Hie* der schöne Jüngling, anzuschaun wie ein sagenhafter Prinz, von allen bewundert, Erwachsenen wie Kindern, mit seiner wundersamen Musik auf wundersamem Instrument. Aber nur die *Kinder* folgen seinen Tönen, entschwinden wie selbstverständlich. Und *hie* die finstere Assoziation an eine blutige Szene schwer vorstellbarer Grausamkeit, hundertfach thematisiert in der bildenden Kunst: die Schlachtung aller kleinen Jungen bis zu zwei Jahren in Bethlehem, um des einen, gefürchteten(!), des Jesusknaben habhaft zu werden. Einmal *Musik*, einmal Waffengeklirr und Angstgeschrei, einmal ein poesievolles, fast heiteres Bild mit ungewissem Ausgang, einmal ein entsetzenerregendes mit unentrinnbar tödlichem Ausgang. Einmal der Verlust der Kinder ohne jedes *Motiv*, einmal mit von allem Anfang an *mörderischer* Intention. Einmal ein *Wunder*, einmal eine konkrete, von Menschen angeordnete *Untat*, beides für den gläubigen Christen Tatsachen. Einmal die Kinder als halb und halb „Mittäter", aktiv — einmal als Opfer, die einen folgen, die andern werden verfolgt. Die einen „entrückt", die andern getötet.

Das Flötenspiel des Fremden und das Verschwinden der Kinder machen nur ein Drittel der Geschichte aus. Der Rest sind religiöse Beglaubigungen, am Schluß gibt es sogar eine Augenzeugin. Noch ein anderes Beispiel massenhafter Kindestötung steht in der Bibel: die Tötung der ägyptischen Erstgeburt vor dem Auszug der Kinder Israel durch Gottes eigne Hand.[3] Göttlicher Racheakt, göttlicher Rettungsakt — beide im Zeichen des Kindermords, beide gleich schrecklich in ihren Auswirkungen: der Ausrottung der Nachkommenschaft. Dagegen nimmt sich der Chroniktext behutsamer aus. Man erfährt nichts über das Ende der Kinder, man weiß nicht, ob es auch hier nur die *Söhne* waren, die mit den „Kindern" (pueri) gemeint sind, und nirgends steht, wie alt sie waren. Warum *muß* es offen bleiben?

Da ist der „Jüngling" von 30 Jahren. Die Bezeichnung muß in dieser Zeit überraschen, da für ein Menschenalter normalerweise nur 30 Jahre gerechnet wurden. Dadurch bekommt die Figur gleich etwas Irrationales. Und weiter ist sie „schön und überaus wohl gekleidet". Die Worte lassen wieder beliebige Inhalte zu, legen sich nicht fest, seis auf ständische, altersmäßige oder handwerkliche Zuordnung, woran man sonst schon von weitem oft die Leute erkennen konnte. Etwas Undefinierbares haftet dem Mann an, er läßt sich nach seinen äußeren Merkmalen in keine bekannten Kategorien einordnen. Ob auch die Erwachsenen insgeheim noch auf den Rattenfänger warten? *Sehen* können sie ihn, aber nicht *hören*, nicht seine Sprache verstehen. Nur die Kinder verstehen sie. Seine Sprache ist *Musik* in ihren Ohren, in das Wortes eigentlicher Bedeutung, jedenfalls eine Sprache, die den Erwachsenen abhanden gekommen ist. Sie vernehmen sie, aber sie sind gegen ihren Appell gepanzert. Die Verständigung zwischen „Jüngling" und Jugend findet jenseits rationaler Nachvollziebarkeit statt. Diese „Sprachlosigkeit" zieht die Sprachlosigkeit der Eltern nach sich. Niemand unterbricht sein Flötenspiel, niemand versucht die Kinder, die ihm folgen, aufzuhalten.

Musik und Magie

Alles, was den Kinderführer auffällig macht, spricht zu den *Sinnen*: seine Gestalt, seine Kleidung, seine Bewegung, schließlich die Töne, die er seiner „silbernen Flöte von wundersamer Form" entlockt. Auf alten Heiligenbildern sind auch oft Instrumente von merkwürdiger, uns nicht mehr geläufiger Form abgebildet. Meist werden sie von Engeln gespielt, deren Gesichter einen Ausdruck von Verzückung zeigen.[4] Ohne alle Vorbehalte gelesen, hat auch der schöne junge Mann etwas Engelhaftes, seine Musik etwas Unwiderstehliches, in jedem Fall Geheimnisvolles, Unbegreifliches, Prälogisches. Diese Zwielichtigkeit, Mehrbedeutsamkeit haftet der Musik von allem Anfang an. Naturvölker schrieben und schreiben ihr magische Wirkkraft zu und die doppelte Fähigkeit: zu schrecken und zu locken. Von Menschen erzeugte Geräusche und Töne lassen sich in Beziehung setzen zu den in der (animistisch belebten) Natur vernommenen und können ihrerseits dazu verwendet werden, wiederum auf die Natur oder Umwelt Einfluß zu nehmen, seis um schädliche Kräfte abzuweisen, seis um die guten einzuladen. Form und Farbe („silberne Flöte von wundersamer Form") werden dem besonderen Zweck angepaßt, das Instrument wird Kultgegenstand; Zauberer und Priester sind die ersten Berufsmusiker.[5]

Erst mit der Weiterentwicklung der Naturwissenschaften verliert sich der Glaube an die unmittelbare Macht und den kosmischen Ursprung der Musik[6], bleibt indessen aber in zahlreichen alten Bräuchen weiter erhalten: so z. B. in fast allen deutschsprachigen Ländern als Apotropaion gegen böse Geister in der finstersten Zeit des Jahres. Mit Schellen, Glocken, Pfeifen, Rasseln und sonstigem Höllenlärm werden sie dahin gescheucht, wo sie herkommen; und mit genau denselben Mitteln lockt man mit anbrechendem Frühling die fruchtbaren, keimenden Kräfte hervor. Sterbeglocken sollen die bösen Dämonen von den Sterbenden zurückhalten.

Für das Phänomen, daß nicht nur die Elemente, sondern auch Mensch und Tier dem Zauber der Musik (jetzt nicht mehr im Sinn von bloßem Lärm) unwiderstehlich verfallen, gibt es seit der Antike in Kunst und Literatur zahlreiche Bilder, Variationen, „Zeugnisse". An erster Stelle steht *Orpheus*, dessen Liebe (ausgedrückt in seiner *Musik*) stark wie der Tod ist; der Sänger Arion wird von Delphinen aus dem Meer gerettet; die griechische Sage vom Echo, in Blochs Reflexionen über den Ursprung der Musik als „Ruf ins Entbehrte" apostrophiert.[7] Noch früher in der Bibel: David singt und spielt vor Saul, vertreibt („musiktherapeutisch") dessen Depressionen; Tristan schenkt Isolde ein Hündchen, dessen klingelndes Halsglöckchen allen Kummer vergessen läßt. Die *Zauberflöte* geleitet durch die Elemente; Mignon und der Harfner, Leonhard, Peregrina, der arme Spielmann, Walther und Clarisse, Hanno Buddenbrock, Dr. Faustus, die Geschwister im „Wälsungenblut", Hoffmanns singende Freundin — sie alle sind nicht zu begreifen ohne ihre elementare, sinnliche, fast körperliche Beziehung zur Musik, durch die sie sich ausdrücken, aus der sie leben, ohne die sie die Verbindung zu ihrem Sein verlieren.[8]

Fast alle Länder der Erde kennen Märchen und Sagen um Melodien und Musikanten, die buchstäblich *alles* zum Tanzen zwingen: Bäume, Häuser, Pfarrer, Hexen, Mäuse, Fische, Kinder usw.[9] Bei Shakespeare wird das Sensorium für Musik geradezu zur ethischen Kategorie erhoben:

> Sieh, wie die Himmelsflur
> Ist eingelegt mit Scheiben lichten Goldes!
> Auch nicht der kleinste Kreis, den du da siehst,
> Der nicht im Schwunge wie ein Engel singt,
> Zum Chor der hellgeäugten Cherubim.

So voller Harmonie sind ew'ge Geister:
Nur wir, weil dies hinfäll'ge Kleid von Staub
Ihn grob umhüllt, wir können sie nicht hören.
. . .
      Drum lehrt der Dichter,
Gelenkt hab Opheus Bäume, Felsen, Fluten,
Weil nichts so stöckisch hart, und voll von Wut,
Das nicht Musik auf eine Zeit verwandelt.
Der Mensch, der nicht Musik hat in sich selbst,
Den nicht die Eintracht süßer Töne rührt,
Taugt zu Verrat, zu Räuberei und Tücken.
Die Regung seines Sinns ist dumpf wie Nacht,
Sein Trachten düster wie der Erebus.
Trau keinem solchen! . . . Horch auf die Musik![10]

Der philosophisch-intellektuellen Beschwörung der oben zitierten Sphärenharmonie bzw. ihrem poetisierten Nachhall in Dichtung und Prosa steht die ganz andere, dämonische Seite der Musik entgegen. Insbesondere die Wassergeister, die elbischen Wesen, spielen und singen so betörend, bezaubern die Sinne so unwiderstehlich, daß, wer ihnen lauscht, dem Klang nachgehen, ins Wasser gehen muß (Sirenen). Ähnlich verwirrend ist die Musik des Hügelvolks (vgl. Venusberg), sie klingt wie Flöten und Drehorgeln, nur viel höher und zieht unrettbar zum und *in* den Hügel. Hexenorgien und Hexentänze sind von herrlicher Musik begleitet, wobei Zigeuner und Tiere (Böcke, Katzen) die Musikanten abgeben, indem sie mitunter den unsinnigsten und abscheulichsten Gegenständen Musik entlocken. Am Ende tritt gar auch der Leibhaftige selber als Spielmann auf. Wer ihn nicht rechtzeitig erkennt, der muß in sein Verderben tanzen, buchstäblich nach seiner Geige oder Pfeife tanzen, bis es ihm vergeht.

Die Kirche hat sich aus diesem verfänglichen Durcheinander auf ebenso lapidare wie sinnfällige und raffinierte Weise zu helfen gewußt — wie immer. Unsere heutige Dur-Tonart wurde im Mittelalter mit der Bezeichnung „modus lascivus" für *sinnlich* erklärt und wie die antike „Venustonart" als weltlich und gottabgewandt bei Geistlichkeit und achtbaren Leuten verpönt. Allein Molltonarten und Kirchentonarten waren gebilligt (Gregorianik). Es gab sogar die Vorschrift, daß in chromatischem Tonsatz nicht unterrichtet werden durfte. Den „aufrührenden" Charakter der Halbtonschritte ahnt man noch rudimentär bei Wagners chromatischem Tristan-Vorspiel, das leitmotivisch die süße, tödliche Verwirrung der Liebestrank-Szene andeutet.

Die magische Wirkung von Musik auf *Tiere* steht der auf Menschen aber in nichts nach. Dabei wird seit der Antike bis heute immer wieder versucht, derartige Phänomene wissenschaftlich abzusichern (Aristoteles u. a.). Meist geht es darum, die Fluchtreflexe und instinktiven Widerstände verschiedenster Tiere zu lähmen, um sie leichter fangen zu können. Walfische, Delphine, Fische lassen sich durch Gesang anlocken (Arion!), Hasen nähern sich bei Psalmengesang furchtlos dem Jäger, Stuten lassen sich durch das Spiel auf der Schalmei besonders leicht zur Begattung ermuntern (ähnlich Elefanten), die Melodie eines Blinden wurde notiert, mit der er Krebse aus den Löchern lockte.

Insbesondere die Pfeife (und ihr verwandte Instrumente) sind für den Lockzauber auf Tiere geeignet. Mäuse bevorzugen Lautenklang, Wildschweine Blasmusik. Die *Ratten* scheinen sich allenthalben auf Pfeiftöne festgelegt zu haben, also auf solche, wie sie sie selber ähnlich produzieren. Dementsprechend muß auch dem Aberglauben zufolge das Instrument, die Pfeife, aus dem Rückgrat eines Rattenkönigs gemacht sein (d. i. eine Anzahl von mehreren Ratten, deren Schwänze zusammengewachsen sind), ebenso die dazugehörige Trommel mit seinem gegerbten Fell bespannt, damit die Tiere dem Fänger folgen, wohin er will. Gleichzeitig gibt es aber (ca. um 1600) ganz sachliche Berichte von Leuten, die über besondere Kenntnisse und Künste verfügen, „Meuss und Ratzen zu vertreiben". Die Rattenfänger bewahren ihr Geheimnis für sich, geben es allenfalls — zum Broterwerb — an ihre Kinder weiter; ihr Handwerk ist „Gottesgabe", nicht Zauberei.[11] In den vierziger Jahren unseres Jahrhunderts kommt aus England Nachricht über einen Mann, der den Ratten in jahrelanger Beobachtung ihre spezifischen Pfeiftöne abgelauscht hat, um sie auf mechanische Geräte umsetzen zu können. Sein Erfolg soll so gewaltig gewesen sein, daß er seine Erfindung bereits en gros herstellt. Allein im Londoner Dock — berichtet die Zeitung[12] — sollen 22 000 Ratten angelockt und vernichtet worden sein.

Die hier überall durchschimmernde Idee, den Teufel mit Beelzebub austreiben zu können, hat sogar in die Vorstadien der Musiktherapie Eingang gefunden. Im Mittelalter versuchte man durch rasende Musik vom Veitstanz zu heilen: Tanzen bis zum Zusammenbruch.

Mythos als Handelsobjekt

Um es also auf einen Kernsatz zurückzubringen: *Dur* oder *Moll* wird anscheinend zur Frage nach *Sein* oder *Nichtsein*, wobei Nichtsein keineswegs leiblichen Tod bedeuten muß. Die Kinder „verschwinden" und „entweichen", sind als die Kinder, als die sie auszogen, nicht mehr auffindbar, wahrnehmbar. Haben sie dort ihre Kindheit zu Grabe getragen und sind so verändert zurückgekehrt, daß die eigenen Mütter sie nicht mehr erkannten?[13]

Anders gefragt: Welches Bedürfnis der Berichterstatter bzw. der Zeitgenossen mag hinter dieser forciert unpräzisen, merkwürdig opalisierenden Erzählung stehen, da sie sich so konsequent wie traumwandlerisch sicher auf dem schmalen Grat zwischen göttlichem und teuflischem Eingriff, zwischen Be(Ver-)wunderung und Verzweiflung, zwischen fatalistischer Hinnahme und Auflehnung, zwischen Irrationalismus und rationalen Erklärungsversuchen, zwischen Wissenwollen und Nichtwissenwollen, zwischen innerer und äußerer Realität bewegt? Und wie verhält es sich mit dem seltsamen Phänomen, daß zwar einerseits eine neue Zeitrechnung, bezogen auf den Verlust der Kinder, eingerissen haben soll, andererseits aber die ganze Geschichte erst 100 Jahre nach dem Ereignis in der Chronik auftaucht? Schließlich die überraschenden Vergleiche am Ende: „wie nach Jahren des Herrn" *oder* „wie nach einem Jubiläum" — darin liegt wieder die ganze Spannweite der Deutungsmöglichkeiten: beides *freudige* Ereignisse, nachdem eben noch der Kindermord von Bethlehem assoziiert wurde; eins von überaus weitreichender, weltweiter, geschichtlicher, kulturgeschichtlicher, moralischer usw. Bedeutung, das andere vergleichsweise banal, inhaltlich beliebig auffüllbar, eine Angelegenheit, die immer nur einen begrenzten Kreis angeht, nach außen keine Wirkung hat.

Innerstes und Äußerstes in dieser Weise miteinander zu verknüpfen, könnte auf den Wunsch deuten, Anschluß ans große Weltgeschehen zu kriegen; gleichsam aus den engen Stadtmauern herauszutreten (wie es auch die Kinder getan haben), das Ereignis bzw. die Erzählung funktional umzusetzen, das ambivalente Bedürfnis nach Auserwähltheit, Hervorgehobenheit in eine Form zu bringen, die Staunen und Anteilnahme erregt, weil sie auf ein — wie auch immer geartetes — Interesse überkommunaler, übergeordneter, vielleicht übermenschlicher Kräfte schließen läßt. Stadtleben und (narrativer) Marktwert wertet nicht nur in den eigenen Augen auf, eine solche Attraktion fördert auch den Umsatz in Handel und Wandel. Je öfter der Name der Stadt, in der so Seltsames geschehen sein soll, im Mund der Kommenden und Gehenden, der reisenden und einheimischen Kaufleute und einwandernden Handwerksburschen ist, desto förderlicher allen Produkten, die von dort kommen, am Nimbus teilhaben, sich vielleicht darauf beziehen. Die Geschichte selbst wird insofern zum *Handelsobjekt*, als sie fremden Handwerkern zum „Ausweis" für den Aufenthalt in dieser Stadt dienen kann.[14] Wer die vorgeschriebene Zeit der Wanderschaft nicht auf irgendeine Weise belegen konnte, hatte Schwierigkeiten, Meister zu werden. Der Gewinn war also auf beiden Seiten: die Stadt konnte sich über die mündliche Kunde Erweiterung ihrer Bedeutung, ihrer Merkwürdigkeit, ihrer expandierenden Marktmöglichkeiten freuen — der Besucher über die Beweiskraft ihrer speziellen Legende.

Den Rest an „public relation" besorgten die von Messestadt zu Messestadt reisenden Kaufleute, für die der Markt zum Umschlagplatz neuester Informationen schlechthin wurde; hier traf sich eine internationale Gesellschaft, aus allen Ständen bunt gemischt, Warenaustausch und Nachrichtenaustausch standen sich an Wichtigkeit kaum nach, da die Wege für beides lang und gefährlich waren und infolge von Überfällen häufig nicht das Ziel erreicht wurde.[15] Man bekam Geselligkeit und Lebensformen anderer Länder mit, Pilger und andere Gruppierungen schlossen sich bei gleichem Reiseziel gern zusammen — aus Sicherheitsgründen und um sich mehr erzählen zu können, jede Ortsveränderung wird infolge der Beschwerlichkeit von Weg und Transport zu einer kleinen Weltreise. Gasthäuser und kleine Marktflecken, praktisch jede Berührung mit Fremden werden zu Kommunikationsorten der Völker und Konfessionen, zu Begegnungen der Menschen mit der konkreten Geschichte ihres Landes. Insbesondere mit den Kreuzzügen beginnt das, was wir bis heute als *Tourismus* bezeichnen.[16]

Hameln

Wie sah es in den Städten aus? Pirenne spricht von einem „Stillstand in der demographischen Entwicklung der Städte" zu Beginn des 14. Jahrhunderts, also etwa um die fragliche Zeit.[17] Bis dahin ist die Tendenz steigend, das

Das Rattenfängerhaus in der Osterstraße, erbaut 1602/03, mit altem Bürgerhaus und Bungelosenstr. vor 1900

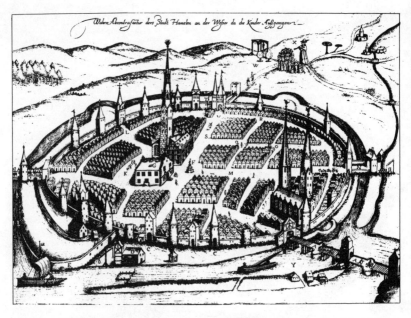

Ansicht der Stadt Hameln mit Auszug der Kinder. Flugblatt aus dem Jahre 1622

Weichbild der Städte dehnt sich aus, die Mauern werden immer wieder erweitert, Vorstädte mit einbezogen. In Hameln wuchs die Zahl der Einwohner so sehr, daß 1231 die Erbauung einer neuen Kirche nötig wurde.[18]

Trotzdem darf man sich keine falschen Zahlen vorstellen. Nur die allergrößten Städte wie z. B. Venedig, Florenz oder Mailand hatten vielleicht gegen 100 000 Einwohner, mit 20 000 Einwohnern galt eine Stadt bereits als sehr bedeutend (Nürnberg hat um 1450 etwa über 20 000 Einwohner), die übrigen Städte zählten zwischen 5 000 – 10 000 Einwohner, so z. B. Frankfurt 1440 nur 8 719 Einwohner, Basel um 1450 ca. 8 000 usw.).

Hameln hat sicherlich zur Gruppe der kleinsten Einwohnerzahlen gehört. Zur fraglichen Zeit (1284) muß die Entwicklung zur Bevölkerungszunahme auf einem Höhepunkt gewesen sein. Gleichzeitig berichtet Sprenger von großer Armut.[19]

Die Städte platzten aus allen Nähten, das Handwerk verlor an (goldenem) Boden durch die strengen, fast harten Zunftbestimmungen (ca. seit dem 13. Jahrhundert), die durch ihre starre hierarchische Struktur über ein bestimmtes Kontingent von Arbeitsplätzen nicht hinausgingen (wer Meister werden wollte, mußte bestimmte Auflagen erfüllen) und den einzelnen, besonders zweit- und drittgeborene Söhne, häufig an der Entfaltung hinderten, zu schweigen von der damit einhergehenden Vertreibung von Frauen aus den handwerklichen Zusammenschlüssen.

In der Stadtgeschichte ist vermerkt, daß um diese Zeit im Vorstand der Stadt noch *niemand* des Schreibens kundig war, weshalb man sich eines

Mönchs bedienen mußte, „bis man das Gefahrvolle dieses Verhältnisses zu ahnen anfing."[20]

Bei einer angenommenen Einwohnerzahl von ca. sechs- bis siebentausend in Hameln muß das Verschwinden von 130 Kindern ein fühlbarer Aderlaß für die Stadt gewesen sein, vielleicht tatsächlich sogar ein insgeheim gewünschter. Die Ernährungslage war nicht eben üppig. Eine gezielte Gesetzgebung verhinderte Hamsterkäufe z. B. von kinderreichen Familien und überhaupt alle Konservierung von Lebensmitteln über den gegenwärtigen Bedarf hinaus, auch für kleinere Betriebe (Metzgereien, Bäckereien usw.) bzw. belegte sie mit hohen Strafen. Dadurch wurde zwar Preiswucher zu normalen Zeiten einigermaßen sinn- und wirkungsvoll unterbunden, kamen aber wirkliche Notzeiten, etwa durch Mißernten oder Viehseuchen, fiel also die regelmäßige Versorgung durch die umliegend angesiedelte Landwirtschaft aus, waren die Städte plötzlich auf Import, Messeverkehr und Fernhandel angewiesen, Schwarzkauf und Zwischenhandel blühten auf, es gab Teuerungen.

Alltag und Öffentlichkeit

Diese angedeutete gesellschaftliche Struktur hatte ihre direkten Auswirkungen auf das Alltagsleben, insbesondere auf das Leben der Kinder, jedenfalls aus unserer heutigen Perspektive. Eins der wichtigsten Momente mittelalterlichen Lebens scheint mir die *Öffentlichkeit*, und zwar sowohl als Bedürfnis wie auch als Zwang. Die Wohnsituation muß dabei eine große Rolle gespielt haben. Was uns heute so entzückt an erhalten gebliebenen alten Städten, die enge und verwinkelte Bauweise, die winzigen Stuben, die aneinandergedrängten Häuser, die Gruppierung um die Kirche, die Stadtmauern usw. — all das hatte seine existentielle Funktion als Wehrfähigkeit und Geschlossenheit nach außen, als Schutzraum für die Bürgerschaft nach innen.

Innerhalb dieses Schutzraumes aber drängt alles aus dem Haus hinaus. Man trifft sich auf dem Markt oder in der Kirche bzw. eins nach dem andern, wie eigentlich bis heute in fast allen kleinen europäischen Orten, jedenfalls in Frankreich und Italien (allerdings sind die Sportplätze hinzugekommen). Sowohl Regierung, als auch Kirche beanspruchen gleichsam kontrollierenden Einblick ins Leben derer, die sich ihrem Schutz unterstellen bzw. von ihnen abhängig sind. Wer in den Verdacht gerät, irgendetwas zu verbergen, reizt die Phantasie der Nachbarn, Behörden und kirchlichen Institutionen aufs gefährlichste. Zu erlebnisarm reiht sich ein Tag an den andern, als daß nicht jedwede Andersartigkeit, jedes Herausfallen aus den allgemein approbierten Verhaltensweisen und Ritualen als Sensation *und* Provokation verstanden würde.[21] Jeder kennt jeden, man mißt sich aneinander, Erfahrungs- und Selbsterfahrungsmöglichkeiten sind gleich begrenzt, die wirtschaftlichen Verhältnisse des einzelnen sind jedem transparent, die persönlichen Beziehungen spielen sich in festgezogenen Bahnen ab, sind ritualisiert und funktionalisiert. In den Gemälden der Zeit spiegelt sich das Fehlen dessen, was wir heute vielleicht Intimssphäre nennen würden. Geburts- und Sterbeszenen sind Angelegenheiten der Öffentlichkeit,

Trauer und Freude gehören einem nie allein, ein bestimmter Fundus menschlicher Empfindungen ist sozusagen *allen* zu eigen, was hätte es für einen Sinn, sie voreinander zu verbergen. Die Wochenstuben beispielsweise, wie sie noch bis ins 15. Jahrhundert dargestellt wurden, egal ob es sich um Bürgersfrauen oder die Jungfrau Maria handelt, lassen uns heute die Haare zu Berge steigen: darin wird getafelt und musiziert, geboren und gebadet, Dienstboten, Hebammen und Kinder laufen durcheinander, oft wird auch gleich nach der Geburt gestorben, seis die Mutter oder das Kind.[22]

Was sich zur Gesetzmäßigkeit entwickelt, kann leicht zum Gesetz gemacht werden. Um Ungerechtigkeiten, individuelle Profitmacherei, d. h. die allzu große Anhäufung von Privatkapital zu unterbinden, um Qualitäten und Quantitäten der Produkte — besonders der Nahrungsprodukte — zu sichern, gibt es seit dem 13. Jahrhundert eine Reihe von Gesetzen, die dem oben beschriebenen Öffentlichkeitsanspruch Rechnung tragen: der Zwischenhandel ist verboten, An- und Verkauf haben unter aller Augen auf dem Markt stattzufinden, Handwerker sollen nach Möglichkeit ihren Arbeitsplatz ans Fenster legen, damit man ihnen im Vorübergehen zuschauen kann. Auch Trauungen — ohnehin erst seit ca. 1200 als Ablösung der Vormundschafts-Trauung im Schwange - finden noch lange Zeit *vor* der Kirche statt.[23]

Das Bild der Familien, in denen die Rattenfängerkinder aufgewachsen sein könnten, hat sich im Mittelalter infolge der sich durchsetzenden Arbeitsteilung von der Großfamilie, wie sie z. T. in ländlichen Bereichen noch weiterexistiert, in den Städten zur sogenannten Haushaltsfamilie entwickelt.[24] Die Werkstatt, der Laden, das Kaufmannskontor usw. befinden sich im Haus, Kinder erleben die verschiedenen Arbeitsprozesse, werden — besonders in armen Familien, bei denen sich alles in einem Raum abspielt: Wohnen, Schlafen, Arbeiten, Spielen, Essen usw. — so früh wie möglich zu Handlangerdiensten u. ä. herangezogen.

Kinderstuben in unserem Sinne entstehen erst im 18. Jahrhundert. Das heißt: Kinder sind, kaum daß die Mutter dem Wochenbett entsteigt und ihren gewohnten Lebensrhythmus wieder aufnimmt, voll in die Hausgemeinschaft integriert. Abgesehen von der besonderen Form ihrer Nahrungsaufnahme (bis zu drei Jahren wird nach Möglichkeit gestillt) gibt es weder Zeit, noch Raum, noch das Bedürfnis, ihnen spezielle Aufmerksamkeit zuzuwenden.

Status „Kindheit"

Anstelle von „Kindheit" setzt Ariès daher den Begriff „Hätschelalter."[25] Damit sind die allerersten Lebensjahre gemeint, in denen auch den Kindern des Mittelalters aufgrund ihrer Pflegebedürftigkeit und Hilflosigkeit eine gewisse Zuwendung zuteil wird. Letztes Endes werden sie aber in ihrer Nutzlosigkeit eher geduldet, d. h. alles wartet auf die möglichst rasche Überwindung dieses Status, auf die physische Unabhängigkeit, auf die Arbeitskraft und Miteinbeziehbarkeit in die alltäglichen Abläufe. Noch weit bis ins 17. Jahrhundert werden Kinder in der Malerei in derselben

Kleidung wie die Erwachsenen dargestellt[26], nur entsprechend kleiner; auch die Gesichter sind von denen der anderen kaum zu unterscheiden. Das spezifisch Kindliche, der Liebreiz der Unfertigkeit, der prälogischen Befindlichkeit wird noch nicht wahrgenommen. Vielleicht deshalb, weil die Erwachsenen selber in gewisser Weise kindlich, naiv, unmittelbar in ihren Gefühlsäußerungen bleiben; es ist eine vita *activa* für die große Mehrheit der Bevölkerung – Kontemplation und Reflexion sind der Geistlichkeit überlassen, allenfalls noch dem in Sachen Bildung selten besonders ambitionierten Adel. Der schiere Lebensunterhalt erfordert alle Kraft.

Von „Erziehung" im heutigen Sinn kann unter diesen Umständen keine Rede sein, niemand erachtet sie für notwendig. Familie und Öffentlichkeit geben den Rahmen ab, innerhalb von dessen Grenzen einem die Sozialisierung mehr oder weniger selbst überlassen bleibt. Nicht einmal die Mutter kann zur besonderen Bezugsperson werden, da sie in der Regel entweder im Wochenbett liegt oder schwanger ist. Die hohe Geburtenzahl im Mittelalter steht in Relation zu der ungeheuer hohen Kindersterblichkeit. Beschaut man die Wochenstubenbilder, wunderts einen nicht, sie unterscheiden sich mitunter kaum von den öffentlichen Badstuben; Kinder und Hunde wuseln auf dem Fußboden herum[27], Schmutz und mangelnde Hygiene tun ein übriges – sie sind bei der Unmenge von durcheinanderagierenden Personen überhaupt nicht auszuschalten. Nicht selten gibt es in einer Ehe bis zu 20 Niederkünfte, davon bleiben vielleicht nur 2 Kinder am Leben. Mehr hätte man auch gar nicht ernähren können.[28]

Auf diese Weise kommen auch schon die Kinder immerfort mit dem Tod in Berührung, er gehört zum Alltag, wird als etwas fast Selbstverständliches hingenommen, bei schwächlichen Kindern mitunter auch voller Dankbarkeit. Ariès berichtet vom „geduldeten", allerdings meist als Unfall getarnten Kindesmord noch bis Ende des 17. Jahrhunderts im Bett der Eltern (worin auch die Kinder schliefen) durch Ersticken.[29] Darüber spricht man nicht; offiziell als Verbrechen angesehen und bestraft, bleibt der Kindermord in Form von Unterlassungen verschiedener Art noch lange die einzige Möglichkeit, dem sozialen Elend zu entrinnen. In Robert Reinicks ABC-buch um 1870 findet sich als Veranschaulichung des Buchstabens „S" noch folgende Erläuterung:

Savoyarde

Wenn man von hier wohl mehr als 100 Meilen weit reist, so kommt man in ein Land, das heißt Savoyen. Dort giebt es gewaltig hohe Berge mit dunklen Wäldern und blauen Seen, und auf den Bergen klettern lustig die Gemsen umher, das sind hübsche Thierchen, die theils wie Rehe, theils wie Ziegen aussehen und schöne blanke Augen haben. In den Thälern zwischen diesen Bergen wohnen gute, freundliche Leute; sie sind sehr *arm*, daher müssen sie oft schon als Kinder aus ihrem Lande auswandern, um auf allerlei Weise in der Fremde ihr Geld zu verdienen.[30]

Es wird weiter vermerkt, daß sie meist kleinere Tiere abrichten, auf Jahrmärkten damit auftreten und schließlich nicht selten bei ihrer Heimkehr die armen Eltern noch unterstützten können. Das Bild zeigt eine Mutter, die zwei kleine Kinder mit traurigem Gesicht zum Abschied segnet.

Bei den Römern und Griechen war die Aussetzung schwächlicher Kinder erlaubt, ebenso bei den Chinesen. Das christliche Mittelalter wartet mit der Taufe ganz geruhsam, bis sich in den ersten Lebenswochen, Monaten, auch Jahren eine gewisse physische Stabilität herausgestellt hat. Hänsel und Gretel werden bei den Brüdern Grimm noch im 19. Jahrhundert aus grimmiger Armut halb ausgesetzt, halb fortgeschickt, halb gehen sie einsichtsvoll freiwillig – das wäre der Mittelweg zwischen den sonst praktizierten Entledigungsversuchen; direkte Schuld wird vermieden, aber jeder ist sich selbst der Nächste. Die Eltern kämen noch nicht auf die Idee, sich für die Kinder zu opfern (wie überhaupt nirgends im Märchen!).

Wer die ersten Jahre überlebt hat, dem drohen die nächsten Gefahren: Sturz aus dem Fenster oder in den Brunnen, Tötung durch einen Krieger, Verbrennen im versehentlich selbst entfachten Feuer usw. Später, im 14. und 15. Jahrhundert entstehen die Schutzheiligen-Bilder, in denen der jeweils zuständige Heilige immer im letzten Moment flugs (im wahrsten Sinne) zur Stelle ist, um die bedrohten Kinder zu retten. Im 12. und 13. Jahrhundert müssen sie noch umkommen, oft jedenfalls, die Rettung käme gar nicht mehr zupaß. Noch im 16. Jahrhundert heißt es im Trost-spiegel:

Das Kindersterb gleich wann es wöll
So wird es doch der Engel Gesell.
Nicht besser Glück es haben mag/
Wann so es stirbt den ersten Tag.[31]

Existenz-Perspektiven

All den oben nur angedeuteten Gefährdungen sind die Hamelner Kinder also entronnen. Nach der Hätschelperiode befinden sie sich in der Phase, die es im Mittelalter sozusagen gar nicht gibt: der Jugendzeit. Mit sieben Jahren spätestens galt die Kleinheit als endgültig abgeschlossen. Sie neh-men teil an Broterwerb und Spielen der Erwachsenen, sie begreifen allmäh-lich die Organisation der Lebensformen, sie haben Geburt und Sterben, Ausgelassenheit und Verzweiflung, Sicherheit und Bedrohung auf diese oder jene Weise selbst erlebt, sie haben sich mit der Fähigkeit, sich selbst fortzubewegen, bereits mehr oder weniger von den Eltern gelöst, sind selbst Teil der Öffentlichkeit geworden, an der sie teilhaben. Entsprechend die Eltern: sie sind froh, die Kinder aus dem Gröbsten heraus zu haben, überlassen sie sich selbst oder nehmen sie in eine Art Lehrverhältnis. Nach den Sorgen ums reine Überleben kommen jetzt eigentlich erst die Existenz-sorgen, der Blick in die Zukunftsaussichten, die Möglichkeiten, einen eigenen Hausstand zu gründen (materielle Ebenbürtigkeit war unbedingte Voraussetzung). Mädchen werden manchmal schon mit 7 Jahren verlobt, mit 14 häufig verheiratet. Mit 14 Jahren können sich Knaben etwas später schon an einer Universität immatrikulieren oder werden, wenn sie Kauf-leute werden sollen, vom Vater in fremde Städte und Kaufhäuser geschickt, um dort in die Lehre zu gehen.

Insgesamt läßt sich also sagen, daß eine relativ frühzeitige Trennung von Eltern und Kindern eher die Regel als die Ausnahme ist, Trennung im

Sinne von Selbständigkeit und vergleichsweise geringem emotionalen Aufwand. An den Abschied von Neugeborenen und Kleinkindern ist man ohnehin fast „gewöhnt" und bleibt es noch lange Zeit. „Ich habe zwei oder drei Kinder im Säuglingsalter verloren, und dies zwar nicht ohne Bedauern, aber doch ohne Verdruß", schreibt Montaigne im 16. Jahrhundert.[32]

Passivität

Unter all diesen Auspizien ist für den Diskurs der Lüneburger Handschrift zweierlei kennzeichnend: Das erste ist die Passivität der Elterngeneration während des Geschehens. Dem Berichterstatter scheint sie keineswegs erwähnenswert, obwohl er vorher ihre Bewunderung für den Pfeifer notiert. Bewunderung ist in der Regel nicht dazu angetan, Böses zu argwöhnen, im Gegenteil: man „unterstellt" eher Freundliches, unerwartet Gutes, verbindet ganz unwillkürlich die Schönheit mit der Erfüllung geträumter Wünsche. Zweitens die Schönheit! Daß sie zusammen mit der kostbaren Gewandung und Gestalt des Spielmanns so besonders hervorgehoben wird, läßt vermuten, daß die Realität der Stadtbewohner und Zuschauer dergleichen nicht vorsah oder doch nur für festliche Anlässe. Die Menschen sind am ehesten von dem fasziniert, was sie selbst nicht haben, worauf sie auch keine Aussicht haben. Überdies deuten Signale der Schönheit und des Reichtums auf die Zugehörigkeit zu einem höheren Stand, und der wiederum löst im hierarchischen Gesellschaftsgefüge des Mittelalters zumindest Gefühle von Abstand, Respekt, Neugier, vielleicht auch Willfähigkeit aus; Reichtum ist gleich Macht, aber es gibt die Macht des Guten und die Macht des Bösen. Der Glaube an *beides* liegt im Mittelalter noch dicht beieinander und verträgt sich vortrefflich, einander in der „Erklärung" unbegreiflicher Geschehnisse ergänzend.

Der 26. 6., an dem sich der Ausgang ereignet, ist den beiden Heiligen Johannes und Paulus zum Gedenken gewidmet (jeder einzelne Tag im Kirchenjahr hat seinen bzw. seine eigenen Heiligen), gleichzeitig wird der Johannistag bzw. die Johannisnacht gefeiert, das heidnische, vom Christentum übernommene Fest der Sommersonnenwende, das wir heute noch überall mit riesigen Feuern begrüßen. Das Mittsommerfeuer wird angezündet, um die Geister der Finsternis zu verscheuchen. In dieser Nacht steigt der hl. Johannes auf einer unsichtbaren Leiter zur Erde herab, um Korn und Wein zu segnen. Die ganze Natur ist in Aufruhr, Johanniswürmchen taumeln im „glühenden" Liebesreigen, Liebespaare springen durch die reinigende Glut des Feuers, Kranke erhoffen Heilung, Tiere können sprechen[33], und wem die Blüte der Rennefarre in den Schuh fällt, der wird unsichtbar. In dieser Nacht muß man auf alles Wunderbare gefaßt sein.

Christlich-Abergläubische Ambiguität

Es gehört mit zur Ambiguität mittelalterlichen Denkens, daß immer erst einmal *beides* für möglich gehalten wird, das Wunderzeichen und der Teufelsspuk. Im Aufeinandertreffen heiliger Namenstage und heidnischen Brauchtums scheint sie sichtbare Gestalt zu gewinnen, vielleicht noch konkreter im Rattenfänger selber. Schon sein Äußeres — so läßt sich heute vorstellen — wirkt auf die Menschen verheißungsvoll. Er löst (zunächst) keine Angst aus, sondern die unausgesprochenen Hoffnungen aller auf Abwechslung, auf Herausgehobensein aus dem Alltag, aus dem stumpfen Rhythmus von Arbeit, Essen, Schlafen, aus Armut, die irrationale Hoffnung auf irgendeine plötzliche Veränderung der Verhältnisse, wie sie einem im Orient heute noch manchmal ganz plötzlich aus den lethargischen Gesichtern von Slumbewohnern oder Eingeborenen in abgelegenen Dörfern entgegenschlägt. Veränderung also a priori aufgrund der gegebenen Umstände als etwas Ersehntes, im Zweifelsfall Besseres, die Gegenwart Überragendes.

Zwischen Eltern und Kindern mag hier kaum ein Unterschied gewesen sein. Nur daß die Jüngeren vielleicht von der Arbeit noch nicht so abgestumpft sind, noch eine unmittelbare Verbindung zu sich selbst haben. Das magische Weltbild, das in der Entwicklungspsychologie nur den Kleinkindern zugestanden wird[34], legt der mittelalterliche Mensch nie ganz ab, ebensowenig das hierarchische Denken, das wechselweise von Obrigkeit und Kirche ausgenützt wird.

Das freundlich — Exzeptionelle des Fremden macht ihn zu einer Art „Autorität". Man wartet erstmal ab, bevor man sich mit ihr anlegt, man erwartet eine Übereinstimmung von Äußerem und Innerem.[35] Aus dem Zusammentreffen solch diffuser Heilserwartungen mit konkreter materieller Not bzw. mit konkreten Sorgen im Blick auf die wirtschaftlichen Entfaltungsmöglichkeiten der städtischen Jugend läßt sich nachvollziehen, warum die Hamelner Bürger dem Abzug ihrer Kinder stumm und tatenlos zusehen. Das Areal außerhalb der Stadtmauern ist fast schon „Fremde", davon weiß man nicht viel, dahin kommt man nur bei besonderen Gelegenheiten, es ist „Freiraum" im eigentlichen Sinn, dort ist alles möglich.

So wird der Fremde auch zum Alibi für die Entledigungsbedürfnisse der Erwachsenen. Wer weiß, in wessen Auftrag er handelt. Sie mögen erleichtert sein, gestatten sich keine weiteren Befürchtungen, kaum Erstaunen. Mit den *Sinnen* wird wahrgenommen, nicht über den Kopf, erst schauen, nicht reflektieren. Es sieht ja auch hübsch aus, wie ein Festzug — wer weiß, ob die Kinder nicht mit Geschenken zurückkommen, ob ihnen irgendein unvorhersehbares Glück zuteil wird, an dem man partizipieren kann, wer weiß, ob sie nicht ganz wegbleiben, erst nach Jahren als gemachte Leute wiederkehren, wie die Handwerksburschen, die jungen Kaufmannslehrlinge und die fahrenden Schüler.

In *allen* noch so widersprüchlichen Hoffnungen sehen sich die Hamelner Bürger schließlich getrogen. Ihre Klagen haben etwas Pflichtschuldiges und zugleich Schuldbewußtes, als ließen sie jetzt erst den Gedanken zu, man hätte eingreifen können. In Wirklichkeit ist kaum denkbar, daß die Frauen angesichts der beschriebenen häuslichen Verhältnisse Zeit und Verlangen gehabt hätten, die Verlorengegangenen „über Land" suchen zu gehen. Mit dem Anklang an das biblische Zitat begibt man sich gleichsam aus dem Außergewöhnlichen wieder heraus, es war ein Irrweg, hat nichts gebracht, der alte Erwartungshorizont schließt sich wieder, das eingeübte Verhalten kommt wieder zu seinem Recht.

Das *Klagen* hat im Mittelalter mehrerlei Funktion: die Öffentlichkeit wird zur Teilnahme gezwungen, es kann zur immer wiederkehrenden Äußerungsform allgemeiner Frustrationsentladung werden, gleichzeitig ist es eine legitime Gelegenheit, lauthals alle Bedrückungen herauszuschreien, auch wenn sie mit dem Anlaß gar nichts zu tun haben. Das Verhältnis zwischen Eltern und Kindern ist im Mittelalter nicht so intim, familiär wir heute. Die „Kindheit" ist noch nicht erfunden − das heißt, wenn man Kinder hergibt, erwartet man irgendeinen Gegenwert, einen Tauschwert, welcher Art immer − seis fürs hiesige, seis fürs jenseitige Dasein. Der Auszug ist wie ein Versprechen, das nicht eingelöst wird. Das stumme, spurlose Verschwinden ist es, was erst die Enttäuschung hervorruft. Das Wunderbare bleibt aus, aus der Leere erfolgt Flucht in die Konvention, sie überdeckt das Defizit an Klarheit über die eigenen Beweggründe. Ebenso beruhigend reiht die Beglaubigung durch biblische Ereignisse in die Ordnung derjenigen Auserwählten, gegen deren unerforschliches Leid sich auch nichts ausrichten ließ. So läßt sich die Passivität im Nachhinein auch rechtfertigen als Gehorsam oder Demut.

Kindschaftsverhältnisse

Bleibt nur die neue Zeitrechnung „nach Ausgang und Verschwinden" der Kinder. Es kennzeichnet den Diskurs der Chronik, keine eindeutige Einschätzung des Geschehens zu vermitteln, niemand die Schuld zuzuweisen. Die Klage wird nicht zur Anklage. Aktivität und Passivität der Zurückbleibenden und Ausziehenden verhalten genau in der Schwebe zwischen Tod und Leben, zwischen Schuld und Unschuld, zwischen Hoffnung und Angst, zwischen Glaube und Aberglaube. Ebenso wie die Bezeichnung „Kinder" im Ungefähren bleibt. „Kind" meint bis weit ins 18. Jahrhundert oft nicht mehr als den Status einer wie auch immer gearteten − meist wirtschaftlichen − Abhängigkeit. In Goethes „Egmont" unterbricht Egmont im Gespräch - unmittelbar vor der berühmt gewordenen Metapher über Zeit und Schicksal − seinen Sekretär mit den Worten: „Kind, Kind! Nicht weiter!" So gesehen umfaßt das Kindschaftsverhältnis nicht nur leibliche Kinder, sondern das gesamte Gesinde, Lehrlinge, Schüler (im Mittelalter sind die „fahrenden Schüler" oft erwachsene Männer) - und Frauen (s. „Nora").

In Anlehnung an den Glauben der persönlichen Gotteskindschaft eines jeden getauften Christen findet er auch im Vokabular weltlicher Machtverhältnisse seinen Niederschlag, und zwar bis heute.

Das „Volk" wurde und wird immer noch gern feudalherrlich-leutselig zu „Landeskindern" infantilisiert. Die Illusion individueller väterlicher Zuwendung, Verantwortlichkeit und Autorität, die in dem Begriff aufflackert, scheint auf ein nicht endendes Defizit in der „vaterlosen Gesellschaft" hinzuweisen.[36] Undenkbar, daß beispielsweise Perikles in seinen Reden an die Bürger von Athen diese entmündigende und undemokratische Terminologie gebraucht hätte. Ebenso zeugt der römische „Personalausweis" („civis Romanus sum") von einem Selbstbewußtsein, das sich schwerlich als kindliches Zutrauen einordnen läßt. Aber das antike Verhältnis zu den

Göttern war entsprechend auch ein eher ebenbürtiges, nicht auf Absolutheitsansprüche und Unfehlbarkeit gebaut.

Resumée: „Ordnung des Diskurses"

Fragt man sich nach all diesen Einzelbeobachtungen und historischen Accessoirs nach Zweck und Absicht dieses ersten Lüneburger Textes über den Auszug der Hamelner Kinder, stößt man auf verschiedene Mitteilungsebenen, besser gesagt: auf bedeutsam unterschiedene Genauigkeitsgrade innerhalb des Erzählten, die wiederum jeweils ihre Funktion bzw. Wirkung auf den Leser haben. Bei oberflächlichem Lesen überwiegt der Eindruck der Sicherheit durch die Häufung präziser Orts- und Zeitangaben, durch Zeugenbenennung usw. Es wird dem Rezipienten gleichsam suggeriert, daß es hier weiter nichts zu fragen gibt, daß das Geschehene hingenommen werden muß wie eine Naturkatastrophe, daß sich keine Konsequenzen aus dem Ereignis ziehen lassen, weil es sich aller Gesetzmäßigkeit entzieht, „unerhört" ist und bleibt — punktum!

Merkwürdigerweise hat sich die Welt mit diesem „punktum" jedoch nicht abgefunden. Die *zweite* Mitteilungsebene, die sich quasi zwischen den Zeilen als kunstvoll austarierte *Vagheit* herauskristallisiert hat, hielt die Phantasie der Rezipienten über 700 Jahre in Gang. Im weiteren wird sich zeigen, mit welchen unterschiedlichen Inhalten die *Leerstellen* im einzelnen aufgefüllt wurden, wie es zu einer ganzen Genealogie von Rattenfängern kommen konnte, ohne daß der Urtext eine einzige Ratte erwähnt — wie Literatur daraus wurde.

2. „von des teuffels gewalt" — ein Tagebuch
   Bamberger Chronik

Die Literarisierung der Rattenfängergeschichte, die — wie wir gesehen haben — anfangs nur eine Kinderfänger-, gar keine Rattenfängergeschichte ist, beginnt merkwürdigerweise mit einer Tagebucheintragung. Heute gehören Tagebücher — auch die von Nicht-Schriftstellern — ganz selbstverständlich zum festen Bestand der Literatur, als Dokument persönlichen und geschichtlichen Lebens. Die Sekundärliteratur hat sich ihrer längst ebenso eingehend angenommen wie der anderen Textarten. Im Jahr 1553 stellt es dagegen eine Besonderheit dar. Es gibt noch keine Schulpflicht, die Zahl derer, die lesen und schreiben können, ist niedrig, meist werden es Kaufleute sein, deren Schriftverkehr sich auf Lieferungen, Rechnungen und Verträge (Briefe) beschränkt. Für Bildung im weitesten Sinne ist nach wie vor die Geistlichkeit zuständig. Ihre Sprache ist das Lateinische.

Dies ist die zweite Besonderheit: Hans Zeitlos, Bürgermeister von Bamberg und Autor des hier zitierten Tagebuchs, schreibt *Deutsch*. Der Bericht seiner persönlichen Geschichte hat insofern Öffentlichkeitsanspruch, als er sich gerade im Bereich der Rattenfängergeschichte ausweitet. Als eine von 78 Geiseln, sämtlich Bürger der Stadt Bamberg, trifft er im

Die älteste erhalten gebliebene bildliche Darstellung des Kinderauszugs und der Rattenvernichtung wurde 1592 in Hameln für die Reisechronik eines Freiherrn aus dem Elsaß, Augustin von Mörsperg, angefertigt. Vorlagen sollen verschiedene Fensterbilder gewesen sein.

Gefolge des Markgrafen Albrecht Alcibiades und seines Heers 1553 in Hameln ein.[37] Es wird eine Rast von 8—9 Tagen eingelegt, während der die Bamberger bei Hamelner Bürgern aufgenommen werden. Hier muß er die folgende Geschichte gehört haben, die er - unvoreingenommen, wie er als Außenstehender sein muß — sicherlich nach dem Hörensagen getreu wiedergibt.

Es liegt auch ein berg ungeverlich eines puchsenschuss weit von dieser statt, der ist Calvaria genannt. Sagen die Bürger, das anno 1283 ein groser man gesehen worden gleich einem spilman, welcher ein rock mit vil farben angehabt und ein pipen oder pfeifen, damit er in der stat gepfiffen. Do sind die kinder in der stat mit hinausgeloffen bis auf den vorgenannten berg und alda bei ime versunken; allein zwei derselben kinder sind wieder nackend heimkumen, das eine verplint, das ander stumbt. Als aber die weiber ire kinder zu suchen hinausgeloffen, hat inen der vorgenant man gesagt: über 300 jar wollt er wieder kommen und mer kinder holen / Seien der Kinder 130 gewest. Fürchten sich demnach die leut desselben Orts noch, derselb man werde, so man 1583 zelen sol, wieder kommen.[38]

Man merkt es gleich: die „Tonart" hat gewechselt, vergleicht man diesen Text mit der ersten Chronik. Er ist auf die blanken Fakten reduziert, der Erzähler enthält sich jeglichen Kommentars. Aber gerade die fast teilnahmslose Nüchternheit seiner Berichterstattung gibt seinen Worten etwas Unentrinnbares, Graues. Die fast aufgeräumte Feiertäglichkeit und Wichtigkeit der Lüneburger Handschrift ist dem Alltag gewichen; keine Bibelzitate, keine Emotionen, keine ausschmückenden Details mehr — vor allem

41

aber keine vernebelnde Zweibödigkeit in der Mitteilung, keine hoffnungs-
bewegten Vagheiten, den widersprüchlichsten Deutungen offen: hier
spricht jemand sine ira et studio, ohne jedes Eigeninteresse, ohne Bewußtsein einer besonderen Aufgabe, es sei denn der, die historische Stunde so
genau und umfassend wie möglich zu fixieren — aber ohne Identifizierung
mit der Stadt und ihrer Geschichte, ohne das Bedürfnis, ein bestimmtes
Bild zu vermitteln.

Freilich *er* hat ein bestimmtes Bild vermittelt bekommen und überdies
eins, das mit seiner persönlichen Situation eigentümlich korrespondiert. Er
ist selbst eins von 78 Stadt-„Kindern", die seit Wochen und Monaten
durch ganz „Deutschland" einer ungewissen Zukunft entgegenziehn. Als
Geiseln für eine „ihrer Vaterstadt auferlegte Kontribution"[39] sind sie ihrem
Potentaten mehr oder weniger bedingungslos ausgeliefert; nicht alle
werden so wohlbehalten wie Hans Zeitlos zurückgekehrt sein. Derlei
Kriegszüge und territoriale machtpolitische Fehden sind im Mittelalter
keine Seltenheit. Jede Generation kennt den Krieg aus eigenem Erleben.
Fast genau 300 Jahre früher, im Jahr 1260, gibt es schon einmal einen
Auszug der Hamelner „Kinder" in diesem Sinn, von dem kehrt keiner
wieder. In der Schlacht von Sedemünder bei Springe, demselben Springe,
durch das Hans Zeitlos vor der Ankunft in Hameln kommt, werden alle
Männer getötet oder gefangengenommen; erst *nach* seinem Sieg kommt der
Bischof von Minden in den Genuß der von ihm gekauften Stadtrechte.
Lange Zeit wurde dieser Kriegszug für die 1. Quelle der Rattenfängersage
gehalten.

Sage und Geschichte vermischen sich im Bewußtsein der Hamelner
Bürger, die den Bamberger Geiseln ihre Stadtgeschichte erzählen; sie
mögen sich auch für die Zuhörer ineinander schieben, die die Prophe-
zeiung so selbstverständlich hinzunehmen scheinen, als verstünden sie ihr
eigenes Schicksal quasi als Vorausweisung auf ihre Erfüllung. Die 300 Jahre
seit dem ersten Auszug der Hamelner Kinder sind fast vorüber. Etwa 20
Jahre früher jährt sich die Niederlage von Sedemünder ebenfalls zum 300-
sten Mal. Etwas wie Weltuntergangsstimmung herrscht. Weltliche und
geistliche Machtverhältnisse sind nicht durchschaubarer geworden und
dadurch bedrohlich wie eh und je.

Die Geschichte selber hat sich merkwürdig verändert, es ist, als habe sie
sich der neuen Erzählsituation ein wenig angepaßt. Das imaginäre Publikum, für das der Lüneburger Chronist schrieb, hat sich jetzt in einen
Haufen heimatloser Gesellen verwandelt, nach Abwechslung und Neuig-
keiten hungernd, in Sorge um die zurückgelassenen Frauen und Kinder,
sehr konkret, sehr anwesend, mit sehr direkten Reaktionen auf die realen
Bezüge zum eigenen Geschick bzw. auf denkbare Übertragungsmöglichkei-
ten. Der Chronist schrieb gleichsam in einer *epischen* Situation, hier ist
daraus eine kleine *dramatische* Szene geworden. Die auftretenden Figuren
treten zueinander in Beziehung, reagieren plötzlich aufeinander, die
wenigen Details veranschaulichen das Geschehen drastisch, rühren Emotionen auf. Erst als die beiden übriggebliebenen Kinder heimkommen, fällt
es den Frauen ein, die anderen zu vermissen und suchen zu gehen. Wären
sie, statt nackt und blind und stumm, in Samt und Seide gekommen, wer

weiß, wie viele sich aufgemacht hätten, nicht die Kinder zu suchen, sondern ihnen in den geheimnisvollen Berg zu folgen.

Nicht die Tatsache, daß nur *zwei* von 130 zurückkehren, sondern daß sie so elend kommen, wie sie vielleicht gegangen sind, daß da kein Indiz für eine glückhafte Lebenswende die ungestillten Hoffnungen der Zurückgebliebenen speist, bringt sie in Bewegung. Spanuth hat zu der uns nächstliegenden Deutung gegriffen, wenn er meint, diese Kinder seien vor Entsetzen über das Erlebte buchstäblich ihrer Sinne beraubt worden. Davon steht aber nichts im Text. Ebenso ließe sich herauslesen, daß die beiden Kinder aufgrund ihrer körperlichen Defekte sozusagen den Anschluß verpaßt haben[40], daß sie im Guten wie im Bösen aus der Gemeinschaft der anderen ausgestoßen bleiben, so wie es um die fragliche Zeit vermutlich den Gegebenheiten entspricht. Oder noch schlimmer: daß sie vielleicht verschmäht wurden, weil sie nicht gesund sind, ähnlich wie die Drachen, Minotauren und sonstigen Unholde, die die antike bzw. klassische deutsche Sagenliteratur bevölkern, bei ihren turnusgemäßen Tributforderungen größten Wert darauf legten, nur die edelsten, schönsten und reinsten Jungfrauen geliefert zu bekommen (Ariadne, Gudrun u. a.). Ihre Nacktheit schließlich braucht im Mittelalter (und im Sommer) nichts anderes zu bedeuten, als daß sie ärmerer Leute Kinder sind. (Platter (u. a.) erzählt, daß er noch mit 10 Jahren oft im bloßen Kittel und mit nacktem Hinterteil herumlief.[41]

In jedem Fall — ob gerettet oder gerichtet — werden diese beiden Kinder zu Sendboten dessen, der die anderen fortgelockt hat. Das hartnäckige Schweigen, das in der ersten Chronik Mann und Berg und Kinder umschließt, ist durchbrochen. Er wird von der Figur zur *Person*, tritt in Beziehung zu den Hinterbliebenen, hat ihnen noch Mitteilungen zu machen. Mit keinem Wort wird eine übernatürliche Herkunft dieser Person angedeutet, obwohl er schon von besonderer Machart sein muß. Seine Drohung, in 300 Jahren wiederzukommen, könnte nicht selbstverständlicher klingen, wenn es sich um *drei* statt der drei*hundert* handelte. Die Angst vor seiner Wiederkunft ist konkret, will ernstgenommen werden.

Ein Wiedergänger? Der Teufel? Zu beiden hat das christliche Mittelalter noch eine durchaus ungebrochene Beziehung. Ungewöhnlich ist nur das Fehlen jeglichen Motivs. Wiedergänger sind in der Regel vorzeitig oder eines unguten Todes Gestorbene, die im Grab keine Ruhe finden und so lange umhergehen müssen, bis sie erlöst werden oder ihre Sünden abgebüßt haben.[42] Im Mittelalter glaubt man, Tote, die keine besondere Schuld auf sich geladen haben, kehren nicht zurück. Aber der Teufel kann sich ihrer Leiber bedienen, um den Lebenden damit einen Schabernack zu spielen.[43] Wer aber ein etwaiges Verbrechen bei Lebzeiten nicht gesühnt hat, muß unter Umständen so oft wiederkommen, bis ihm vergeben wird.

Hier will offenkundig niemand erlöst werden. Im Gegenteil: Es findet so etwas wie ein Verbrechen erst statt. Der es aber verübt, zeigt weder Furcht noch Schuldbewußtsein, sondern droht mit der Wiederholung der Tat. Es ist, als habe er eigens auf die jammernden Mütter gewartet, um sich an ihrer Verzweiflung zu weiden. Anders als der „Kinderfänger" der ersten Chronik ist er seinen Opfern nicht gefolgt bzw. vorangegangen, versteht sich nicht als funktionaler Teil einer einmaligen, furchtbaren Begebenheit, sondern hält sich abseits, bleibt verfügbar als dämonisches Perpetuum mobile, als Personifikation einer rhythmisch zuschlagenden anonymen Macht.

Mit ihrem scheinbaren Realismus grenzt die Szene ans Absurde: Niemand mag sich für die Beweggründe des Mannes interessieren, niemand richtet eine Frage an ihn, niemand lehnt sich gegen das unerhörte Geschehen auf. Es wird hingenommen wie der unerforschliche Ratschluß Gottes.

Der Teufel und der liebe Gott

Gottes oder des Teufels? Tatsächlich hat sich für den mittelalterlichen Menschen die selbständige Gestalt des Teufels aus der Gottesgestalt selber entwickelt, er ist eine „mythische Interpretation" existentieller Gefährdungserlebnisse[44] wie Seuchen, Hungersnöte usw., jedenfalls allen äußeren Übels, als ausführendes Organ eines rätselhaften göttlichen Zorns, der sich personifiziert verselbständigt. Volksglaube und kirchliche Unterweisung sind noch nicht klar zu trennen, vermengen sich ständig und zeitigen merkwürdige ambivalente Vorstellungen, in denen sich die eklatante Verunsicherung der Menschen durch die wechselvolle, umstrittene kirchliche Dogmengeschichte niederschlägt. Im vorbiblischen, auch „prinzipiellen" Dualismus genannt, noch Inkarnation des absoluten Bösen, Herrscher der Finsternis von Ewigkeit her usw., wird er im nachbiblischen Verständnis zu Gottes ganz persönlichem Widersacher, zum abgefallenen obersten Engel, der sich für seinen Sturz an den (schwachen) Menschen zu rächen versucht.[45] Luther hat nicht wenig zum verstärkten Wiederaufleben des Teufelsglaubens[46] im Mittelalter beigetragen mit seiner Behauptung, die ganz konkret zu nehmende Gefangenschaft (= Gebundenheit) des Teufels in der Hölle sei vorüber, der losgebundene sei wieder allenthalben tätig.[47] Die Spannweite der aufgestörten Phantasien reicht vom „Regierer der tiefen Traurigkeit" (im Anschluß an die Acht-Laster-Lehre) über den „Affen Gottes" (simia Dei) bis zum „schön gekleideten Jüngling von verführerischen Reiz"[48]; letzterer kommt uns schon fast wie ein alter Bekannter vor. Trafen wir ihn nicht in der ersten Chronik mit einer silbernen Pfeife von wundersamen Klang in den Gassen von Hameln?

Eins der gängigsten Bilder von der Verkörperungen des Teufels ist zu fast allen Zeiten die *Bocks*gestalt. Mit ihr verbinden sich eine ganze Reihe von negativen, abfälligen Redensarten, die uns vom Mittelalter bis heute geläufig sind: stinkend wie ein Bock, geil wie ein Bock, störrisch wie ein Bock, bockbeinig usw. Hexen pflegten bevorzugt auf *Böcken* zum B(l)ocksberg zu reiten; auch in seiner schönsten Kostümierung verrät sich der Teufel mitunter durch seinen versehentlich unbedeckten Bocksfuß (ersatzweise auch Pferdefuß usw.). Dahinter steckt das dringliche Bedürfnis, das, wovor man sich fürchtet, durch Lächerlichkeit des Schrecklichen zu entkleiden, es faßbarer, bewältigbar zu machen. So gesehen haben derlei Maßnahmen eine ähnliche apotropäische Funktion wie die bekannten Euphemismen für den Teufel wie „Gottseibeiuns" usw.[49]

Der *Teufel* als Inbegriff der *Sünde* (d. i. der Abfall von Gott) wird zum *Bock*. Im 3. Buch Mose, 16, 20—22 finden sich die folgenden Sätze als Anleitung zur Feier des alljährlich im Volk Israel gefeierten Versöhnungsfestes:

Und wenn er vollbracht hat das Versöhnen des Heiligtums und der Hütte des Stifts und des Altars, so soll er den lebendigen Bock herzubringen. Da soll denn Aaron seine beiden Hände auf sein Haupt legen und bekennen auf ihn alle Missetat der Kinder Israel und alle ihre Übertretung in allen ihren Sünden, und soll sie dem Bock auf das Haupt legen und ihn durch einen Mann, der bereit ist, in die Wüste laufen lassen, daß also der Bock alle ihre Missetat auf sich in eine Wildnis trage; und er lasse ihn in die Wüste.

Da hätten wir also den „Sündenbock", ein ziemlich handfestes Symbol und in zahlreichen Völkern als Sprach- und Verhaltens-(= Brauchtums)-regelung seit der Antike bis heute ein fester Begriff. Sowohl der Einzelne, wie auch eine Gemeinschaft kann sich der eigenen Schuldgefühle durch Verlagerung auf ein Tier, einen Gegenstand oder einen Menschen entledigen[50] und dadurch wieder rein werden. Das klingt wie ein Abschnitt aus der Psychoanalyse, mehr als 2 000 Jahre, bevor sie erfunden wurde.

Tatsächlich veranschaulicht der simple symbolisch-pragmatische Akt aus dem Alten Testament einen psychischen Mechanismus, der in das Vokabular der Psychoanalyse unter dem Begriff „Projektion" eingegangen ist.[51] Er bezeichnet u. a. Gefühle und Wünsche, die man in sich ablehnt, aus sich ausschließt und im anderen, seis Person, seis Sache, lokalisiert. Die Autoren sprechen von einer „Abwehr sehr archaischen Ursprungs, die man besonders bei der Paranoia am Werk findet, aber auch in ‚normalen' Denkformen wie dem Aberglauben."[52]

Kehren wir an dieser Stelle zurück zu den Hamelner Kindern bzw. deren Eltern. Die Kinder sind weg; über sie wird weiter kein Wort verloren. Aber die sie gezeugt, geboren und aufgezogen haben, müssen weiterleben, *wollen* weiterleben. Auf irgendeine Weise müssen sie sich mit ihrem Schweigen, mit ihrer Passivität, mit ihren widerstreitenden Empfindungen gegenüber dem Geschehen arrangieren, es in ihren Alltag integrieren. Ebensowenig wie über das, was *draußen* sich ereignet hat, läßt sich Klarheit darüber gewinnen, was sich in ihrem Innern abgespielt hat. Für beides gibt es keinen zuverlässigen Zeugen, keinen außer dem Spielmann, und keine sprachlichen und bewußtseinsmäßigen Kategorien, das Erlebte zu beschreiben. Aber er wird noch gebraucht, darum darf er nicht mit den Kindern im Berg verschwinden. Zuvor muß er noch versprechen, wiederzukommen. Wo *Glück* nicht sein kann, verlangt der Erlebnishunger des Mittelalters wenigstens das ganz große *Unglück*, eins, das immer wieder kommt, das exzeptionell ist, mit dem sich keiner messen kann.

Sozusagen ein „pragmatisches" Unglück. Weil man aber das Unglück ebenso wenig herberufen darf wie den Teufel, weil beide nach dem (psychologisch weisen, unbewußten) zeitgenössischen (Aber-)Glauben sonst zur Unzeit und geschwinder, als einem lieb ist, zur Stelle sind, muß er selber freiwillig verantwortlich zeichnen. Als Sündenbock für das vage Schuldbewußtsein einer ganzen Generation bekommt er so eine literarische Daseinsberechtigung ebenso wie eine „moralische", er wird in seine Funktion gebannt, wird handhabbarer. Damit ist ein (noch unreflektierter) Schritt Bewußtseinsbildung getan, von dem her belanglos erscheint, wo sich die Nahtstellen zwischen denkbarer und erdachter Wirklichkeit befinden. Armer Teufel!

3. „Wunderzeichen"
Hiob Fincelius

Bevor nun endlich der Rattenfänger in Person auf den Plan tritt, sei noch kurz ein dritter Text erwähnt, der gleichzeitig die erste *gedruckte* Fassung der alten Hamelner Sage darstellt. Das Werk aus dem Jahr 1556 trägt den Titel „Wunderzeichen", der Verfasser ist Hiob Fincelius, ein pommerscher Theologe:

Von des Teuffels gewalt und boßheyt wil ich hie ein warhafftige Historiam melden. Ungefehrlich für 180. jaren hat sichs begeben zu Hammel inn Sachssen an der Weser / das der Teuffel am tag Marie Magdalene inn menschlicher gestalt sichtiglich auff den gassen umbgangen ist / hat gepfiffen / und vil kinder / knebele und meidle an sich gelockt / und zum stadthor naußgefürt an ein berg / Da er dahin komen / hat er sich mit den kindern / der sehr vil gewest / verlorn / das niemandt gewüst / wo die kinder hinkomen sind / Solchs hat ein Meidle / das von fern nachgefolgt / jren Eltern angezeigt / ist derselben bald auff wasser und Land an allen örtern fleissige nachforschung und bestellung geschehen / Ob die kinder villeicht gestolen und hinweg gefürt weren worden / Aber es hat kein mensch erfarn / wo sie hin kommen sind. Solchs hat die Eltern höchlich betrübt / unnd ist ein schröcklich exempel götlichs Zorn uber die sünde. Solches alles ist beschriben in dem Stadtbuch zu Hammel / da es vil hoher Leut selbs gelesen und gehört.[53]

Obwohl nur drei Jahre später datiert als der Bericht des Hans Zeitlos aus Bamberg, ist es eine neue, dritte Tonart, die hier angeschlagen wird. Vom ersten Wort an wird der Leser nicht im Zweifel gelassen, wie er den Bericht einzuordnen hat, wie er sich ihm gegenüber zu verhalten hat. Hier soll nicht phantasiert und geträumt, nicht interpretiert und projiziert — hier soll geglaubt und sich gefürchtet werden, weiter nichts. Das Geschehen fügt sich in ein klares theologisches System und wird in seiner Eindimensionalität dem stark bildhaften Vorstellungsbedürfnis des mittelalterlichen Menschen gerecht. Der Teufel als Vollstrecker göttlichen Zorns über der Menschen Sünde, das ist eine einleuchtende Gewaltenteilung: denn „die Sünde", die Augustin schon im Geschrei eines Säuglings zu erkennen glaubte, ist allgegenwärtig und bedarf keiner genaueren Benennung.

Überdies muß sich die Stringenz der Geschichte dem Zweck des Erzählers unterordnen, d. h. sie muß mit lapidarer Sinnfälligkeit Kausalitätsverhältnisse herstellen, die für den einfachen Mann nicht nachprüfbar sind bzw. aufgrund eines permanenten, von der Kirche mit Fleiß am Leben erhaltenen pauschalen Schuldbewußtseins blindlings akzeptiert werden. Ähnlich verfuhren die Wanderprediger der damaligen Zeit, die einen geradezu ungeheuerlichen Zulauf hatten und mit gezielter, massensuggestiver Wortgewalt die Menge wechselweise in Entzückungs- oder Tränentaumel versetzten.[54] Bezeichnenderweise sind es immer die Bilder des Todes, der Vergängnis, der Höllenqual oder teuflischen Heimsuchung, denen die angstvolle Faszination der Zuhörer gilt. Ihr sinnliches Daseinsgefühl verlangt ebenso sinnliche Schreckensvisionen, um sich der eigenen Realität zu vergewissern. Entsprechend fallen besonders seit dem Mittelalter in Literatur und bildender Kunst die Darstellungen der Unterwelt, der Verdammnis oder des Jüngsten Gerichts unvergleichlich plastischer und

Um 1430 entstand die Tuschzeichnung einer Rattenbeschwörungsszene für eine Weimarer Bilderhandschrift, „Das Ingenieur-, Kunst- und Wunderbuch".

erschütternder aus, z. B. in der „divina commedia" von Dante (1265 bis 1321), den Gemälden des Hieronymos Bosch (15. Jahrhundert) usw.

Die Vorstellung von einer christlichen Glückseligkeit übersteigt offenbar ganz im Gegensatz zu heidnischen Paradies-Phantasien die Grenzen des menschlichen Phantasiepotentials. Dantes Beatrice ist ein bißchen langweilig und interssiert eigentlich nur als Transformation einer so gewaltige Sinnenkraft evozierenden Ur-Gestalt, daß so etwas wie die „göttliche Komödie" überhaupt entstehen konnte. Dagegen nehmen sich die Straf- und Sündenvisionen sprachlicher und bildnerischer Art wie Umsetzungen der aristotelischen Tragödienlehre aus: Furcht und Mitleid werden im Mittelalter gleichsam mit einem permanenten Kraftaufwand unaufhörlich und in immer neuen Droh-Exempeln von der Kirche produziert bzw. evoziert, um die Masse in der Hand zu behalten, machtpolitisch manipulierbar zu machen.[55]

Es liegt also nahe, Fincelius Auslegung des Hamelner Kinderauszugs als „schröcklich exempel götlichs Zorn über die sünde" im Sinne einer stark dirigistischen Maßnahme zu verstehen. Die nun schon fast zum „Topos" gewordene Floskel von den elterlichen Nachforschungen zu Wasser und zu Lande kann nicht darüber hinwegtäuschen, daß mit Ausnahme einiger weniger Patriziersprößlinge die Kinder noch immer eher als Belastung denn als sichtbare Segnung Gottes angesehen werden. Noch im Jahr 1754 schreibt Ulrich Bräker folgenden Kommentar seines Vaters zu Ulrichs Gesundung nach einer langen, schweren Krankheit nieder:

„Danke deinen Schöpfer!" sagte inzwischen eines Tags mein Vater zu mir. „Er hat dein Flehen erhört, und dir von Neuem das Leben geschenkt. Ich zwar, ich will dir's nur gestehen, dachte nicht, wie du, Uli, und hätt' dich und mich nicht unglücklich geschätzt, wenn du dahingefahren wärst. Denn, ach! Große Kinder, große Sorgen! Unsere Haushaltung ist überladen – Ich hab' kein Vermögen – Keins von Euch kann noch sicher sein Brodt gewinnen – Du bis der Aelteste. Was willst du nun anfangen?"[56]

Dazu muß man wissen, daß Ulrichs Vater bei aller Armut und Strenge doch als ein liebevoller und fürsorglicher Familienvorstand aus den Aufzeichnungen des Sohns entgegentritt. Niemand kommt es in den Sinn, seinen ehrlichen Stoßseufzer als Brutalität oder Fühllosigkeit zu werten, am wenigsten Ulrich selber, dessen Frau später 10 oder 11 Kinder bekommen wird, von denen höchstens 4 am Leben bleiben. Bemerkenswert im Kontext von Schuld und Sühne übrigens der (psychologische) Grund für Ulrichs Krankheit, von ihm selbst als solcher erkannt: die erotischen Annäherungen eines besoffenen alten Bettelweibs, die er aus Ekel dem Vater verschweigt, die ihn aber in seinen Fieberanfällen ständig weiterverfolgen. Erst die „Beichte" gegenüber dem entsetzten Vater („Ob ich denn mit dem Thier was Böses gethan?") bringt ihm Erleichterung, und er wird bald gesund. Seine „Sünde", für die er zu büßen meint, ist das bloße Verschweigen, sonst nichts. Nicht auszudenken, wie er sich selber hätte martern müssen, wäre er tatsächlich der Verführung erlegen!

Die „Wunderzeichen" des Fincelius sind also auf besondere Weise auf die Bedürfnisse von Autor *und* Leserschaft zugeschnitten. Geschichten wie die von Hameln *illustrieren* nicht nur, sondern *intensivieren* auch die völlige Durchdrungenheit des alltäglichen Lebens von Glaubensdingen und kirchlichem Reglement. Das Ungeheuerliche ist potentiell immer gegenwärtig, immer denkbar, aus der einmaligen Sensation werden gemäß der einfachen Denkstruktur der breiten Masse die gröbsten Verallgemeinerungen gezogen. Jedes Ereignis wird so zum Exempel, aus ihrer Summe setzt sich das Weltbild zusammen.

Neben mehreren Auflagen finden die „Wunderzeichen" auch in zahlreichen Raubdrucken weitere Verbreitung.[57] Spanuth spricht von einer ganzen Reihe ähnlicher Werke, die zur selben Zeit etwa unters Volk kamen und „wie Pilze aus dem Wald-Boden" schossen, „dem Geschmack der Zeit entsprechend"[58]. Das läßt zumindest auf eine verstärkte Sehnsucht nach einer „Erklärung" der Weltdinge schließen, auf die Fincelius antizipierend antwortet. Aber die Apodiktik, mit der er es tut, deutet bereits auf eine aufbrechende Neugier der Menschen, die sich nicht mehr mit den alten Dämonen abspeisen läßt, sondern nach einsichtigeren Deutungsmodellen verlangt. Die lassen nicht lang auf sich warten.

4. Kausalität der „ratzenmaterie"
Zimmersche Chronik

Tatsächlich ist es fast genau dieselbe Zeit, zu der auch die „Rattenfänger-Lesart" erstmalig auftaucht. Wieder ist auch dieser Bericht aus einer neuen

Interessenlage heraus geschrieben, für ein anderes Publikum. In der *Familienchronik* des Grafen Froben Christoph von Zimmern und seines Sekretärs Johannes Müller findet sich folgende Erzählung:

Das ich aber widerumb uf die ratzenmaterie kom, so kan ich nit underlassen, ain wunderwerk Gotes, so sich in gleichförmiger gestalt vor vil jaren mit vertreibung der ratzen in der Statt zu Hameln in Westphalen begeben hat zu melden, dann es einer seltzsamkeit und ungewöne der gedchtnus wol würdig, und daraus auch wol abzunemen, das der allmechtig in seinen geschepfn wunderbarliche, die auch mit menschlicher Vernunft nit zu durchgründen.

Vor etlichen hundert jarn sein die inwonner der stat Hammeln in Westphaln mit ainer solchen grosen anzal und viele der ratzen geplagt worden, das inen ein solichs überbeschwerlich und nahendt unleidenlich gewesen. Begab sich, das ungeferdt, oder villeucht user der verhenknus Gottes ein frembder, unbekannter man oder ain landtfarer, wie man dann vor zeiten in unsern deutschen landen die farende schueler gefunden, dahin kommen. Da derselbig die clag und beschwerdt der burger vernommen, hat er sich erpotten, wo sie im dafür lonen und ein willen machen, welle er inen der ratzen allerdings abhelfen. Solchs seins anbringens seins sie wol erfrewt, haben im uf sein vordern und begern ein zimliche anzal gelts uf etlich hundert guldin versprochen und zugesagt. Uf das er durch alle gasen der Stat mit eim pfeifle gegangen, dasselbig an den mundt genommen und gepfiffen. Alsbaldt haben sich alle ratzen der ganzen Stat usser allen heusern versamlet und haufechtig mit ungleublicher anzall im uf dem fueß nachgelofen für die Stat. Da hat er sie in den nechst beiligenden berg verbannet, und volgends kein ratz mehr in der stat gespeurt, noch gemerkt worden. Also hat er das versprochen gelt an sie, wie er dann mit inen überkommen, erfordert. Dessen haben sie sich gespert und gewidert, gleichwol sie im der abrede gestendig gewesen, haben aber doch vermaint, seitmals im nit vil mühe oder costen darauf gelofen, sonder hab die Sach geschwindt, ohne alle arbait sonder ains zimlichen oder sonderliche kunst verricht, sollt er sovil nit begern, sich beniegen lasen und ain weniges nemen. Es wolt aber der frembt man sich von seiner vorderung nit weisen lasen und beharret uf dem, wie sie mit im überkommen und im versprochen hetten, dann wo sie das nit thuen, würde der rewen hernach, aber villeucht zu spat, volgen, und gern würden wellen, sie hetten ine seiner vorderung zufriden gestellt. Die burgerschaft aber beharret uf dem, das es gar zu vil were, und wolten im nit mer geben. Also wie er sahe, das er bei ine nichts erhielt, gieng er wieder durch alle gasen der statt mit seinem pfeifle, wie vor; da sein im mertails die jungen kindt under acht oder neun jaren, die geen haben kinden, knaben und medlin, uf dem fueß nachgevolgt, für der stat zum nechsten berg. Derselbig hat sich wunderbarlich gegen inen ufgethon, und ist also so der unerkant man mit den kindern in den berg gangen. Der hat sich gleich wider beschlossen, und fürter ist weder der man oder die kinder nimmer mehr gesehen worden. Wiewol nun damals ein groser jammer in der ganzen stat entstanden, so haben sie doch der sach weiter nit thuen kinden, sonder dem allmechtigen bevelchen müeßen und irer aignen schuldt geben müesen. Diser wunderbarlichen geschicht zu ewiger gedechtnus schreibt iezermelte stat in allen iren briefen am datum nach Christi geburt die rechte jarzall, daran henken sie aber und nach verlierung unserer kinder in dem oder dem jar. Es ist dises schreibens sich im datum der Stat Hammel nit zu hoch zu verwundern, so wir doch wissen, das im erzstift Trier gebreulich, so das new jar anfacht, das man solichs nit schreibt nach der gepurt Christi, wie in allen lendern gepreuchlich, sonder man schreibt nach der mentschwerdung Christi im jar etc., und wurt das jar angefangen uf unser Frawen tag der verkindigung.[59]

Unter einer damaligen Familienchronik hat man nicht nur private Mitteilungen über die Bewandtnisse der nächsten Anverwandten zu verstehen. Vielmehr wird alles notiert, was dem Chronisten irgend von

Interesse zu sein scheint, Begebenheiten aus der näheren und ferneren Umgebung, sofern sie ihn beeindruckt haben, Assoziationen, die ihm beim Schreiben und Erinnern kommen, Glaubenselemente, Kommentare – kurz: das eigene Weltbild fließt unversehens mit ein, Dichtung und Wahrheit amalgamieren sich. Denn dieser Chronist schreibt in niemandes Auftrag und in keiner öffentlichen Funktion, gewissermaßen also auch nicht oder nur begrenzt für die Öffentlichkeit, sondern zu seinem eigenen Vergnügen.

Was ihm an der Hamelner Geschichte berichtenswert erschienen sein mag, wird all das sein, was über die vorangehende Erzählung hinausgeht. Zuvor ist von einer Rattenplage und ihrer Bezwingung durch einen Rattenbeschwörer zu Meßkirch beim Bodensee aus dem Jahr 1538 die Rede; das ist die Heimat seines Sekretärs, mithin ein Moment der „Beglaubigung", dessen es eigentlich gar nicht bedarf. Aus der „Rattenfängersammlung" im Hamelner Museum ist ersichtlich, daß ähnliche Sagen schon *vor* der Zimmer'schen Chronik mündlich kursierten, besonders aber dann im ausgehenden 16. Jahrhundert als Zugstück vielfach von zeitgenössischen Chroniken übernommen wurden, vor allem im Niedersächsischen, Thüringischen und Hanseatischen. Woher genau die „Ur-Version", die Quelle stammt und wann evtl. zum ersten Mal die Verquickung mit der Kinderauszugs-Geschichte erfolgt, läßt sich nicht mehr feststellen. In der Zimmer'schen Chronik ist sie jedenfalls erstmalig schriftlich fixiert. Und wenn sich auch eine unmittelbare literarische Wirkungsgeschichte nicht nachweisen läßt, bleibt sie doch mittelbarer Vorläufer späterer poetisierter oder in umfassendere poetische Texte eingestreuter Fassungen.[60]

Die gewöhnlichen Rattenfänger-Geschichten gehen fast alle gut aus. Durch irgendeinen Hokuspokus werden die Tiere verjagt, danach läßt sich keines mehr blicken, alle sind glücklich. Anders im vorliegenden Text. Zunächst fällt auf, daß der Verfasser offenbar großen Spaß beim Schreiben hat, er erzählt seine Geschichte mit Genuß, schmückt sie aus, schildert breit, füllt Hohlstellen der Überlieferung nach eigenem Gutdünken auf, kurz: er *gestaltet* seine „Quelle", hat offenbar das Bedürfnis nach innerer Kohärenz, nach Folgerichtigkeit, nach Deutbarkeit, nach einer „richtigen" Geschichte. Seine Protagonisten sind *Menschen* mit klaren, vorstellbaren Empfindungen wie Hilflosigkeit, Verzweiflung, Neugier, Dankbarkeit, Schläue, Hartnäckigkeit, Geiz, Rache usw., nicht mehr Gottes-, Teufels- oder Dämonenspuk. Um ihre Motivation transparent werden zu lassen, genügen wenige Worte, der geheimnisumwitterte fremde Mann wird als mutmaßlicher fahrender Schüler vorgestellt. Mit anderen Worten: Der Graf von Zimmern bleibt sozusagen auf dem Teppich, er „vermeldet" nicht einfach, sondern versucht, sich in die Situation hineinzuversetzen, ihr eine innere Logik abzugewinnen, wie das schon in der eingangs zwar noch negierten, aber immerhin doch einmal erwähnten „menschlichen Vernunft" sachte anklingt.

Und wo bleiben die Kinder? Merkwürdigerweise spielen sie in der Aufzeichnung die kleinste Rolle. Ihre Entführung, in drei Sätzen abgetan, erfolgt wie die selbstverständlichste Sache der Welt, als „natürliche" Konsequenz des Vorherigen, un-spektakulär. Die Leute haben es nicht besser verdient. Der Konflikt zwischen Rattenfänger und Bürgermeister nimmt soviel Raum ein, wird so detailliert wiedergegeben, daß es fast wie eine Rechtfertigung im Voraus klingt, was immer sich der Geprellte als Rache ausdenken mag.

Indessen, das fast übertriebene Bemühen des Erzählers um Plausibilität und lapidare (rationale) Einsichtigkeit macht stutzig. Er tut etwas, was sämtliche anderen Autoren bislang vermieden haben: er *benennt*, was immer ihm benennbar erscheint, er schaltet die Phantasie aus und die Vernunft ein, neutralisiert alle Sensationslust durch historische Erläuterungen, mag sich über die Polarität von *Macht* und *Recht* hinaus auf keine weiterführenden hermeneutischen Spekulationen einlassen, es sei denn die üblichen Hinweise auf Gottes wunderbare Wege. Erstmals erfährt man, daß es sich um wirkliche *Kinder* handelt, alle handelnden Personen haben klare Motive für ihr Verhalten, alles scheint aufzugehen im Koordinatensystem von Aufgabe und Lösung, Arbeit und Lohn, Macht und Recht, Schuld und Strafe. Der Jammer der Eltern wird fast beiläufig abgetan, jedenfalls nicht sehr ernst genommen angesichts der klaren Beweisführung über ihre eigene Schuld am üblen Ausgang der ganzen Geschichte.

Aus alledem schimmern fast aufklärerische Intentionen hervor, einstweilen noch, ohne daß die Metaphysik radikal liquidiert würde. Als fester Bezugsrahmen bleibt sie bestehen, aber *innerhalb* dieses Rahmens agieren nur noch gewöhnliche Menschen, aufgeteilt in Repräsentanten materieller und nicht-materieller Macht, blinder und sehender Gewalt, sichtbarer und unsichtbarer Potenzen. Nicht Götter und Dämonen – das Geld ist die bewegende Kraft, an der sich der Konflikt schürzt. Von „etlichen hundert gulden" ist die Rede, eine gewaltige Summe zur Zeit des Geschehens. Die Bürger sind Geschäftsleute, ihre Preisvorstellungen richten sich am mutmaßlichen Schwierigkeitsgrad der zu bewältigenden Aufgabe aus. Die Nachfrage (nach dem Retter) ist groß, das Angebot klein. Sie mögen es ehrlich meinen mit der hohen Summe; erst angesichts der vermeintlichen Mühelosigkeit, mit der ihnen das vielleicht sauer Verdiente abgewonnen wird, regt sich ihr Widerstand. Sie wollen etwas sehen für ihr Geld, mögen sich so etwas wie eine der Arbeiten des Herkules vorgestellt haben, eine greifbare, konstruktive List, einen technischen Trick sozusagen, der sich im Bedarfsfall beliebig wiederholen läßt. Arbeitskraft muß sichtbar sein oder sich über intellektuell nachprüfbare Fähigkeiten mitteilen, damit sie entlohnt werden kann. Selbst ein sensationelles Kunststück hätten sie noch anerkannt. Aber einfach nur pfeifen . . .

In zweierlei Hinsicht deuten sich hier Merkmale frühkapitalistischen Denkens an: einmal darin, daß neben der zu erbringenden *Leistung* der Arbeitgeber auch auf die gesamte Arbeitskraft seinen Anspruch erhebt, sie sozusagen mitkauft. Zum anderen, daß sich der Geldgeber das alleinige Urteil über den Aufwand eines Arbeitsvorgangs anmaßt, von dem er selber gar nichts versteht oder dem er sich längst entfremdet hat. Ein dritter Aspekt wäre die „Bestrafung" dafür, daß einer es wagt und auch schafft, sich den gesellschaftlichen Spielregeln der Selbstinszenierung auf eine Weise zu entziehen, die die Stadtväter lediglich durch den Kontrast einer gewissen Lächerlichkeit preisgibt. Die große Summe war gleichsam ein Eingeständnis ihrer Hilflosigkeit, die zurückgenommen werden muß. Die Angst hat den Kaufmannsgeist vorübergehend außer Kraft gesetzt. Umso hartnäckiger und bestimmender tritt er wieder auf den Plan, als sich der Vertragspartner auf kein Feilschen einläßt, d. h. ihnen mit ihren eigenen Mitteln begegnet. Als Rache für seine Unterbezahlung nimmt er ihnen ihr gesamtes Potential von weiteren unterbezahlten Arbeitskräften — die Kinder.

Einerseits widerlegt er so ihr materialistisches Rechenexempel, andererseits bestätigt er es zugleich. Kraft ist zwar nicht gleich Arbeitskraft und Geld (noch) nicht die höchste Macht, aber der Tauschwert von beidem tritt in der Rolle der Kinder greifbar zutage. Ihr Verlust wird von den Eltern mit einer Gelassenheit quittiert, als handle es sich um eine verlorene Tarifrunde, auf die aber weitere folgen werden. Noch ist die „Wunderbarlichkeit" der Geschichte tatsächlich nicht ganz mit menschlicher Vernunft zu durchgründen, aber als Mittel, dem Unbegreiflichen auf die Spur zu kommen, erfährt sie eine gewaltige Aufwertung, der gegenüber sich die üblichen geistlich orientierten Schlußfloskeln wie ein bloßer Refrain ausnehmen.

Robert Browning, The Pied Piper of Hamelin. Illustration by Arthur Rackham.

III. Das 16. Jahrhundert

Didaktische Tierschau — Georg Rollenhagens „Froschmeuseler"[1] (1566)[*]

Was findet statt, wenn ein „Text" — teils mündlich tradiert, teils schriftlich fixiert (in welcher Version auch immer) — zu „Literatur" wird? Die Beliebigkeit seiner Reproduzierbarkeit wird eingeschränkt, er bekommt eine feste, nachlesbare Gestalt, die erzählte Geschichte wird ihres individualen Charakters entkleidet, wird so etwas wie Allgemeinbesitz, läßt sich als „Exempel" heranziehen. Die Qualität des Erzählakts verändert sich: er ist nicht mehr Mitteilung, Sensation, Information, sondern Erinnerung an Bekanntes, Illustration für einen umfassenderen Inhalt, funktioniert als steuerbarer Assoziationsanstoß, wird zu „Bildung", d. h. zu etwas, womit man seine Welterkenntnis und Erziehung ausweisen kann. An einen derlei literarisch vereinnahmten Text wird in erster Linie nicht mehr die Wahrheitsfrage gestellt, sein eventueller Appellcharakter gleitet ins Rhetorische, inhaltliche Sperrigkeiten glätten sich unter der Kontrolle formaler Aspekte, er wird handlich und hübsch verpackt, konsumierbar. Mit seiner „Einmaligkeit" ist es vorbei, sie war im persönlichen Bericht, ob mündlich oder schriftlich, noch irgendwie gewahrt.

Das Literaturwerk, in dem die Rattenfängergeschichte noch im selben Jahrhundert erscheint, ist von fast gigantischen Ausmaßen; der barocke Titel läßt etwas davon ahnen: *Froschmeuseler.*

Der Frösch und Meuse wunderbare Hoffhaltunge. Der Frölichen auch zur Weyßheit und Regimenten erzogenen Jugend zur anmutigen aber sehr nützlichen Leer aus den alten Poéten und Reymdichtern und insonderheit aus der Naturkündiger von vieler zahmer und wilder Thiere Natur und eigenschafft bericht. In Dreyen Büchern auffs newe mit vleiß beschrieben und zuvor im Druck nie außgangen.

Grundlage ist die *Batrachomyomachia* (d. i. Krieg der Frösche und Mäuse), ein zu des Verfassers Lebzeiten irrtümlich Homer zugeschriebenes Epos, wahrscheinlich um 500 vor Christi entstanden. Der Autor Georg Rollenhagen, der die kleine Dichtung schon fast dreißig Jahre früher als Student zusammen mit anderen Kommilitonen scherzhaft ins Lateinische, Französische und Deutsche übertragen und z. T. unter Anleitung seines Professors ergänzend bearbeitet hat[2], vergleicht seine Moralsatire mit dem ebenfalls ursprünglich aus der Antike stammenden, erst um 1150 als lateinisches Versepos erschienenen *Reynke de Vos*, der aber selbst in Goethes Hexametern (1794) noch erheblich drastischer bzw. dramatischer ausfällt als der „Froschmeuseler".

Der Text der Hamelner Sage findet sich im 2. Teil[3], als Frösche und Mäuse bereits in Konflikt geraten sind. Die Frösche beraten sich über die

---

[*] Zit. wird nach Georg Rollenhagen: Froschmeuseler, hrsg. von Karl Goedeke, 1. und 2. Teil, Leipzig 1876 (Deutsche Dichter des 16. Jahrhunderts, hrsg. von K. Goedeke und J. Tittmann, 9 Bde.).

Kriegserklärung der Mäuse. Verschiedene Strategien werden vorgeschlagen, verschiedene Stimmungen werden laut. Jeder Sprecher weiß andere Beispielgeschichten *für* oder *gegen* die Idee, gegen die Mäuse den Kampf anzutreten. Fürst Quadrat, der die Rattenfängersage erzählt, will mit seiner Geschichte vom Krieg abraten, er warnt vor der List und Übermacht der Mäuse:

> Es ist gar ein geferlich ding,
> Das wir mit meusen wollen kriegen,
> Die alzeit bei den mantiern liegen
> Und lernen von ihn alle list,
> Davon ihr noch gar wenig wist. (S. 182)

Dann folgt nach wenigen Versen über die „natürlichen" Waffen der Mäuse der Bericht über die Hamelner Ereignisse. Ohne besondere Datierung schließt diese ganze Passage unmittelbar an den vorhergehenden historischen Exkurs über biographische Details aus der Froschkönigs-Familie an, um dann im Anschluß, quasi mitten im Satz, die biblische Geschichte um den Tod von 42 Kindern anzufügen, die von 2 Bären zerissen werden, weil zwei der Knaben den Propheten Elisa „Kahlkopf" höhnten und von ihm „im Namen des Herrn" verflucht wurden.[4] Die abschließende Moral, an die die Jahreszahl 1284 nur noch als verstärkendes Moment angehängt scheint, bezieht sich wieder nur auf die Rattenfängergeschichte:

> Wer geld zu rechter zeit veracht,
> Hat oft großen gewinn einbracht.

Wenig später folgt die Erzählung von Bischof Hatto in Mainz. Aus alledem wird ersichtlich, um was für ein buntes Gemisch von Gelesenem, Geglaubtem, Berichtetem, Vermutetem, Phantasiertem bzw. Aktualisiertem es sich im Gesamttext handelt. Die Zusammensetzung ist durchaus repräsentativ für den Aufbau des ganzen Werks. Die Überleitungen von Passus zu Passus sind von vager bis unverständlicher Logik, mitunter von derb sarkastischem Rabelais'schen Humor und immer nur lapidar aufs Nächstliegende abzielend (z. B. über Hattos Ende:" . . . und fraßen ihn ungebraten auf." S. 184).[5]

Die allgemeine Schlußfolgerung aus *allem* ließe sich auf 100 andere Geschichten ebensogut wie auf die vorliegenden anwenden:

> Wer vor ergangen ding betracht,
> Und gegenwärtigs hat in acht,
> Draus zukünftigs ermessen kann,
> Den halt ich für ein weisen man.

Worin liegt das Interesse dieser Literatur? Worin die Funktion der Rattenfängererzählung? Das Schicksal der Kinder von Hameln ist Rollenhagen ziemlich gleichgültig, mit Ausnahme ihres (in seiner Fassung) sicheren Todes, den er in einem gänzlich akausalen, kindlich-assoziativ reihenden Kontext mit der Unberechenbarkeit der Ratten und Mäuse sieht. Zugleich wendet er sich im Titel ausdrücklich an eine Jugend, die er sich als Adressaten für sein Mammutwerk einstweilen erst erträumen kann, da zur

Entstehungszeit nur ein verschwindend geringer Prozentsatz dieser Jugend des Lesens und Schreibens mächtig ist.

Aber der Mann ist Lehrer, Didaktiker also, und darüberhinaus Prediger, das verpflichtet und schafft zugleich ein multiples Alibi für die zeitübliche barocke Weitschweifigkeit, deren gelahrter Anspruch auf Unterrichtung und Bildung sich immer wieder im Herunterrattern sämtlicher nur auffindbaren Sensationen, Legenden, Histörchen, Sagen, Bibeltexte und zeitgenössischen Berichte entlädt. Als eine unter zahllosen anderen verliert die Geschichte vom Rattenfänger in Hameln an Zeugniskraft für den hier untersuchten Gegenstand, nämlich die literarische Ablesbarkeit der erwachsenen Einstellung gegenüber Kindern, gemessen an der (literarischen) Verarbeitung ihres Lebens und Sterbens. Und doch deutet sich gerade in diesem scheinbaren Widerspruch zwischen Pathos und Beiläufigkeit eine Wende im Erwachsenen-Kind-Verhältnis an, die dann im 18. und 19. Jahrhundert breiten Raum einnehmen wird: die zuvor eher als Objekte verhandelten Kinder werden zu Personen, zu Ansprechpartnern. Ihre Funktion für die Erwachsenen wird im Zuge ihrer erkannten Bildbarkeit differenzierter, vielfältiger und gewichtiger.

Um sein enzyklopädisches Wissen zu demonstrieren, scheint Rollenhagen alles mit derselben Elle zu messen, nämlich an der Interessantheit und Renommierfähigkeit des Erzählten vor einem möglichst breiten Publikum, dessen Lachlust nie über dem Ernst der Handlung zu kurz kommen darf und dessen Bedürfnis nach Veranschaulichung der eigenen Situation durch satirische wie fabulöse Aktualisierungen ständig Rechnung getragen werden muß. Der „rechte Ernst" wird im „Scherz und mit lachendem Mund ausgesprochen und beschrieben"[6].

Dichtung wird zum Gefäß einer Didaktik, die das gesamte menschliche Dasein umfassen soll. Rollenhagen geht dabei weit über seine antike Vorlage hinaus, seine handelnden Tiere *sind* Menschen (während sie im „Reinke" lediglich mit menschlichen Zügen ausgestattet sind, im Grunde aber ihrer Tierheit verhaftet bleiben). Fabeln und Geschichten aus dem bürgerlichen (Tier-)Leben wechseln mit geschichtlichen bzw. dazumal zeitgeschichtlichen Konterfeis (s. Reformation: Luther tritt auf als Frosch Elbmarx), Staatsformen werden kritisiert, ganze Landstriche in ihrer Mentalität karikiert (Frösche = Nord- und Niederdeutsche, Mäuse = Süddeutsche). Dazwischen sind immer wieder lateinische, griechische und hebräische Brocken und Zitate in der *Ursprache* eingestreut, der Verfasser nennt sein Werk selbst „eine förmliche deutsche Lection, gleichsam ein Abbild der Zeit"[7] (XXX).

Die implizit beanspruchte Objektivität solcher Abbildlichkeit läßt sich (immer) mit Fragezeichen versehen. Aus heutiger Sicht scheint mir jedoch die Selbstverständlichkeit bemerkenswert, daß *alles*, was sich an Geschriebenem und Erzähltem über menschliche Bewandtnisse sozusagen seit der Erschaffung der Menschheit auch nur dingfest machen läßt, als „Quelle" gleicherweise für wert erachtet wird, in den großen Eintopf mit eingerührt zu werden. Kalauer und griechische Klassik, Spruchweisheit, Gerüchte, Bibel, Reformationsgeschichte und bürgerlicher Alltag — jedes für sich wird als Äußerung von Menschen über Menschen verstanden in einem fast modernen Begriff von Literatur als (An-)Sammlung verschiedenartigster Textsorten.

Unparteilich bleibt der Verfasser freilich nicht, und seine moralische Botschaft ist das, was ideologisch dieser gigantischen bürgerlichen Tier-Oper genau entspricht und gleichzeitig ihre weitere Vorführbarkeit garantiert; mithin den politischen und gesellschaftlichen Status quo: Man soll gottesfürchtig, fleißig, wohltätig, vorsichtig, genügsam und zufrieden sein; Religion und Staat sollen getrennt bleiben. Die letzte Entscheidung in Religionsfragen gehört der Bibel, in der Politik dem König. Kriege sind prinzipiell sinnlos und nach aller Möglichkeit durch Diplomatie, Geschenke, Entschuldigungen und Friedensverträge zu umgehen.

> Besser ist fried mit beschwerlichkeit,
> Denn Krieg mit eitl gerechtigkeit.

Damit ist ganz gewiß auch die eingangs erwähnte „fröhliche Jugend" mitangesprochen, sowohl direkt, als auch indirekt. Denn es wird ihr — vielleicht erstmalig in einem weltlichen bürgerlichen Werk der damaligen Zeit, zumindest rhetorisch — ein potentieller Freiraum bescheinigt oder doch verbal heraufbeschworen, in den Weltdinge nur vermittelt eindringen (z. B. über Rollenhagens „Froschmeuseler") und in dem „Leben" erlernbar ist, bevor es im Detail erfahren wird. Spuren davon finden sich denn auch im Text selber, wenn von den „hundert und dreißig lieben kind" die Rede ist und von den „gespieln" der umgekommenen Kinder, die mit dem Schrecken davonkommen. Wobei die Rigorosität, mit der er die Kinder in seiner Version ebenso eindeutig ertrinken läßt wie die Ratten, keinen Zweifel über die Dringlichkeit seiner Warnung läßt, daß letztlich *jeder* Krieg zu ähnlichen Verlusten an (Landes-)Kindern führen muß. Die Kinder also als emotional gezielt eingesetzter Appell an Familiensinn und Nützlichkeitsdenken: sie sind erhaltenswertes Leben, in jeder Hinsicht. Wenigstens möchte es der Lehrer, der Schulrektor, der Prediger so gesehen haben.

Robert Browning, The Pied Piper of Hamelin. Illustration by Arthur Rackham.

IV. Das 17. und 18. Jahrhundert

Dialektik der Aufklärung — zwischen „ratio" und „religio"

Wie die Hamelner Sage im Lauf des 17. Jahrhunderts auf mannigfache Weise weiteren Eingang ins Schrifttum findet, ist bei Spanuth detailliert aufgeführt.[1] Dabei fällt zweierlei ins Auge, was oben angedeutete Entwicklungsstränge fortzusetzen scheint. Einmal beginnt man sich Gedanken über eine rationale Erklärbarkeit des Geschehenen zu machen, es also von real beobachteten und beobachtbaren Phänomenen herzuleiten; zum andern verdichtet sich die Annahme, es habe sich tatsächlich um kleine Kinder gehandelt, und diesen Kindern gehört ein immer breiteres Interesse. Es findet unter anderem seinen Ausdruck in der häufiger auftretenden Version, die Kinder seien an anderer Stelle (z. B. Siebenbürgen) unversehrt wieder aus der Erde gekommen und hätten dort eine eigene deutsche Volksgemeinschaft gegründet.

Es verwundert daher nicht, daß sich schließlich im 19. Jahrhundert, in dem die verschiedensten gesellschaftlichen Strömungen aufeinanderstoßen bzw. zu einem gewissen Höhepunkt und Ende kommen, besonders viele und vielschichtige Modifikationen des Stoffs in der Literatur finden und zum Teil bis heute im Kanon geläufig sind. Sie führen fort, malen aus, ergänzen, poetisieren und setzen — direkt und übertragen — ins Bild, was im 17. und 18. Jahrhundert noch weitgehend auf jüngere Stadt- und Landeschroniken, Reimchroniken, lateinische Epigramme und schließlich auch außerhalb Deutschlands erscheinende literarische Zeugnisse wie Briefe usw. und historische Berichte beschränkt bleibt, jedenfalls Texte von einigermaßen begrenztem Umfang und ohne besondere künstlerischen Ambitionen. Sie illustrieren das unaufhaltsame Bekanntwerden der Sage.

Spanuth weist nach, daß sie sich „bis zum Ausgang des 16. Jahrhunderts bereits über unser gesamtes Vaterland verbreitet haben muß". Sie wird „zum Paradestück der Literatur jener Zeit überhaupt"[2], wobei die beiden Hauptlesarten der Überlieferung, nämlich die rattenlose *und* die von der Rattenplage bestimmte Version, ungestört nebeneinanderher existieren bzw. nacherzählt werden.

„Der Tod tanzt aus der Reihe"[3]

Bereits Ende des 16. Jahrhunderts taucht erstmalig das Motiv der Tanzwut, des sogenannten „Veitstanzes" als logische Erklärung des Kinderauszugs auf. Der Verfasser, ein theologischer Chronist und Schriftsteller aus Niedersachsen, Johannes Letzner, bringt nach seinem ganz persönlichen Gutdünken (ähnlich wie die Zimmer'sche Chronik) zwei unabhängig voneinander geschehene und notierte Begebenheiten in seiner *Corveyer*

Chronik (1590) in eine denkbare Verbindung, und zwar als die Erfurter Überlieferung desselben Jahrhunderts mit der Sage von Hameln. Dort zieht eine ganze Schar von „Stadtkindern"[4], von einem fanatischen Musikanten in unwiderstehliche Tanzwut versetzt, eine weite Strecke hinter diesem her, um dann tot oder bewußtlos zusammenzubrechen. Die Daten sind großzügig so verändert, daß es sich auch in Hameln um den Johannistag handelt, zu welchem seit jeher auch der Jugend besondere Belustigungen gestattet waren (z. B. Tanz ums Johannisfeuer usw.).

Was ist das für ein Phänomen, diese Tanzlust mit tödlichem Ausgang, die noch in Brentanos Rheinmärchen (1816) im Sinn der Letzner'schen Chronik eine Rolle spielt? Ihr volkstümlicher Name „Veitstanz" verdichtet das Assoziationsgeflecht heidnischer und (früh-)christlicher Elemente, die Musik kommt wieder stärker ins Spiel. Und unmittelbar auch das *Kind*. Denn der heilige *Veit*, Schutzpatron der Sachsen und Böhmen (dort vermuten erste Quellen seit dem Humanismus das Wiederauftauchen der entführten Kinder), der Tänzer, der Epileptiker, der Jugend, der Bettnässer, der Schnitter, des Viehs usw. gehört zu den „Kinderheiligen", die im 13. und 14. Jahrhundert besonders verehrt wurden. Von 836 bis 1355 befinden sich seine Reliquien überdies in *Corvey*; Westfalen und Prag, wohin Karl IV. dann die Gebeine bringt, sind sozusagen von alters her seine bevorzugten Schutzgebiete.

Seit dem Ende des 13. Jahrhunderts gilt der *Veitstag* (15. Juli) als längster Tag für die eigentliche Sonnenwende[5], daher wurden und werden in Bayern und Schwaben neben dem Johannisfeuer gelegentlich auch schon am Veitstag Feuer entzündet, zum Schutz gegen Geisterwesen und Zauberei, deren Kraft an diesem Tag entbunden ist.

Allzugenau scheint es der Chronist mit den Daten nicht genommen zu haben. Etwas anderes muß ihm wichtiger gewesen sein. Der Veitstanz, die Tanzwut, überhaupt das Phänomen *Tanz* ist es, was ihn fasziniert. Der Bericht aus Hameln ist in der Corveyer Chronik umringt von zahlreichen weiteren Hinweisen und Erzählungen über andernorts beobachtete Tanz-Ereignisse, immer mit verhängnisvollem, oft tödlichem Ausgang. In Erfurt fangen 1237 an die 100 Kinder ohne ersichtlichen Grund plötzlich auf der Straße an zu tanzen, kommen bis Arnstadt, wo die Erschöpfung sie in Schlaf sinken läßt; viele sterben, andere bleiben lebenslänglich krank. Die Hamelner Kinder werden (1284) entführt, bleiben verschwunden; in Straßburg sind es (1518) an die 100 Männer und Frauen, die nach dem Veitstanz nie wieder gesund werden. Darauf folgt die moraltheologische Absicherung des bislang unausgesprochenen Verdikts gegen den Tanz:

Fürwitzige / leichtfertige und prangende Täntze / sind weder zu Rhümen noch zu Loben / Gott hasset und straffet sie / Darumb hat man auch auff dem *Concilio* zu Laodicaea Anno Christi 368 und Anno 396 zu Affricano Canon 27. 28. Den Christen ernstlich verbotten / das sie solche Täntze unehrbar halten / auch darumb meiden sollen.[6]

Gottes Rache und Strafe fallen auch die „fürwitzigen und leichtfertigen Leut zu Utrecht" zum Opfer, die (1277) so lange übermütig auf einer Brücke tanzen, bis sie einstürzt und über 200 Menschen „ersoffen und umbkomen" sind. Daß schließlich das Übel selbst vor dem geistlichen

Stand nicht haltmacht, zeigt das Beispiel des Bischofs zu Naumburg, der in seiner Tanzsucht am Weihnachtsfeiertag mit „etzlichen ehrbare frawen un Jungfrawen einen Tantz" anfängt, bis er tot umfällt.

Die Drohung, die in der Aufzählung all dieser Geschichten mitschwingt, ist unüberhörbar. Aber wogegen richtet sie sich eigentlich? Das Tanzen ist immerhin uralter Brauch, existiert, seit es Menschen gibt. Seit es Menschen gibt, existiert allerdings auch die Unterscheidung von erlaubtem und unerlaubtem Tanzen, von Gott wohlgefälligem und Gott verhaßtem Tanz. Mit dem Anlaß verändert sich auch die Bewertung, vielleicht, weil sich mit der Art des Anlasses bzw. der Motivation der besondere Charakter dieser Tätigkeit wandelt. Der Tanz übersetzt Gefühle in Körpersprache, macht sie sozusagen sichtbar, für sich selbst und für andere. Man muß ihn zunächst als unwillkürliche Lebensäußerung verstehen, daher auch ungezielt und ungeschützt. Noch heute gebräuchliche Wortzusammensetzungen wie „Freudentänze" usw. dokumentieren den ursprünglichen Zusammenhang von *Emotion* und Bewegung, von etwas Innerem, das sich im Tanz aus dem Menschen herausbewegt, innere und äußere Bewegung werden im Tanz identisch, sind nicht zu trennen, etwas gerät in Bewegung.[7]

Sprichwörtliche Redensarten, deren Ursprung zeitlich nicht genau fixierbar sind, geben etwas von der regulativen Funktion solchen erlaubten Tanzes wieder und verraten unterderhand die Schwachstellen einer derartig aufoktroyierten Systematisierung von Vergnügen. Wer „aus der Reihe tanzt", zieht sich notwendig das Mißfallen derer zu, die den Tanz erst zum Demonstrationsritual für kollektive Triebregelung gemacht haben; zu schweigen vom Zorn derer, denen ein Ausbruch aus den internalisierten Ordnungszwängen nicht mehr denkbar ist. Mit der Zuordnung bestimmter Tänze zu den periodisch wiederkehrenden Kirchenfesten wird jede in diesem Sinn unmotivierte Bewegung zum Sakrileg. Wer „nach eines anderen Pfeife" tanzt, muß zusehen, daß der seine Beglaubigung nachweisen kann.[8] Wahnsinn ist gestattet, aber nur als Stigma göttlicher Heimsuchung.

Vor diesem hier nur angedeuteten historischen Hintergrund mag auch das Phänomen des Veitstanz ein anderes Gewicht bekommen. Ebenso wie die Fallsucht, tritt er heutzutage in sehr viel geringerem Maße auf als beispielsweise im Mittelalter oder den nachfolgenden Jahrhunderten. Während die Fallsucht oder Epilepsie, im Mittelalter morbus caducus, aber bis heute in Herkunft, Verlaufsform und Therapiemöglichkeit noch immer nicht erschöpfend erforscht ist, sind an die Stelle des Veitstanzes andere Ausdrucksformen und Symbole getreten.

Foucault weist zu Recht auf die unterschiedliche Behandlungsweise von Geisteskrankheiten in Mittelalter und Neuzeit hin.[9] Im Mittelalter und bis in die Mitte des 17. Jahrhunderts bleibt der Wahnsinn gleichsam noch in die Gemeinschaft integriert, ist ein Teil des alltäglichen Erlebens aller, auch der Kinder. Mitunter werden die Kranken sogar Gegenstand eines kollektiven Voyeurtums.[10] Sie vermitteln für den Einzelnen und die Gemeinschaft gleichsam stellvertretend Einblick in die eigenen früheren, überwundenen Zustände, gelegentlich auch Voraussicht auf zukünftige. Die Konfrontation des Normalen mit dem Außergewöhnlichen findet buchstäblich auf der Straße statt, die Öffentlichkeit wird zum Maßstab für den Grad der Abweichung.

Im Rausch des Außersichgeratens offenbart sich die Not, nicht aus sich herausgehen zu können. Aber so wenig ein hysterischer Lachkrampf Heiterkeit bekundet, so wenig bedeutet die Tanzwut Entspannung, Linderung oder Klärung. Der unwillkürliche anarchische Akt der Auflehnung des Gefühls dringt als solcher gar nicht ins Bewußtsein, erstarrt zur unfreiwilligen Pose und wird so zur Posse. In der sich verselbständigenden Zwanghaftigkeit des Immer-weiter-tanzen-müssens ist keine kathartische Wirkung[11] mehr enthalten, am Ende stehen Siechtum oder Tod.

Wo die Lebenden sich zu Tode tanzen, vielleicht nach der Pfeife von Tod oder Teufel tanzen, drängt sich die Assoziation des *Totentanzes* auf. Als Letzner seine Chronik schreibt, ist er über Frankreich und England auch in Deutschland bekannt geworden und als personifiziertes *Memento Mori* den Menschen ein Begriff.[12] Daß der Chronist sich durchaus als Moralist versteht, vielleicht die Mittel, d. h. sein Material gelegentlich dem Zweck der moralisierenden Warnung unterordnet, läßt sich aus mancherlei schließen, z. B. aus dem Eifer, mit dem er auch abgelegene Orte bzw. Nachrichten für seine Demonstration sittlicher Verwilderung[13] heranzieht und als Beweis auflistet, oder aus der Tatsache, daß er im Bemühen um eine plausible Menge von „Fällen" auch Geschichten wie die Hamelner Rattenfängersage im Stil des Zeitgeschmacks umdichtet bzw. in seinem persönlichen Sinn umfunktioniert. Daher die erwähnte Datenverschiebung.

Die Schwierigkeit, den heiligen bzw. dämonischen Charakter des Besessenseins eindeutig auszumachen, mag die Moralisten der Zeit dazu bewogen haben, der ambivalenten Haltung des Volkes, das im Zweifelsfall nach dem guten oder bösen Ausgang der Sache sein Urteil richtete, eher Ablehnung entgegenzusetzen. Immerhin, die Erinnerung an die Kinderkreuzzüge von 1212 scheint noch lebendig. Gewiß hat sie sich genauso herumgesprochen wie die Geschichte vom Auszug der Hamelner Kinder. Beiden gemeinsam ist das Rätseln der Nachwelt über die „wahren Beweggründe", die Kinder durch die Jahrhunderte hindurch immer wieder in Abständen veranlassen, sich zusammenzurotten und aus ihrer gewohnten Umgebung auszubrechen. Aus der Vermengung halb geduldeter, halb von kirchlicher Seite unterstützter Bräuche und Gewohnheitsrechte heraus steigert sich die Verwirrung zu Zeiten der Desorientiertheit bis zu extremsten Gegensätzen. Die weit über 7 000 Kinder, die im Juli 1212 aus den Rheinlanden aufbrechen, um Jerusalem zurückzuerobern, werden im November desselben Jahres von denselben Volksmassen, die den Auszug frenetisch bejubelten, ob ihres totalen Mißerfolgs übel verspottet. Der Klerus, der sich teils abwartend, teils abwehrend verhielt, hatte nichts Ernsthaftes unternommen, um die wahnsinnige Unternehmung zu verhindern.[14] Gleichzeitig scheitert der Auszug der französischen Kinder unter der Führung des Knaben Etienne zum hl. Grab. Religiös enthusiasmierte Bußzüge von Kindern ziehen schon Jahre zuvor z. b. nach Chartre, um sich am Kathedralenbau zu beteiligen, und alle Jahre am 28. 12., zum Fest der unschuldigen Kinder, mit dem die Kirche des Herodes'schen Kindermords gemahnt, wählen sich die Kinder, insbesondere in Frankreich, einen eigenen Kinderbischof, dem sie gehorchen, unter dessen Führung aber auch die jugendlichen Ausbruchsphantasien sich so heftig zu Wort melden, daß die Bürgerschaft sich durch das zügellose „Bandenwesen" bedroht sieht und es zu verbieten versucht.[15]

Den Segen der Kirche hatten alle diese Exaltationen kindlicher Frömmigkeit expressis verbis nicht; es läßt sich aber unschwer mutmaßen, wie überreich er ihnen zuteil geworden wäre, wenn die Kinder, statt in Seestürmen und Massengräbern, in Bordellen und der Sklaverei zu enden, tatsächlich Jerusalem erreicht hätten.

Was als bemerkenswertes Phänomen in all diesen Kinder-Auszügen vom Kreuzzug bis zur Veitstanzversion aus Hameln regelmäßig wiederkehrt oder aus überlieferten Texten sich beobachten läßt, ist das Zögern der Erwachsenen, ihre schon im ersten Hamelner Chroniktext vermutete Unentschlossenheit, zu Beginn einer ungewöhnlichen Begebenheit nach den anfänglich wahrnehmbaren Anzeichen den Ausgang zu präjudizieren. Man wartet es einmal ab. Denn ein solcher Auszug enthebt der Alltagssorgen und bringt den Zuschauern kein eigenes Risiko.

Immer sind es Kräfte von außen, denen sich die Fortziehenden anheimgeben. Jedenfalls *scheinbar* von außen. Das Bedürfnis der Zurückbleibenden nach Plausibilität und greifbarer Erklärung möchte durch die Jahrhunderte immer wieder das Verlangen nach Aufbruch aus den jeweiligen Lebenszwängen, nach Überschreitung der begrenzten Erfahrungsmöglichkeiten, nach Exaltation personifizieren. Magier, Dämonen, Tod und Teufel und manchmal auch göttliche Eingebung offenbaren sich in bestimmten Personen und statten diese mit übernatürlicher Macht über die anderen aus. So ergeben sich in diesem in verschiedenen Nuancen immer wiederkehrenden Rhythmus drei, eigentlich vier Gruppierungen; die „Verführer", die Verführten, die Zurückbleibenden und schließlich ein Berichterstatter bzw. moralisierender Kommentator. Jeder hat seine bestimmte Funktion in diesem Figurenspiel. Jeder „braucht" die anderen, um überhaupt in Aktion treten zu können, um seinen Sinn zu haben. Die „Verführer", die Spielmänner, die dem Teufel oder Gottes Eingebung Hörigen — sie stellen das Alibi für den Exodus, das Alibi vor allem für die Passivität der Zurückbleibenden. Die Fortziehenden bewerkstelligen eine Art Aderlaß für ihre jeweilige Volksgruppe, und zwar mit „reinigendem" Nebeneffekt. Denn in fast allen Berichten über derlei Auszüge steht geschrieben, daß sich automatisch die ohnehin Nicht-Seßhaften und sonstiges „Gesindel", d. h. Bettler, Kriminelle, Prostituierte, Gaukler, Abenteurer und Deklassierte anschlossen, also diejenigen, die den reibungslosen Ablauf des geordneten bürgerlichen Lebens im Zweifelsfall stören.

Kindliche Aggregatzustände

Ca. nach 150 Jahren wird die *Aufklärung*spädagogik dieses Straf- und Sühnemuster als vornehmliches Erziehungsmittel zur Unterdrückung der „niederen" Triebe übernehmen. Nun aber nicht mehr für die unteren Stände, deren kindlichem, d. h. unverbildetem, unkontrolliertem Emotionsdruck noch Letzners ganze Sorge gilt, sondern für eine andere Gruppe

der „Niedriggestellten" in der sich konstituierenden bürgerlichen Gesellschaft, die *Kinder*.

Daß Kindheit vorher als eigener Erlebensbereich praktisch nicht wahrgenommen wird, wurde oben nachzuweisen versucht. Die geringfügigen
Nuancen einer differenzierteren Einschätzung des ersten Lebensalters wie
z. B. bei Rollenhagen dürfen nicht darüber hinwegtäuschen, daß noch weit
bis ins 19. Jahrhundert über 90% der Bevölkerung unter diese Rubrik
fallen. Landbevölkerung und niedere Stände, Dienstpersonal, Frauen und
Kinder, Gemeindemitglieder usw. werden mit „Kind" angesprochen; das
Wort bezeichnet ein Macht- bzw. Untergebenheitsverhältnis, z. T. bis in
die heutige Zeit.

Tatsächlich lassen die zitierten Texte bislang keine nennenswerten
Unterschiede in der Behandlung von Erwachsenen und Kindern erkennen,
lassen zu Beginn nicht einmal immer deutlich unterscheiden, um welche
Altersklasse es sich überhaupt handelt. Ähnlich die Ikonographie: die
älteste Bilddarstellung des Pfeifers von Hameln (Mörsperger Chronik 1592)
zeigt eine Menge im Verhältnis zum Pfeifer kleinerer Figuren, die wie
Erwachsene gekleidet sind. Die Größe des Anführers kann ebenso eine
Verbildlichung der mythischen Überhöhung bedeuten. Sankt Vitus oder
Sankt Veit, einer der 14 Nothelfer, steht als Barockstatue noch heute in der
Klosterkirche Corvey. Nichts läßt erkennen, daß er im Alter von 12 Jahren
das Martyrium erlitt. Die Skulptur hat sich augenscheinlich an seiner
Funktion und Bedeutung orientiert, stellt ihn als großen jungen Mann dar.
Santa Fina, die Schutzheilige von San Gimignano, erscheint auf den
Fresken von Ghirlandaio aus dem 15. Jahrhundert als junge Frau undefi-
nierbaren Alters, mit 15 stirbt sie. Aber auch den umgekehrten Prozeß gibt
es: der hl. Florian, der als erwachsener Mann den Märtyrertod stirbt, wirkt
auf dem Gemälde von Altdorfer[16] wie ein zarter Knabe. Unschuld im
Erwachsenen, Heiligkeit im Kind sind keine Widersprüche, alles ist denkbar. Der Danse Macabre, einer der berühmtesten Totentänze, findet sich
als Bildrelief auf den Friedhofsmauern des Klosters der unschuldigen
Kinder in Paris. Die Chronikberichte über den Veitstanz um 1600 zählen
ohne Unterschied und ohne besonderen Kommentar Kinder und Erwachsene, Bauern, Bürger, Männer, Frauen, geistliche und weltliche Würdenträger als Mittäter auf, die potentielle Sünde trifft jeden, ebenso Schuld und
Strafe, Spott oder Bewunderung. Einzig die Warnung der Chronisten an
die Eltern, auf ihre Kinder besser achtzugeben, deutet auf die bald folgende
Trennung der Kindheit vom Erwachsenenstatus und damit auf eine
veränderte Rollenzuweisung bzw. ein verändertes Rollen-Selbst-Verständ-
nis.

Und ist warlich ein trauriger Spiegel, und allen Eltern ein Exempel zur Warnung und
Vermanung, auff ihre Kinder besser acht zu geben, als leider von vielen offtmals
geschicht.[17]

oder gereimt:

> darumb ihr Eltern ins geheim
> Hab acht auff ewre kindlein klein.
> Zur Gottes furcht solt halten lan

das sie fürs teuffels List bestahn.
Der für und für ihn gehet nach
zu führn in noth / in wehe und ach.
Lebt selbst auch Gott selichlich
Das auch ewr kinder folgen ewig.[18]

Resumée

Es gehört mit zur Dialektik der Aufklärung, daß mit ihrer Entdeckung der Kindheit zugleich auch deren systematische Zerstörung ihren Anfang nimmt. „Das Programm der Aufklärung war die Entzauberung der Welt."[19] In dem Satz ist eine gewaltige Wertung enthalten, anachronistisch, und nur denkbar aus der zeitlichen Distanz des Betrachters, aus seiner Synopse vorausgegangener und nachfolgender Entwicklungen.

Der „Zauber" der Jahrhunderte zuvor wäre demnach gleichbedeutend mit einem unbewußten kollektiven Aggregatzustand von Kindlichkeit. Kindlichkeit als Nähe zum Mythos, als aktives und passives Offensein für Übersinnliches, als Dasein aus einem christlich durchtränkten Animismus heraus. Kindlichkeit aber auch als sozialer Status der Abhängigkeit, des Lehr- und Lernverhältnisses, dessen Abschluß unmittelbar in der Welt die Erwachsenen überleitet, in funktionale Selbständigkeit.

Mit der Aufklärung wandelt sich diese soziale Kategorie in eine psychologische. An die Stelle der unstrukturierten Massen von Lernwilligen, die Ariès im Hinblick auf das deutsche Mittelalter im Typ des wandernden Scholaren beschreibt, tritt allmählich die Klasse der Erziehungsbedürftigen. Aufgerüttelt durch Rousseaus Botschaft vom Eigenrecht der Kindheit, beginnen die Pädagogen, „Maßnahmen zur Unterscheidung von Kindern und Erwachsenen" zu treffen[20], die eine neue, bürgerliche Hierarchie installieren. Sie teilen künftig die Menschen nicht mehr in Adlige und Bürger, in geistliche und weltliche Würdenträger, in Diener und Herren usw., sondern in Lehrer und Schüler, in Erzieher und Zöglinge, in Wissende und Unwissende, in Gebildete und Ungebildete, in Erwachsene und Kinder. Kindheit wird jetzt identisch mit einem komplexen Defizit all der Tugenden, die das aufstrebende Bürgertum sich abringen zu müssen meint, um sich als gewichtigster Mittel-Stand nach oben und unten abzugrenzen.

Diese Definition aller Erziehung als Ausrottung eines zwar „natürlichen", nichtsdestoweniger aber zu überwindenden *Defizits* möglichst schon in frühestem Alter fließt in alle Partialbereiche der einzelnen Disziplinen ein, sie bestimmt Inhalte und Vermittlungsweisen.

Sagen und Märchen haben im Programm dieser auf Vernunft und Praktikabilität ausgerichteten Pädagogik keinen Platz mehr. In ihnen gibt es zuviel zu glauben, zu fragen und im Unklaren zu lassen. Phantasie korrumpiert das Konzept der Triebunterdrückung, sie wird durch einen bis ins Kleinste durchgeplanten Alltag — und jetzt eben auch Kinder-Alltag — ins Abseits gedrängt, wird zum Trieb erklärt, den es zu unterdrücken gilt, um der Kontrolle über sich selbst und über die anderen, die Kinder, umso sicherer zu sein. Über Phantasien läßt sich schwer Rechenschaft ablegen, und gerade diese Rechenschaftsfähigkeit wird zum obersten Kriterium für

Gut und Böse in allen kleinen Angelegenheiten des erziehlichen Tagesablaufs. In den Geschichten, die von den Aufklärungspädagogen für Kinder eigens geschrieben werden, kommt daher folgerichtig nichts vor, was sich nicht logisch erklären und mithin als erstrebenswert bzw. vermeidbar hinstellen ließe.

Es mag daher nicht sonderlich verwundern, daß auch die Geschichte vom Rattenfänger von der neuen Denkweise mitbetroffen wird. Im Sinne des oben erwähnten Defizits versucht man ganz einfach, sie unter den Tisch fallen zu lassen. Sie „paßt" nicht mehr. Dabei läßt sich das Durchsetzvermögen des aufklärerischen Rationalismus u. a. daran messen, daß selbst um den Preis von Werbung und Bekanntheitsgrad, also unter Aufgabe konjunktureller Ambitionen im weitesten Sinn dem Aberglauben der Kampf angesagt wird. Mit dem Leib steckt man sozusagen noch mittendrin − noch während des 30jährigen Kriegs wird in Hameln ein Zauberer zum Scheiterhaufen verurteilt[21] − aber der Kopf wills nicht mehr wahrhaben und leugnet bereits die jüngste Vergangenheit.

Ungefähr um die Mitte des 17. Jahrhunderts fordert der Merian-Verlag in Frankfurt die Regierungen der einzelnen Länder auf, die Städte für seine große Topographie zu einer Selbstbeschreibung zu ermuntern. Auch die Stadt Hameln beteiligt sich mit einem „Bericht nach Hofe". Aber die Sage vom Rattenfänger *fehlt*. Weil man sie als seit 100 Jahren devisenträchtiges Zugstück nicht ganz und gar unterschlagen kann, wird sie nur kurz erwähnt und als bedeutungslose „Fabel" abgetan. Die Aufnahme in den Merian-Text ist offensichtlich nicht erwünscht.

Der Streit, der hierauf entbrennt, artet bald in gelehrsames Schattenboxen aus. Obwohl es sich noch nicht eigentlich um Texte für Kinder handelt, wird „Kindheit" gewissermaßen verhandelt: einmal als Frühgeschichte der Stadt Hameln, deren Ungereimtheiten plötzlich als peinlich erscheinen; einmal als Beginn eines Geschichtsbewußtseins, das einen allgemeinen Konsens voraussetzt, um in Lehrmaterial umgesetzt werden zu können − mit der „Gesamtkindlichkeit" des vorhergehenden Zeitalters wird gleichsam abgerechnet, indem die Fabel, das Märchen und die Sage in absentia verurteilt werden.

Leider hat Merian weniger aufklärerische als vielmehr kommerzielle Ideen. Das zugkräftige Stückchen läßt er sich nicht nehmen, aber er wählt doch immerhin die ganz frühe Fassung, in der Tod und Teufel ausgespart bleiben, ebenso der Ratten- und Mäusespuk. An der „Wahrheit" der Geschichte, die gleichzeitig auf mehreren Ebenen diskutiert wird, scheiden sich die Geister.[22] Ich meine, es ist bezeichnend für die Unsinnlichkeit und Abstraktheit der aufkommenden bürgerlichen Ideologie der Repräsentabilität und der damit verbundenen Vorbildfunktion für die Jugend, daß weniger über einen konkreten Text, eine bestimmte Fassung gestritten wird, sondern um ein ungreifbares, undefinierbares und undefiniertes Ganzes, um Wahrheit, die noch nah bei „Wirklichkeit" angesiedelt ist, daneben aber auch schon Absolutheitsanspruch anmeldet.

V. Das 19. Jahrhundert

1. L'enfance retrouvée oder: Kindheit aus zweiter Hand
   Clemens Brentano:
   Das Märchen von dem Rhein und dem Müller Radlauf (1816)*

„Kindheitsmuster"

Am Ende von Brentanos Märchen *Gockel und Hinkel* (1838) sagt Gackeleia:
„. . . alles ist so herrlich und so glücklich, was bleibt zu wünschen übrig, als
daß wir alle Kinder wären und die ganze Geschichte ein Märchen."[1] Ihr
Wunsch geht sogleich in Erfüllung, die Anwesenden verwandeln sich in
„lauter schöne und fröhliche Kinder"; damit endet die Erzählung.
   Früher, im Versepos *Aus der Kindheit*, erinnert sich Brentano an den Tag
der ersten Firmung. Ein kleines Mädchen steht neben ihm und versetzt ihn
in eine süße Verwirrung. Er faßt ihre Hand, wird aber sogleich wieder von
ihr getrennt, weil es „unschicklich" ist:

> Sie schied von mir, ich mußte weitergehen;
> Verschlungen ward dies Kind mir von der Menge,
> Und nimmer hab ich wieder es gesehen.
> Von Sehnsucht wird noch jetzt die Brust mir enge;
> Ich suche jetzt wohl noch nach jenem Kinde.[2]

Am Ende dieses Epos hat der Knabe eine Vision. Er betrachtet die
düsteren Bilder im Gartensaal, fühlt sich unverstanden und als „verlorener
Sohn" in fremder Umgebung, sucht buchstäblich nach einer Verbildlichung seines Jammers und findet sie:

> Den Richter sah ich, der das Schwert erhebt,
> Vor Salomon das Kindlein zu zerspalten;
> Es schwankt das Laub, er zuckt, er scheint belebt.
> Ich schauderte und konnte mich nicht halten
> Und kniete nieder vor Mariens Bild.
> Die Hände hab ich innig da gefalten
> Und flehte kindisch zu der Mutter mild:
> 'O Mutter Gottes, hilf dem armen Kinde![3]

Das *Märchen von dem Rhein und dem Müller Radlauf* (1816) schließlich
hört damit auf, daß die Erlösung der auf dem Grund des Rheins gefangenen Kinder in der Hand ihrer Eltern liegt: Jeder, der ein hübsches Märchen
erzählt, bekommt sein Kind zurück, als erste die alte Fischerin, Frau
Marzibille:

Das liebe Kind läßt sie hübsch grüßen, es war das artigste Kind, das der alte Rhein bei
sich hatte.[4]

Unbeschwertheit, Sehnsucht, Angst und Erlösung, d. h. Heimkehr ins
Reich der Kindheit scheinen als verschiedene Stationen für Brentano einen

---

* „Die Rheinmärchen" (1778–1842), erschienen in einer ersten Gesamtausgabe
1846 (insgesamt vier).

Prozeß zu beschreiben, der das Ende wieder in den Anfang münden läßt. Die Rundheit oder der Kreis, als Inbegriff der vollendeten Form, um den Bereich der Kindheit zu markieren — freilich von der ständigen Angst vor dem Verlust unterbrochen — darin scheint die Summe seiner eigenen unguten Kindheitserfahrungen enthalten und, transformiert, zum Lebensprinzip erhoben.

Dazu bedarf es der Phantasie. In der Aufklärung war sie bekämpft worden als bedenkliche Ablenkung von den Gegebenheiten des bürgerlichen Alltags.[5] Aber: War die Idee der aufklärerischen Pädagogik sowie ihre Textproduktion im Hinblick auf Kinder sozusagen öffentlichkeitsorientiert, auf Nutzen und Frommen der Gesellschaft gerichtet, und hatte die sogenannte Sturm-und-Drang-Zeit den Blick wieder auf die individuellen Entfaltungsmöglichkeiten des Einzelnen gelenkt, so vereinigen sich die beiden Entwicklungsstränge gewissermaßen im romantischen Lebensgefühl, das Phantasie und Kindlichkeit zum poetischen Gesetz erhebt und damit Privates und Öffentliches amalgamiert.

Bezeichnend für diese Tendenz ist das Anschwellen der Briefliteratur und die Praxis des Vorlesens selbst intimer Mitteilungen im größeren Freundeskreis[6], ebenso die halb persönlichen, halb von allem Anfang an literarisch gehaltenen Korrespondenzen von *Frauen*, deren vorwiegendes Publikationsorgan der Brief bleibt. Ganz unterderhand sei hier verwiesen auf den offenkundig nicht aufhebbaren Parallelismus *Kind — Frau*, der unter dem Deckmantel einer väterlichen Zugewendetheit die alte Entmündigung aufrechterhält.[7]

Bezeichnend schließlich auch die Besinnung aufs Volksgut, auf die Erzählungen aus den niederen Ständen, von Herder inspiriert. Sicherlich ist es eins der merkwürdigsten Phänomene, daß aus dem hierarchisch geprägten, eher negativ konnotierten Begriff „Kind" im Lauf von wenigen hundert Jahren eine Art emotionale Utopie wird. Noch immer ist versammelt, was seit dem Mittelalter mit dem Wort assoziiert wird: Volk, Abhängige, Frauen, Kinder, Einfachheit, Spontaneität, Nähe zu sich selbst, nun aber aus der Distanz und einem vagen Gefühl des Verlustes heraus als umgekehrtes Defizit im Verhältnis zur Aufklärung: die defizitäre Existenz ist nicht mehr das *Kind*, sondern der *Erwachsene*, und ebenso wie hundert Jahre zuvor muß, um die Apotheose des einen Zustands zu rechtfertigen, der andere fast annulliert, jedenfalls als zwar notwendiges, aber steuerbares Übel propagiert werden. Wer nicht mehr Kind ist, vermag sich mittels Erinnerung und Phantasie in die Kindheit zurückzuversetzen.[8]

Freud hat mehrfach auf die komplexe Funktion der Phantasie hingewiesen[9] und auf die Schwierigkeit, bewußte, vorbewußte oder unterbewußte Anteile in ihr auszumachen. Jedenfalls steht sie in engem Bezug zum Wunsch, zu Verdrängung und Kompensation und zum Ursprung von Neurosen; freilich, wo der Tagtraum zur idée fixe wird, möglicherweise zu einer besonders kreativen Form der Neurose. Dafür ist Brentano das Beispiel par excellence.

Seine psychische Zerissenheit ist nicht nur biographisch vielfältig belegt, sondern auch selbst Gegenstand der Literatur geworden: Rocquairol in Jean Pauls *Titan* (1800—1803), in dessen Figur Brentano ein Denkmal gesetzt wird, lädt schwere Schuld auf sich, um seiner quälenden Sehnsucht nach Reinheit und kindlicher Unschuld umso existentieller Ausdruck geben zu können: durch Selbstmord. Und die romantische Ironie will, daß er das im *Spiel* tut, als Akteur in einem selbsterfundenen und selbstinszenierten Theaterstück, in dem er die Rolle eines Selbstmörders übernommen hat.[10]

Die Dialektik von Spiel und Ernst wird hier geradezu handgreiflich und fast physisch schmerzhaft in ihrer Unaufhebbarkeit. Brentano selbst hat einen anderen Weg gewählt. Spielerisch, träumend, phantasierend versetzt er sich, seine Helden, seine Leser in die Zeit zurück, bevor die Kindheit getötet wurde. Er erschafft sie gleichsam für sich *neu*. Denn mit der echten, eigenen, ist nicht viel anzufangen. Die war größtenteils düster, angsterfüllt und stand unter dem Signum seiner leidenschaftlichen, verstörten Liebe zur Mutter, die zwischen Kindbetten und gesellschaftlichen Pflichten kaum Zeit für ihn findet, zur Marmorfigur wird.[11] Immer wieder kreisen seine Phantasien um diesen Bereich: Mütterlichkeit — Kindheit, phasen-artig schreibt er sich frei davon, versucht es jedenfalls, enthüllt die eigenen Kinderängste, formt um, dichtet weiter, findet (Er-)Lösungen, wohl wis-send, daß die romantische Trennung von Phantasie und Wirklichkeit nur so lange anhält wie das Erzählen. So ist denn auch folgerichtig das Reden, das Erzählen selbst — besonders in den Märchen — zum dialektischen Symbolvorgang geworden, lebenserhaltend bzw. lebensspendend und lebenzerstörend, wie auch für Bretano selbst, der nach der Begegnung mit der Nonne von Dülmen z. B. seine zuvor entstandenen Texte als sündhaft und oberflächlich verwirft.[12]

Die strukturelle Vielschichtigkeit der Märchen täuscht die Erwartung „einfacher Formen". Die Bezeichnung „Kinder- und Volksmärchen" betont daher eher ein literarisches Programm als Herkunft und Adressaten-kreis der Erzählungen.[13] Hier kurz der Inhalt:

„Das Märchen von dem Rhein und dem Müller Radlauf" ist die Geschichte des einsamen und frommen Müllers, der durch politische Haupt- und Staatsaktionen zwischen Trier und Mainz aus seinem beschaulichen Leben gerissen wird, die Mainzer Königstochter Ameleya aus den Fluten des Rheins rettet und nach endlosen Verwicklungen und Abenteuern als ihr Mann selber König wird. Eigentlich ist es ein Spiel von Katz und Maus: Die Feindschaft der beiden Staatstiere „Staatsratz" (Trier) und „Staatskatz" (Mainz) weitet sich zum Krieg aus, als König Hatto (!) von Mainz dem Retter seiner Tochter das Wort bricht und ihn nicht als Schwiegersohn akzep-tiert, obwohl sich die beiden lieben. Radlauf gewinnt mit Hilfe einer wunderbaren Pfeife nach Weisung des Rheins den Beistand aller Ratten und Mäuse der ganzen Welt, verliert aber durch einen erneuten Wortbruch des Königs sein Instrument an diesen, worauf alle Tiere in den Fluß gepfiffen werden. Der Müller kommt ins Gefängnis, entweicht mit Hilfe des Rattenkönigs und langt wieder in seiner Mühle an.
Währenddessen macht sich der kleine Prinz Mausohr, der Bruder vom ersten Bräutigam aus Staatsraison, auf, um Tod und Verhöhnung von Mutter und Bruder in Mainz zu rächen. Mit Hilfe einer anderen magischen Flöte, die er sich von einem Schulmeister zu verschaffen weiß, um Kinder nach sich zu zwingen, führt er alle Mainzer Kinder in den Rhein, zur Strafe, daß sie sich an dem Spott beteiligt haben. Auch die Prinzessin ertrinkt, als sie ihr Patenkind retten will. Bei einem zweiten Angriff vereinigt Prinz Mausohr sein Heer mit der Schar neu zusammengerotteter Ratten und Mäuse, Hatto wird im eigens erbauten Mäuseturm, in den er flieht,

unbarmherzig aufgefressen, Radlauf kehrt von seiner Reise in den Schwarzwald, um die Geschichte seiner Herkunft bereichert, zurück und gewinnt mit Erzählen seine Braut vom Rhein zurück. Auch die übrigen Mainzer Kinder sollen aus seinem Wasserschloß zurückkehren dürfen, wenn für jedes die Eltern ein Märchen erzählen.

Ins Auge fällt zunächst die spielerische Verquickung verschiedener Motive, wie sie schon im Froschmäuseler vorgenommen wurde, nun nicht mehr als schlicht aneinanderreihendes Erzählen, sondern als kunstvolles Knäuel von Handlungsfäden, die sich erst zu Ende entwirren.

„Um Dichtung zu verstehen", schreibt Huizinga, „muß man fähig sein, die Seele des Kindes anzuziehen wie ein Zauberhemd und die Weisheit des Kindes der des Mannes vorzuziehen."[14]

Der „Weisheit" im Sinn von „Wissen" um die eigene Kindheit setzt Brentano die Logik des Traums entgegen. Auch der wirbelt scheinbar zusammenhangslose Bilder bunt durcheinander, verknüpft Vergangenes mit Gegenwärtigem, Realität und Utopie, Intellekt und Empfindung zu einem Gebilde, dessen heterogene Logik bei wachem Bewußtsein oft nicht mehr verstanden wird. Da aber Brentanos eigene Kindheit wenig dazu angetan ist, sich träumend in sie zurückzuversetzen, schafft er sich kompensierend eine ganze Skala von Kindheitsebenen und Kindlichkeitsformen, in denen sich die eigenen defizitären Erinnerungen phasenweise symbolisch wiederholen und ergänzen lassen und die sich in einem zentralen Punkt vereinigen: in der vielfältig gestuften Absage an die schier unabwendbaren Begleiterscheinungen des Erwachsenendaseins und damit an das Erwachsenwerden selber. Denn dieses zeichnet sich vornehmlich durch das *Vergessen* der früheren Sehnsüchte und Phantasien aus, durch die Annullierung kindlicher Unvernunft, wie sie Brentano überaus drastisch in der aufklärerischen Erziehungsanstalt des Herrn Johann Jakob Winterwerber, eines Basedow-Schülers, erfahren hat.[15]

Später befreit er sich von den dort gelehrten Zwängen, indem er mit dem Anstaltsvokabular sein Traumland *Vaduz* (auf dem Dachboden des Frankfurter Elternhauses) beschreibt und damit die pädagogischen Ziele unweigerlich der Lächerlichkeit preisgibt:

Es reicht hin, wenn ich sage, daß wir die Akazienbäume, den Erdmandelkaffee, den Schlüsselblumen-Champagner, die Übung des Körpers durch Tanzen für alle drei christlichen Religionsparteien, das Gichtpapier, die Toleranzpomade, die Beruhigungs-Shawls zu zwei Gulden vierundzwanzig Kreuzer, die Kuhpocken, die Kunst, ein guter Jüngling, ein edles Mädchen zu werden, und Elise, das Weib, wie es sein soll und nie sein wird, . . . in Vaduz einführten. So machten wir alles, vor allem uns, höchst glücklich.[16]

Abgesehen von der Ironie folgt diese Erinnerung an die frühzeitige Errichtung eines „Gegenreichs" als Kind durchaus auch dem Strukturmerkmal kindlichen Erzählens, etwa in der Aneinanderreihung verschiedenster Dinge ohne besondere Wertung, in den Groteskkoppelungen und höchst persönlichen Schlußfolgerungen, in der Definition von Glück.

Im Märchen vom Müller Radlauf findet dasselbe in entsprechend größerem Rahmen statt, nun noch erweitert und ergänzt durch nur der kindlichen Logik zugängliche Kausal- und Motivverknüpfungen. Aber was

Kinder ganz unwillkürlich vornehmen, beispielsweise die Amalgamierung von drei Geschichten wie Rumpelstielzchen, Schneewittchen und Dornröschen zu einer einzigen großen, wie sie mir einmal ein krankes, nur auf Kinderschallplatten angewiesenes kleines Mädchen erzählte, tut Brentano bewußt. In seiner Konstruktion blitzt es ständig (selbst)ironisch auf, daß der Bruch ebenso gegenwärtig wie unaufhebbar ist. Aber er kann erinnernd vergessen werden:

> Während das Erkennen dem Wiedererkennen weicht, beginnen die verbotenen Bilder und Impulse der Kindheit von der Wahrheit zu reden, die die Vernunft ableugnet. Die Regression übernimmt eine progressive Funktion.[17]

Das Rattenfängermotiv ist nur *eins* unter vielen hier, aber es durchzieht die Erzählung in mannigfachen Variationen und stellt vor allem ständig neue Analogien zwischen Kindern und Ratten her. Denn letzten Endes sind es die Kinder *und* die Ratten/Mäuse, die den Erwachsenen zu Hilfe eilen, die sie aus ihren verfahrenen Angelegenheiten retten. Die Kleinen, Verachteten, Unterdrückten sind es, die den Krieg der Großen, Mächtigen zu einem guten Ende bringen. Noch tiefer dahinter liegend ist das eigentliche Thema dieses Märchens aber die „Urszene" bzw. deren Folgeerscheinungen und Versuche einer ästhetischen Zurücknahme.

„Urszene" ist für Freud der psychoanalytische Begriff für die „bewußtseinsentzogene erste Einschreibung von Begehren und Gewalt in eine individuelle Lebensgeschichte"[18], die auch auf historische und kollektive Ereignisse bezogen werden kann, wenn sie bestimmte Regeln des Sprechens und Schreibens hervorgebracht haben, also den *Diskurs*. Er wird zum ästhetischen Vehikel für die Umsetzung der traumatischen Infantilerlebnisse des Einzelnen in kollektive Wunschphantasien.

Radlaufs Mutter — Lureley — ist eine Tochter der Phantasie. Die Phantasie aber stand im Zeitalter der Aufklärung in keinem hohen Ansehen, wurde praktisch ins Exil geschickt, bekam den Ruch des Verbotenen (vgl. Brentanos geheimes „Vaduz"). Nicht zu Unrecht erkannte das aufstrebende Bürgertum in ihr eine Bedrohung seines kaum etablierten Normengefüges. Der „Prozeß der Zivilisation" (Elias) will erkauft sein durch fortschreitende Triebregulierung. In diesem Sinn wird Phantasie zum Trieb oder Affekt, da sie sich der Integration in ein System von nützlichen Verhaltensweisen widersetzt. Als Kaufmannssohn scheint Brentano gleichsam doppelt belastet[19]: einmal individualgeschichtlich, einmal gesellschaftlich; widerstreitende Determinanten seiner Psychohistorie. Gleichzeitig filtert sich aus der erfolgreichen Mittel- und Oberschicht ein Ideal von Bildung und sensibilisierter Intelligenz heraus, das die immer breiter werdende Kluft zum eben überwundenen „natürlichen Leben" der Unterschichten, des „Volks" also, als Verlust empfindet und auf neue Weise seine Nähe sucht. In dieser Nähe verschmelzen „Volk" und „Kindheit" wieder zu der alten feudalherrlichen Einheit, aus der das Bildungsbürgertum herausgewachsen ist. Die Erinnerung eines einzelnen an die eigene Kindheit und ihre Sehnsüchte weitet sich aus zur Sehnsucht nach einfacheren, unreflektierteren Entwicklungsphasen der Gesellschaft, das Verlorene wird romantisiert, über die Phantasie utopisch dingfest gemacht.

Kollektive Wiedergeburtsphantasien

Brentanos Verarbeitung ist in der Rezeptionsgeschichte des Rattenfänger-motivs bezeichnenderweise die erste bewußt und in eine bestimmte Richtung umgestaltete Fassung und weicht damit von den erklärten und ungeklärten Zielen der verschiedenen Chroniken — auch noch dem „Chronik-Potpourri" von Rollenhagen — maßgeblich ab. Die Sage wird zum Sujet, beliebig auffüllbar mit den kompensatorischen Phantasien einer sozialen Gruppe, die ja den „Einzelnen" — und das ist Brentano — produziert hat und auf die er zurückwirkt.

Weil Märchen in der Romantik erstmals zu einer Angelegenheit der *Kinder* werden, gilt Brentanos Aufmerksamkeit auch *inner*halb der Geschichte eben diesen Kindern.[20] Anders als in den Kinder- und Hausmärchen der Grimms, wo immer nur ein, allenfalls zwei Kinder die Helden sind, steht im Mittelpunkt vom zweiten Teil des Rheinmärchens praktisch die Gesamtheit der Mainzer Kinder. Nur quasi stellvertretend heben sich die kleine und die große Ameleya von der Masse ab, als Repräsentanten der durchs Erwachsenwerden „noch nicht" bzw. „nicht mehr" irritierten Unschuld. Und nur ihr kindliches Gemüt läßt am Ende die Vereinigung der Prinzessin mit dem (vermeintlichen) armen Müller zum herrschenden Königspaar zu.[21]

Es liegt auf der Hand, daß die Person des „Rattenfängers" Brentano im Umkreis seiner historischen Faktizität überhaupt nicht interessiert. Keiner der vorhergehenden Texte verliert mehr als je einen Satz über das Leben bzw. Sterben der Kinder. Bei Brentano dagegen wird alles im einzelnen liebevoll ausgemalt: ihr Verhalten im Leben; ihr Sterben; ihre jenseitige Existenz und ihre „Wiedergeburt".

Der besondere Reiz dieser phantastischen Kinderodyssee liegt dabei *darin*, daß die kindliche Alltagsrealität, die zu Beginn sogar ganz eindimensional bestimmend ist, auch im späteren Verlauf nie ganz eliminiert, vielmehr am Schluß unter neuen Vorzeichen wieder in ihre Rechte gesetzt wird, ohne die irrealen Erlebnisse zu tilgen. Die Grenze zwischen beiden Bereichen ist aufgehoben, Gefühl und Bewußtsein des einen wird in das andere Stadium mit hinübergenommen; der kindliche Mensch geht seines magischen Verhältnisses zur Natur, zu den Tieren und Dingen nicht verlustig.

Darum ist es auch mehr oder weniger einerlei, ob die handelnden „Kinder" den Menschen oder Tieren zugehören, allenfalls mit dem Unterschied, daß bei den Tieren ungebrochene familiale Verhältnisse herrschen. Der kleine Prinz Mausohr *trauert* so sehr um Bruder und Mutter, daß er aus Rache für die Verhöhnung selbst noch der Toten die Mainzer Kinder in den Rhein pfeift. Er kann freilich nicht wissen, daß dieser Spott ein vom König „verordneter", also un-natürlich, entfremdet ist. Immerhin, die Kinder halten mit, schreien und johlen und sind ihm gegenüber genauso bestechlich wie gegenüber der Autorität des Königs.

Vorsichtshalber weist sich auch Mausohr als Königssohn aus, weniger um abstrakte Macht zu signalisieren, als um die Eitelkeit, Besitzgier und Sensationslust der Kinder zu mobilisieren. Ihr Rollenverhalten erweist sich dabei als ebenso festgelegt wie das der Erwachsenen. Um des materiellen Gewinns willen sind sie bereit, zu stehlen, zu lügen, sich zu zanken (Rollendenken) und die Eltern zu verlassen, während ihr Verführer heimlich um seine Mutter weint. Erst unmittelbar vor ihrem Ertrinkungstod begreifen die Kinder ihr Los, besinnen sich auf den lieben Gott und die lieben Eltern, die beide so fern sind. Die Beschreibung dieses Massensterbens hat etwas von szenischer Choreographie:

... und somit begann er ein Liedchen auf seiner Pfeife, indem er vom Land abfuhr, zu blasen, so wunderbar lustig und traurig, daß die Kinder erst alle zu lachen und zu weinen und endlich zu tanzen begannen und sich immer mehr und mehr an das Wasser drängten und endlich gar hineinsprangen und drin herumwalzten; und immer ferner fuhr Mausohr mit dem Kahn, und die Kinder sprangen immer lustiger ins Wasser; anfangs hielten sie noch die Kleiderchen in die Höhe, um sie nicht naß zu machen, bald stand ihnen das Wasser bis an den Hals, und dabei sangen sie beständig mit dem beweglichsten Ton ... Mausohr blies aber immer heftiger zu, und schon sah man von den meisten Kindern nichts mehr als ihre Hüte und Hauben, und der Gesang ward stets schwächer, denn es ertranken immer mehrere ... (S. 220 f)

Ein Kinder-Totentanz bzw. Todestanz, so sadistisch in seiner grausigen Akribie, wie auch Kinder schon sein können, wenn man sie verletzt hat. Ungerührt fährt Mausohr davon, einzig der „Nachruf" des Autors weist die Opfer als Irregeleitete aus, als Opfer viel mehr ihrer autoritären Struktur (Gehorsam gegen König) als der Mordlust des Mäuseprinzen.

Während alle anderen Texte mit den refrainartigen Hinweisen auf das Wehklagen der Eltern, das auch hier nicht ausbleibt, enden, fängt die Geschichte der Kinder *nach* ihrem Tode eigentlich erst richtig an. Das detaillierte Sterben hat offenbar eine bestimmte Funktion: nicht nur, daß es die Unabänderlichkeit für die hinterbliebenen Erwachsenen in Gestalt der schwimmenden Hauben verbildlicht, es wird auch zum direkten Symbolvorgang für Brentanos Verarbeiten der (eigenen) Kindheit und seine daraus resultierende Wunschphantasie. Als intellektueller, gebildeter Erwachsener schafft er sich im Diskurs ein ähnliches Gegenreich wie konkret als Kind. Vaduz liegt jetzt nicht mehr im Speicher, sondern auf dem Grund des Rheins. Beide Male liegt der Akzent auf dem „Jenseits" der Erwachsenenwelt. Der Zugang zum Kindsein ist ihnen für immer versperrt, damit auch der Zugang zu wesentlichen Anteilen ihrer selbst.

Während die Kinder ihre Träume aus dem Abfall der Erwachsenen bilden (Vaduz/Speicher), versenken sich die Erwachsenen ganz folgerichtig träumend in die Zeit *vor* aller Erinnerungsfähigkeit, in eine Art intrauterinäres Aufgehobensein ohne Bewußtsein und Verantwortung, in einen Zustand, der vom Erwachsenen „ab-fällt". Der Kristallpalast, in den Vater Rhein die Kinder gerettet hat, verdeutlicht in seiner Durchsichtigkeit und Pracht die ganze „Exklusivität" dieses elbischen Kinderhorts. Nur durch ihn hindurch führt der Weg zu Frau Lureley und den unermeßlichen Schätzen, die sie hütet. Wer sich unbefugt, d. h. aus unlauteren Motiven Zutritt erschleichen will wie die zwei gierigen alten Karpfen, wird entlarvt und ist des Todes.[22]

Somit versinnbildlicht die Apotheose der elementaren Triade *Vater-Mutter-Kind* eigentlich noch die Möglichkeit eines Daseins *vor* der Urszene. Begehren und Gewalt bleiben ausgeschlossen. Das Mütterliche ist depersonalisiert zur schützenden Wasserhülle, das Väterliche transzendiert in animistische, pantheistische Gottväterlichkeit, die Kinder sind asexuell, „unschuldig", eine „Erfindung", wie sie in den Kinderbildnissen der Romantik reichen Niederschlag gefunden hat.[23] Das heißt keineswegs, daß nicht doch eine sehr subtile Erotik die ganze Geschichte von Anfang bis Ende durchzöge. Aber es ist eine Lust *vor* dem Begehren, eine Sehnsucht *ohne* Leidenschaft.

Ja, wenn aller blaue Himmel eine Wiese wäre und alle Sterne bunte Blumen und alle Wölkchen Lämmer und der Mond ein Schäfer und die Sonne ein goldener Brunnen und die Morgenröte eine erwachende Hirtin und die Abendröte ein ermüdeter Jäger, und die Liebe zöge wie ein Lüftchen durch die Blumen und bewegte sie, und die bunten Bänder der Hirtin spielten in ihr und die Locken des Jägers wehten in ihr, und der goldene Brunnen spränge und ergösse sich durch die Wiesen, und die Lämmer tränken aus ihm, und der Schäfer stellte einen bunten Stab in den Brunnen vor die Augen der Lämmer, und alles wäre selig, und ihr läget unschuldig, wie euer Ameleychen in der Wiege, und sähet alles das im Traum: so wäre es doch noch nicht halb so schön, als was ich da sah. (S. 263)

So schildert das Goldfischchen den Eltern der kleinen Ameleya seine Erlebnisse. Bei aller Ansammlung in die Psychoanalyse eingegangenen „Materials" bleibt die *Liebe* doch ein unschuldiges Lüftchen, ein synästhetisches Empfindungsgemisch, einatembar durch die Haut, eine Daseinslust ohne die Gewalttätigkeit moralischer Kategorien. Ja es hat sogar den Anschein als sollte/könnte hier eine neue Sinnlichkeit gelehrt werden, eine Sinnlichkeit, die durch den Ausschluß von Sexualität bis in die Unendlichkeit perpetuiert wird, die alle Altersklassen vereinigt und alle Lebewesen in phylogenetischer Symbiose umschließt.

Der alte Rhein läßt sich von seinem Liebling den Bart kraulen, die gläserne Wiege der kleinen Ameleya muß direkt neben seinem Bett stehen. Goldfischchen versteckt sich in einem roten Schuh seiner kleinen Besitzerin, um zu ihr zu kommen: „Es war mir durch und durch wohl und selig." (S. 257) „Die großen Fische sind zu groß und zu dumm" (S. 272) — sie bleiben alle ausgesperrt, die alten Karpfen, die hinterlistig Kindlichkeit vortäuschen, werden erschlagen. „Gespielinnen, Geliebte, Bräute" werden synonym genannt, ähnlich wie die beiden Ameleyas: die große in ihrer unschuldig bräutlichen Sehnsucht nach Radlauf, die kleine als symbolische Kinds-Braut-Mutter in ihrem zärtlichen Verhältnis zu dem kleinen Goldfischchen bzw. dessen zu ihm:

Ach! ihr könnt nicht denken, wie mir freudig und selig zumute war, als ich Ameleychens Herz pochen hörte und das Wasser über seiner Brust zittern sah, ich konnte mich nicht mehr halten und schlüpfte aus meinem Schuh heraus, und schwamm in das bewegte Wasser über Ameleychens Herz, und ruhte lange in der von ihrem Leben bewegten Fluten mit unendlicher Liebe. (S. 268)

Goldfischchen schläft an Ameleychens Herz ein und erwacht erst wieder durch den Druck ihrer Hand. Die Szene erinnert an eine andere „Kinderszene" aus der romantischen Literatur: an E. T. A. Hoffmanns *Nußknacker* (und Mäusekönig), der ebenfalls erst durch die wärmende Hand seiner kleinen Freundin zum Leben erweckt wird. Dabei bedarf die polymorphe prägenitale Erotik, wie Freud sie besonders im Hinblick auf die ungleich umfassenderen Möglichkeiten von Sexualität bei Kindern beschrieben hat, weder spezifischer Stimulantien, noch irgendeiner „Begründung" — sie ist einfach da und sich selbst genug.[24] In diesem Umkreis wird jede zentrierende, auf *ein* Organ sich beschränkende Steigerung zur Unnatur oder Verarmung. Auch die kindliche Bi-Sexualität findet in diesem pansensualistischen System ihren selbstverständlichen Platz: „Es zogen voraus zwei schöne mutige Jünglinge, der weiße Main und der rote Main, die kräftigen Söhne des Fichtelgebirges; sie schwammen mit verschlungenen Armen und sangen ein Doppellied . . .". (S. 257): (mit den Nymphen)

Rhein, du breites Hochzeitsbette!
Himmelshohes Lustgerüst!
Wo sich spielend um die Wette
Stern und Mond und Welle küßt.

Etwas später heißt es: „Ein Schifflein zog oben, und darauf fuhren zwei Knaben, der eine freudig mit braunen Haaren, der andere traurig mit schwarzen Haaren." (S. 269) Immer wieder mündet ihr Wechselgesang in den Refrain:

Lieben und geliebt zu werden
Ist das Einzige auf Erden. (S. 270)

Brüderliche Zärtlichkeit, Liebe zwischen Freunden, alles was in der Weltordnung der Erwachsenen als „pervers" gilt, bleibt eingebettet in Brentanos neue alte Liebeswelt.[25]

Der Literaturwissenschaft ist es natürlich längst kein Geheimnis mehr, daß Brentano hier eine Rheinfahrt mit Achim von Arnim abkonterfeit hat. Wesentlich erscheint mir daran die kindliche Lust, die eigene konkrete Erlebnissituation aus der Vergangenheit in seine vorbewußte Erinnerungs-Utopie hineinzukompensieren, mit der entsprechenden Verjüngung, versteht sich, zu „Knaben". „Ich kann meine Erinnerung mir freundlich und schmerzlos machen", heißt es in einem Brief vom Oktober 1802, d. h. man kann Erinnerung auf Erfreuliches eingrenzen, besonders hinsichtlich der Kindheitserinnerungen.

Schließlich sei doch auf die Vorliebe der Romantik für den Rollentausch und den Typus des Androgyn (das kraftvollere Pendant zum mehr lieblichen Hermaphrodit) hingewiesen[26]; auch sie findet ins Rheinmärchen Eingang: „Bald als Kind, bald als Greis" bezeichnet sich *Saale* in ihrem Lied und verzichtet ganz auf deutlichere Geschlechtsfixierung. Klarer noch die beträchtliche Mütterlichkeit des alten Vater Rhein, sein bergender Schoß, sein langer Schilfbart als Decke über Ameleychens Wiege, sein durchsichtiges Verlangen, die Kinder so lang wie nur irgend möglich bei sich zu behalten, nicht zuletzt seine Lust am Geschichtenerzählen, die ihn merklich von seinem oberirdischen Pendant, dem alten Fischer Petrus, dem realen Vater der kleinen Ameleya, unterscheidet. Der Fischer folgt ganz dem Realitätsprinzip, wenn er dem berichtenden Goldfischchen aus Neugier auf die Fakten und etwa daraus resultierende Verhaltenssignale seine ausschweifende, genußvolle Erzählweise verweist und als Geschwätzigkeit abqualifiziert.

Walter Benjamin hat in seinem Essay über Gottfried Keller diese „Sinnenlust nicht so des Schauens als des Beschreibens" veranschaulicht:

Das Beschreiben *ist* nämlich Sinnenlust, weil in ihm der Gegenstand den Blick des Schauenden zurückgibt, und in jeder guten Beschreibung die Lust, mit der zwei Blicke, die sich suchen, aufeinandertreffen, eingefangen ist. Durchdringung des Erzählerischen und des Dichterischen[27] —

der Kunst mit der Phantasie, ließe sich auch fortsetzen, im Sinne Brentanos. Die Aufhebung eines letzten Tabus findet sich schließlich in der unverkennbaren Lust des Erzählers Brentano an der inzestnahen Beziehung von Rattenkahl und Mausohr zu ihrer Mutter. Von Anfang der Geschichte an bis zu ihrem Ausscheiden aus dem Gang der Handlung treten die Königin von Trier und ihr erwachsener Sohn als *Paar* auf, von einem Vater ist keine Rede. Da Mutter und Sohn ebenfalls gleich zu Beginn im Rhein ertrinken, wird die Szenerie zum danse macabre. Die ursprüngliche Brautfahrt wird zur Vereinigung von Mutter und Sohn im Tod, dadurch wird die vorgesehene Hochzeit vermieden bzw. ersetzt durch eine andere, endgültigere. Unversehens geht dieser Umstand in die sprachliche Darstellung ein:

Nachdem der böse König sein Fest begangen hatte, kam die Nachricht nach Trier, der Prinz Rattenkahl und seine Mutter hätten eine gar traurige Hochzeit in Mainz gehalten . . . (S. 214)

Gemeint ist: am Galgen! Als könnte sich Brentano an diesem Motiv nicht genugtun, hat er dieses Paar gleich mehrmals zu Tode kommen, begraben, exhumieren, wieder begraben, als Strohpuppen wieder auferstehn und endlich wieder Ruhe finden lassen, und es bleibt durchaus ungewiß, ob es sich um Absicht oder Versehen handelt, wenn es von Prinz Mauseohr nach seiner Racheaktion heißt: „Und so kam er unter mancherlei Klagen an jene Insel bei dem Bingerloch an, wo seine *rechten Eltern*, ohne daß er es wußte, begraben waren." (S. 222, Hervorhebung E. L.). Wieder handelt es sich um Bruder und Mutter, deren gehenkte Strohpuppen er auf der in ein Trauergefährt umgewandelten Hochzeitsbarke mit sich zu führen wähnt. Und ein letztes Beispiel in dieser Reihe: die Eltern der kleinen Ameleya erscheinen uns aus der Erzählung als so biblisch *alt*, daß man ihnen unter „normalen" Umständen schwerlich ein Kleinkind zutrauen würde.

All diesen Abweichungen von der Norm scheint dasselbe Bedürfnis zugrunde zu liegen, nämlich die moralischen Schranken, die unser gesamtes Gefühlsleben innerhalb der Gesellschaft dirigieren, zu verrücken, eine frühere Empfindungsfähigkeit wieder in Erinnerung zu bringen, die Neugier vom Herkömmlichen auf die tatsächliche eigene Herkunft zu verlagern, auf das Kind, das jeder einmal war.

Daß im Umkreis kindlicher Sinnlichkeit und Genußfähigkeit die Gaumenlust nicht fehlen darf, versteht sich fast von selbst. In der romantischen Literatur — zumindest, soweit *Kinder* die Hauptpersonen sind, tauchen immer wieder Schlaraffenlandszenen in den verschiedensten Abwandlungen auf, seis das Gemüseparadies in E. T. A. Hoffmanns „Königsbraut" (1821) mit seinen Salatprinzen und Bohnenprinzessinnen, Gurkenherzogen und Melonenfürsten, Lavendel- und Fenchelpagen, seis das Zuckerbäckerland im schon erwähnten Nußknacker und Mäusekönig (überhaupt die zahlreichen Eßszenen in Hoffmanns Märchen) oder Lebkuchen- und Zuckerorgien, die in Brentanos eigenen Erzählungen fast nie fehlen (Gackeleia, Klopstock usw.). Dieser Umstand verdient deswegen besondere Erwähnung, weil praktisch um dieselbe Zeit die alten Aufklärungspädagogen einen erbitterten Kampf gegen die Naschsucht der Jugend führen. So wird die Auseinandersetzung zwischen Aufklärung und Romantik im Medium der Literatur für Kinder buchstäblich ein Kampf um Leben und Tod. Auf der einen Seite die Warn- und Drohschriften der Philanthropen, deren Geschichten fast immer mit dem Tod der „negativen Helden" enden[28], auf der anderen die lukullischen Phantasmagorien der romantischen Märchendichter, deren sinnliche Unersättlichkeit sich über Sprache und Phantasie geradezu zu einem „oralen Kult" umsetzt und die verordnete bürgerliche Lust an der Askese sabotiert.

Dabei kommt es mitunter zu fast direkten Umkehrungen (literarischen „Kontrafakturen"), so beispielsweise, wenn in Brentanos „Schulmeister Klopstock" (1808) Pinkepank in seiner verzweifelten Angst, er könnte mit Bleizucker den Tod eines Kindes und seiner Mutter verschuldet haben, selber sterben will und die Dose mit dem vermeintlichen Gift leert, um dann trotz Prügelstrafe unsäglich erleichtert zu erfahren, daß nur aus „pädagogischen" Gründen, zur Abschreckung also, etwas Falsches auf der Zuckerdose stand; in Jakob Glatz: Fritz der Näscher (1819) verläufts umgekehrt — der in die Speisekammer eindringende Knabe hält das Gift (Arsen) für Zucker und stirbt einen einsamen, grausigen Tod.

Überhaupt sind die Gefahren, gegen die die Aufklärer anschreiben, vornehmlich *einsame* Lüste; sie entziehen sich der Kontrolle, sind antikommunikativ. Nur im (verbotenen) Abseits gibt es für das aufgeklärte Kind die Möglichkeit sinnlichen Glücks, und dann immer gefolgt von Schuldbewußtsein, das sich häufig als Krankheit zum Tode erweist.[29] Durch die Installierung eines überaus strengen „Über-Ich" wird jede Entfernung von der Truppe zur Bewährungsprobe, das Widerstreben gegen die natürlichsten Empfindungen endlich zur zweiten Natur.

Brentanos kindliches Vergnügen an allem Eßbaren dagegen ist überreich belegt.[30] Schon im *Godwi* heißt es: „In einer recht gründlichen Naturlehre müßte die erste Einteilung sein — dies kann man essen, und dies nicht."[31] Schaub führt diese Art der Naturbetrachtung auf Brentanos etwaige Kenntnis einer Passage aus Novalis': „Lehrlingen zu Sais" zurück, die auch an die verzückte Erzählung des Goldfischchen im Rheinmärchen erinnert: „Die Luft war ihnen ein erquickender Trank, die Gestirne Lichte zum nächtlichen Tanz, und Pflanzen und Tiere nur köstliche Speisen, und so kam ihnen die Natur nicht wie ein stiller wundervoller Tempel, sondern wie eine lustige Küche und Speisekammer vor."[32]

Obwohl es kaum weitere Belege bedarf, um die süße Sinnlichkeit als Pendant, Begleitumstand oder auch symbolisches Surrogat für die oben beschriebenen synästhetischen Erfahrungsweisen von Erotik und Sexualität zu bezeichnen, sei doch eine Passage aus Benjamins „Einbahnstraße" zitiert, die sämtliche Verknüpfungen der einzelnen Topoi „köstlich" vereint:

Naschendes Kind. Im Spalt des kaum geöffneten Speiseschranks dringt seine Hand wie ein Liebender durch die Nacht vor. Ist sie dann in der Finsternis zu Hause, so tastet sie nach Zucker oder Mandeln, nach Sultaninen oder Eingemachtem. Und wie der Liebhaber, ehe er's küßt, sein Mädchen umarmt, so hat der Tastsinn mit ihnen ein Stelldichein, ehe der Mund ihre Süßigkeit kostet. Wie gibt der Honig, geben Haufen von Korinthen, gibt sogar Reis sich schmeichelnd in die Hand. Wie leidenschaftlich dies Begegnen beider, die endlich nun dem Löffel entronnen sind. Dankbar und wild, wie eine, die man aus dem Elternhause sich geraubt hat, gibt hier die Erdbeermarmelade ohne Semmel und gleichsam unter Gottes freiem Himmel sich zu schmecken, und selbst die Butter erwidert mit Zärtlichkeit die Kühnheit eines Werbers, der in ihre Mägdekammer vorstieß. Die Hand, der jugendliche Don Juan, ist bald in alle Zellen und Gelasse eingedrungen, hinter sich rinnende Schichten und strömende Mengen: Jungfräulichkeit, die ohne Klagen sich erneuert.[33]

Was Benjamin beschreibt, scheint mir ein Hinweis darauf, wie überflüssig und irreführend es wäre, die Terminologie der (ihm natürlich wohlbekannten) Psychoanalyse direkt als „Übersetzungsvokubular" anzuwenden, obwohl beispielsweise auch die „Speisekammerszene" in Brentanos Radlauf-Märchen direkt dazu einzuladen scheint. Beide Male tritt der unmittelbare Zusammenhang von „essen" und „lieben" als zweierlei Ausdrucksformen derselben, in obigem Sinn − kindlichen − Sinnlichkeit deutlich zutage, einmal in unwillkürlich sich einstellenden Sprachbildern und Vergleichen, einmal in lustig-manierierten Freß-Phantasien und darüberhinaus dem konkret aus der Handlung sich ergebenden Zyklus von Lieben-Erzählen-Sterben-Essen (= gegessen werden) − Lieben, wobei sich quasi als „Extrakt" das Erzählen als Liebesakt herausdestilliert und damit die gegenläufige Gleichung: Liebe = (führt zu) Gewalt und Tod, aufhebt.

Weil er als Page schwatzhaft mit Ameleyas Gunst prahlt, wird der Fürst von Starenberg in einen Staren verwandelt und muß als solcher bis kurz vor seinem Tode stumm bleiben. Noch während seines Selbstmords gewinnt er eine letzte Lust daraus, daß er sich sein „Grab" im Leib der Prinzessin vorstellt, die sich ihn − essend − einverleiben wird. Nachdem sie ihm überaus zärtlich die Federn gerupft hat (die sie alsbald als seidenes Kissen auf ihrem Herzen trägt), salzt ihn die Prinzessin mit ihren Tränen und brät ihn an silbernem Schnürsenkel:

Das Herz schnitt sie entzwei und gab die Hälfte dem Müller; aber kaum hatten sie beide davon gegessen, als es ihnen sehr wunderbar zumute wurde und sie eine große Liebe zueinander empfanden. Sie sahen sich immer einander an, und die schöne Ameleya sagte: Mein lieber Müller, es ist mir niemals so wohl gewesen als bei dir, und wenn du von Adel wärest, wollte ich mit niemand mein Leben verbringen als mit dir. (S. 201)

Aus dem Tod gewinnt eine neue Liebe Leben. Wenigstens an *einer* Stelle sei aber doch auf die frappierenden tiefenpsychologischen Deutungsmöglichkeiten hingewiesen: Georg Groddeck erwähnt in seinem Buch „Der Mensch als Symbol"[34] die Verwandtschaft der Worte sterben, starve (engl. hungern), starfa (altnordisch „sich mühen"), stjarfe = Starrkrampf, die nach Walde von der indogermanischen Wurzel sterb-, erweitert aus ster-, von dem wiederum starr, steif herkommt. Sterbens- und Geschlechtssymbolik sind in der Vorstellung von Starre vereint, todverkündend und lebenspendend, Stirb und Werde. Der Fürst von Starenberg wird zur Strafe für seine liebesselige Geschwätzigkeit in einen Staren verwandelt, d. h. eine Vogelart, die — ähnlich wie die Rotschwänze (vgl. Stifter, Nachsommer) gern als besonders „geil" gedacht wurde. Symbolisch tötet er sich mit einem phallischen Instrument: derselben Nadel, die seine Liebe zu sehr angestachelt hatte (man könnte auch sagen: zu begrenzt, zu eindeutig).

Durch die Totenstarre büßt er sein Verbrechen: „Nach diesen Worten streckte er die Beine aus, schloß die Augen, sperrte den Schnabel auf und war mausetot." (S. 200) Aber sein Blut spritzt der Prinzessin auf den Arm und verschmilzt mit ihren Tränen — diese letzte Vereinigung und die „Bestattung" in Ameleyas Leib als symbolischer Liebesakt sind gestattet, treten an die Stelle der genitalen sexuellen Begierde, die in Brentanos Märchen und Weltanschauung keinen Platz hat. Ähnlich finden ja auch die Mainzer Kinder ein „Grab", das ihre Wiedergeburt bewirkt. Wie der Phallus im Liebesakt stirbt, so sterben auch die Kinder (in der Psychoanalyse, besonders der Traumdeutung, stehen „Kinder" häufig für das männliche Geschlecht, ähnlich übrigens der volkstümliche, beliebte Name „Hans"), um danach im Schoß der Erde zu neuem sinnlichen Leben, zu neuer umfassender Sinnlichkeit zu erwachen, die jede punktuelle Fixierung ausschließt. Damit heben sie auch die Gewalttat von Mauseohr auf, der sie aus *Liebe* (zu seinen Inzest-Eltern) in den Tod führte. Nur am Rande sei immerhin der Nähe von „mère" und „mer", von Meer und Mutter im Französischen gedacht.

Romantische „Sprech-Akt"-Theorie

Insgesamt läßt sich das bemerkenswerte Phänomen beobachten, daß zwar Zeugung, Tod und Geburt von Anfang bis Ende das eigentliche „Thema" des Brentano'schen Märchens sind, gleichzeitig aber mit Bedacht von Anfang bis Ende ausgeklammert bleiben, als wollte Brentano wenigstens diesen Kindern stellvertretend die unausbleiblichen Wirren erwachsener Liebesleiden ersparen. Es gelingt ihm dies, indem er das „Erzählen" rehabilitiert, es zum generativen Akt erhebt. Nur wer sich eine Geschichte oder ein Märchen ausdenkt, erwirbt sich sein Kind zum zweiten Male. Die leibliche Zeugungskraft, die ja beispielsweise auf ein bestimmtes Alter beschränkt ist, wird damit für sekundär erklärt. An ihre Stelle tritt eine Produktivität, zu der jeder imstande ist, unabhängig von Stand und Bildung, von Alter und Geschlecht, von Wissen und Intellekt. Wer erzählt, schenkt für die Zuhörenden stets neuen Gestalten „Leben", und dieses Leben endigt nicht mit dem Ende der Erzählung, sondern wirkt fort, schafft Veränderungen, sinkt in die Erinnerung, bleibt abrufbar.

Tatsächlich propagiert Brentano nicht nur eine neue Wertigkeit von Phantasie-Tätigkeit, sondern will gleichzeitig die Erinnerungsfähigkeit jedes einzelnen aktivieren. Auf diese Weise wird jeder instandgesetzt, die Verbindung zu seinem früheren Ich, zu seinen Kindheitsanteilen wiederzufinden. Und erst diese Wiedervereinigung berechtigt und befähigt die Mainzer Bürger zum zweiten Mal zur Elternschaft, aber nun nicht mehr unter dem hierarchischen Aspekt von hie Weisheit — hie jugendliche Torheit, sondern im Zeichen der austauschbaren Aktivität und Wertigkeit von Erzählen und Zuhören.

Damit hat Brentano ein Kommunikationsmodell geschaffen und selber literarisiert, das überwiegend auf die individuelle Wiederentdeckung von Möglichkeiten der Selbsterfahrung beim Hören und Sprechen gegründet ist. Hören und Sprechen als Versinnlichung und Mitteilung von Erinnern und Phantasie. In diesem Zusammenhang wird auch bedeutsam und verständlich, daß Brentano keinen grundsätzlichen Unterschied zwischen „Geschichte" und „Märchen" macht.

Nun sagte Radlauf: Jetzt gehet hin und besinne sich jeder auf eine Geschichte, ich will mich auch besinnen. (. . .) Morgen früh bei Sonnenaufgang kommt an den Rhein, da will ich mein Märchen erzählen, und ihr könnt gleich eure Königin empfangen . . .(S. 277)

Was Radlauf dann wirklich erzählt, ist sozusagen ein Stück Autobiographie, die zwar märchenhafte, aber dabei „reale" Vorgeschichte seiner Vorfahren und damit seiner selbst. Dahinter steht die Einsicht, daß Faktizität und „Wahrheit" keineswegs immer identisch zu sein brauchen, daß man nicht nur *Produkt*, sondern auch *Produzent* der eigenen Lebensgeschichte — auch der *Vor*geschichte — ist.

Die Pschoanalyse hat ca. 100 Jahre später diesen Gedanken aufgegriffen. In deren Terminologie erzählt Radlauf buchstäblich seinen „Familienroman"[35], Groddeck würde noch treffender sagen: sein „Lebensmärchen"[36]. Gemeint sind dort die unbewußten Wunschphantasien kleiner (in der 2. Phase auch größerer) Kinder, die ihre Unzufriedenheit mit den eigenen Eltern in abenteuerliche Geschichten über die Entdeckung ihrer wahren Identität als sozial ungleich Höherstehende, als Prinzen oder verschleppte Komtessen kleiden:

Weil wir aber durchaus die Idee festhalten wollen, des Höchsten Kinder zu sein — denn Ehrfurcht ist ebenso wie Eitelkeit ein Gefühl, das wir nicht aufgeben können — phantasieren wir uns den Kinderraub, die Unterschiebung, unser Lebensmärchen zurecht. Und um auch das noch zu erwähnen, weil uns zu guter Letzt auch der König nicht erhaben genug ist, um unsere rastlose Sucht nach Größe zu stillen, dekretieren wir Gotteskinder zu sein, und erschaffen den Begriff Gottvater.[37]

Von Gottvater ist freilich bei Brentano kaum die Rede; an seine Stelle tritt die Natur, eine fast mystische Vereinigung mit den Elementen, ein phylosymbiotisches Ineinanderwirken von allem, was die Natur überhaupt hervorbringt. Dadurch relativiert sich die vertikale, hierarchische Struktur, die in der Idee von der Gotteskindschaft eine maßgebliche Rolle spielt, und weicht einer eher zyklischen, vielleicht im Sinne der progressiven Regression auch spiralförmig vorstellbaren, wie sie sich ja auch ganz plastisch in der zyklischen Rahmen-Erzähltechnik widerspiegelt. Ähnlich wie jede durcherzählte Nacht für die bedrohte Scheherazade einen neuen Lebenstag gebiert, so „gebären" die Mainzer Bürger erzählend ihre Kinder neu; und nicht nur *die*: auch die Figuren ihrer Geschichten erhalten die Funktion von Mit-Erzeugern, die zumindest das Fortleben der Kinder mitbestimmen. Ihre Lebendigkeit hat reziproke Kraft, wird zum dialektischen Stromkreis. Durch den Rekurs auf den „Urvater" Rhein ist die bewußtseinsspaltende Instanz des „Über-Vaters" außer Kraft gesetzt, entmachtet, alles Angstauslösende (das nur von den erwachsenen Menschen ausging) gebannt. So wird die Vereinigung im Diskurs zu einer generativen Grammatik der Gefühle.

Vom Privaten zum Öffentlichen

Einiges spricht dafür, daß sich Brentano mit dieser und anderen Geschichten eine ganze Reihe unbearbeiteter Erlebnisse und empfindsame Fixierungen aus der eigenen Kindheit von der Seele geschrieben hat, daß er es verstand, die eigenen Versagungen spielerisch zu transformieren, gleichsam zu „übersetzen" in eine Sprache, die Kinder *und* Erwachsene verstehen und die damit zum unmittelbaren Vehikel der Idee wird, für die sie steht, die sie beschreibt. Aber mit dieser persönlichen Funktion hat es nicht sein Bewenden. Vaduz war noch Privatraum, die konkrete Utopie auf dem Speicher, zu dem er Unbefugten den Zutritt verweigern konnte. Im Diskurs ist dies nicht mehr möglich, kann auch nicht mehr Absicht sein. Indem Brentano seine privaten Gefühle wie Angst vor dem Vater, Sehnsucht nach der Mutter usw. in Form literarischer Phantasien einer breiten Öffentlichkeit präsentiert, erlaubt er seinen Lesern, fordert sie geradezu dazu auf, sich diesen Phantasien anzuhängen, eigene darin wiederzuerkennen, sie vielleicht lesend und erinnernd zu aktivieren, sie auszuagieren.

Es läßt sich ohne weiteres annehmen, daß spezifische Elemente der Brentano'schen Erziehung sich in den Kindheiten von Zeitgenossen widerspiegeln. Seis Hoffmann, Tieck, Schlegel, Novalis oder wer immer von ihnen noch in den siebziger Jahren des 18. Jahrhunderts geboren ist, ihnen allen gemeinsam ist ein wohlsituiertes bürgerliches Elternhaus, in dem man um eine sorgfältige Bildung und Erziehung der Kinder, insbesondere der Söhne, bemüht ist. Hauslehrer, Bildungsanstalten und Gymnasien stehen zur Verfügung, um auf das im Anschluß meist vorgesehene Studium vorzubereiten. Längst ist es üblich geworden, die Söhne angesehener Familien aus dem Hause zu geben, seis zu Verwandten oder Geschäftsfreunden, seis in eins der immer zahlreicher sich installierenden pädagogischen Institute wie Winterwerbers Internat (Kurpfälzisches öffentliches Erziehungsinstitut für Zöglinge männlichen Geschlechts aller drei christlichen Religionsparteien), in dem Brentano so sehr gelitten hat (s. oben) oder wie die Handelsschule in Schnepfenthal, wohin er ums Haar noch geraten wäre, hätte sich seine Mutter nicht noch kurz vor ihrem Tode im Sinn ihres Sohnes gegen den Vater durchgesetzt.

Das heißt mit anderen Worten: mit den Kinderschuhen stecken die Romantiker buchstäblich noch mitten in der Aufklärung, sind von deren gesellschaftlichen Veränderungen mitgeprägt, Katharina Rutschky spricht von der „Figuration Erziehung", zu der die säkularisierte Heilsperspektive des von Zeitgenossen als „pädagogisch" klassifizierten 18. Jahrhunderts mit seiner großen Hoffnung auf die neue Generation versteinerte[38] (Schw-Päd. XXII), weil sie die Dialektik im Fortschritt der Menschen aus der „Rohigkeit eines bloß tierischen Geschöpfes in die Menschheit, aus dem Gängelwagen des Instinkts zur Leitung der Vernunft ... aus der Vormundschaft der Natur in den Stand der Freiheit" nicht wahrnehmen wollte.[39]

Kant beschreibt den Preis für Vernunft und Freiheit, die dem Menschen auferlegt sind, mit Worten und Bildern, die der Leugnung dieser Dialektik durch die Pädagogen Rechnung tragen und im Hinblick auf Brentano und das romantische „Kindheitsmuster" fast prophetisch anmuten:

Dieser Schritt (des Menschen vom tierischen zum vernunftgeleiteten Dasein E. L.) ist daher zugleich mit der Entlassung desselben aus dem Mutterschoße der Natur verbunden: eine Veränderung, die zwar ehrend, aber zugleich sehr gefahrvoll ist, indem sie ihn aus dem harmlosen und sicheren Zustand der Kinderpflege, gleichsam aus einem Garten, der ihn ohne seine Mühe versorgte, heraustrieb, und ihn in die weite Welt stieß, wo so viele Sorgen, Mühen und unbekannte Übel auf ihn warten. Künftig wird ihm die Mühseligkeit des Lebens öfter den Wunsch nach einem Paradiese, dem Geschöpfe seiner Einbildungskraft, wo er in ruhiger Untätigkeit und in beständigem Frieden sein Dasein verträumen und verländeln könne, ablocken. Aber es lagert sich zwischen ihn und jenen eingebildeten Sitz der Wonne die rastlose und zur Entwicklung der in ihm gelegten Fähigkeiten unwiderstehlich treibende Vernunft, und erlaubt es nicht, in den Stand der Rohigkeit und Einfalt zurückzukehren, aus dem sie ihn gezogen hatte. Sie treibt ihn an, die Mühe, die er haßt, dennoch geduldig über sich zu nehmen, dem Flitterwerk, das er verachtet, nachzulaufen, und den Tod selbst, vor dem ihm grauet, über alle jene Kleinigkeiten, deren Verlust er noch mehr scheuet, zu vergessen.[40]

Kant war freilich kein Erzieher. Er kann den Zwangscharakter im aufkommenden Erziehungswesen zur systematischen Entwicklung der Vernunft noch beim Namen nennen, kann als „Verlust" bezeichnen, was die Philanthropen alsbald zum edelsten Gewinn avancieren lassen: die zur zweiten Natur werdende Bekämpfung aller natürlichen Triebe unter Zuhilfenahme eines möglichst früh installierten Über-Ichs. Eine wahre Flut von Texten ergißt sich zu Ende des 18. / Anfang des 19. Jahrhunderts aus der Feder von Pädagogen *für* Pädagogen, Eltern und aufgeklärte Bürger aller Berufsrichtungen, die die „pädagogische Produktion des Kindes" (Rutschky) überhaupt erst bewerkstelligen, um es alsdann militant bekämpfen zu können.

Die pädagogische Produktion des Kindes

Im Jahr 1773 entwirft J. B. Basedow „Maßnahmen zur Unterscheidung von Kindern und Erwachsenen" mit detaillierten Anweisungen zur Manipulation bzw. Erzeugung der jeweils vom Kind gewünschten Gefühle — über hundert Jahre später noch stuft L. Strümpell in einer gleichlautenden Schrift „die Kindheit als Krankheit"[41] ein (1890) und bringt somit den Effekt, den die aufgeklärte Erziehung auf ihre Zöglinge auf lange Sicht gehabt haben mag, auf eine prägnante Kurzformel. An über 300 Beispielen kindlicher „Fehler", worunter auch Dinge wie „Gähnen", „Grämlichkeit", „Neigung zum Erschrecken", „Neigung zum Lachen und zur Ausgelassenheit", „Neigung zu witzigen und drolligen Einfällen", „Neigung zu Phantasmen", „Neigung zum Anfassen fremder Gegenstände" undsoweiter aufgeführt sind, weist der Verfasser triumphierend nach, „daß die Anzahl der pädagogischen Fehler die Anzahl derjenigen körperlichen Krankheiten, welche in den medizinischen Lehrbüchern als eigenartige Kinderkrankheiten beschrieben und pathologisch und therapeutisch erörtert werden, um das Dreifache übertrifft."[42] Hieraus leitet er das Übergewicht des geistigen Lebens über das körperliche *auch* von der „üblen Seite" her ab.

Versucht man, die hier nur angedeuteten spezifischen Phänomene der aufklärerischen Entdeckung der Kindheit in eine psychologische Begrifflichkeit zu bringen, so haben wir es hier offenkundig mit einem Prozeß der Abspaltung und Projektion der Selbstteile zu tun. Abgespalten werden vom eigenen Persönlichkeitsbild muß alles, was der raschen Integration ins Normengefüge bürgerlichen Erwerbslebens hinderlich sein könnte. In der arbeitsteiligen Gesellschaft, die sich zur Zeit der Aufklärung aus dem mittelalterlichen „ganzen Haus" immer subtiler herausentwickelt, sind die Kinder in immer stärkeren Maße der Kontrolle der Umgebung, d. h. der Erwachsenen entzogen und entgleiten in einen zuvor in dieser Form nicht vorhandenen Freiraum im konkreten wie im übertragenen Sinn. Gleichzeitig kristallisieren sich in Gesellschaft und Familie immer differenziertere Rollenzuweisungen heraus, die das Familienleben nach dem System des öffentlichen Lebens zu organisieren suchen, d. h. nach der Funktionsfähigkeit jedes einzelnen Mitglieds.

Aus der Überzeugung heraus, daß es ein in diesem Sinne a priori „sinnloses" oder „nutzloses" Dasein eigentlich gar nicht geben *kann*, richtet sich das Augenmerk in zunehmendem Maße auf *den* Teil der Gesellschaft, der noch nicht in Institutionen erfaßt ist: auf die Kinder. Um sie auf ihre künftige Verantwortlichkeit als Staatsbürger vorzubereiten, werden sie in ein Netz von Pflichten und spezifisch auf Altersklassen und Geschlecht zugeschnittenen Aufgaben gezwängt, in dem kein Raum vorgesehen ist, über die eigenen Bedürfnisse zu reflektieren.

Auf diese Weise wird die subjektive Zeiterfahrung des einzelnen umfunktioniert zum potentiellen, jederzeit abrufbaren Gegenstand eines objektivierbaren Rechenschaftsbericht, und auch das Zusammenleben mit den Kindern läuft nach einem Muster ab, als müsse man jederzeit gegenüber einer höheren Instanz Auskunft über die sinnvolle Anwendung jeder Minute am Tag geben können. In seinem „Robinson der Jüngere" (1779/80) schreibt Campe im Vorwort über seine Musterfamilie, in der fremde und eigene Kinder gleich „geliebt" werden (obgleich für die fremden gut bezahlt wird, das ganze ist ein pädagogisch-kommerzielles Unternehmen): „Das Wort dieser Familie war: bete und arbeite! Und Kleine und Große kannten kein anderes Glück des Lebens als welches die Erfüllung dieser Vorschrift gewährt." Auch das Erzählen lehrreicher Geschichten nach vollbrachtem Tagewerk ist nicht denkbar ohne Nebentätigkeit; der Vater fragt die erwartungsvollen Kinder: „Aber was denkt ihr denn zu machen unter der Zeit, daß ich euch erzähle? So ganz müßig werdet ihr doch wohl nicht gern dasitzen wollen?"

Auf exemplarische Weise wird über die Lust der Kinder verfügt. Die eine, das bloße Zuhören, wird negativ sanktioniert, daher absichtsvoll dosiert und zerstückelt, d. h. durch Ablenkung an der Entwicklung gehindert; die andere, das permanente Lernenwollen und Tätigsein, wird fraglos vorausgesetzt.

Im Hinblick auf Brentano bekommt diese Einschätzung des Erzählaktes besondere Bedeutung: das selbe Medium wird zum Träger von Restriktion *und* Befreiung. Campes Kinder erfahren nur eine von den Erwachsenen manipulierte Lust. Stück für Stück läßt sich im Verlauf der Dialoge verfolgen, wie sie ihre eigenen spontanen Empfindungen zugunsten der Übereinstimmung mit den Vorgesetzten ablehnen lernen, aus sich herausprojizieren auf die eigens dazu bereitgestellte (Sündenbock-)Figur des Robinson. Alle Weichheit und Nachgiebigkeit muß unterdrückt werden. Selbst in der Wildnis zählen allein die konstitutiven Tugenden des bürgerlichen Alltags wie unausgesetzte Tätigkeit, Zweckdenken und Selbsterforschung. Auch in der totalen Einsamkeit bleibt die Gehorsamspflicht in Kraft — irgendeine „Obrigkeit" findet sich immer, nicht zuletzt das Gewissen.

Mir scheint, es läßt sich an diesem sozio-historischen Knotenpunkt ein Parallelismus dingfest machen, der die dialektischen Dimensionen der aufgeklärten bürgerlichen Bewußtseinsbildung erhellt. Wie hatten Horkheimer / Adorno gesagt: „Das Programm der Aufklärung war die Entzauberung der Welt."[43] Je benennbarer und durchschaubarer wird, was noch wenig zuvor irrationale Angst einzuflößen vermochte, desto größer die Notwendigkeit, die innere Ökonomie der äußeren anzugleichen, da die zugegebene Diskrepanz zuviele Fragen offenließe. Diese Angleichung aber fordert ein Höchstmaß an Kraft, zumal die Möglichkeit einer direkten Kompensation der selbstgewählten Versagungen nicht vorgesehen ist. So muß die ursprünglich progressive antifeudale bürgerliche Aufklärungsbewegung zu einem Konstrukt ihre Zuflucht nehmen, muß die nicht mehr einplanbaren Persönlichkeitsanteile nach außen verlagern, von sich abspalten, um sie so verurteilen und bekämpfen zu können, ohne in Konflikt zu geraten. Gehorsam kennt keine Konflikte.

Rationale Sadismen

Es entsteht die „Figuration *Kind*". In ihr versammeln sich alle Stigmata der Unzulänglichkeit zu gerade noch legitimierbarer Vorläufigkeit. Seine rohe, triebhafte Natur führt auf bedrohliche Weise vor Augen, welcher Anarchie eine solchermaßen zwangssublimierte Gesellschaft ausgesetzt ist, wenn das System der Selbstkontrolle nicht perfekt funktioniert. Seine Klarheit, Offenheit und Willfährigkeit gestatten aber auch, die unterdrückten Frustrationen über die Versagungen der eigenen Domestikation sozusagen staffelartig weiterzureichen und damit aus dem eigenen Bewußtsein zu streichen. Sie tauchen nur noch in für Kinder und schließlich auch für die Erwachsenen undurchschaubaren Rationalisierungen auf.

So gesehen wäre die „Figuration Robinson" ein Pendant zur „Figuration Kind", zusammenfaßbar unter dem Oberbegriff „Figuration Erziehung". Im Kind manifestiert sich der „Rohzustand" der Gesellschaft, es ist buchstäblich „Rohmaterial", in seiner Rechtlosigkeit und Handlichkeit die ideale Verfügungsmasse für den individuellen und kollektiven Stabilisierungsprozeß. Ähnlich repräsentiert für den domestizierten Robinson der Wilde — Freitag — den eben überwundenen Zustand der eigenen „Wildheit" und vermittelt mit dem begreiflichen Angstgefühl auch gleichzeitig die Kompensation der Überlegenheitsregungen, die alsbald zu einem autoritären Gefüge erstarren. So scheint sich geradezu zwangsläufig aus dem aufklärerischen Konzept aktiver Selbstdisziplin ein System reaktionärer (reaktiver) Zwangsdisziplinierung herauszuschälen, das den Kindern ihre eigene Lebendigkeit von Anfang an vorenthält bzw. verunglimpft, um sie deren Verlust desto weniger wahrnehmen zu lassen. Auch der in dieser Weise Heranwachsende bleibt im obigen Sinn Verfügungsmasse, also politisch manipulierbar.

Was Brentano selbst angeht, so läßt sich nachweisen, daß ihn die bereits erstarrte „Figuration Erziehung" als Opfer besonders hart getroffen hat. Vom Vater früh zum eigenen, dem Kaufmannsstand bestimmt, legt er eine Ungebärdigkeit an den Tag, die es ratsam erscheinen läßt, ihn vom Elternhaus zu entfernen. Mit 6 Jahren wird er zu einer jüngeren Schwester seiner Mutter gegeben, deren Wesensverstümmelung in der Ehe mit einem Zerrbild des beispielsweise noch von Campe vorbildlich verkörperten Hausvaters paradigmatisch in mühsam rationalisierte Sadismen umschlägt. Lauerte der Onkel schon als eine Art Kaliban, „wie ein grobes Ungeheuer vor der Pforte aller Lebensgenüsse"[44], so verschanzte sich die Tante in einer „Festung von Konvenienz"[45]. Jeden Morgen unterzieht sie die nackt antretenden Kinder (Clemens und seine Schwester Sophie) eigenhändig einer brutalen Kaltwasserkur; dem Hund müssen sie Leckerbissen reichen, die ihnen selber vorenthalten sind, zwecks Geradehalten werden sie nach Tisch mit den Ellbogen aneinandergebunden und müssen so verharren, bis sie umfallen. Ausgehverbot und Freundlichkeits- oder mehr „Gnädigkeits"-entzug beim geringsten Verstoß gegen die Vorschriften vervollständigen neben anderen unerwähnten Repressionen das Repertoire wohlmeindender Racheaktionen.[46]

In einer biographisch wie literarisch bedeutsamen Initial-Szene, als der völlig verstörte Knabe nachts bei magisch-unheimlicher Beleuchtung auf ein Bild von Salomons Urteil über die beiden Kinder der Buhlerinnen stößt, identifiziert er sich voll Entsetzen mit dem Kind, das gerade in Stücke gehauen werden woll. Der suchenden Schwester erklärt er: „Sieh, der auf dem Thron, das ist der liebe Gott; die Frau, die die Hände ausstreckt, das ist unsere Mutter; die da so sitzt und ruhig ist, das ist die Muhme, und der Mann, der das Kind zerhaut, ist auch die Muhme, und das Kind bin ich, und das tote Kind, ach, das bist du."[47] (Der Niederschlag dieses Erlebenisses im Versepos „Aus der Kindheit" wurde bereits zitiert).

Sicherlich war die verzweifelte Situation der Frau von Möhn, deren Mann als Vollalkoholiker später entmündigt wurde, ein Sonderfall, entsprach keinesfalls der Regel von Kinderaufzucht. Prototypisch im obigen Sinn erscheint mir aber doch der Mechanismus des „Weiterreichens" eigener Drangsal an die sozial Schwächeren, die Kinder. Die überreich evozierten Gefühle von Abscheu und Haß können nicht zugelassen werden, sie würden mit dem Selbstmitleid auch das demütigende Mitleid der Gesellschaft auf den Plan rufen. Und um diesem nicht ausgesetzt zu sein, wird das eigene Elend geleugnet. Gleichzeitig aber wird alles getan, um die nächsten Neurotiker heranzuzüchten. Um die realen des Mannes zu vergessen, werden die *potentiellen* Ungezogenheiten und „Verbrechen" der Kinder prophylaktisch ausgerottet. Die Persönlichkeiten dieser Kinder sind dabei austauschbar. Allein durch ihre Jugend bieten sie sich als Objekt zum Träger aller verabscheuten (weil schon in der eigenen Kindheit verboten und gefährlichen) Eigenschaften an, an deren oberster Stelle steht jegliche Art von Emotionalität.

Resumée

Unter diesen besonderen Voraussetzungen wächst Brentanos Märchenproduktion in die Dimensionen einer gesellschaftspolitischen Widerstandsbewegung. Gerade dadurch, daß er Altes, als bekannt Vorausgesetztes wie die Rattenfängersage, die Loreleysage usw. aufnimmt, gelingt es ihm, auf einer von Erziehungswissenschaft und Politik in gleicher Weise abgesetzten Ebene individuelles und über-individuelles Erlebnis- und Erinnerungsgut miteinander zu verknüpfen und zu einer Absage an Rationalismus und Ökonomiedenken seiner historischen Gegenwart zu formulieren. Der „Figuration Erziehung" setzt er Rousseaus Naturbegriff gegenüber, der gerade in der Vergesellschaftung des Kindes die Ursache für die fortschreitende Selbstentfremdung der Menschen innerhalb ihres Staatswesens sieht. „Natur" wird ideologisch wieder entschlackt, wird vom „Rohmaterial" wieder zum Reinzustand. Das Rad der (Erziehungs-)Geschichte ist freilich nicht zurückzudrehen und die Verankerung der „Figuration *Kindheit*" im Bewußtsein nicht ungeschehen zu machen; aber das wäre auch nicht in Brentanos Sinn. Vielmehr geht es ihm darum, gleichsam auf einer dritten Ebene eine „Gegen-Reich" zu vermitteln. *Vaduz* war die *räumliche* Absonderung des Kindes vom Bereich der Erwachsenen, von der Erwerbsebene im Erd-Geschoß des Vaterhauses ebenso konkret wie symbolisch am weitesten entfernt, eine passive Rückzugsmöglichkeit aus den Zwängen einer verwalteten Kindheit. Die Volkslied- (Wunderhorn) und Märchensammlungen stellen sich mit ihren spielerischen Transfigurationen und ihrer absichtsvoll unökonomischen Erzählweise aktiv als ein *abstrakterer, formalerer Gegenentwurf* dar, wie er sich schon in der Verwendung des Genres „Märchen" abzeichnet. In einem dritten Schritt schließlich erfolgt die Errichtung der Utopie, der Versuch, die Idee von einer perpetuierbaren, unverlierbaren (und unverzichtbaren) Kindlichkeit *neu zu versinnlichen*. Durch die Wahl des Diskurses stellt Brentano dabei eine Art reziproker

Öffentlichkeit her, d. h. er bietet poetische Transformationen seines privaten Erlebens, das in gewisser Weise als gruppentypisch zu verstehen ist, eben dieser Gruppe (= dem Publikum) als Projektionsfläche für die eigenen Phantasie- und Gefühlsstaus an.

Die Inhaltsanalyse in der dritten Phase, in unserem Fall speziell im Rheinmärchen, führt dann von der gebildeten Öffentlichkeit zur menschlichen Allgemeinheit hin. Symbolisch-demonstrativ lösen sich die alten hierarchischen Strukturen auf (Radlaufs Starenberg-Familiengeschichte) und setzen das *Kollektiv* anstelle der bisherigen Protagonisten. Dessen solidarisches Verhaltenspotential leitet sich her von einem produktiven Schock. Der Verlust von Kindheit schlechthin für eine ganze Kommune wird zum Fanal im individuellen *und* kollektiven Selbstverständis eines jeden einzelnen. Reingewaschen vom Schlick der totalen Institutionen durch die „Taufe" im Fluß stellen sich Brentanos „Rhein-Kinder" aufs Neue dem Versuch gegenseitiger Reaktivierbarkeit von scheinbaren Unvereinbarkeiten (Kindlichkeit und Reife, Armut und Reichtum, Alter und Jugend, Mann und Frau, Wissen und Phantasie usw.). Eine Sozialutopie im Gewand des Märchens mit dem Ziel, gesellschaftliche Veränderungen über eine neue Solidarität des Kollektivs in Phantasie und Diskurs wieder möglich erscheinen zu lassen — Brentanos großer Akt der Verweigerung ist der Protest gegen unnötige Unterdrückung oder der Kampf um die höchste Form der Freiheit, nämlich „ohne Angst zu leben"[48], oder um eine differenziertere Form von Glück, wie es Benjamin ausgedrückt hat: „Glücklich sein, heißt ohne Furcht seiner selbst innewerden."[49]

Erinnern wir uns noch einmal an Freuds Kurzfassung dessen, was hier detailliert darzulegen versucht wurde:

Mit der Einsetzung des Realitätsprinzips wurde eine Art Denkfähigkeit abgespalten, die von der Realitätsprüfung freigehalten und allein dem Lustprinzip unterworfen blieb. Es ist dies das Phantasieren, welches bereits mit dem Spielen der Kinder beginnt und später als Tagträume fortgesetzt die Anlehnung an reale Objekte aufgibt.[50]

Allerdings: dadurch, daß Brentano seine utopische Revolte als Märchen präsentiert, beraubt er sie gleichzeitig wieder ihrer denkbaren politischen Brisanz. Der Appell bleibt lediglich *Angebot*, wenn auch eins, das die schreibenden Zeitgenossen reichhaltig durchvariierten und in alle Richtungen auskosteten. Groß ist die Zahl der „romantischen Kinder" in der Literatur, die nicht alt werden können, die vor dem gesellschaftlich erzwungenen Abbruch ihrer Kindheit kapitulieren und den Tod einem entkindlichten Leben vorziehen (Mignon, Erwin), weniger als freiwilligen Akt denn als Nicht-anders-können. Es ist, als habe eine ganze schreibende Generation stellvertretend den Beweis angetreten, daß die Aufklärung den davor praktizierten Kindesmord lediglich auf subtilere Weise fortgesetzt hat, indem sie einem durch Verdrängung erkauften höheren Bewußtseinsstand gesellschaftsbildende Kraft zuerkannte.

Auf die reale Kindestötung folgte die Produktion eines Abstraktums, jener „Figuration Kindheit", deren überindividueller Konnotationsraum spezialisiertere „Tötungsmechanismen" erforderte. (Die Maschinerie, die in der Aufklärung eigens zur pädagogischen Folter erfunden wurde, ist schreckenerregend).[51] Es ist ein Mord, der von den Opfern als solcher nicht wahrgenommen wird, weil die Abspaltung von der eigenen Empfindungsfähigkeit bereits zwangsvollstreckt ist.

Zu einer wirklichen Revolution hat die romantische Schule es nicht gebracht, aber, um es noch einmal mit den eingangs dieses Kapitels zitierten Marcuse-Satz auf den Nenner zu bringen: „Die Regression übernimmt eine progressive Funktion".

2. Die Brutalität der Tugend
Gustav Nieritz: Die Wunderpfeife oder die Kinder von Hameln (1835)

Im Jahr 1835 erscheint auf dem Buchmarkt ein Werk, das den Rattenfängerstoff wohl zum ersten Mal ausdrücklich für *Kinder* bearbeitet: „Die Wunderpfeife oder die Kinder von Hameln". Ein Märchen von Gustav Nieritz. In einer späteren Auflage, vom Verfasser durchgesehen, heißt es: ein geschichtliches Mährchen.[52] Auf ziemlich drastische Weise illustriert der Text eine Beobachtung, die sich anhand der folgenden Kapitel zur These erhärten läßt: hinter einem vordergründig sich pädagogisch gerierenden Interesse am Kind und seinen Bedürfnissen vollzieht sich scheinbar unmerklich seine Aussonderung aus der Erwachsenenwelt. Die Auszeichnung, die es bedeutet, mit eigenen Büchern beschenkt zu werden, drängt sie in Wirklichkeit ins Abseits.[53] Der Untertitel: „Märchen" oder geschichtliches Märchen" verweist in seiner Vagheit dabei auf die Unentschiedenheit des Verfassers zwischen ursprünglich einander ausschließenden schriftstellerischen Moderichtungen: der belehrenden Erzählung für Kinder aus der aufklärerischen Tradition, den in der Romantik wieder salonfähig gewordenen Märchen[54], den im 19. Jahrhundert überaus beliebt werdenden historischen Erzählungen und den Horror-Geschichten der trivialen Massenliteratur.

Nieritz' Text ist ein Konglomerat aus allen vier Strömungen. Gemäß seinem eigenen Anspruch sind alle seine Werke sozusagen ad hoc entstanden, ohne beondere Planung, ohne zentrierende Idee, ohne erkennbares Ziel. In seiner autobiographischen Skizze: „Wie ich zum Schriftsteller kam" (1857) heißt es:

Um eine Erzählung schreiben zu können, bedarf es bei mir einer kleinen Anregung von auswärts, namentlich einer Nachricht oder Begebenheit, die mich bewegt oder rührt. Dieselbe bildet dann den Endpunkt oder das Schlußziel meiner Erzählung, von welcher ich mir nie zuvor einen Plan entwerfe. Mein Ziel im Auge behaltend, schafft meine rege Phantasie die dazu erforderlichen Charaktere und Handlungen, während ich die Feder bewege.[55]

Nun, seine Feder hat sich ziemlich rasant bewegt. 117 selbständige Jugendschriften, dazu zahlreiche Erzählungen in Zeitschriften für Erwachsene wie für Kinder entquellen ihr in unaufhaltsamen Strom, denn, so bekennt er: „Je länger ich das Schreiben oder Schriftstellern aussetze, desto holpriger und schwerfälliger gehts dann im Anfange."[56] Entsprechend breit gestreut die Themen, deren Vielfalt und Beliebigkeit lediglich im einigenden „oder" des Untertitels zusammenläuft:

Der kleine Bergmann oder Ehrlich währt am längsten. Alexander Menzikoff oder Die Gefahren des Reichtums. Der Findling oder Die Schule des Lebens. Clarus und Maria oder Des Kindes Weh, des Kindes Lust. Mutterliebe und Brudertreue oder Die Gefahren einer großen Stadt. Fedor und Luise oder Die Sünde der Tierquälerei. Der kleine Eskimo und die Trompete oder Wer ist mein Nächster? Die Steckenpferde oder Des Verrates Lohn. Der Goldkoch oder Die Erfindung des Porzellans. Zwei Könige und 3 Bitten oder Die gute alte Zeit. (dies nur eine kleine Auswahl von Titeln)

Das bunte Zusammenwürfeln von Exotik und Sentiment, von Historie und Wissenschaft, von Moral und menschlicher Minderwertigkeit, von Pathos und Trivilität findet sich in jeder einzelnen Geschichte wieder, aus den Lesestoffen der „kleinen Leute" setzt sich der Lesestoff für die *noch* kleineren Leute, die *Kinder,* zusammen.

Daß Nieritz vornehmlich für Kinder schreibt, hat vor allem markttechnische Gründe. Bei Wahrung der gängigen erziehlichen Normen kann er subtilere künstlerische Gestaltungsansprüche getrost außer acht lassen, allein die Gesinnung gilt. Um über diese nicht im womöglich aufkommenden Zweifel zu lassen, hängt er seinen Erzählungen gern eine kurze Erläuterung an, die freilich — zumindest im vorliegenden Fall — so wenig an den Text anbindbar ist wie ein Bibelvers an einen zotigen Witz. Mithin erfüllen diese moralichen Epiloge eine Art Alibi-Funktion für die Aufwendigkeit und Detailliebe der zuvor geschilderten Horror-Szenen, ein altes und bewährtes Rezept aus den Anfängen des Romans speziell im puritanischen England[57], ehe er sich zum allgemein akkreditierten Genre mausert.

Nieritz' vorzügliches Thema in der Rattenfänger-Erzählung ist die *Gewalt,* die persönliche *und* institutionalisierte „offene und verdeckte Violenz", um mit Schenda zu sprechen, d. h. die „Verletzung oder Schändung des Rechts auf Integrität des Körpers und der Seele, des Rechts auf Achtung der Menschenwürde, der Autonomie und der wie immer gearteten menschlichen oder tierischen Individualität"[58]. Dabei unterläßt er offenbar tunlichst, zwischen legitimer und illegitimer Gewalt präzise zu unterscheiden. Lediglich scheint er Gewalt — besser „violentia" — im Sinne Benjamins nicht zu trennen von *Macht* (potestas).[59] Die offene Violenz in der Stadt Hameln unterliegt bei Nieritz einer strengen Macht-Hirarchie, sie reicht vom „gestrengen Herrn Bürgermeister", ohne dessen Willen in der ganzen Stadt nichts geschehen kann, über dessen Sohn, den Fronvogt, die Wachleute usw. bis hinunter auf den Hund (des Rattenfängers), der quasi stellvertretend für seinen Herrn fast totgeschlagen wird.

Nun tut Nieritz aber einiges, um Irritationen in dieses System einzubauen. Der anmaßende kleine Bürgermeistersohn wird von den anderen Kindern ausgelacht, als er sich beim Rattenfänger nicht durchsetzen kann; in ihrem Spott manifestiert sich eine unterdrückte Form von Widerstand. Der Bürgermeister selber wird sowohl verbal, als auch situativ der Lächerlichkeit preisgegeben, d. h. Institutionen und Personen werden getrennt erlebt und beurteilt. Schließlich verwirrt sich alles bei der Suche nach den verschiedenen *Motivationen* von Gewaltanwendung bzw. ihrer Funktionen. Fromm nennt neben der spielerischen die reaktive, die rächende, die kompensierende, die sadistische oder archaisch-blutrünstige, die wegen Erschütterung des Glaubens destruktive Gewalt usw.[60]

Aber diese Palette scheint nicht auszureichen für die vorliegende Erzählung. Es fehlen Phänomene wie strukturelle[61] und mythische Gewalt, in denen die Dialektik von rechtsetzender und rechterhaltender Gewalt aufgehoben ist. Ebenso wie Lawinen- oder Hochwasserkatastrophen als sogenannte „höhere Gewalt" von den Versicherungsgesellschaften nicht getragen werden, versagen auch die psychologischen Kategorien, wenn sie für außermenschliche Verhaltensweisen ein Erklärungs- und Reaktionsmuster liefern sollen. Hier die „Fabel": (1. Teil)

Der Rattenfänger kommt in die Stadt und preist sehr selbstbewußt seine Künste an. Zur Demonstration läßt er für die umstehenden Kinder ein paar in einen Kasten gesperrte Kleintiere (Hamster, Ratten, Mäuse usw.) nach seiner Pfeife tanzen. Als dem unverschämten kleinen Bürgermeistersohn dessen Befehl auf Wiederholung der Vorstellung verweigert, läßt der ihn abführen (ohne die Erlaubnis des Bürgermeisters darf man seine Künste nicht anbieten); sein Hund, der den frechen Knaben am Stehlen der Wunderpfeife hindern will, wird von den Wachen fast totgeschlagen. Der Rattenfänger kommt ins Gefängnis.

Schon hier im 1. Kapitel (von 13) vermengen sich die Ebenen. Die Macht des Bürgermeisters gerät ins Zwielicht durch die Gewalt, die sein Sohn über ihn zu haben scheint, d. h. der persönliche Wille zur Macht, und sei's der eines Kindes, ist stärker als der „Apparat", infantiler Trotz und Rachsucht vermögen die Staatsmechanismen in Gang zu setzen. Nicht die Institution gerät in Mißkredit bei den Umstehenden, sondern die Aufhebung der Hierarchie, auch der zwischen Eltern und Kindern. In diesem Sinn befinden sich die spöttischen bis despektierlichen Äußerungen des Fronvogts auf geradezu klassische Weise im Einklang mit der geforderten staatserhaltenden Gesinnung. Über solche Ventile werden Revolutionen vermieden, und die Machtstruktur bleibt unangetastet, indem das eigentliche Opfer (der Rattenfänger) zum Täter umfunktioniert wird und als Sündenbock für die gestaute Aggressivität der unterdrückten Masse herhalten muß.

Wie geht es weiter:

Tobias, der Sohn des Vogts, wird zum sanften Gegenhelden des Bürgermeistersohns. Er rettet den Hund, will seine Mahlzeit mit den Ratten teilen und findet durch einen Zufall den Zauberstab des als Rattenfänger verkleideten Zauberers Kockeril, nachdem *der* wieder freigelassen ist (aber er muß dem Rotzbengel quasi Schmerzensgeld für den wütigen Hund bezahlen). Mit dessen Hilfe versteht er die Sprache der Tiere. Bevor er das aber entdeckt, schließt ihn der böse kleine Gilbert, Sohn des Bürgermeisters, völlig unmotiviert im Gefängnis ein. Dadurch entkommt Tobias wiederum als einziges gefähiges Kind der Rache des Rattenfängers, der bei Schulschluß alle Kinder zusammenpfeift und in den Berg führt. Als das Jammergeschrei der begrabenen Kinder aus dem Berg dringt, jagen die Eltern in blinder Wut den Bürgermeister in die Flucht.

Der Auszug der Kinder steht unter dem Signum der „großen Rache", von der Kockerill im Gefängnis dem Vogt vorschwärmt. Daß er sich dabei auf die Geschichte vom Fürsten Hamann beruft, der aus Wut über die Kränkung durch einen Juden beschloß, dessen ganzes Volk zu vernichten, muß besonders in einem Punkt in den Erben des Dritten Reichs makabre Assoziationen auslösen: in der vollkommenen Unverhältnismäßigkeit von auslösendem „Vergehen" und Strafaktion, im uneingeschränkten Bekenntnis zum Recht des Stärkeren bzw. zum Recht auf hemmungsloses Austoben einer universalen Wut. Angeblich endete jener Fürst am Galgen, und auch Kockerill kommt schließlich zu seinem verdienten Ende, aber inzwischen verschieben sich die Grenzen zwischen intendierter und nicht intendierter Aussage, wie der Fortgang der Erzählung ergibt, immer mehr:

Mit Hilfe seiner Helfer aus dem Tierreich findet Tobias die Kinder in einem Berg in Siebenbürgern. Er wird Zeuge, wie sie als Arbeitssklaven bei der gefährlichen Herstellung aller möglichen Gifte von Kockerill bis an die Existenzgrenze bzw. darüber hinaus ausgebeutet werden und versucht, sie zu retten. Der erste Fluchtversuch schlägt fehl. Sie müssen alle wieder in den Berg zurück, auch Tobias. Mit Hilfe der geretteten Zauberwerkzeuge durch den dankbaren Hund gelingt dann die 2. Flucht. Der Zauberer erwürgt sich sozusagen selbst in dem Netz, das Tobias um die ausruhenden Kinder geschlungen hat (damit sie nicht erneut der Pfeife folgen können). Bis zum Jahrestag ihrer Entführung erholen sie sich in einer Art Zauber-(Genesungs-)berg(schlaf) in einem anderen, von guten Mächten (welchen?) geöffneten Berg, bis sie pünktlich und gesund im Galgenberg vor Hameln erwachen und die Heimkehr antreten.
Der (als nächster Sündenbock) vom Bürgermeister gefangengesetzte Vogt, der erst freikommen sollte, wenn die Kinder wieder da sind, wird vom Bürgermeister zum Nachfolger ernannt. Mit dieser Lösung geben sich alle zufrieden. Ruhe und Ordnung sind wieder hergestellt.

Dem unbefangenen Leser muß die ungewöhnliche Brutalität auffallen, mit der hier — für *Kinder* — die Qualen von Kindern beschrieben werden. Sowohl über, als auch unter der Erde, wo ihr vornehmlicher Arbeitsplatz ist, sind sie ausschließlich mit gifterzeugenden Pflanzen und Tieren befaßt, mit Ungeziefer und Vernichtungsmitteln. Sie zerstückeln Vipern und Molche, zermalmen Glasstücke zu feinstem Pulver und mischen rauchende Säfte.

In einer Abteilung der Höhle, ganz von den übrigen abgesondert, saßen acht Knaben, welche Totengerippe ähnlicher sahen als lebenden Menschen. Das graue Pulver, welches sie bereiteten, mochte wohl einen sehr schädlichen Einluß auf ihre Gesundheit ausüben, denn schwer schien ihre Arbeit eben nicht zu sein. (S. 67)

Die Skala der Grausamkeit scheint ebenso hierarchisch abgestuft wie die Manifestationen weltlicher Gewalt, nur subtiler geht es hier vonstatten. Neben die körperlichen Leiden treten Methoden der seelischen Folter, die an KZ-Situationen gemahnen: die Kinder werden mit einer einzigen Ausnahme nur als Nummer behandelt und gerufen. Sie werden mit scharfen Pfiffen regiert, in paramilitärischer Formation ziehen sie zur Arbeit ein und aus. In regelmäßigen Abständen müssen einzelne Kinder vor den Augen der anderen die sogenannte „Giftprobe" machen, d. h. die Wirkung eines Giftes an sich selber ausprobieren. Dabei verenden sie nicht selten unter den gräßlichsten Verzerrungen. Jedes Kind weiß, daß es jederzeit selbst vom selben Schicksal getroffen werden kann.
Den entsprechenden Höhepunkt in der Darstellung von Scheußlichkeiten bilden die Kindertotenkammer, die der kleine Tobias im Berg entdeckt:

Er (d. i. Kockerill) führte den Mönch in eine Seitenhöhle, wohin Tobias gleichsam behutsam nachschlich. Beinahe aber hätte er einen Schrei des Entsetzens ausgestoßen, als er einen Blick in die Totenkammer getan. Sogar dem Mönche stieg das Haar zu Berge bei dem fürchterlichen Anblicke, der sich ihm in grauenvoller Nähe darbot. An den Wänden der Höhle umher standen eine Menge kleiner und größerer Kinderleichen angelehnt. Andere lagen auf Brettern lang ausgestreckt, starr und steif. Gräßlich war bei der Mehrzahl das Anlitz verzerrt und entstellt, und noch andere Kennzeichen verrieten die qualvolle Art ihres Todes. Mit teuflischer Freude weidete sich Kockerill an der Bestürzung des Mönches. Endlich fragte er ihn, welche Leiche ihm am besten gefiele. (S. 75)

Nieritz' Kinderhölle zeichnet so etwas wie ein extremes Gegenbild etwa zu Brentanos durchsichtigem Schloß im Rhein. Ist dessen romantische Phantasie eher bestimmt von einem transparenten Sehnsuchtskult und der Imagination einer vorgeburtlichen Aufgehobenheit und Naturverschmelzung, quasi eine poetologische Wiedergeburtsphantasie aus dem Geist der Mütterlichkeit, so meldet sich hier nun gleichsam eine finstere Vaterwelt zu Wort. Brentano konnte im Diskurs noch einen direkten Weg finden, die Versagungen seiner eigenen Kindheit konstruktiv umsetzen. Nieritz lebt praktisch eine Generation später. Er gehört nicht mehr zur ersten Riege der Aufklärungsschriftsteller, wie noch Campe, Basedow, Salzmann usw., die Väter der „schwarzen Pädagogik"[62], die gleichsam aus dem Nichts eine konstitutive bürgerliche Erziehungslehre erschaffen wollten. Er steht auch nicht mehr mit einem Fuß in der romantischen Tradition, sondern sitzt gleichsam zwischen allen Stühlen. Spätestens mit der ausführlichen Lebensbeschreibung der Kinder *nach* der Entführung verläßt er die Eindimensionalität des Märchens[63], die in Versatzstücken wie den Zaubergaben der Tiere für Tobias gelegentlich aufblitzt, und gibt Phantasien Raum, die einer schon wieder veränderten zeitgenössischen Realität Rechnung tragen.

In dieser Realität findet Erziehung nicht mehr direkt, sondern indirekt statt. Nieritz selber ist das Kind eines Lehrers und wird auch wieder Lehrer, gehört somit also in erster Linie weniger zu den Urhebern, als vielmehr zu den ersten „Opfern" des neuen bürgerlichen Kampfes um Triebunterdrükkung und Selbstbehauptung durch Selbstbe*herrschung*. An ihm selber vollzieht sich gleichsam bildlich der Wandel von der Person zur Institution: ist sein Vater noch Elemtarlehrer, so bringt es der Sohn zum Direktor einer Bezirksschule und bekommt später für seine Schriftstellerei Orden und Denkmal. Ziele und Folgen dieser Erziehung werden längst nicht mehr hinterfragt, sie sind verinnerlicht bzw. zur Hohlform geworden. Die Enderläuterung Nieritz' zu seiner Erzählung belegt dies sinnfällig. Auf sie komme ich noch zurück.

Vergegenwärtigen wir uns kurz, welche „Unwahrheiten" aus dem Blickwinkel der modernen Psychologie die Philanthropen an Generationen von Schülern und Lehrern und wieder Schülern als unumstößliche Fakten weitergaben, anhand einer Aufstellung von Alice Miller (... Erziehung, 1978):[64]

1. daß das Pflichtgefühl Liebe erzeuge;
2. daß man Haß mit Verboten töten könne;

3. daß Eltern a priori als Eltern Achtung verdienen;
4. daß Kinder a priori keine Achtung verdienen;
5. daß Gehorsam stark mache;
6. daß eine hohe Selbsteinschätzung schädlich sei;
7. daß eine niedrige Selbsteinschätzung zur Menschenfreundlichkeit führe;
8. daß Zärtlichkeiten schädlich seien (Affenliebe);
9. daß das Eingehen auf kindliche Bedürfnisse schlecht sei;
10. daß Härte und Kälte eine gute Vorbereitung fürs Leben bedeuten;
11. daß vorgespielte Dankbarkeit besser sei als ehrliche Undankbarkeit;
12. daß das Verhalten wichtiger sei als das Sein;
13. daß die Eltern und Gott keine Kränkung überleben würden;
14. daß der Körper etwas Schmutziges und Ekelhaftes sei;
15. daß die Heftigkeit der Gefühle schädlich sei;
16. daß die Eltern triebfreie und schuldlose Wesen seien;
17. daß die Eltern immer Recht hätten.

Die Mächtigkeit dieser Morallehre besteht in ihrem Mut zur Negation. Negiert wird nämlich, daß es in Wirklichkeit anders zugeht, und negiert wird sozusagen von einem Nullpunkt an, nämlich der *Kindheit*, mit soviel Konsequenz und Gläubigkeit, daß aus dem Kraftakt der Erschaffung des neuen bürgerlichen Menschen eine neue Wahrnehmungs- und Verarbeitungsweise entsteht. Diese Kraft ist die Verdrängung.

Die Warn- und Beispielgeschichten der Aufklärung bezogen sich meist auf die unmittelbare Gegenwart der Kinder, es sind sozusagen die ältesten „Umweltgeschichten".[65] Im wiederentdeckten Märchen der Romantik drängen in einer Art archaischem Code die Urbedürfnisse des Menschen, insbesondere auch der Kinder ans Tageslicht, freilich noch verschlüsselt und „verkleidet". Die im Verlauf des 19. Jahrhunderts an Beliebtheit zunehmende historische Erzählung stellt bedeutende Gestalten in den Vordergrund, versorgt mit Leitbildern, als Zwischenstation auf der Suche nach persönlicher Identität. Nieritz findet keine rechte Position zwischen diesen Strömungen. Er nascht von jeder etwas und hält nichts durch. Vielleicht ist es gerade dieser Unentschiedenheit zwischen Stilen und ideologischer Ausrichtung zu danken, daß unter dem modischen Firnis etwas von seiner eigenen (Zeit-)Geschichte sichtbar wird.

Es muß ins Auge fallen, daß in Nieritz' Erzählung die *Ratten* so gut wie keine Rolle mehr spielen. Der Rattenfänger selber tritt in einer für die damalige Zeit aktualisierten Gestalt auf, nämlich als Giftverkäufer und durchs Land wandernder Außenseiter, umgeben von einer Aura eher weltmännischer Selbstsicherheit als Unheimlichkeit.

Die eigentlichen Helden sind von Anfang an die Kinder. Mit Ausnahme weniger Berührungspunkte bilden sie eine von den Erwachsenen stets abgesonderte Gruppe, wenn auch eine, die die Verhaltensweisen und Machtrituale der „Großen" präzise nachahmt. Das Volk gehorcht trotz Spott und Kritik dem lächerlichen Bürgermeister ebenso selbstverständlich wie die Kinder seinem Sohn. Trotz gelegentlicher gewalttätiger Übergriffe bleibt das Anführersystem unangetastet. Nur so kann es geschehen, daß die Eltern dem Auszug ihrer Kinder lächelnd und amüsiert nachschauen. Erst als die Kinder im Berg verschwinden, kommt ihnen das Ereignis zu Bewußtsein.

Die quasi militärische Zugordnung der Kinder wird zu einem merkwürdigen „Leitmotiv" der Geschichte. Im Marschrhythmus verlassen sie die Stadt, in der selben Weise verschwinden sie nach getaner Arbeit wieder in ihrem unterirdischen Gefängnis, und als die erste ungeordnete Flucht mißlingt, kehren sie wie ein Leichenzug im Trauermarsch in den Zauberberg zurück. Der zweite Versuch gelingt nur, weil Tobias sich der Zauberpfeife bemächtigen kann. Mit ihrer Hilfe kann er die verängstigten Kinder erneut zum Aufbruch bewegen.

Und er hatte die Genugtuung, zu sehen, daß sein Einfall von einem glücklichen Erfolge gekrönt wurde. Alle Kinder, groß und klein, verließen die Höhle des Zauberers, an Tobias sich reihend, neben welchem Gilbert, Rahel und Pasch gravitätisch daher marschierten. Dem Tobias schwoll vor Wonne das Herz im Busen. Er wußte sich ordentlich viel als Anführer der Kinderschar. (S. 91)

Schließlich nutzt Tobias noch seine Position, um die heimkehrenden Kinder in eine Danklieder singende Zug-Formation zu nötigen. Erst als die Eltern auftauchen, ist es um die Ordnung geschehen.

Ich meine, hier wird an einem scheinbar belanglosen Phänomen etwas von der *strukturellen* Gewalt fühlbar, der der Autor Nieritz nicht nur selbst ausgesetzt ist, sondern die er auch selber ausübt. Als Opfer und Erbe einer restriktiven Erziehung reproduziert er nicht nur bewußt deren akkreditierte Normen, sondern muß sich auch unterbewußt die erlittenen Eingriffe in seine Persönlichkeit von Leibe schreiben. Dies kann jedoch nicht direkt erfolgen.

Zu mächtig muß noch das oberste introjizierte Gebot für Kinder wirken, daß Eltern stets geschont werden müssen. Undenkbar daher, daß sie ihre verbotene Wut, ihren unterdrückten Zorn je ausleben konnten. Brentano rettet sich in utopische Phantasien, kreiert ein Gegenreich der Kindheit und eine neue Dichtungstheorie. Nieritz schafft nach der Erkenntnis: „Die Lesestoffe der Beherrschten sind die herrschende Literatur"[66] nur über eine doppelte und dreifache Verdrängung eine Form von Bewältigung für die eigenen Sozialsationsmuster. In seinem Text läßt sich das unschwer nachweisen: Die erste Stufe der Verdrängung verlangt, daß die Kindheit bzw. das Verhältnis von Erwachsenen und Kindern idealisiert wird. Tatsächlich gibt es in der Erzählung keine einzige unfreundliche Geste oder Handlung von ‚Großen' gegenüber den „Kleinen", außer bei dem bösen Zauberer. Der Bürgermeister ist seinem Sohn gegenüber nachsichtig bis zur Schwäche; der Fronvogt, ungeachtet seiner Armut und Untergebenheitsstellung, stets gütig, humorvoll und voll Verständnis; die Eltern als Gesamtgruppe freuen sich gerührt an dem singenden Auszug ihrer Kinder ins Verderben. Der Schuldirektor schließlich scheint seinen Schülern immer nur schöne Geschichten vorzulesen. Darum kann der eingeschlossene Tobias so heftig bedauern, daß er den Unterricht versäumen muß.

Die Diskrepanz zur zeitgenössischen Realität liegt auf der Hand. In Nieritz' Erzählung kann sich nur ein winziger Prozentsatz der Gesamtbevölkerung wiederentdecken, nämlich jene weniger als 10 Prozent von Bürgern, die (noch bis 1870/71) ohne existentielle Sorgen leben konnten[67] Aus ihren Reihen rekrutieren sich auch seine kleinen Protagonisten, die

Hundertschaften von fröhlichen Schulkindern und Bewohnern „zierlich bereiteter ... Reihen der Kinderbetten in den Schulkammern". (S. 43) Solche Zitate lassen sich in beliebiger Menge fortsetzen. In Wirklichkeit sieht es anders aus; neben der bürgerlichen Wahrheit erhebt sich immer mächtiger eine proletarische, die Wahrheit des Analphabetismus und der kapitalistischen Ausbeutung von Kindern in den Manufakturen und Bergwerken. So liest man z. B. nur ein Jahr vor dem Erscheinen unserer Erzählung im Bericht eines preußischen Regierungsbeamten, der die Lage der Arbeiterkinder in den Fabriken überprüfen soll, folgendes:

Dieser (d. i. der Werkmeister) führte uns überall umher und ging auch mit uns in die Arbeitsräume, in denen die Kinder beschäftigt waren. Sie waren hell und reinlich, und die Kinder, dem äußeren Anschein nach, so gesund und behaglich, als diese für Leib und Seele *mörderische Beschäftigungsart, denn anders kann man die großen Baumwollspinnerei nicht nennen,* es irgend gestatten mag. Die Kinder sind täglich von 5 Uhr morgens bis 12 Uhr mittags, nachmittags von 1 Uhr bis zum späten Abend, im Winter natürlich bei Licht, beschäftigt. Schulunterricht genießen sie gar nicht, weder in früheren Jahren, noch während der Zeit, in welcher sie hier Arbeit finden. Nicht einmal in Sonntagsschulen, die man überhaupt in Bonn nicht kennt. (1834)[68]

Aus dem selben Jahr und der selben Feder stammt ein Bericht, der nicht einmal die äußeren Verhältnisse beschönigt:

Von da eilte ich nach Gladbach, wo ich, da der Landrat verstorben war, durch den Kreissekretär mich durch die interessantesten Fabriken geleiten ließ. Am auffallendsten war mir das Gebäude und die Einrichtung der Spinnereien der Gebrüder Busch, die *eher einer Mördergrube als einer Fabrik* gleichsieht. Die Säle sind so niedrige, daß man unwillkürlich mit gebücktem Kopfe durch sie hindurchschreitet, weil man besorgt, an die Decken zu stoßen, was doch nicht möglich ist, so überfüllt, daß man angstvoll seine Kleidungsstücke zu wahren hat, um nicht bei der geringsten Bewegung hier ein Tuch, dort einen Rockzipfel der Maschine preiszugeben und von ihr zerfetzen zu lassen. Die Luft in den Sälen und die Wände mit dem Schmutze des verarbeiteten Materials und mit faserigen Partikelchen des Stoffes ganz angefüllt und überkleidet. Die Kinder, dementsprechend, *wahre Gebilde des Jammers, hohläugig und bleich wie der Tod*[69]

Insgesamt läßt sich sagen, daß die übergroße Mehrheit der Kinder in Deutschland in der ersten Hälfte des 19. und z. T. weit bis ins 20. Jahrhundert, wenn sie nicht bettelte, spätestens vom 9. Lebensjahr an schwer arbeiten mußte, viele schon früher. Allein in Preußen sind nach Angaben des statistischen Büros im Jahr 1849 32 000 Kinder zwischen 9–14 Jahren mit Fabrikarbeit beschäftigt. Von der Heimarbeit und Landwirtschaft ganz zu schweigen.[70]

Diese Tatbestände dürften Nieritz im wesentlichen bekannt gewesen sein. Zu einer Zeit, in der Bürgerkinder noch überwiegend von Hauslehrern oder in Privatpensionen ihren Unterricht erhalten, ist er Armenschullehrer. Sein Gehalt reicht kaum aus, ihn zu ernähren, darum fängt er an zu schreiben.

Stellt man den Bericht des preußischen Geheimrats neben Nieritz' Schilderung vom Leben der entführten Hamelner Kinder in Kockerills Berg, könnte man meinen, es mit einer nur sacht verschleierten Kritik des Kapitalismus zu tun zu haben. Dann wäre der Zauberer der Prototyp des Ausbeuters, der über Leichen geht, der Mönch, der sich mit Gift seiner

Feinde entledigen will, verträte die geldgierige, korrupte Geistlichkeit, und der Bürgermeister die Machtwillkür einer unberechenbaren Obrigkeit. So gesehen, als politische Parabel sozusagen, wäre die Erzählung als massive Kampfschrift gegen die Kinderarbeit lesbar, vielleicht gar als versteckte Drohung, z. B. im Hinblick auf das Gift, des letzten Endes wieder auf die Mächtigen dieser Welt zurückwirkt, auf die kommende Revolution usw.

Aber um ein solches Verständnis kann es Nieritz keinesfalls zu tun sein. Die Parallelen mögen eher unwillkürlich eingeflossen sein, als eine Folge der *zweiten* Verdrängung im obigen Sinn, deren erste Stufe die Idealisierung der eigenen Kindheit und das „Vergessen" der erlittenen Demütigungen und Schmerzen ist.

Dieses Vergessen hat seine Fortsetzung in der Verleugnung des Hasses, der notgedrungen aus den verbotenen Angst- und Wutgefühlen entstehen muß. Um die Leiden der eigenen Kindheit in der Verdrängung zu halten, bietet sich dem Erwachsenen die Rationalisierung. Nieritz' moralische Schlußbemerkung nach der glücklichen Heimkunft der gefolterten Kinder ist ein fast absurdes Beispiel hierfür:

Es wird behauptet, und ich selbst glaube es, daß vorliegende Erzählung eine Mähr sei. Allein, sie hat doch auch ihre ernste Bedeutung. Der böse Zauberer Kockerill mit seiner Pfeife ist das *Laster* mit seinen Lockungen. Von ihm verführt, rennt der Mensch blindlings ins Verderben, nachdem er von Vater und Mutter, Weib und Kind sich gerissen hat. Spät erst sieht er ein, daß das Laster in seinem Gefolge nur Elend und Not, Schmach und Schande mit sich führe. (...) Im Dienst der Sünde ist seine Gestalt verfallen, matt und erloschen der Glanz des Auges ... (...) Da will er wohl wieder umkehren von der Bahn des Verderbens. Alle seine Kräfte rafft er zusammen und flieht. Aber ach! Auf halbem Wege bleibt er stehen. (...) Wiederum ertönt die Lockpfeife, und willig leihet er sein Ohr ihren Tönen und stürzt sich zurück in den verschlingenden Strudel, obgleich er einsieht, daß er darin untergehen muß. Verzweiflung ist endlich sein Los. Und dann greift er nach Gift und Dolch, nach Kugel und Strick, dem elenden Dasein ein Ende zu machen.
Der gute Mensch aber sucht, wie Tobias, die Verlorenen wiederzugewinnen. Keiner Gefahr achtet er − keine Aufopferung scheint ihm zu groß − er bringt sie gern. Und den reuevoll zurückkehrenden Sohn schließt mit Freuden der Vater ans das Herz. „Freuet euch mit mir!" ruft er aus − „mein Sohn, der tot war, siehe, er lebet!" Und auch die Engel im Himmel freuen sich über einen Sünder, der sich bekehrt. Und der liebe himmlische Vater spricht gar freundlich zu ihm: „Sei getrost mein Sohn! Deine Sünden sind Dir vergeben. Nur sündige hinfort nicht mehr, damit Dir nichts Ärgeres widerfahre!"
So gehet denn hin und tut desgleichen! (S. 114/115)

Man kann sich des Eindrucks kaum erwehren, daß dieser Text eigentlich zu einer ganz anderen Geschichte gehört. Die Bilder und Metaphern ‚stimmen' vorne und hinten nicht, Ursachen und Wirkungen werden verdreht, der Schluß scheint eher zu Campes Buch ‚Robinson dem Jüngeren' (1779) als zum vorliegenden zu passen bzw. ihn nur leicht abzuwandeln, wenn es dort heißt:

Die junge Gesellschaft blieb noch eine Zeitlang nachdenkend sitzen, bis endlich bei allen der feurige Gedanke: *So will ich es auch machen* zur festen Entschließung reifte.[71]

Mit anderen Worten: Die Kluft zwischen den wirklichen und den eingeübten Empfindungen findet jenseits des Bewußtseins Eingang in

Nieritz' Schreiben, spiegelt sich darin. Dafür spricht auch, daß der Autor immer unter Druck produziert, da er sich lange Zeit kontraktlich verpflichtet, jährlich mindestens drei Geschichten abzuliefern.[72] Er selber ist somit ein typisches Opfer der auch im literarischen Sektor sich breit machenden kapitalistischen Marktstruktur. Zu Schulzeiten braucht er ca. 3–4 Wochen pro Bändchen, in den Ferien oft nur 1–2 Wochen.[73]

Die zeitgenössischen Leser, auch die Erwachsenen, die zu allen Zeiten die Lesestoffe ihrer Kinder inspizierten bzw. vorprüften, scheinen dieser Kluft nicht gewahr geworden zu sein, sie *können* es gar nicht. Denn in ihnen allen müssen sich ähnliche Prozesse abgespielt haben, Prozesse der Abspaltung von ihren kindlichen Gefühlen der Ohnmacht und Wut und die zwanghafte Wiederholung des introjizierten Hasses gegen das Kind schlechthin als Verkörperung von Fehlerhaftigkeit und Schwäche.

Quasi stellvertretend für seine Generation ist Nieritz mit seinem Schreiben einen Schritt weiter gegangen. Die Beschäftigung mit den eigenen drei Kindern und den Schulzöglingen mag nicht hinreichen, die eigene frühkindliche Zerstörung zu demonstrieren. Es bedarf einer größeren *Masse* von Kindern, der Kindheit einer ganzen Stadt, um die Zerstörung der Kindheit einer ganzen Generation (vielleicht eines ganzen Jahrhunderts und mehr) zu verarbeiten und, in welcher Form immer, einmal *auszusprechen.*[74]

Über die schriftstellerische Inszenierung der kindlichen Martern gelingt es ihm, sich selbst noch einmal zu erblicken, nun aber zugleich aus der Distanz des unangreifbaren Erwachsenen. Nicht nur der Kinder bedarf er für seine Projektionen, sondern auch des Erwachsenen, des Zauberers Kockerill.

„Die Führergestalten" – heißt es bei A. Miller – „in denen die Masse den Vater sieht, sind im Grunde (wie auch der einzelne autoritäre Vater) *das sich rächende Kind,* das die Masse für seine Zwecke (die Rache) braucht."[75]

Das heißt hier: Nieritz ist gleichzeitig der sadistische Erwachsene *und* das geprügelte Kind. Beide müssen unter dem psychologischen Zwang der Wiederholung ihre Verletzung weiterreichen. Die Kindertotenkammer wird so zur schauerlichen Metapher für die reduzierten Überlebenschancen der Opfer dieser Erziehung. Wohl vermag der Zauberer sie durch seine Kunst wieder zum Leben zu erwecken, aber es ist ein Leben, in dem die Erinnerung an die Kindheit ausgelöscht ist und durch eine Fiktion ersetzt wird.

Wenigstens Nieritz scheint mit dieser Fiktion allein nicht gelebt haben zu können. Sicherlich gegen seinen Willen vermitteln seine sado-masochistischen Phantasien ein deutliches Bild der mannigfachen Ambivalenzen, mit denen er sich herumschlagen muß. Über seine eigenen Kindheitserlebnisse hinaus mag er auch in seiner Funktion als Lehrer tagtäglich Gelegenheit genug gehabt haben, Kinder als ‚Feinde' zu erfahren. Man weiß, wie es in den Schulen seiner Zeit zugeht. Der Lehrerstand ist noch vergleichsweise gering geachtet, der Verdienst entsprechend der Ausbildung überaus mager. Kaum einer, der seine Familie davon ernähren könnte. Nieritz schreibt als Nebenunterhalt, aber die Regel ist der umgekehrte Fall; in einem Lehrerseminar in Ostpreußen sind im Jahre 1806 unter 242 Seminaristen folgende Berufe vertreten: 109 Schneider, 21 Schuhmacher, 5 Tischler, 4 Weber, 4 Radmacher, 2 Bäcker, 2 Kaufleute, 2 Brauer, 2 Schlosser, 2 Papiermüller, 1 Böttcher, 2 Tuchmacher, 2 Kürschner, 2 Handschuhmacher, 1 Posamentierer, 1 Chirurgus, 2 Knopfmacher, 1 Goldschmied, 1 Hufschmied, 1 Sattler, 1 Tabakspinner, 1 Gärtner, 1 Klempner, 1 Glaser, 1 Gelbgießer, 1 invalider Soldat. Was letzteren betrifft, so besagt erst aber dem Jahr 1779 eine preußische Kabinettsorder, daß seinesgleichen nicht nur — wie schon zuvor — allein schon aufgrund seiner soldatischen Vergangenheit zum Unterrichten befähigt ist, sondern verlangt nun auch, daß er lesen, rechnen und schreiben können müsse.[76] Zwar ist seit dem Jahr 1817 mit der Entstehung des 1. preußischen Kultusministerium unter Humboldt das Schulwesen unter die alleinige Verantworung des Staates gestellt, mithin also auch die Aubildung der bislang überwiegend als Autodidakten tätigen Volksschullehrer, aber die soziale Situation zwingt Lehrer wie Schüler noch eine geraume Zeit, sich in erster Linie als Arbeitskraft, und erst in zweiter Linie als Lehrende bzw. Lernende zu verstehen.

Dementsprechend gestaltet sich das Leben in den Klassen der Elementarschulen. Da jede didaktische Schulung fehlt, sind Prügelstrafen und vergleichbare Praktiken an der Tagesordnung, Schulpranger und Eselsmützen sorgen mit ihrem Öffentlichkeitscharakter für projektive und kollektive Abfuhr der eigenen Anpassungs- und Versagensängste jedes einzelnen ebenso wie für die rechtzeitige Knebelung eines etwa sich rührenden kindlichen Selbstwertgefühls.[77]

Nieritz' wenige Bemerkungen über Schüler, Schule und Lehrer in unserer Erzählung bekommen vor diesem Hintergrund eine doppelte Funktion, die sich in den vorherigen Argumentationszusammenhang einfügt: Er muß nicht nur seine eigene Kindheit und Schulzeit idealisieren, also Erinnerungen unterdrücken, sondern auch seine Realität als Lehrer und Erwachsener. Eine Szene wie die folgende aus dem Rattenfängertext wäre in seinem eigenen Lebenskontext kaum denkbar:

Öde und verlassen blieben die Spielplätze (?) der muntern Jugend. Nicht mehr erblickte man fröhliche Scharen durch die Gassen nach der Schule wandern. Vergeblich warteten die Lehrer auf ihre täglichen Schüler und Schülerinnen, deren Anwesenheit ihnen zum fühlbaren Bedürfnis geworden war. Todbetrübt stand der Rektor in seinem weiten Lehrsaale. Fortan konnte er nur leeren Tischen und Bänken seine schönen Geschichten erzählen. Jedermann vermißte schmerzlich das lärmende Treiben der oft ausgelassenen Jugend. (S. 42)

Nieritz phantasiert sich hier in eine intakte Welt, aus der sämtliche sozialen und ideologischen Konflikte eliminiert sind. Aus der Bedrängnis seiner ganz persönlichen Verhältnisse flüchtet er sich auch in ganz private Phantasien von einem besseren und menschenwürdigeren Dasein. Aber diese Phantasien haben nicht die in Bewegung setzende Kraft von Utopien, sondern erzeugen dieselben Ohnmachtsgefühle, denen sie entspringen. Daher werden sie leicht zum Manipulationsinstrument für bestimmte Interessengruppen, bekommen ihren Öffentlichkeitscharakter geradezu aufoktroyiert.

So vollzieht sich fast unmerklich über Industrialisierung und Kapitalisierung eine Veränderung auch des Buchmarkts und des Leseangebots für Kinder, in deren Verlauf die Lesebedürfnisse der Beherrschten mit den (eben dort vermittelten) Interessen der Herrschenden amalgamieren. Allein die Aufforderung, die an Nieritz erfolgt, „Erzählungen für die Jugend in der Weise Christoph von Schmids zu schreiben"[78], verdeutlicht die reziproke Verknüpfung von Angebot und Nachfrage. Der Markt wird von den Herrschenden organisiert[79], und diese sind keinesfalls an der Entdeckung eigenständiger schriftstellerischer Begabungen interessiert, sondern vielmehr an Abhängigen, die ihnen für ihre Zwecke zuarbeiten, indem sie akkreditierte, seit der Aufklärungspädagogik längst zu Klischees verflachte Erzählmuster bis zum Überdruß reproduzieren und so den Eindruck einer Bewegung vom Volke aus vermitteln. Auf diese Weise gelingt es, die kontrastierte Volksbewegung gegen eine echte auszuspielen.

Tatsächlich kann man sich nicht genug wundern über die Hartnäckigkeit, mit der Nieritz und andere zeitgenössische Autoren von Jugendschriften wie von Schmid, Hoffmann u. a. die zeitgeschichtliche, sprich: politische Gegenwart in ihren Erzählungen aussparen. Immerhin gehören gerade auch die Volksschullehrer zu den Gruppierungen, die die bürgerliche Revolution von 1848 mitinitiieren und vorbereiten, in einem Maße jedenfalls, daß 1822 der preußische Kultusminister von Altenstein sich zu dem Erlaß bemüßigt fühlte, der König erkenne zwar „den regen Sinn, welcher sich für das Elementarschulwesen betätige, beifällig an, er mache zugleich jedoch aufmerksam, daß solches in seinen Grenzen gehalten werden müsse, damit nicht aus dem gemeinen Mann verbildete Halbwisser, ganz ihrer künftigen Bestimmung entgegen, hervorgingen"[80].

Die Volksschullehrer, die sich schon allein aufgrund ihrer miserablen finanziellen Lage und nicht zuletzt aufgrund auch ihrer genauen Einblicke in die sozialen Verhältnisse ihrer Zöglinge politisch und schulreformerisch stark engagiert hatten, sind daher vom Ausgang der Revolution besonders hart getroffen. Spätestens ab 1854 werden mit den sogenannten „Stiehl'schen Regularien" (Erlaß des preußischen Unterrichtsministeriums) Lesen, Bibel und Katechismus wieder zu Hauptfächern, der Realienunterricht wird abgebaut, die Religionsunterweisung erhält „die alte voraufklärerische Dominanz"[81].

Nieritz wird die neue repressive Erziehungspolitik nicht sonderlich bedauert haben, im Gegenteil. Sie sichert ihm den weiteren Absatz seiner Fluchtliteratur, die Elend und Unterdrückung der kleinen Leute zwar kennt und beschreibt, aber nicht hinterfragt. Sentimentalität und Geschäft[82] lassen keine wirkliche Emotionalität zu, die *Ordnung*, in der Rattenfängererzählung bis zur Groteskkoppelung und in den unseligsten Situationen immer wieder beschworen, bleibt das Maß aller Dinge. Bezeichnend in diesem Sinne, was er vom Jahr 1848 in seiner Selbstbiographie erinnert und festhält: Familienangelegenheiten, Vereinsgeschichten, Kritik an der Zensurfreiheit und an den neuen Geschworenengerichten; Wahl eines konservativen Stadtrats, Tadel an den Republikanern, Stellungnahme gegen Robert Blum. „Das Schreckliche eines Volksaufstands" will er nicht noch einmal erleben.[83]

Welche Rolle spielen die Kinder in diesem wohlorganisierten System der kleinen Fluchten, der volkstümlichen Idyllisierung? Gemessen an der Flut der ihnen gewidmeten Literatur — Schenda weist Nieritz, Schmid und Barth als die meistgelesenen Autoren ihrer Zeit nach[84] — scheinen sie eine ungeheure Aufwertung zu erleben. In Wirklichkeit entsteht eine neue „Figuration Kind", die die Bedürfnisse der lebenden Kinder nur insoweit wahrnimmt und darstellt, als sie mit den Bedürfnissen der Erwachsenen nicht in Konflikt geraten. Alles, was den wirklichen Kindern fehlt, was ihnen auch selbst als Kindern fehlte, *ergänzen* Nieritz und seine Kollegen durch ihre Wunschphantasien und schreiben so in des Wortes eigentlicher Bedeutung eine Fiktion fest, die das Kind unaufhaltsam ins gesellschaftlich-soziale Abseits einer „restaurierten" Wunsch-Welt drängt. Die offene, unverdeckte Violenz aus den Anfängen aufklärerischer Erziehung ist zur sanften strukturellen Gewalt der Verniedlichung, der realitätsverleugnenden Selbstbeschneidung und volkstümlicher Gotteskindschaft geworden. Mit letzterer lassen sich — wie die Geschichte zeigt — zwar keine Revolutionen gewinnen, wohl aber Reiche gründen.

3. „Die Schwanenfeder der Historie"
Wilhelm Raabe: Die Hämelschen Kinder (1863)

Die Zeit zwischen Revolution und Reichsgründung ist von den Literaturgeschichtlern der „bürgerliche Realismus" genannt worden, mitunter auch „poetischer Realismus", eine Bezeichnung, in der die ganze heterogene Vielschichtigkeit der Epoche, die Dialektik von Hoffnung und Resignation mitschwingt. Hie die Enttäuschung des liberalen Bürgertums mit seinen gescheiterten Träumen von politischer Selbstbestimmung und nationaler Einheit noch stark der Philosophie und Dichtung des Idealismus verhaftet — hie das im Zuge des industriellen Fortschritts sich herausbildende aufgeklärte Bewußtsein neuer Klassen, des Kleinbürgertums und des Proletariats, gegen die sich der Bürger in gleicher Weise abzugrenzen sucht. Beides manifestiert sich im tagespolitischen Leben auf bezeichnende Weise: Im Frankfurter Parlament finden sich als „Volksvertreter" eine ganze Reihe von Autoren und Wissenschaftlern wie E. M. Arndt, L. Uhland, Fr. Th. Vischer, G. G. Gervinus, M. Hartmann, W. Jordan, W. H. Riehl u. a., gleichzeitig erscheint 1848 das „Kommunistische Manifest", von Marx und Engels im Auftrag des „Bund der Kommunisten" in Brüssel geschrieben.[85]

Aus der Unüberschaubarkeit solcher widerläufigen Strömungen mag auch die Neigung resultieren, sich eindeutigerer geschichtlicher Situationen zu entsinnen. Solche Eindeutigkeit läßt sich einerseits in der eigenen schriftstellerischen Tätigkeit durch die Verwendung authentischer Materialien, andererseits durch die Einnahme eines entschiedenen ‚realistischen' Standpunkts, z. B. in einer quasi ‚unentschiedenen' historischen Angelegenheit erzielen.

Daß Poesie der Überschaubarkeit kaum entraten kann, bedarf nicht der Erläuterung. Daß aber auch die Schilderung überschaubarer historischer

Verhältnisse in dieser Zeit noch nicht ohne Idyllisierung und Poetisierung auskommt, dafür bietet die Erzählung von Raabe ein in unserem Kontext interessantes Beispiel. Dessen ungeachtet soll sie nicht allzu ausführlich behandelt werden, da sie für die hier anvisierte „Geschichte der Kindheit" ex negativo, nämlich aus dem literarischen Erfahrungszusammenhang von Kindheit und Tod, nicht allzuviel hergibt. Immerhin, die Transformationen, die Raabe im Zuge des fortschreitenden Historismus für nötig hält, geben zu denken.

Am 5. November 1862 trägt er in sein Tagebuch ein: „Plan zu neuer Novelle: Die Hämelschen Kinder"[86]. Voraus geht eine mehrmonatige Bildungsreise, deren Ziel letztlich nicht – wie eigentlich geplant und üblich – Italien ist (das scheitert an den politischen Verhältnissen), sondern die ihn kreuz und quer durch Deutschland und Österreich führt. Im Anschluß daran – 1859 – setzt er in Wolfenbüttel eine große Schillerfeier in Szene, 1860 tritt er dem *Deutschen Nationalverein* bei, in Frankfurt unter Führung Rudolf von Benningsens 1859 gegründet – alles Signale einer einläßlichen Beschäftigung mit der deutschen Geschichte und Gegenwart, die alsbald zum bevorzugten Handlungsraum seiner schriftstellerischen Arbeit wird, freilich mit einer Art resignierter Rückversicherung in (pietistischer) Religion und bedürfnisloser Gemüthaftigkeit, die die Geschichtslosigkeit des einzelnen und die den erzählerischen Rahmen abgebende konkrete geschichtliche Situation in ein eigentümliches Mißverhältnis bringen. So tut der Vater beispielsweise seines Helden Michel Haas („Aus dem Lebensbuch des Schulmeisterleins Michel Haas, 1859") bei der Geburt des dreizehnten(!) Kindes einen Luftsprung (vor Freude, versteht sich) und jagt im Galopp hinter allen Kindern her, oder es heißt später, bei einem Besuch des Helden bei seiner Schwester:

War ich selbsten aus einem Haus voll Kinder entsprossen, so kam ich jetzt wieder in eins; und glaube ich, der liebe Gott muß es doch mit uns, der deutschen Nation, recht gut meinen und noch vielerlei mit uns im Sinne haben, weilen er also herrlich dafür sorget, daß die Art nicht ausgehet, sondern vielmehr davon immer mehr wird auf der grünen Erden, trotz aller grausamen Kriege, Seuchen und anderen Ungemachs, so er uns schicket, uns väterlich zu strafen für unsere Sünden.[87]

Entsprechend die leitmotivische Quintessenz der Erzählung, die jeweils verlautet, wenn etwas zuende geht: beim Tod des Vaters, beim Tod der Schwester, am Schluß der Chronik: „Dennoch geht es, wie Gott will, halte still" (altes geistliches Lied).
Der Titel des nächsten Werkes verstärkt diese quietistische Tendenz: „Wer kann es wenden?" (1859) beschreibt gleichsam die Kapitulation vor den bösen Mächten der Großstadt; es ist auch eine schriftstellerische Kapitulation vor einem übermächtigen Thema. Ganz folgerichtig zieht sich Raabe danach auf den Bereich zurück, den er am besten kennt: seine Heimat, das Weserland, und seine bewegte Geschichte zur Zeit der Religionszwiste. 1859 noch schreibt ihm sein Verleger Schotte aus Berlin:

Ich möchte gern von Ihnen einen geschichtlichen Roman aus der Zeit des Mittelalters. Ihr Talent ist für solchen Stoff geschaffen, das sehen Sie aus allen Kritiken über den Student von Wittenberg (d. i. eine magdeburgische Hexen- und Liebeszauber-Geschichte im Stil von Wilhelm Meinholds „Bernsteinhexe", 1843 anonym erschienen, d. V.) . . ., und außerdem kommt noch hinzu, daß alle historischen Romane sehr viel gelesen werden.[88]

Die zitierte Briefstelle mag als Beweis dienen, daß auf dem gehobenen Literaturmarkt ganz ähnlich manipuliert wird wie unter Kolporteuren und Massenschreibern. Zwar verfährt Raabe noch nicht ganz nach der ökonomiebeflissenen Weisung, die ihm zusätzlich empfiehlt, eine sehr bekannte Persönlichkeit, „möglichst aus dem Mittelalter" ins Zentrum zu stellen[89], aber er macht sich doch studienhalber über Bündings „Braunschweigische und Lüneburgische Chronik" her, die von 1581—1584 wahre Stoffmassen bietet. Es erscheinen aber noch eine ganze Reihe anderer Werke, bevor er auf die Hämelschen Kinder zurückkommt. Ihnen gemeinsam ist das Phänomen, daß in steigendem Maße Quellen herangezogen werden, historischer Rohstoff sozusagen, den er mit Phantasie und Poesie umkleidet. Am Anfang des 13. Kapitels des ersten Geschichtsromans „Blätter aus dem Bilderbuch des sechzehnten Jahrhunderts" liest man:

Jetzt legt der Erzähler die Gänsefeder der Romantik nieder für einen Augenblick und greift verstohlen nach der Schwanenfeder der Historie.[90]

Für einen *Augenblick* — das sei festgehalten. Der Anspruch auf „ein wenig Kinderromantik" (1891, Vorwort zur 2. Auflage) bleibt also allemal der Realität des historischen Materials übergeordnet. Fast alle diese Erzählungen zeichnet eine wechselnd starke, aber nie versiegende Fülle von wahren Gemüts-Greueln und unwahrscheinlichen Begebenheiten aus, so daß man sich fragen muß, was selbst eine der besseren, in sich geschlosseneren Geschichten, „Die schwarze Galeere" (1860) bis zum heutigen Tage eigentlich auf unseren Deutsch-Curricula zu suchen hat.[91] Wo die Quelle nicht genügend an thematischer Brisanz hergibt, werden in bunter Reihe Figuren dazuerfunden. Im Mittelpunkt steht fast ohne Ausnahme eine leidenschaftliche Liebesgeschichte.

Als Raabe — nachdem er sich inzwischen auch an der Großform *Roman* versucht hat[92] — auf den Plan zur Hameln-Novelle zurückgreift, ist er längst versiert, um nicht zu sagen routiniert in der Umgestaltung dürren Faktenmaterials zu romantischen Bilderbögen. Als Vorlage für die Hämelschen Kinder lassen sich gleich mehrere solcher Initialzündungen annehmen: einmal das „Holzmindische Wochenblat", das in seiner Ausgabe vom 14. Oktober 1786 auf die Sage der Kinder von Hameln eingeht und sie mit der Schlacht bei Sedemünder (1260) in Verbindung bringt; sodann die Schrift des Hamelner Garnisonspredigers *Fein*, auf die das Blatt auch hinweist.[93] Die Schrift, eigentlich das Werk einer ganzen Gruppe von Forschern[94], enthält u. a. noch die Kopie eines Briefes des Bürgermeisters Palm zu Hameln von 1741 „wegen des bei Hameln gefundenen Knaben" und auszugsweise Probst Harenbergs „Beschreibung der Herren und Grafen von Stumpenhausen und Hoya" (ca. 1740—1750 verfaßt)[95], die Lebensgeschichte des Mindischen Bischofs Wedekind betreffend.[96]

Raabe bedient sich der zwei thematischen Stränge, die eigentlich nichts miteinander zu tun haben, nicht nur, um gleich zu Beginn beglaubigend ein Dokument ins Spiel zu bringen, sondern vor allem auch als Alibi für seine dezidierte Entfernung von der — von ihm selbst eingangs nacherzählten – Sage hin zu einer rationalen Geschichtsauffassung im Geist der Aufklärung. Mit diesem kleinen Kunstgriff gelingt es ihm, gerade *das* Element aus der Darstellung vollständig zu eliminieren, dem hier das besondere Interesse gilt: die *Kinder!*

Der „exitus puerorum Hamelensium" und der „introitus" des „wilden Peter", der 1724 ca. zwölfjährig, nackt und vertiert von einem Hamelner Bürger gefunden wird[97], eine Kaspar-Hauser-Figur, treffen sich in der Vorstellung, die Hamelner Kinder seien in Siebenbürgen wieder aus der Erde gekommen. Sie gipfelt in dem Gerücht, Peter sei als Spion gesandt, den Nachlaß der ausgezogenen Kinder zu erkunden. Bemerkenswert erscheint mir das Moment der Bedrohung, das hier auf die Kinder projiziert wird. Wieder geht es praktisch um *Geld.* Die Angst um die Kinder ist zur Angst *vor* den Kindern geworden, eine Phantasie, die die Psychologie des schlechten Gewissens auf geradezu moderne Weise formuliert.

Aber Raabes Interesse gilt nicht solchen vagen Phantasien. Er benötigt einen ganz klaren, festgezogenen Rahmen, um gleichsam eine domestizierte Phantasie zu entfesseln. Ihre Grenzen findet sie im Koordinatenkreuz von Drinnen und Draußen, Gut und Böse, Christlich und Heidnisch, Einheimisch und Ausländisch, Häßlich und Schön, Reich und Arm, Wild und Gesittet.

Vergegenwärtigen wir uns kurz den Ablauf des Geschehens:

Die Hamelner Bürger-*Kinder* (gemeint mögen die Sechzehn- bis Zwanzigjährigen sein) feiern das Maienfest. Man schreibt das Jahr 1258. Gerüchte gehen um, der Abt zu Fulda wolle Stadt und Stift dem Hochstift Minden verkaufen. Darum wird den Jugendlichen die Musik zu ihrer Feier verboten, zu schwere Sorgen lasten auf der Stadt.
Als die ganze Schar unter Führung von Maienkönig und Maienkönigin (Patriziersohn und Bürgermeistertochter) abends schon fast heimkehren will, taucht der Pfeifer auf, ein abgerissener „wendischer Hund", halb verhungert. Wider Willen muß er ihnen aufspielen und tut dies so zügellos und leidenschaftlich, daß die Gruppe in einen orgiastischen Taumel verfällt, aus dem erst die warnende Stimme eines Mönchs sie wieder in die Wirklichkeit zurückruft. Beschämt eilen sie heim zur Stadt, Kiza, der Pfeifer, mit ihnen.
Während des folgenden Sommers wird unter Führung des Grafen Eberstein gegen Minden gekämpft, allen voran die städtische Bürger-Jugend. Kiza spielt bei allen Gelegenheiten, auch zum Kampf, bleibt aber lediglich geduldeter Außenseiter, unter dem Torbogen hausend wie ein Köter, zum Spott der vornehmen Jugend, deren Anführer Floris sein persönlicher Rivale in der Liebe zur schönen Bürgermeistertochter wird.
Als im Jahr drauf wieder der Mai gefeiert wird, diesmal offiziell mit Tanz und Musik, zum Lohn für die errungenen Siege, gelingt Kiza die Entfesselung des selben veitstanzartigen Taumels. Auf dem Höhepunkt wagt er es, Athela zu küssen und zu umfassen, wird von Floris empört niedergestochen und halbtot aus der Stadt geworfen. Die Mindenschen Reiter bedienen sich seiner Rachlust und setzen ihn als Überläufer und Lockvogel ein. Mit Erfolg führt er schließlich die junge Bürgerwehr von Hameln, 130 junge Patriziersöhne, in einen Hinterhalt der Mindener, wo sie sämtlich getötet werden. Auch Kiza selber wird von Floris noch erstochen. Wedekind von Minden stirbt – sozusagen zur Strafe für seinen bösen Handel – nur 2 Jahre später. Die kalte Athela heiratet einen reichen Kaufherrn.

Schon am Personal der Erzählung verdeutlicht sich Raabes Neigung zum Exemplarischen, an den *Orten* der Handlung sein Zug zum Symbolhaften.

Beides zusammen fügt sich zu einem Ordnungsgerüst, innerhalb dessen einige wenige Personifikationen zu Orientierungspunkten für den Leser werden. Die Gefahr, in welcher Gestalt auch immer – dringt stets von *draußen* ein, ein Topos, bekannt aus dem biedermeierlichen Rückzug in die Innenwelt der Außenwelt, als Reaktion auf politische Ohnmacht. Diejenigen, die sich in Gefahr begeben und darin umkommen, werden vom Erzähler mit vaterländischer Zärtlichkeit die „Bürgerskinder", die „Hämelschen Kinder" genannt. Damit ist eine Innigkeit und Familiarität der inwendigen Stadtenklave beschworen, gegen die sich die äußere Bedrohung doppelt roh und moralisch ungerechtfertigt ausnehmen muß. Das *Geld* (=Fetisch der Gründerzeit) ist die eine Macht, gegen die sie nichts ausrichten können. Über die Köpfe des Rats hinweg wird die Stadt verkauft wie ein Korb Äpfel, die Bürger werden wie unmündige Kinder behandelt – eben „Bürgerkinder". Ganz unter der Hand weist die Selbstverständlichkeit, mit der „Bürger" hier noch wörtlich genommen wird, auf Raabes persönliche Ambivalenz zwischen krähwinkliger Honoratiorenherrlichkeit (Wolfenbüttel) und großdeutschem Nationalgefühl. Sie sind eine ziemlich privilegierte Gesellschaft, diese verzogenen, reichen Bürgerkinder, und das völkische Stigma des Flötenspielers, seine wendische Herkunft, motiviert nur unzureichend seinen Haß auf sie, so wenig wie *ihren* Haß auf ihn.

Während die besagten Bürgerkinder als Personen mehr oder minder in einer oberflächlichen Typologie bzw. im Klischee steckenbleiben (der stolze und schöne Floris, die kalte, schöne Athela, der ernste, würdige Mönch usw.) und über ihre Standeszugehörigkeit hinaus wenig aussagen, scheint die Figur des Kiza etwas differenzierter gestaltet. Das heißt, der Versuch, sich in die mittelalterliche Geschichtssituation hineinzuversetzen, kollidiert und vermischt sich mit der eigenen historischen Realität entfließenden Phantasien und Wünschen, ohne jedoch wirklich Leben zu schaffen. Kiza bleibt ein Konstrukt des Autors, dessen Funktion im Gang der Handlung durch Geschichtsdaten und Chronikzeugnisse eindeutig festgeschrieben ist.

Aber eben diese grundsätzliche Determinierung mag dazu geführt haben, daß in kleineren Details unwillkürlich Aktualisierungen stattfinden. Ob nicht doch der „wilde Peter" quasi als Folie sich eingeschlichen hat? Kiza, der Sprachlose, der Außenseiter par excellence,

jung und hager, halbverhungert, angetan mit bunten Fetzen; und schwarze straffe Haare fielen über seine Stirne und seinen Nacken. Unter der Filzkappe, auf welcher eine zerzauste Hahnenfeder nickte, hervor leuchteten zu den Tänzern feurig blinzelnde Augen herüber, die mehr vom Wolfe als vom Menschen hatten.[98]

Vom „wilden Peter" heißt es in einer Schrift aus dem Jahr 1825: „er wurde nackt, aber mit Kleiderresten am Hals gefunden. Sein Gehör ist außerordentlich scharf. Zwar sprechen hat er nie gelernt, aber *Musik* dudeln!" Bei Musik „sprang und tanzte er, bis er vor Müdigkeit nicht mehr konnte"[99].

Die *Musik* als die den „Wilden" gemeinsame Sprache. In Raabes Text wird sie zum Inbegriff des Irrationalen, zum Symbol allemal destruktiver Leidenschaftlichkeit. Die übrigen Stigmata der Unbehaustheit, des Outsidertums bleiben letztlich austauschbar. Es ist egal, ob Kiza Wende oder Jude oder sonstwas ist. Wichtig allein: er ist undeutsch und nicht von Stand, 7 Jahre vor der Reichsgründung Anlaß genug, ihn als gefährliches Element darzustellen. Und tatsächlich bedroht er ja faktisch die Harmonie der bürgerlichen Jugend bis hin zum beinahe geglückten Mord. Selbst ein ewig Unterdrückter, gewinnt er über die Musik Macht über das im Zuge des aufklärerischen Gedankenguts unter Druck gesetzte menschliche Gefühlspotential und entfesselt es in seiner ganzen (tödlichen) Widersprüchlichkeit. Was wunder, daß ihn für diese Macht alle hassen müssen, entlarvt er doch ihre Wohlstandsharmonie als dürftigen Firnis über einer eben erst überwundenen Stufe der Gewalttätigkeit (oder Kulturlosigkeit), dessen rationale Notwendigkeit vor der Erkenntnis nicht schützt, daß auch sie noch „mehr vom Wolfe als vom Menschen" haben − wie Kiza selbst.[100]

Raabes Sympathie gilt ersichtlich mehr den *Bürgers*-kindern. Ihr chauvinistisches Gebaren, ihre Herrenmenschenmentalität, die sich nicht zuletzt in ihren adeligen Spielregeln niederschlägt, bleibt unkommentiert, während der Fremde manchen Tadel des Erzählers hinnehmen muß.

War das Kämmerlein unter dem Erdboden auch dunkel und feucht, so war der Boden im Walde zuzeiten doch noch feuchter; Kiza, der Wende, hätte recht glücklich sein können, wenn er sich zu bescheiden gewußt hätte und mit dem abgenagten Knochen, welcher ihm vom Tisch des Lebens als sein Teil zugefallen war, zufrieden gewesen wäre (S. 142)

Es hat etwas Anarchistisches, Umstürzlerisches, wenn ausgerechnet diese getretene Kreatur sich erlaubt, über alle ständischen Barrieren hinweg einfach zu lieben. Obwohl nicht älter als die andern, wird Kiza doch jede kleidsame Kindhaftigkeit abgesprochen. Unschuld, Schönheit, Reichtum, Tugend − alles bleibt Privileg der Landeskinder. Auch das *Gefühl*, jedenfalls das gezähmte, ritualisierte, mit dem sich die Hämelschen Kinder eigentlich selber ziemlich langweilen. So wie eine dicke Mauer ihre Stadt umgrenzt (sie aber letzten Endes nicht zu beschützen vermag), so sitzen sie auch hinter den Sprachgittern ihrer aufgeklärten, von ihrem Ursprung abgeschnittenen Empfindungen, als warteten sie nur auf das erlösende Signal.

Dieses Signal erfolgt *jenseits* von aller sprachlichen Mitteilbarkeit, über die Musik. So wird Kiza, der sie ihnen bringt, der Verachtete, Unterdrückte, der buchstäblich aus dem Untergrund, dem Unterirdischen kommt, zum Repräsentanten dessen, was ins Unbewußte verbannt, unterdrückt und verachtet ist, weil es etwas Anarchistisches hat, weil es Form und Etikette außer Kraft setzt, weil es „politisch verdächtig" (vgl. Th. Mann, Zauberberg) ist; auf solche Weise werden die Emotionen ganz beiläufig mit dem Niedrigsten, der sie hervorzurufen weiß, gleichgesetzt. Leidenschaftlichkeit ist a priori vulgär, verwandelt zum Unmenschen, zum Tier (vgl. Kirkes Schweine in der Odyssee).

Wildes Jauchzen − wilde Zornesrufe! Alle Leidenschaften weckte die Pfeife des wendischen Spielmanns in der Brust der Kinder von Hameln, und der Mond, der jetzt emporstieg, beleuchtete erhitzte, erzürnte Mienen. Es fingen die Jünglinge bereits an, in Eifersucht und Zorn die Messer gegeneinander zu zücken, und die Mädchen drängten sich verschüchtert und angstvoll in Gruppen zusammen oder redeten auch wohl zornig aufeinander ein. (S. 136)

Kiza avanciert zu einer Art „Emotionsmeister", wenn auch seine Existenz einzig unter dem Aspekt der Nutzbarkeit geduldet wird. Als „Animateur" in allen Lebenssituationen wechselt er je nach Anlaß seine Spielweise:

Die Menschen, welche des Pfeifers Pfeife vernahmen, ballten oder entballten die Hände, hörten auf zu höhnen und zu schimpfen oder fingen damit an. Mit Behagen oder mit aufsteigendem Grimm lauschten sie diesen seltsamen wendigen Weisen, die so fröhlich und dann so schmerzlich, so wild das Herz bewegten und die man so gern hörte beim Tanz und in der Schlacht, bei Hochzeiten und Kindtaufen, bei Gastereien im vornehmen Saal und beim Hirtenfeuer draußen im wilden Wald oder auf der öden Heide. (S. 141 f.)

Aber die Macht, die er damit bis in die intimsten Bereiche des Einzelnen und der Gemeinschaft gewinnt, ist den Zuhörern wie dem Autor nicht geheuer. Die Verführungskraft der Musik, eigentlich das älteste Motiv der Rattenfängersage, erhält hier ein Vielfaches an Gewicht durch die Tatsache, daß es sich ja nicht mehr um Kinder, sondern um Erwachsene handelt, d. h. daß das gesamte Sozialgefüge der Stadt mitbetroffen ist. Fast entsteht eine Art Abhängigkeit der Bürger von ihrem Kollektiv-Stimulator, für einen kurzen Augenblick in seinem Leben scheint das Stigma seines Anderssein, seiner Aussonderung aus der menschlichen Gemeinschaft außer Kraft gesetzt. Aber in der Sekunde, in der Kiza selber sich als ebenso verführbar erweist, in der er im Macht- und Erfolgsrausch seiner eigenen Kunst vom Zauberer zum Lehrling und damit der Geister, die er rief, nicht mehr Herr wird, ist sein Schicksal besiegelt. Mit derselben Unerbittlichkeit, mit der ihm verweigert wird, die Gefühle, die er hervorzubringen weiß, selbst zu empfinden, verweigert er in seiner Rache denen, die ihn strafen, überhaupt jemals wieder derlei Empfindungen zu haben. Von daher ist es nur folgerichtig, daß sein Zorn nur die männliche Jugend trifft. Mit ihrem Verlust büßen die Bürger praktisch sämtliche zuvor aufgeführten Fest-Anlässe ein. Keine Schlachten, keine Hochzeiten, keine Kindtaufen und keine Hirtenfeuer mehr — Musik ist politisch verdächtig. Eine universale Depotenzierung findet statt.

So sieht es aus, als habe Raabe im historischen Gewand eine durchaus zeitgemäße Parabel von den tödlichen Folgen unkontrollierten Gefühlsüberschwangs schreiben wollen. Auf diese Weise ließ sich jedenfalls das Bedürfnis nach Reduzierung eines Geschehnisses aus einer deutschen Chronik auf rationale Erklärbarkeit und eine gewisse psychologische Folgerichtigkeit verknüpfen mit einem kleinen, zuträglichen Quantum Magie, eine Mischung, die zur Entstehungszeit der Raabe'schen Erzählung auf den verschiedensten Ebenen Schule zu machen scheint. Es sind dieselben Jahre, in denen Bismarck als preußischer Ministerpräsident und Außenminister gegen die liberale Mehrheit des preußischen Abgeordnetenhauses eine Heeresverstärkung durchsetzt (1862) und in der Lasalle den „Allgemeinen Deutschen Arbeiterverein" in Leipzig gründet (1863). Es sind *auch* dieselben Jahre, in denen Richard Wagners anfangs noch stark vom Ideengut der 48er Revolution und von einem antikapitalistischen Geist getragenes Musikdrama („Ring der Nibelungen") (1854—1874) seine Thematik verlagert auf die existentielle Auseinandersetzung mit Liebe und

Tod; dieselbe Zeit schließlich, in der – wie könnte es anders sein – auch eine *Oper*, „Der Rattenfänger von Hameln" konzipiert werden wird, die sich als Vorlage allerdings erst des folgenden Textes von Julius Wolff bedient.[101]

4. Utopie versus (heroische) Idylle
Julius Wolff: Der Rattenfänger von Hameln (1876)*

Es scheint mir bezeichnend, daß weder Brentanos kunstvolle Umdichtung der Hamelner Sage mit ihrer Einbettung in ein ganzes Gewebe anderer, nicht dazugehöriger Mythenstränge wie Melusinensage, Frau Holle u. a. sich im 19. Jahrhundert als Lesestoff durchsetzt, noch die Erzählungen von Nieritz, Raabe oder Frisen[102], sondern das Versepos von Wolff. 1876 erscheint die erste Ausgabe, als drittes Werk in einer ganzen Reihe von historisch-mythischen Stoffbearbeitungen Wolffs, wie „Till Eulenspiegel Redivivus" (1874), „Der Wilde Jäger" (1877), „Tannhäuser" (1880), „Lurlei" (1886), „Der Fliegende Holländer" (1892), „Der Sachsenspiegel" (1909) und viele andere. Auffälligerweise handelt es sich bei den genannten Werken allemal um Versepen, die die Literaturgeschichte später unter den Begriff der „Butzenscheibenlyrik" subsumiert hat.[103] Daneben hat Wolff Romane, Schauspiele, Erzählungen und Gedichte publiziert.

Der Terminus „Butzenscheibenlyrik" setzt Assoziationen an die Welt des Biedermeier frei.[104] Deutlich klingt der Spott auf die kleinformatorientierte Behaglichkeit und Selbstzufriedenheit des Vormärz durch, an der sich trotz Revolution und Reichsgründung im Bürgertum gerade Ende des 19. Jahrhunderts nichts wesentlich geändert zu haben scheint bzw. in die das deutsche Bürgertum nach gescheiterter Revolution und neuer Sicherheits-Garantie durch den ‚eisernen Kanzler' zurückzusinken droht. Es ist die Zeit, in der sich die traulich möblierten Flucht-Innenräume des Biedermeier langsam öffnen und der wuchtig-repräsentativen Wohnkultur der Gründerzeit assimilieren. Politischer Kleinmut und gesellschaftlich-historischer Größenwahn gehen eine merkwürdige Verbindung ein, deren ambivalenter Niederschlag sich in den unterschiedlichsten literarischen Formen und Motiven findet. Der Adressatenkreis des Wolff'schen Opus ist denn auch ein durchaus anderer als der Brentanos. Entsprechend verschieben sich Schreibimpuls und Gestaltungsschwerpunkte innerhalb der Erzählung. Sämtliche Dichtungen Wolffs sind auf breiten Publikumserfolg angelegt und reflektieren den zeitgenössischen Geschmack. Gemäß der von Goethes Rattenfänger-Gedicht eingeleiteten Tradition[105] sind die ‚Helden' seines Textes nicht die *Kinder*, sondern der Rattenfänger und die *Liebe*, und dies quer durch alle sozialen Schichten. Dadurch wird die Angelegenheit eher zu einer galanten Paraphrase auf die gesellschaftliche Funktion eines akkreditierten Autors.

---

* Zit. nach der 2. Aufl. Reprint Rotterdam 1976, III. von Paul Thumann, s. Ausg. 1896.

Der Rattenfänger von Hameln. Illustration von Paul Thumann um 1896.

Was hat das alles noch mit der Kindheitsthematik zu tun, wo bleiben überhaupt im ganzen Werk die Kinder? Tatsächlich zeichnet sich die Verserzählung durch eine größtmögliche Absenz von Kindern aus. Bis auf die Schlußszene treten sie nicht in Erscheinung, es sei denn, in ein paar garnierenden Bemerkungen, die auf ihre Anhänglichkeit an den Rattenfänger hinweisen; immerhin bleibt er nach dieser Fassung ja etwa 4 Wochen in der Stadt. Weniger als 5% des Gesamttextes sind ihrem Schicksal gewidmet, ihre Funktion ist rein instrumental, sie beschränkt sich darauf, Werkzeug von Hunolds Rache zu werden.

Detailliert beschreiben die letzten Verse den Auszug der Kinder, ihre zögernde Überwindung des Ausgehverbots, ihre hingerissene Gefolgschaft und die Verheißungen, auf die hin sie die letzten Bedenken überwinden und in den Berg wandern. Dazu singt Hunold ein Lied, das von fern ein wenig an Brentanos „Kinderhort" erinnert:

Da hinter dem Berge, da funkelt ein Schloß
Mit Höfen und Brücken und Zinnen,
Da spreizen sich Pfauen, da wiehert manch Roß,
Und herrlich wohnt es sich drinnen;
Halb ist es von Marmel, und halb ist es doch
Von Zucker und Marzipane,
Die Treppen so breit und die Säle so hoch,
Vom Turme weht eine Fahne.

Da sprechen die Tiere wie Menschen so klug,
Da nicken die Blumen und singen,
Da gibt es zu essen und Spielzeug genug
Zum Lachen und Tanzen und Springen.
Die prächtigsten Puppen und Reifen und Ball
Und Panzer und Speere und Stecken,
Da tummeln sich Vögel im Haus von Kristall
Und Fischlein in silbernen Becken.

Im prunkenden Saale auf goldenem Thron,
Umgeben von lustigen Leutchen,
Da sitzt ein blondlockiger Königssohn
Mit seinem Prinzessin Bräutchen.
Viel schelmische Knaben und Mädchen so schön,
Die schlingen und führen den Reigen,
Und immer und immer ein lieblich Getön
Von Zimbeln und Harfen und Geigen.

Da hinter dem Berg, da hinter dem Berg,
Da wird euch im Schlosse nichts fehlen,
Da wartet auf euch ein niedlicher Zwerg
Und bückt sich und fragt nach Befehlen.
Bald seht ihr vom Schlosse das blinkende Dach,
Euch reuet wohl nimmer die Reise,
Kommt, kommet, lieb Kinde, und folget mir nach
Ganz heimlich und stille und leise. (S. 278 f)

Die Erinnerung trügt bzw. läßt sich nur bei oberflächlicher Wahrnehmung festhalten. Was toposartig wiederkehrt wie Spielzeugreichtum und Marzipanschloß, sind nur noch Versatzstücke in einer von den Erwachsenen vormöblierten Welt für die Kinder.

Sowohl Beiläufigkeit im Hinblick auf die Kinder, als auch die spezifischen Signale des Verführungsliedes, von denen gleich noch die Rede sein wird, erscheinen mir symptomatisch für den *Raum*, den die Kinder gegen Ende des 19. Jahrhunderts in der Erwachsenenwelt einnehmen. Es ist eine veränderte Welt: das Bürgertum des Biedermeier in seiner forcierten Zufriedenheit ist klassenbewußte „Bourgeoisie" geworden; die z. B. auf den Holzschnitten von Ludwig Richter zu allen Gelegenheiten um die Erwachsenen herumdrapierten Kinder sind in die Kinderstuben verbannt. Aus denen werden sie lediglich zu Repräsentationszwecken hervorgeholt, ähnlich wie Wolff sie auch erst am Ende aus seiner „Erzähl-Schatulle" holt. Wie Marionetten werden sie mit einer „typisch kindlichen" Verhaltensweise en masse eingesetzt, um dann schnell wieder zu verschwinden. Das Kind hat seine Schuldigkeit getan, das Kind kann gehen.

Die totale Trennung von Kinder- und Erwachsenenwelt ist auf die wirtschaftlichen Veränderungen zurückzuführen, die in Ansätzen schon das biedermeierliche Leben prägten. Parallel zur Entfremdung der Familie von Beruf und Erwerbstätigkeit des Vaters, der vom autonomen Haushaltsvorstand mählich zum abhängigen Arbeitnehmer avanciert, erfolgt die Hinausverlagerung der Bildungs- und Erziehungsaufgaben aus der Familie in die dafür eingerichteten Institutionen.[106]

Übrig bleiben Kleinkinder und Frauen. Deren Bereich, das Haus, erfährt nun eine neue Aufwertung. Im Spannungsfeld von Funktionalität und Selbstdarstellung wird jedem Familienmitglied sein eigener Raum zugewiesen und entsprechend ausgestaltet.

„Der neue Mensch", schreibt Benjamin, „hat alle Quintessenz der alten Formen in sich, und was in der Auseinandersetzung mit einer Umwelt aus der zweiten Hälfte des 19. Jahrhunderts sich bildet, in Träumen wie in Satz und Bild gewisser Künstler, ist ein Wesen, das der ‚möblierte Mensch' zu nennen ware."[107]

So laufen Prozesse der Intimisierung und der Abtrennung innerhalb des häuslichen Ambiente gleichzeitig nebeneinander her, d. h. Arbeits- und Funktionsteilung vollziehen sich bis in den innersten Kern der Familie. Aus dem Blickwinkel der „Kinderstube", deren Güte alsbald zum Gradmesser für gute Erziehung insgesamt wird, breiten sich über die Geheimnisse des elterlichen Schlafzimmers eben solche dichten Schleier wie über das politische und soziale Geschehen außerhalb des Hauses. Ungeachtet des Umstands, daß noch immer allenfalls 10% der Bevölkerung sorgenfrei leben können, wächst das Exklusivitätsbedürfnis der „Leute von Stand" ins Groteske. Von Spielhagen bis zur Marlitt hat die damit einhergehende Verdinglichung und Kommerzialisierung von Standessymbolen (z. B. in Gestalt gekaufter Titel) Darstellung und Kritik gefunden, letztere besonders um die zeittypische Figur des Parvenü und sein Imitationsgebaren.[108]

Imitiert wird aber auch noch an anderer Stelle, und zwar in einem Bereich der „Kinderkultur"[109], der seit dem ersten Drittel des Jahrhunderts immer prononcierter sich herausbildend, in der Gründerzeit einen bezeichnenden Aufschwung erlebt: in den *Puppenstuben*. Puppen gibt es in Europa ca. seit dem 14. Jahrhundert (puppenähnliche Gebilde aus Wurzeln und Flechtwerk usw. kennt man natürlich seit Menschengedenken). Ursprüng-

lich rangieren sie nicht unter der Rubrik „Spielzeug", sondern unter
„Mode"[110], was sich in dem heute noch geläufigen Schimpfwort für eitle
Mädchen: „Modepuppe" wiederfindet. Aber noch in einem anderen Sinn
bleiben „Mode" und „Puppe" von Anbeginn an unzertrennlich: in ihrer
wechselseitigen Spiegelung der jeweiligen Alltagskultur einer Epoche,
innerhalb derer das Kinderleben nur eine kleine Sektion bildet.

Puppen verändern also ihr Gesicht, und zwar korrelativ zum sich
ändernden Selbstverständnis ihrer Besitzer bzw. Hersteller und ihres
Adressatenkreises. Anfangs aus Holz, gewinnen sie in zunehmendem Maße
durch Verwendung günstigerer Materialien wie Wachs, Pappmachée,
Porzellan und schließlich Zelluloid (Anfang des 20. Jahrhunderts) an
„Gesicht", ihre Ausdruckskraft verfeinert sich, der Wunsch nach Beweg-
lichkeit zeitigt technische Meisterkonstruktionen. Sie werden zu vollendeten Abbildern ihrer Erzeuger.

Ähnlich verhält es sich mit den Puppenstuben. Die Detailliebe und Akribie, mit der Dekor und Innenausstattung, Meublement, Geschirr und
Mode, Herrschende und Dienende in ihren genau umgrenzten Tätigkeits-
bereichen nachgebildet werden, verrät viel von den gesellschaftlichen
Widersprüchen, die sich unter den prunkvollen Samtportieren nicht
ersticken, von Wagners oder Bruckners Klangwogen nicht wegspülen[111]
oder Nietzsches wortgewaltigem psychologischen Darwinismus nicht
wegphilosophieren lassen. En miniature (= im Puppenstubenformat)
verliert die neue Wirklichkeit ihre bedrohliche Überdimensionalität, erhält
wieder einen Hauch jener biedermeierlichen Überschaubarkeit und Ge-
mütlichkeit zurück, aus der sie sich herausentwickelt hat, wirkt „harmlos".
Gleichzeitig läßt sich diese Reproduktion des bürgerlichen Innenwelt-
Mobiliars über den Verdoppelungseffekt hinaus als Repräsentations- und
Vergewisserungsbedürfnis verstehen. Auf dem angstmindernden Effekt
von Rekognition beruht die rasante Eskalation eines ganzen Industrie-
zweigs von dieser Zeit her: der Spielzeugfabrikation.[112]

Der verniedlichende Zuschnitt auf die Optik von Kindern bezeichnet
also weniger eine neue Einläßlichkeit auf deren Erlebensformen und
Wünsche, sondern eher umgekehrt: die konzentrierte Einübung aufs
Großformatige, die Einschwörung aufs Großsein, auf die Großen schlechthin. Einerseits als Frei- und Schonraum gedacht, in dem die Kinder unbe-
helligt sich bewegen können, wird die Kinderstube samt ihren „Utensilien"
wie Puppen und Puppenstube für die Mädchen, Trommel, Schießgewehren
usw. für die Knaben doch hinterrücks wieder zum heimlichen Erziehungs-
feld, in dem die späteren Rollen von Anbeginn an als unumstößlich erlebt
werden. Ingeborg Weber-Kellermann zitiert aus der „Moralischen Kinder-
klapper" (um 1800) folgendes Gedicht:

Die Puppe als geheime Erzieherin
Mein Patchen wird ein niedlich Mädchen,
und für ihr Alter hat sie viel Verstand,
dabei ist sie fix und gewandt,
gelehrig, lernt mit ihren Brüdern gar Latein,
und kann schon eine Fabel exponieren.

Doch soll sie darum nicht studieren,
noch weniger magistrisieren,
mit einem Wort: sie soll kein lumen mundi sein.
Sie mag fein bei der Nadel bleiben,
das ist doch ihr natürlicher Beruf
und dient damit der Wirtschaft zum Behuf.
Ergreift sie je die Feder, um zu schreiben,
so sei's kein Buch, auch kein gelehrter Kommentarius
nur höchstens ein Rezept zu einem Mus.
Doch eins gefiel mir nicht an ihr:
das Mädchen war ein kleiner Eigensinn! ...
Ich sann auf ein bequemes Mittel, sie zu bessern,
verschrieb aus Leipzig eine Puppe,
so modisch wie die Märchenkönigin geputzt.
Die schenkt ich ihr zum Angebinde mit dem Be-
ding, ein gutes Kind zu sein!
Für jede Unart, die du dir erlaubst,
sprach ich, soll die pompöse Dame büßen:
Der Kleiderschrank soll ihr Gefängnis sein,
darinnen wird man sie verschließen
so lange, bis dich deine Fehler reun.
Und wolltest du Mama durch Ungehorsam kränken,
soll sie die Puppe gleich dem Wäschermädchen schenken.[113]

Nicht anders verhält es sich mit den Knaben. Von Ludwig XIII. berichtet man, er besaß eine Silbersoldatenarmee, die durch Aufträge an Nürnberger Künstler ständig erweitert wurde und anhand derer später Ludwig XIV. seine Erziehung im Militärwesen erhielt.[114] Dragoner, Husaren und Gardesoldaten aus Holz, Blei, Silber und Zinn stehen für die Söhne der Wohlhabenden bis weit ins 20. Jahrhundert in hellen Scharen bereit, um sie auf Militärschulen, Kadettenanstalten und Pagerien vorzubereiten, auf den Dienst am Kaiser. Ähnlich wie das Spielzeug der Knaben erwachsene Männer darstellt, fällt auf, daß es sich bei den Puppen der feinen Mädchen fast immer um „Damen" handelt[115], obwohl seit der Biedermeierzeit allmählich auch Puppenkinder auf den Markt kommen. Schule, Spiel und Kinderstube sind gänzlich auf das Glück des Erwachsenseins hin orientiert, nicht sich selbst lernen die Kinder spielend verstehen und akzeptieren, sondern das, als was sie am Ende wohlauskalkuliert aus den einschlägigen Institutionen hervorgehen.[116]

Worin die Erziehung offenbar keine wesentlichen Unterscheidungen trifft, ist die Anleitung zum Gebrauch von „Prügelknaben" bzw. „Sündenböcken", eine ursprünglich feudale „Erfindung", vornehmlich in regierenden Fürsten- und Königshäusern üblich und eindringlich geschildert in einem der schönsten Kinderbücher Mark Twains: „Prinz und Bettelknabe" aus derselben Zeit wie Wolffs Epos (spielt etwa zur Zeit Heinrichs VIII.).

Was dem kleinen Mädchen die pompöse Dame, ist dem Kadettenanstaltszögling die „glatte Lage", eine Art Spießrutenfolter, die beispielsweise diejenigen ereilte, die sich durch Flucht der drakonischen Disziplin entziehen wollten, häufig stellvertretend und als Abschreckung für die anderen, die sich nur nicht getraut hatten, oder für kollektive Stuben-Verbrechen.[117]

110

Unter den obwaltenden Umständen können die Kinder nicht gewahr werden, wie die Projektionen der Erwachsenenwelt auf ihr Kinderdasein wiederum auf ihre eigenen Bedürfnisse zurückwirken, wie ein Zirkel von Repetitionen entsteht und zwangsläufig zu einer wachsenden Verarmung führt. Was mit „Verarmung" gemeint ist, verdeutlicht ein Vergleich der beiden „Paradies"-Entwürfe von Brentano und Wolff. Bis auf die — seit der Einführung des Zuckers fast obligatorischen — Zugeständnisse an die Naschhaftigkeit der Kinder und vor allem an ihren Spieltrieb, verbindet sie nichts. Oder, um es pointierter zu sagen: Brentanos diskursive „Erschaffung" eines Ortes kindlicher Wiedervereinigung mit der Natur, auch mit *seiner* Natur und allen seinen Sinnen, wird hier reduziert auf ein weiteres Abziehbild der gesellschaftlichen Strukturen; das heißt, die kindlichen Sehnsüchte werden auf genau *das* festgeschrieben, was auch die Sehnsüchte der Erwachsenen sind und was entsprechend ausführlicher in der vorherigen Verherrlichung deutscher Vergangenheit zu Worte kommt. Wer sich als Riese fühlt (Deutschland nach dem Sieg über die Franzosen + Reichsgründung), muß die anderen als Zwerge betrachten — wer sich mit Zwergen umgibt, lernt früh, sich als Riese zu fühlen:

Da wartet auf euch ein niedlicher Zwerg
und bückt sich, und fragt nach Befehlen.

Der Kretin als Spielzeug für Kinder[118], um möglichst rechtzeitig die Süße von Macht zu kosten, die Lust an der Unterwerfung sozial Benachteiligter, die Perpetuierung der Hierarchie vom „blondgelockten Köngissohn" bis zum „niedlichen Zwerg", der eine zum Herrschen, der andere zum Bücken geboren, der geschlossene Raum des „Schlosses" als bombastische Super-Puppen- und Kinderstube[119], die stereotype Fixierung von Knabenlust auf „Panzer, Speere, Stecken", von Mädchenfreude an „Puppen, Reifen, Ball" — schließlich die Tiere, die (nur) „wie Menschen so klug" sind (Brentanos Goldfischchen, Ratten und Mäuse sind viel klüger als die Menschen): all das sind Signale einer Welt, in der der Mensch das Maß aller Dinge ist, und zwar der erwachsene, reiche und starke Mensch. Aller Phantasienreichtum der Kinder erschöpft sich in der Nachahmung. Die allein legitimiert sie, aus dem kindlichen Außenseiterstatus später in die „Gesellschaft" überzuwechseln. Von dem, was außerhalb dieser Gesellschaft, also in den übrigen neunzig Prozent der Bevölkerung vor sich geht, erfahren die Kinder nichts, die Erwachsenen wenig. Elend und Ausbeutung der Massen im Industriestaat bleiben jenseits von „Schloß" und Riegel.

So scheint transparent zu werden: sie selbst, die Kinder sind es, die in der bürgerlichen Gesellschaft des großdeutschen Reichs zu „niedlichen Zwergen" schrumpfen, die sich zu bücken und nach Befehlen zu fragen haben (vgl. entsprechende Bilder), freilich Zwerge mit Wachstumschancen, was für den tatsächlichen Zwergen- (und Untermenschen) bestand an der Basis der Standes- und Erfolgspyramide *nicht* gilt. Der Rattenfänger ist einer von diesen „Gesellschaftszwergen", an denen man sich belustigt, derer man sich bedient und derer man sich rasch entledigt, wenn man ihrer überdrüssig ist. Darum kann so etwas wie Solidarität zwischen ihm und den Kindern entstehen, eine Verständigung auf einer Ebene, auf der es im Grunde keiner

Zauberei bedarf. Sein Verbrechen besteht darin, daß er die Kinder aus ihrem Getto herausläßt, daß er in ihnen die Lust nach den Wonnen der „zehn Prozent" weckt, kurz: daß er Strukturen transparent macht, die verdeckt bleiben sollen, daß er einen Handlungsspielraum *auch* den Schwachen eröffnet. Der Spielmann, die Ratten/Mäuse und die Kinder rücken in dieser Sicht ganz unversehens in eine Reihe — als Repräsentanten einer ebenso unterbewerteten wie tunlichst niedrig gehaltenen Potenz, deren sich nur über die Gewalt der Institutionen, über Aussperrung und Ritualmord Herr werden läßt.

Die Tatsache, daß der schöne junge Mann aus der ersten Chronik somit zum Handlanger der oberen Zehntausend, sozusagen zum Arbeitnehmer wird, der für die Schmutzarbeit im Auftrag der Bourgeoisie nur Undank erntet, scheint mir in diesem Kontext fast ein Politikum: die Angst des Bourgeois vor der potentiellen Macht des Bauern- und Industrieproletariats, vor dem erneuten Aufstand der „Landeskinder" gegen ihre gottgewollte Obrigkeit wie 1848 wird spielerisch gebannt im Spannungsfeld von Poesie, Mythologie und Magie. Alle drei zeichnen sich dadurch aus, daß sie sich an der gesellschaftlichen Realität vorbeimogeln können, daß ihnen keine Rechenschaft abverlangt wird. Benjamins „Engel der Geschichte", er schaut noch immer rückwärts, während er nach vorne stürmt. Lieber soll die Revolution ihre Kinder verschlingen, als daß die Nachwelt ihre Last mit ihnen hat. Lapidar konstatiert der Erzähler Wolff abschließend:

Von dem Gottesdienst im Stifte
Kehrten heim die Bürger Hamelns,
Heim zu ihren leeren Häusern,
Leer von Ratten, leer von Mäusen,
Leer von den geliebten Kindern. (S. 280)

Die Leere steht am Ende, nicht die Trauer. Nach der Reichsgründung erwirbt sich das deutsche Volk zunehmend seine mithin notorisch gewordene Unfähigkeit zu trauern.[120]

5. „Die Spur des Ikarus" oder: „Hartnäckige Holdseligkeit"
Robert Browning / Kate Greenaway: The Pied Piper of Hamelin (1886)*

In der Frankfurter Rundschau findet sich am 15. Juni 1982 anläßlich eines Berichts über den Fernsehwettbewerb „Prix Jeunesse International" in München ein Hinweis auf zwei offenbar besonders gelungene Trickfilme: eine schweizerische Fassung vom „Fischer un syner Fru", eine italienisierende „Übersetzung", die als „Genuß für Augen und Ohren" geschildert wird. Dann fährt der Bericht fort:

Dasselbe gilt für die fast halbstündige preisgekrönte britische Adaption des „Rattenfänger von Hameln", nach dem klassischen Gedicht des englischen Autors Robert Browning von ITV — Thames Television, London, produziert. Dieser Puppentrick-

---

* R. Browing / K. Greenaway: The Pied Pieper of Hamelin (1886), London and New York, Frederick Warne and Co., Ltd. o. J. (Reprint).

film muß der handwerklich beste Beitrag in der ersten Kategorie (d. i. „Geschichten erzählen") genannt werden. Das Milieu der mittelalterlichen Stadt Hameln ist bis ins kleinste Detail ausgebaut, die flinke Scheußlichkeit der Ratten, die geheimnisvolle Anmut des Rattenfängers und die naive Lieblichkeit der fröhlich sich tummelnden Kinder üben in der bewundersert gekonnten Animation von Harry Purves und Marj Graham einen faszinierenden Reiz aus. Dennoch zog dieser Film wegen seiner „grausamen", nicht „kindgemäßen" Geschichte auch Kritik auf sich. Die Moral der Erzählung: „Versprechen muß man halten", mache sie eher zu einem „idealen Zielgruppenprogramm für Politiker", hieß es unter anderem . . .

Die Beschreibung dieses Films deutet darauf hin, daß er sich im Stil der Verbildlichung — zumindest was die Kinder angeht — an die Illustrationen von Kate Greenaway hält, die mit dem Text von Browning 1886 zum ersten Mal gemeinsam publiziert wurden und der Geschichte in England zu ungeahnter Popularität verhalfen. Der Text ist zu einem der beliebtesten Lesebuchstücke der englischen Literatur geworden. Der Erfolg des Films, immerhin fast 100 Jahre später, scheint ihm Recht zu geben.[121]

Vergessen wir aber nicht, daß die Juroren in München ausschließlich Erwachsene waren. Wenn man es nicht ohnehin wüßte (auch aus dem Artikel), würde die fatale Formel von der „Kindgemäßheit" darauf hinweisen. Unter ihr Verdikt fallen „Grausamkeiten" und „Moral". Gegen *wen* aber richtet sich diese Grausamkeit? An *wen* wendet sich die beanstandete Moral?

Befragen wir das „klassische Gedicht" von Browning. Erstmals erscheint es 1842 und ist ursprünglich für einen kranken kleinen Jungen verfaßt.[122] Das erinnert an eine andere Folge von Gedichten, ebenfalls für kranke Kinder erfunden und aufgeschrieben und nur zwei Jahre später veröffentlicht: Heinrich Hoffmanns „Struwwelpeter", ein Buch, dessen beispielloser Erfolg gerade heute wieder und eben unter dem Aspekt der Grausamkeit insbesondere die Pädagogen, Psychologen und Literatursoziologen beschäftigt. Beide Male handelt es sich um „Randprodukte" der Autoren, bei Hoffmann neben seiner medizinischen Praxis, bei Browning neben seiner sonstigen literarischen Produktion, die den Literaturwissenschaftlern um soviel bedeutender scheint, daß von ihnen „The Pied Piper" gelegentlich nicht einmal erwähnt wird. So ergibt sich die groteske Situation, daß beispielsweise in F. J. Harvey Darton's „Children's Book in England"[123] weder Browning noch sein „The Pied Piper" überhaupt auch nur aufgeführt werden, während der „Struwwelpeter" nicht nur erwähnt, sondern auch kurz inhaltlich (nebst Rezeption in England) gewürdigt wird.[124] In Halliday's Browning-Biographie[125] fehlt ebenfalls jeder Hinweis auf den Text. Einige der erwähnten Lesebücher bringen nur Ausschnitte.

Brownings Verserzählung umfaßt 15 Teile von unterschiedlicher Länge mit wechselndem Reimschema. Was ihn vermutlich „lesebuchwürdig" macht und den Text von Anfang bis Ende kennzeichnet, ist seine einfache, leicht eingängige grammatikalische Struktur und ein fast übersprudelnder Wortreichtum, der die Verse zu einem Paradebeispiel für die Möglichkeit onomatopoetischer Sprachbilder werden läßt. Insgesamt bringt der Gang der Handlung keine von der Grimm'schen Sage abweichenden Varianten.[126]

Was Brownings Text heute attraktiv macht, ist etwas anderes: es sind persönliche, zeitgebundene Schwerpunkte und Details, die die Fabel mit neuen, im Gedächtnis haftenden Nuancen ausstatten und – nicht zuletzt durch die bereits angedeutete spielerische Sprachlust – die Phantasie suggestiv bebildern.

Nach der einleitenden 1. Strophe über geographische Lage und Situation Hamelns folgt alsbald eine präzise Vorstellungsanleitung:

> II. Rats!
> They fought the dogs and killed the cats,
> And bit the babies in the cradles,
> And ate the cheeses out of the vats.
> And licked the soup from the cook's own ladles,
> Split open the kegs of salted sprats,
> Made nests inside men's Sunday hats,
> And even spoiled the women's chats,
> By drowning their speaking
> With shrieking and squeaking
> In fifty different sharps and flats.
>
> II. Ratten!
> Sie kämpften gegen Hunde und töteten die Katzen
> und bissen die Babies in ihren Wiegen,
> und fraßen den Käse aus den Bottichen,
> und schleckten die Suppe sogar aus den Schöpflöffeln des Kochs.
> Sie zersplitterten die Fäßchen mit gesalzenen Sprotten
> und bauten Nester in den Sonntagshüten der Männer.
> Sie machten sogar das Geplauder der Frauen zunichte,
> indem sie ihr Gespräch ertränkten
> mit Kreischen und Quieken
> in 50 verschieden schrillen Halbtönen nach oben und unten.[127]

Der Text zeichnet sich durch einen erstaunlichen Faktenreichtum aus. Nirgend wird interpretiert oder kommentiert, lediglich die Sachverhalte sprechen für sich, und dies in einem sorgfältig komponierten, nur scheinbar zufälligen Arrangement, das mit Bedacht das angebissene Baby neben den angebissenen Käse rückt, d. h. Grausiges und Belangloses mit dem selben Mangel an Exaltation erzählt. Tatsächlich entsteht dadurch in wenigen Zeilen der Eindruck einer beklemmenden Allgegenwärtigkeit der Ratten. Die Reihe ihrer Machenschaften scheint beliebig fortsetzbar.[128]

Eine weitere Steigerung erfolgt in der nächsten Passage: Das Volk strömt zusammen, um sich gegen die Tatenlosigkeit des Bürgermeisters und seiner Berater zu empören. Man scheint den Herren nicht allzuviel zuzutrauen; die derben Anspielungen auf Völlerei, Faulheit und Altersphlegma steigern sich rasch bis zu der Drohung, allesamt hinauszuwerfen. Revolutionsstimmung kommt auf. Browning stellt hier auf kürzestem Raum seine dramatische Routine unter Beweis. Die Prägnanz der rasch wechselnden Szenen erinnert an Filmschnitte, das Nacheinander von Gruppen und Einzelszenen und dem, was der Erzähler selbst einfügt, ist geschickt dosiert und treibt auf den Auftritt des Rattenfängers zu.

Je stärker die Einzelkontur der handelnden Figuren im Gang der Geschichte hervorkommt, desto selbstverständlicher fügen sich Browning die psychologischen Details. Aus den „Typen" und den Vertretern von ständischen Gruppierungen werden *Personen*. Bürgermeister und Rattenfänger treten als Kontrahenten aus der Masse heraus. *Eines* der Kinder und *eine* gerettete Ratte werden später noch in eigentümlichem Parallelismus die Masse der unterprivilegierten Mehrheit vertreten.[129] Insgesamt ist es, als malte Browning ein vorkonstruiertes Bild mit seinen übersprudelnden Sprachnuancen so neu aus, daß es plötzlich ein anderes Ansehen bekommt.

Raabe hatte sich aus dem Text heraus begeben und eine ganz neue Geschichte erzählt; Browning tastet sich in jede Leerstelle der alten Quelle sensitiv hinein und füllt sie auf. Dazu gehören z. B. die ambivalenten Empfindungen, die dieser Rattenfänger auslöst, auf dessen Lippen „ein Lächeln ein und aus ging" und der aussieht „als wäre mein Urgroßvater, aufgeschreckt durch die Trompete des Jüngsten Gerichts, von seinem gemalten Grabstein hier des Wegs gekommen" („It's as my great-grandsire, starting up at the Trump of Doom's tone, had walked this way from his painted tomb-stone"). Der Grabstein läßt beiläufig das Leitmotiv anklingen, die Assoziation an den Tod.

Dieser Rattenfänger ist eine Art Wiedergänger, altmodisch und zeitlos zugleich, nicht einzuordnen. Nur über die Signale der Verwunderung erfährt man fragmentarisch etwas über Alltagsbräuche und Normen, lange Mäntel sind offenbar länst aus der Mode, man trägt jetzt Bart und Koteletten. Familie und Freundeskreis bezeichnen den Assoziationsradius, innerhalb dessen man Herkunft und Wesensart von Fremden zu erraten sucht. („There was no guessing his kith and kin.") Schließlich bemalte Grabsteine, die das Porträt oder die ganze Gestalt des Toten zeigen, eine Sitte, die sich heute noch im französischen und italienischen Brauch fortsetzt, Photographien der Verstorbenen unter Glas auf die Grabsteine zu heften.[130]

Er kommt buchstäblich „wie gerufen", kommt als Spezialist und „verkauft" sich dementsprechend. In Anbetracht seiner hohen Lohnforderung zählt er selbstbewußt die Plagen auf, von denen er die Menschheit irgendwo auf der Welt bereits befreit hat. Dabei fingern seine Hände nervös an der Pfeife, als wären sie ungeduldig zu spielen. Die Demonstration seiner magischen Kräfte erscheint so als innerer Zwang, das Spielen als einzige Daseinsbestimmung. Tatsächlich sieht er selbst so aus wie sein Instrument: lang, dünn, glatt und haarlos, in dasselbe Gewand gekleidet, das als Schal die Flöte umschlingt. Sie sind *eins*, die Verkörperung einer magischen Kraft, einer Naturgewalt, die sich — wie im Märchen — erst dann gegen den Menschen richtet, wenn er sich ihrer als unwürdig erweist.[131] Die tausend Gulden stellen von daher keinen reellen Gegenwert dar, sondern eher ein Symbol für das, wovon sich der Mensch am schwersten trennt, für seine Schwerfälligkeit und Begrenztheit im Umgang mit den übersinnlichen Mächten, für seinen Trieb, sich alles untertan zu machen und auszubeuten, für die Phantasielosigkeit, mit der er sich über die falschen Dinge verwundert, z. B. über fremdartige Gewänder und dergl., statt über die beiläufige Bemerkung des Pfeifers, er müsse noch *vor* Mittag in Bagdad eintreffen usw. Direkte und indirekte Satire greifen ständig ineinander.

Ein kleines Lächeln der Selbstlust auf den Lippen, macht sich der Rattenfänger ans Werk („smiling first a little smile"):

And the muttering grew to a grumbling
And the grumbling grew to a mighty rumbling;
And out of the houses the rats came tumbling.
Great rats, small rats, lean rats brawny rats,
Grave old plodders, gay young friskers,
Fathers, mothers, uncles, cousins,
Cocking tails und pricking whiskers,
Families by tens and dozens,
Brothers, sisters, husbands, wives —
Followed the Piper for their lives. (Str. VII)

Wieder steht — jetzt ironisch — das Signal der ‚Familie‘ nicht nur für die
Masse, sondern auch für die Schrecklichkeit der Ausrottung ganzer Ge-
schlechter und des Auseinanderreißens vertrauter Zusammenhänge. Die
Verwandtschaftsverhältnisse der Ratten, die denen der Menschen gleichen,
werden so zum Pendant der Oberwelt, sie haben offenbar ein Recht auf
dieselben Empfindungen. Tanzend — wie später die Kinder — rennen sie in
den Tod, mit synästhetisch vom Klang der Flöte hervorgelockten Schlaraf-
fenlandvisionen vor Augen und Sinnen. Davon weiß die einzige Über-
lebende, "stout as Julius Caesar", zu berichten:

At the first notes of the pipe,
I heard a sound of scraping tripe,
And putting apples, wondrous ripe
Into a cider-Press's gripe:
And a moving away of pickle-tub-boards,
And a leyving ajar of conserve-cupboards,
And a drawing the corks of train-oil-flasks
And a braking the hoops of butter-casks:
And it seemed as if a voice
(sweeter far than by harps or psaltery
is breathed) called out, 'O rats, rejoice!'
The world is grown to one vast drysaltery!
So much on, crunch on, take your nuncheon!
Breakfast supper, dinner, luncheon,
And just as a bulky sugar-puncheon,
All ready staved, like a great sun shone
Glorios scarce an inch before me,
Just as methougth it said, 'Come, bore me!'
I found the Weser rolling over me. (Str. VII)

Bei den ersten schrillen Tönen der Pfeife
hörte ich ein Geräusch wie von kratzenden Kaldaunen
und wie von wunderbar reifen Äpfeln, die in eine Apfelpresse getan werden,
und ein Wegrücken von Zubern mit Pökelfleisch
und von Vorratsschränken, die halb angelehnt gelassen werden
und ein Entkorken ganzer Reihen von Ölflaschen
und das Zerspringen der Reifen von den Butterfässern:
Und es war, als riefe eine Stimme
(viel süßer noch als Psalter- und Harfenspiel):
O Ratten, frohlocket!
Die Welt ist zu einem unermeßlichen Pökelland geworden.
Drum mampft mit vollen Backen, zermalmt drauf los, tut euch gütlich
bei Frühstück, Mittagessen, Abendessen, Lunch!
Und gerade, als ein voluminöses Zuckerpunsch-Faß,
schon fertig angeschlagen, wie eine große Sonne

kaum einen Inch vor mir herrlich leuchtete,
gerade, als es mich dünkte, es sage: komm, zapf mich an –
da rollte die Weser über mich.

Brownings subtile Ironie ist vielerorts kaum wahrnehmbar, sie blitzt hier erst im scheinbar zufälligen Nebeneinander tierischer und menschlicher Verhaltensweisen auf. Denn genau der symbolische Lohn für die Rattenvernichtung scheint den Ratsherren unentbehrlich, um ihre Gelage und Besäufnisse zu bestreiten, nur daß die Übertragung menschlicher Kategorien auf das verabscheute Ungeziefer (z. B. dinner, lunch) quasi decouvrierend auf die Menschen zurückfällt und ihre kulinarische Laszivität zur Blasphemie erklärt. Die Völlerei als Religion der satten Bürger, denen die missionarische Unrast des Wundertäters nur ein geringschätziges Lächeln abringen kann, das gelobte Land als riesige Pökelei, psalmodierendes Vokabular angesichts von offenen Butterfässern – das illustriert in sich überstürzenden Bildern den Umsturz aller Werte im Bewußtsein der Bourgeoisie.

Was den Ratten Psalter und Harfe, ist den Ratsherren Mosel- und Rheinwein. Geist wird zu Spiritus. Der Spiritus sacer zu Spirituosen. So stehen sich in Bürgermeister und Rattenfänger Personifikationen niedrigster Sinnlichkeit und tellurischer Geistigkeit entgegen, philiströse Seßhaftigkeit und magische Allgegenwärtigkeit und die Verachtung des Bürgers für alles, was es nicht so herrlich weit wie er selbst gebracht hat.

Nach dem alten Spruch: „Kleider machen Leute" ist es nicht seine Tat, sondern seine fremdartige und bescheidene Gewandung, die den Rattenfänger in Mißkredit bringt. Er sieht aus wie einer, der sich nicht wehren kann. Die Vorstellungskraft der Wohlsituierten reicht nicht über den Rand ihres Geldbeutels hinaus. Wer nichts hat, bekommt nichts. Das nicht einzuordnende Element wird eliminiert.

Auf delikate Weise korrespondiert die nun folgende Kinderentführung mit dem Rattenauszug, nur daß korrelativ zum unappetitlichen Gewimmel des Ungeziefers die jetzige Szenerie mit poetischer Holdseligkeit übergossen scheint:

And ere he blew three notes (such sweet
soft notes as yet musician's cunning
never gave the enraptured air)
there war a rustling
that seemed like a bustling
of merry crowds justling at pitching and hustling
small feet ware pattering, wooden shoes clattering,
little hands clapping und little tongues chattering,
and, like fowls in a farm-yard when barely scattering,
out came the little boys and girls,
with rosy cheeks and flaxen curls,
and sparkling eyes and teeth like pearls,
tripping and skipping ran merrily after
the wonderful music with shouting and laughter. (Str. XII)
Und ehe er drei Töne geblasen hatte,
(so süße, weiche Töne, wie sie nur je eines
Musikers List der entzückten Luft geschenkt hat)
hörte man ein Rascheln, als tummelten sich fröhliche

Scharen, jagend und übereinander fallend und einherhastend.
Kleine Füße trappelten, hölzerne Schuhe klapperten
kleine Hände klatschten, kleine Zungen schnatterten.
Und wie sich Geflügel auf einem Bauernhof zerstreut,
kamen die Kinder herausgerannt,
all die kleinen Jungen und Mädchen,
mit rosigen Wangen und blonden Locken
und glänzenden Augen und Zähnen wie Perlen,
trippelnd und hüpfend rannten sie fröhlich
mit Geschrei und Lachen hinter der wunderbaren Musik her.

Die prononcierte Lieblichkeit dieser Szene scheint einen unmittelbaren Zusammenhang zu Brentano herzustellen, etwa wie vor Mainz die Kinder in den Rhein tanzen oder mehr noch die friedliche Vision, wie sie auf dem Grund des Flusses im Glaspalast schlummern und spielen und die Welt vergessen. Aber was dort bald vom Spiel zum Zwang, von Lust in Entsetzen umschlägt — nämlich die Erkenntnis, mit dem Tanzen nicht mehr aufhören zu können und ausgeliefert zu sein — bleibt hier wohlweislich ausgeklammert. Es liegt für die Kinder nichts Bedrohliches in der Luft, eher eine Art Jahrmarktstimmung, Aufbruch zu etwas Neuem, etwas, worauf man immer schon gewartet hat und es nur nicht wußte, durch drei süße Töne wieder in die Erinnerung gerufen, ein Proust'sches, unwillkürliches Sicherinnern, daß Kindheit ganz anders sein kann, vielleicht einmal ganz anders war, jedenfalls an etwas, das die Gegenwart in den Schatten stellt, das es wert ist, Eltern und Heimat zu verlassen.

Diese Kinder werden weder „entführt", noch „gekidnappt"; weder bringt man sie um ihrer selbst willen fort, noch werden sie als Wertobjekt zwischen Erwachsenen hin und her geschoben. Vielmehr scheint es, als träfen sie eine eigene Entscheidung. Browning ist der erste Autor, der zu beschreiben versucht, was die Hämelschen Kinder tatsächlich bewogen haben mag, dem Pfeifer zu folgen. Eine blanke, mechanisch wirkende Magie genügt ihm nicht, selbst die Ratten hatten ja plausiblere Gründe, die Stadt zu verlassen. Und wie bei ihnen *eine* übrig bleibt, um dem Urstamm vom Geschehen Bericht zu erstatten, so bleibt auch jetzt der *eine* Knabe zurück, von dem man lange weiß, daß er humpelte und nicht schnell genug war, um Zeugnis abzulegen. Bislang war er allemal das Glückskind, dem seine Behinderung zur Rettung wurde, der von da an praktisch für sein defizitäres Dasein dankbar zu sein hatte.

Browning dagegen differenziert zwischen zweierlei Zeugenschaft, zwischen bloßen *Augen*zeugen und synästhetischen *Ohren*zeugen, zwischen denen, die bloß zuschaun, ohne zu begreifen, und denen, bei denen die Musik einen Widerhall findet, auf vorbereiteten Boden fällt und hörend transfiguriert wird.

Die Eltern sind hier nicht in der Kirche, als die Kinder fortgehen. Sie stehen dabei und schauen zu, vernehmen sogar dieselben Töne, aber *hören* nicht. Ihre Ohnmacht ist in ihrer Taubheit begründet, in ihrer Stumpfheit gegenüber allem, was über ihre materialistische Lebensorientierung hinausgeht. Auch von ihren Kindern haben sie nur soviel begriffen, als nötig ist, um sie als Besitz zu betrachten. Insofern ist das Gefühl der Lähmung in mehrfacher Hinsicht symbolisch: Es ist dieselbe Tatenlosigkeit, mit der sie auf alles reagieren, was über ihr pragmatisches Alltagsdenken hinausgeht, auch auf die Ratten, auch auf den Rattenfänger.

Dagegen steht die Vision der ausziehenden Kinder:

> For he led us, he said, to a joyous land,
> Joining the town and just at hand
> Where waters gushed and fruit-trees grew,
> And flowers put forth a fairer hue,
> And everything was strange und new;
> The sparrows were brighter than peacocks here,
> And their dogs outran our fallow deer,
> And honey-bees had lost their stings,
> And horses were born with eagle's wings
> And just as I became assured
> My lame foot would be speedily cured,
> The music stopped and I stood still,
> And found myself outside the hill,
> Left alone against my will,
> To go now limping as before,
> And never hear of that country more! (Str. XIII)

> Denn er führe uns, sagte er, in ein freudenreiches Land,
> das an die Stadt angrenze und direkt vor der Nase liege,
> wo die Wasser sich ergössen und Obstbäume wüchsen,
> und die Blumen eine schönere Färbung hätten.
> Und alles wäre dort fremdartig und neu,
> die Sperlinge wären schöner als hier die Pfauen,
> und die Hunde würden unser Damwild in den Schatten stellen
> und die Bienen hätten keine Stacheln,
> und die Pferde würden mit Adlerschwingen geboren.
> Und gerade als ich versichert bekam,
> mein lahmer Fuß würde ganz schnell kuriert,
> hörte die Musik plötzlich auf, und ich stand still,
> und fand mich außerhalb des Berges,
> gegen meinen Willen alleingelassen,
> um nun wie vorher weiterzuhumpeln
> und nie mehr was von diesem Land zu hören.

Auch hier wieder das Pendant zu den paradiesischen Phantasien der Ratten. Durch ihre Fähigkeit zu träumen und zu „hören" rücken Kinder und Ratten in Brownings Text in eine eigentümliche Nähe zueinander. Sie haben etwas Gemeinsames, das sie von der Welt der Erwachsenen trennt, etwas, das man heute vielleicht das „magische Weltbild" nenne würde (Bühler). Sie warten quasi unausgesetzt auf das Außergewöhnliche: „and everything was strange and new". Erstaunlich nur, daß dieses Neue einen ausgesprochen ästhetischen Charakter hat, eine überhöhte Naturschönheit wird imaginiert, halb exotisch, halb fabelartig, jedenfalls aller Gefährlichkeit beraubt. Keine Schlaraffenlandphantasien, keine Spielphantasmagorien wie bei Wolff, keine Schlösser und kein Reichtum — sondern *Schönheit* ist es, wonach sie sich sehnen, eine Idylle ohne Widersprüche, wo die Bienen keine Stachel haben und die Pferde aussehen wie ein Vogel Rock — dieses uralte Symbol des abenteuerlichen, berauschenden Entführungserlebnisses, unmittelbar aus der Harmlosigkeit des Alltags heraus, wie in des „Knaben Wunderhorn":

Die Kinder spielen Fangen
kommt der Zauberer gegangen
pfeift einmal und wie der Wind
tanzen um ihn hundert Kind.

Ein stärkerer Konstrast zu den elterlichen Normen läßt sich kaum denken. Obwohl das, was die Kinder ersehnen, etwas ist, das die Eltern mit dem besten Willen nicht zu schaffen imstande sind, ist es doch eine Absage an die Eltern schlechthin: vielleicht an ihr Bemühen, die Kinder dem eigenen Bild anzugleichen, ihnen die eigene Blindheit und Taubheit zu vermitteln, ohne die sich keine Geschäfte machen lassen.

Dementsprechend betrachtet sich der übriggebliebene Knabe keineswegs als gerettet, sondern als benachteiligt, ausgeschlossen und im Stich gelassen. Sein Lebtag sehnt er sich nach dem verheißenen Land, das heißt, er verweigert das Erwachsenwerden und die Rituale der Ermordung der Kindheit: die forcierte Dankbarkeit für Dinge, über die man sich eigentlich gar nicht freut. Für ihn bleibt der Traum als konkrete Utopie bestehen. Sein Sinn ist nicht verwirrt, wie in allen bisherigen Berichten, er ist nicht verstört über das, was er gesehen hat, sondern über das, was er *nicht* sehen durfte.

Überdies legt seine Erzählung Zeugnis davon ab, daß sich der Kinderauszug — sowenig wie der Rattenauszug — als blanke Massenhysterie abtun läßt. *Beide* Überlebenden wissen von Versprechungen, die ihnen persönlich gemacht wurden, die nicht beliebig übertragbar sind. Die Verheißung, wieder laufen zu können, kann sich nur auf diesen Knaben beziehen, der einen lahmen Fuß hat und dadurch unter den Kindern ein Außenseiter ist. In der Musik des Rattenfängers erlebt er vielleicht zum ersten Mal unkomplizierte Kommunikation, ein fragloses Einbezogensein in die Gruppe. Das heißt, es scheint, als habe diese Musik die Eigenschaft, in jedem Einzelnen die eigensten, heißesten Wünsche zum Klingen zu bringen bzw. erfüllbar erscheinen zu lassen. Und wie in dem Spiel, in dem die Kinder ihre Glieder zum Klang irgendeiner Melodie auf jede nur denkbare Weise verrenken, also gleichsam die unmöglichen Möglichkeiten ausprobieren, um dann bei Abbruch der Musik zur Erstarrung der jeweiligen Position verurteilt zu sein, so muß auch dieser Knabe als einziges Kind in der Stadt lebenslänglich diese verlorene Kindheit repräsentieren, befangen in der Schwebe zwischen Hoffen, Bangen und Resignation, denselben Empfindungen, in denen das Verstummen der Musik ihn zurückließ, „Left alone against my will". Mit diesem Stachel im Herzen kann man sich mit der Realität nicht mehr befriedigend arrangieren.

Ähnlich mißlingt es Gulliver, sich nach seinem Aufenthalt im Land der guten Pferde wieder mit den menschlichen Gepflogenheiten anzufreunden — das Gefühl der Ausgeschlossenheit hat sich vervielfältigt. Wer einmal von dem Besonderen berührt wurde, sucht es allenthalben bzw. vermißt es allenthalben. Damit bekommt die Musik fast psychoanalytische, jedenfalls aber therapeutische Dimensionen. Sie reaktiviert alles gewaltsam Unterdrückte, ermutigt zum Wünschen und Träumen, sie öffnet die Tür in ein anderes Reich: „a wondrous portal opened wide . . .". Musik als Schlüssel bzw. als „Sesam öffne dich" zum Bereich des Unterbewußtseins. Nur

Kinder sind noch in der Lage, nicht-materiellen Begierden nachzugehen, sich ihnen ganz anheimzugeben. Browning, der sonst gar nicht für Kinder geschrieben hat, ist tatsächlich der erste Autor in unserer Reihe, der in die Kinder hineinzuschlüpfen versucht, aus *ihrer* Perspektive zu beschreiben sucht. Die Regungen der Erwachsenen sind von all seinen Vorgängern immer ausführlicher erläutert worden, als wären *sie* die unschuldigen Opfer, jedenfalls aber die Identifikationsfiguren von Autor und Lesern. Browning scheint sich — wenn überhaupt — mit dem übriggebliebenen Knaben zu identifizieren bzw. ihn seinem kleinen kranken Freund zu diesem Zweck „anzubieten", nicht im Sinn einer Brentano'schen neuen Kindheitsphilosophie, aber doch gewiß mit dem Impuls, sich gesundzuträumen, dieses verlorene Reich in der Poesie wiederzuentdecken.

Der Rest des Gedichts mutet eher wie eine Pflichtübung an. Die üblichen Vermutungen werden referiert, die Klagen der Eltern, die Verewigung des Ereignisses auf Stein und Glasfenster und schließlich auch noch — nur aus Gründen der Vollständigkeit, nicht aus Überzeugung — die halb-rationalisierende Historie vom fremden Volksstamm in Transsilvanien, der einst aus unterirdischem Gefängnis aufstieg und mit der Horde der entführten Kinder identisch ist. Der Appendix paßt nur insofern zur obigen Beobachtung, als Browning nur vorhandenes Material verarbeitete und keineswegs eine substantielle Umformung im Sinn hatte. Ähnliches gilt für die Moral am Ende, über die sich die Filmkritiker so echauffiert haben:

> Darum, Willy, laß dich und mich diejenigen
> sein, die die Schuld aller Menschen auswischen,
> besonders der Pfeifer!
> Und ob sie uns von Ratten oder Mäusen freipfeifen,
> wenn wir ihnen etwas versprochen haben,
> laß uns unser Versprechen halten.
>
> So, Willy, let me and you be wipers
> of scores out with all men — especially pipers!
> And, wether they pipe us free from rats or
> from mice,
> If we've promised them aught, let us keep
> our promise.

Ich finde, diese Moral fällt eher etwas bläßlich aus. Um auf den Anfang und die Zeitungsnotiz zurückzukommen, so frage ich mich, worin eigentlich die besondere Grausamkeit dieses Textes liegen soll, die ihn für Kinder ungeeignet macht. Der Verdacht liegt nahe, daß sich diese Kritiker als Erwachsene naturgemäß mit der Rolle der Erwachsenen identifizieren — und die kommen zugegebenermaßen nicht besonders gut weg. Alle sie näher charakterisierenden Hinweise sind im Bereich der niederen Sinne (= der Freßsucht) angesiedelt. Der fette Bürgermeister hat Augen „glanzlos und trocken, wie eine schon zu lang geöffnete Auster", und die Unersättlichkeit der Ratten spiegelt sinnbildlich die Gier derer, die nie genug kriegen können. Wie die magische Höhle im Berg für die konstruktiven Phantasien der Kinder steht, so die Verfressenheit der unabsehbar sich vervielfältigenden Ratten für die destruktive, ins Böse sich fortpflanzende Habgier und Gewinnsucht der Erwachsenen.

Beides — die Andersartigkeit der Kinder und das nach oben drängende Unbewußte — sind Störfaktoren im bürgerlichen Leben. Im Grunde ist es logisch, daß *beide* beseitigt werden. Aus diesem Blickwinkel wird der Rattenfänger hier fast zu einer „Erlöserfigur". Ruhe und Ordnung sind wiederhergestellt. Wer diesen Text für Kinder nicht für geeignet hält, dem mag bei der Vorstellung bange werden, die Kinder könnten sich immer wieder auf den Weg machen, wenn sie erst einmal durchschaut haben, was ihrer im Erwachsenenleben harrt. Und nicht einmal das Gefühl des Verlustes bleibt als bestimmender Eindruck bei den Bürgern zurück, sondern das Bedürfnis, diesen Verlust in angemessener Weise zu zelebrieren, ihn sozusagen würdig zu begehen. Und dahinter möglicherweise eine gewisse Beschämung darüber, diesmal falsch kalkuliert zu haben. Ein kaufmännisches Bedauern also, das ein letztes Mal noch anklingt im Angebot an den Rattenfänger, wenn er die Kinder wiederbringe, soviel Gold und Silber „zu seines Herzens Zufriedenheit" ("to his heart's content") mitzunehmen, wie er wolle. Das Ereignis hat ihre Denkkategorien nicht zu ändern vermocht. Sie begreifen nicht, daß dieser Rattenfänger praktisch ihr eigenes Geschöpf ist, ein Produkt ihrer eigenen verdrängten Empfindungen und Bedürfnisse. In dieser seiner Qualität liegt das „Wiedergängertum" des Pfeifers. In diesem Sinn wird er immer wieder gerufen werden und immer wieder scheinbar zufällig auftauchen, um sofort wieder eliminiert zu werden, sobald er sich als nicht mehr manipulierbar erweist.

Wie ist nun Kate Greenaway auf ihre Textvorlage „eingestiegen", was mag sie daran so sehr fasziniert haben, daß ihre Bildgestaltung mit dem Text zu einer — wie immer akzentuierten — Einheit verschmolz, deren Zugkraft überdies gerade heute die Konjunktur neu aufblühen läßt?[132] Browning schrieb sein Gedicht vier Jahre, bevor Greenaway zur Welt kam (1846). Als Kind ist es ihr bereits so geläufig, daß sie es häufig auswendig rezitiert. Mit 36 Jahren lernt sie den inzwischen siebzigjährigen Browning persönlich kennen und schließt Freundschaft mit ihm und seiner Schwester. Sechs Jahre später entstehen die Illustrationen zum PIED PIPER und werden rasch "one of her best-known and most rewarding works"[133]. Das heißt: die Rattenfänger-Bilder haben sich am besten bezahlt gemacht, scheinen den Publikumsgeschmack am geschicktesten getroffen zu haben.

Zu dieser Zeit ist die Greenaway auf dem Kinderbuchmarkt längst ein Begriff. Nach ersten Veröffentlichungen von Zeichnungen und Holzschnitten in Kinder-Magazinen[134] und von Illustrationen für Kinder-Romane und Grußkarten erlebt sie im Gefolge ihrer Zusammenarbeit mit Edmund Evans, einem Pionier im Bereich des Farbholzschnittdrucks, einen raschen Erfolgsboom, dessen mulitmediale Vielfalt an die heutige Neuvermarktung etwa von Spyris „Heidi" oder Collodis „Pinocchio" erinnert. Kinderkleidung, Kochutensilien, Tapeten usw. — alles trägt plötzlich das unverwechselbare Signum des „Greenawisme"[135], wie die Franzosen später das Phänomen bezeichnen.[136] Seit Erscheinen ihrer wichtigsten Werke — Birthday Book for Children (1880), A Day in a Child's Life und Mother Goose (1881), Language of Flowers (1884), Marigold Garden (1885), A Apple Pie (1886) sowie zahlreiche Illustrationen in Almanachen usw. — ist Kate Greenaway "in".

Die Rattenfänger-Illustrationen fallen aus dieser Reihe insofern heraus, als sie sich an einem historischen Thema versuchen. Zwar gibt es noch einige andere Ansätze in dieser Richtung, z. B. eine Serie von Illustrationen zu Shakespeare-Szenen für ein Kinder-Magazin (Little Folks, Juli 1877) u. ä., aber insgesamt bilden diese Arbeiten eher eine Ausnahme, jedenfalls vom Konzept her. Tatsächlich läßt sich allerdings bei genauerem Hinsehen darüber streiten, ob sich überhaupt nennenswerte Unterschiede zwischen ihren „historischen" und „zeitgenössischen" Kindern bzw. Figuren feststellen lassen. Vielmehr tritt dem Betrachter aus ihren Bildern so etwas wie das „Kind schlechthin" entgegen, eine höchst private Eigenkreation, die — paradoxerweise — gerade in ihrer Unbestimmtheit und Vagheit des Ausdrucks die spezifisch Greenaway'sche Handschrift trägt.

Nicht zufällig ist in erster Linie von ihren Figuren die Rede. Alles übrige Zubehör eines Bildes wie Landschaft, Interieur, Architektur usw. haben sie eigentlich nie interessiert. An Ruskin schreibt sie: "I never can put a background into a painting of a single figure, while in a drawing there isn't the least difficulty. Perhaps I don't trouble about the reality in the drawing. I put things just where I want them, not, possibly, as they ought to do. (...) The most modern way is to have a highly done-out background and a figure lost in mist, but I don't see this[137].

Obwohl sie selbst auf unverwechselbare Weise — gleichwohl von ihr später erbittert beklagt — zu einer Art Modewelle erheblich beigetragen hat, setzt sie sich hier gegen das Modische in der künstlerischen Arbeit dezidiert ab und beharrt zu einer Zeit, zu der sie bereits als überholt gilt, auf ihrem persönlichen Stil.

Dieser zeichnet sich in erster Linie durch eine weitgehende Abwesenheit des männlichen Elementes aus. Frauen und Kinder sind die Personen, denen Greenaways zärtliche Aufmerksamkeit gilt, erwachsene Männer kommen sozusagen in ihrer Welt nicht vor. Und wo sie sich nicht umgehen lassen, wie z. B. in einem historischen Stoff wie dem Rattenfänger, dient die Historie als Alibi und Vorwand zugleich: „Alibi" für die Ausnahme von der Regel, „Vorwand" für eine Leidenschaft, die sie vielleicht überhaupt erst zum Zeichnen gebracht hat und die auch nicht vor so ungewohnten Objekten haltmachen mag, wenngleich sie sich lieber am approbierten und sozusagen „krisensicheren" Sujet entzündet: Greenaway ist eine ungeheure Kostüm-Fetischistin.

Die Kleidung ist immer das erste, was ins Auge fällt, und an der Kleidung wiederum die Hüte. Ob Säugling, Mädchen, Knabe, Mutter, Großmutter, Ratsherr oder Rattenfänger — unter Hunderten gibt es vielleicht ein paar wenige ohne Kopfbedeckung, und es scheint dabei keine Rolle zu spielen, ob sie sich innerhalb oder außerhalb des Hauses befinden. Im Hinblick auf ihre Verkleidungsmanie verdient vielleicht noch die Beschaffenheit der Greenaway'schen Gewänder kurze Erwähnung: Grundsätzlich bleibt im oberflächlichen Bemühen um Formenvielfalt das historische Stilgefühl auf der Strecke. Ebenso wie sie um der Abwechslung willen in ein und dasselbe Gebäude Spitzbogen und Rundbogen friedlich nebeneinander zeichnet, lassen sich auch die Gewänder keiner Zeitepoche erkennbar und eindeutig zuordnen. Mittelalter, Renaissance und Viktorianik bzw. Jahrhundertwende verschmelzen zu einem Amalgamat Greenaway'scher Provenienz, dessen übergeordnetes Prinzip die faltenreiche Verhüllung geschlechtsspezifischer Konturen zu sein scheint. Es ist, als würden Individualität und Funktion des menschlichen Körpers auf das kleinste gemeinsame Vielfache reduziert: seine Bedürftigkeit, verschleiert und bemäntelt und behütet zu werden und aus dieser ontischen Not eine ästhetische Tugend zu machen.

Die Gesichter (und Hände) würden in fast obszöner Nacktheit aus dieser privatrituellen Vermummung hervorragen, wären sie nicht obligatorisch von präraffaelitischem Lockengeringel umsäumt und im Ausdruck sonderbar uniform. So kommt es zu einem weiteren Paradox: der textile Aufwand „entkleidet" diese Figuren jeglicher potentiellen Erotik ebenso zielsicher wie ihr in den unterschiedlichsten Situationen in hartnäckiger Holdseligkeit verharrender Gesichtsausdruck. Gehört die Greenaway auch weder zu den frühen, noch zu den berühmten Vorkämpfern dieser zunächst angefeindeten, dann jedoch rasch gesellschaftlich akzeptierten bzw. integrierten neuen Kunstform, so ist sie doch sichtbar der selben Sozialromantik, dem selben Ästhetizismus und auf ihre Weise auch der selben Esoterik verfallen, in die die präraffaelitische Malerei unwillkürlich vor der Unvereinbarkeit von Kunstbegehren und zeitgenössischer Realität zurückweicht. Mit den Füßen auf dem Boden des industrialisierten England stehend, in London, das zu der Zeit die volkreichste, am heftigsten von sozialen Kontrasten geschüttelte Großstadt ist, den Kopf vollgestopft mit den Ruskin'schen Ideen von der Notwendigkeit, die Lebensbedingungen der Menschen zu ändern, um ihren Sinn für Schönheit und ihr Verständnis für die Kunst zu wecken[138], malen sie doch alle am Erlebnis der Massenverelendung, dem Aufblühen von Kapitalismus und Technokratie, an der Flut verzweifelter Auswanderer oder der aus der Zwangsjacke viktorianischer Prüderie ausbrechenden Erotik sonderbar unbeirrt vorbei, als gelte es, die kostbaren Theorien, die ja in der Tat bis heute eigentlich an Aktualität nicht eingebüßt haben, in kostbarer Gewandung und golden umrahmt, für bessere Zeiten durch den grauen Alltag zu retten.

Nur in ganz wenigen Bildern der Zeit hat die ursprüngliche Ruskin'sche Formel für die neue Stilrichtung ihren Niederschlag gefunden, die besagt: „Malt eher kunstlose Dinge denn schöne Bilder. Kehrt nicht zur archaischen Kunst, sondern zur archaischen Ehrenhaftigkeit zurück. Wendet Euch der Natur zu, lehnt nichts ab, wählt nichts aus, verachtet nichts"[139].

Aus dem schwärmerischen Postulat, allem Natürlichen seine eigene Schönheit abzugewinnen und sie mit äußerster Präzision wiederzugeben, aus dem anfangs oft krassen Nebeneinander von „Genauigkeit und Seele" (Musil) entwickelt sich im raschen Tempo der sich verändernden Umwelt ein Schönheitskult, vor dessen Eigendynamik sich die Künstler — repräsentativ schon wieder für den überwiegenden Teil der Bourgeoisie — fast hilflos und auf Kosten der „Genauigkeit" auf die „Seele" zurückziehen. Die Greenaway, über lange Jahre Ruskin, dem Freund und künstlerischen Mentor, eng verbunden, verkörpert diesen Konflikt insofern besonders einprägsam, als ihr großes handwerkliches Können sozusagen auf halbem Wege, nämlich im Kunstgewerblichen steckenbleibt, weil sie neben der alltäglichen Realität einer anderen immer mehr Platz einräumt: der Realität ihrer Wunschwelt.

„I hated to be grown-up, and cried when I had my first long dress . . .“[140], schreibt sie als längst erwachsene und arrivierte Künstlerin, die Ruskin und andere mit Raffael oder Botticelli verglichen, und derselbe Ruskin beschreibt in einer Vorlesung (Fairy Land) 1833 ihre Kinderbilder mit den Worten, die aus dem Vorwort zu Grimms Märchen stammen könnten: „. . . till at last, out like one of the sweet Surrey fountains, all dazzling and pure, you have the radiance and innocence of re-instated infant divinity showered again among the flowers of English meadows bei Mrs. Allingham and Kate Greenaway.“[141]

Die beiden Zitate scheinen mir paradigmatisch den Weg zu markieren, den Greenaway's Kreativität, stellvertretend hier auch für ihre präraffaelitischen Kollegen, eingeschlagen hat und der folgerichtig auch zu Idee und Durchführung des Rattenfänger-Projekts geführt haben mag. Es ist die Idee einer *Kindheit außerhalb* jeden gesellschaftlichen Zwangs, jenseits von politischen oder historischen Gegebenheiten, unberührt von pädagogischen oder wirtschaftlichen Erwägungen — mit einem Wort: *zeitlos*. Erfand man in der Aufklärung die „Figuration Kindheit", um ein erstes Erziehungssystem im bürgerlichen Bewußtsein verankern zu können, so entsteht nun — vergleichbar mit dem Kindheitsmythos der deutschen Romantiker (s. Brentano) — die „Idee Kindheit", die absolute Kindheit oder — um in der Begrifflichkeit zu bleiben: die *Transfiguration* der Kindheit.

Von daher scheint es ganz einleuchtend, daß im Zuge der allgemeinen künstlerischen Wiederentdeckung des *Kindes* (als seit der griechischen Kunst ebenso wie dem gotischen (= 13.) Jahrhundert vernachlässigten Sujet) Greenaways bevorzugtes Arbeitsgebiet „the nursery" wird, zu Deutsch nur unzureichend wiedergegeben mit „die Kinderstube". In Wirklichkeit entsteht hier — ähnlich wie in Deutschland in Spätbiedermeier und Gründerzeit — aus dem neuen Kult um das Kind buchstäblich eine neue *Kultur*; anachronistisch würde man das heute mit „Kinderkultur" bezeichnen, jedenfalls als die Anfänge von dem, was heute darunter verstanden wird.

Freilich ist das noch eine sehr einseitige Angelegenheit, die Kinder selbst kommen kaum zur Sprache oder doch nur im schmalen Rahmen dessen, was erinnernde Phantasie der Erwachsenen und Zeitmoral ihnen in den Mund legen. Vorerst bleibt ihnen eine nur passive Gegenständlichkeit zugewiesen, so wie es auch ihrem Platz innerhalb der Gesellschaft entspricht. Die im Mittelstand um sich greifende Installierung von Kinderzimmern bedeutet in erster Linie eine Absonderung vom Erwachsenengeschehen, d. h. man kann jetzt die Kinder nach Belieben — etwa zum Vorzeigen bei Besuch — gleichsam aus der Schatulle holen, nicht ohne sie zuvor von der Nurse entsprechend herrichten zu lassen, und kann sich ihrer auch rasch wieder entledigen. Nur diese in aller Regel kurzen Begegnungen zwischen Eltern und Kindern lassen den Nimbus begreifen, den diese Kindheiten in Wort und Bild heute noch ausstrahlen, insbesondere in den Zeichnungen der Greenaway.

Es sind Kinder, deren einziger Daseinszweck Schönheit und Glück sind.

Kinder, die nicht in die Schule müssen, die zu Hause nicht helfen müssen, die nie ermahnt werden müssen, die sich nie schmutzig machen, die immer nur spielen und spazierengehen und auf dem Rasen sitzen, die nicht zanken und immer satt sind und in sanften Tönen über sanfte Gegenstände sprechen. Sie verweigern Gefühle von Trauer, Wut, Angst und Enttäuschung, da dies Empfindungen sind, die die Erwachsenenwelt in Frage stellen würden. Aber verweigern sie damit nicht auch eine konstruktive und produktive Neugier — das *Leben* überhaupt?

Vieles spricht dafür, daß in der zweiten Hälfte des 19. Jahrhunderts mehr Aufmerksamkeit auf die Bedürfnisse der Kinder verwendet wird, auf ihren Spiel- und Bewegungsdrang, ihre Phantasie und eigene Vorstellungswelt, und das fängt — beeinflußt von Rousseaus „Emile" — nicht zuletzt in England und nicht zuletzt bei der Mode an. Tatsächlich hat die englische Woll- und Baumwollmanufaktur, auch die immer feiner und praktischer verarbeitete Strickmode, einiges zur „Befreiung" des Kindes aus den lästigen Stoffmassen der Erwachsenen beigetragen — wie es für Babies heute noch Mode ist. Aber — schnell wie die Mode wechselt — ist das nur eine kurze Atempause: spätestens mit der Gründerzeit und gegen die Jahrhundertwende, also zur Zeit von Greenaways größter Produktivität, ist die vorsichtige Reformwelle (die richtige Reformkleidung kommt erst Anfang des 20. Jahrhunderts auf) längst wieder ins Gegenteil umgeschlagen: der „letzte Schrei" ist die Tournure oder auch die Krinoline, ein zerbrechliches Reifengestell, das die (geschnürte) Taille betont und den übrigen Menschen unter abstandgebietenden, rüschenbesetzten Seidenwogen bis zum Boden verschwinden läßt, eine Mode der Vereinzelung und Repräsentabilität, deren äußerste Exzesse wohl jeder in dem Film „Vom Winde verweht" bestaunt hat — (halb neidisch, versteht sich, und halb angsterfüllt vor dem ungeheuren Anspruch, dem man in dieser Gewandung in seinem gesamten Habitus Genüge zu tun hatte).[142]

So gesehen, werden die (Kinder-)Gestalten der Greenaway zu Indikatoren sowohl für ihre individuelle, als auch zeittypische Zerrissenheit zwischen Wirklichkeit und Idee, zwischen äußeren und inneren Zwängen. Einerseits erlöst sie das Kind aus einer Art Korsettjugend, wie sie z. B. im folgenden beschrieben ist:

Die Krinoline! Es sei mir gestattet, auch dieser Freundin und Feindin meiner Kindheit einen klaren Nachruf zu widmen. Wie wurde sie verhöhnt, verlästert, selbst von denen, die sie trugen, und doch konnte niemand sich ihrer Macht entziehen, denn der herrschende Kleiderschnitt erforderte diese Stütze. Auch Kinder waren genötigt, sie zu tragen. (. . .) Sie bestand gewöhnlich in einem durch Bänder verbundenen Reifgestell aus vielen Stockwerken, das erst unterhalb des schlankbleibenden Beckens leise begann und sich in immer erweiterten Ringen allmählich zu gewaltigem Umfang ausdehnte. (. . .) Wenn man aber damit über Zäune sprang und vom Balken fiel, so zerbrachen die Reifen, und es gab alsdann häßlich hervorstehende Ecken, was bei mir fast täglich vorkam. Diese auszubessern erforderte eine gewandte Hand und viel Geduld, denn es genügte nicht, die zerbrochenen Reifenden nacheinander zu befestigen, man mußte der Symmetrie halber das ganze Gestell durchgehend verengen . . .[143].

Aber statt das Mißverhältnis von betontem Oberkörper und radikal geleugnetem Unterleib sachte zu verringern, gibt es bei Greenaway nun überhaupt keine weiblichen Konturen mehr. Die großen Ausschnitte der Frauen- und Mädchenkleider könnten ebensogut einen Knabenkörper verhüllen — mit anderen Worten: diese Mädchen sind sämtlich etwas magersüchtig, mit allen Implikationen dieser noch heute virulenten, komplizierten Krankheit, deren hervorstechendstes Merkmal die Verweigerung des Erwachsenwerdens, des *Frau*-werdens ist und der fast immer die unterdrückte Aggression gegen eine dominante Mutter zugrundeliegt. Zu dieser Symptomatik paßt auch der durchsichtig-zarte Teint der Greenaway-Kinder, ihre jenseitshungrigen, immer tiefernsten Gesichter, ihr maniriertes Gebärdenspiel, in dem sich die permanente Exaltation als Normalzustand verrät. Die zur Pose erstarre „Natürlichkeit" wird zur potenzierten Un-Natur, die Schönheit zum Privileg der Jugend, die Unschuld und Geschlechtslosigkeit zur conditio sine qua non für diese transfigurierte Kindheit. Schicksalslos engelhaft und wie in nur geliehenen Kostümen eilen sie in den Rattenfängerbildern ihrem rätselhaften Abgang entgegen, als gelte es, in die Heimat zurückzukehren, die Erlösung nicht zu verpassen. Und als müßte Greenaway sich selbst immer wieder versichern, daß in diesem gelobten Land nicht einmal die verhaßten langen Kleider das Ende kindlicher Glückseligkeit indizieren, sind vom kleinsten bis zum größten Mädchen alle bis zum Boden verhüllt, und je größer sie sind, desto demonstrativer erstrahlt Ruskins „infant divinity" auf ihren Gesichertn.[144]

Es gibt noch eine Art Schluß-Tableau zu diesem Band, das auch beide Einbandseiten schmückt und dem bislang niemand besondere Aufmerksamkeit geschenkt zu haben scheint, obwohl es eine individuelle Textinterpretation der Zeichnerin beinhaltet und zugleich eigentlich alle Signifikanten ihrer zeitbedingten unwillkürlichen Ambivalenz gegenüber dem selbstgeschaffenen Kindheitsmythos versammelt. Das ist wie eine Erinnerungsvision der Zukunft: ein pastellfarbener Paradiesgarten mit Wiesen, Bächlein und einem blütenbeladenen Baum in der Mitte, um den eine bekränzte, weißgewandete Kinderschar Ringelreihen tanzt. All die vorher bunt gekleideten Gestalten sind sozusagen in bereinigter Fassung wieder da, verteilen sich in idyllischen Grüppchen über den Rasen oder kosen mit bunten Vögeln. Aus dem pastosen Überschwang von Weiß, Blaßgrün und Rosé sticht allein — ganz vorne links — der Rattenfänger uni in leuchtend Orangerot von Kopf bis Fuß hervor. Mit geschlossenen Augen sitzt er im Gras und bläst auf seiner Flöte. Mit jedem Zoll eng an seinen Körper geschmiegt, umschlingt von hinten ein kleines Mädchen seinen Hals, wobei es von seiner überlangen Zipfelmütze zärtlich eingefangen wird; ein anderes legt ihm von der Seite den Kopf in den Schoß, ein drittes lehnt auf seinem Knie — und mindestens drei dieser Mädchenkinder um ihn und an ihm tragen plötzlich einen verzehrend-sehnsüchtigen Gesichtsaussdruck, als wollten sie in all ihrer unbewußten Weiblichkeit gleich über ihn herfallen, hörte er nur endlich auf zu spielen. Aber er hört natürlich nie auf, wird sich hüten, dieser milchwangige Hermaphrodit, sonst müßte er buchstäblich „Farbe" bekennen.

Rot — das ist seit altersher und nicht erst seit dem um die Jahrhundertwende den kindlichen Unschuldsmythos untergrabenden Sigmund Freud die Farbe der Lebensbejahung, der Leidenschaft und Sinnlichkeit. Im

The Pied Piper of Hamelin. Illustration by Kate Greenaway.

19. Jahrhundert ist keine große Liebende der Opernbühne denkbar, die anders als in flammendrotem Kleid auftritt — Tosca, Eboli, Carmen, La Traviata und wie sie alle heißen — aber gleichzeitig heftet sich das Odium von Vulgarität und Ausschweifung an die Farbe, die so unausweichlich auch an gewisse, in der ästhetischen bürgerlichen Welt gern totgeschwiegene körperliche Vorgänge gemahnt, an Blut[145], an Verletzungen — seis aus der proletarischen Arbeitswelt, seis im Zug der Bekämpfung von Revolutionen und Demonstrationen. Und auch die Wangen der ordinären Landbevölkerung tragen dies unverwüstliche gewöhnliche Rot, dessen sich die vornehme Damenwelt unter soviel Mühen zu entledigen sucht (Kosmetik, Sonnenschirm usw.). Die „Blutarmut" wird in dieser Zeit geradezu zur sprichwörtlichen Mangelkrankheit der Reiche-Leute-Kinder, unter deren Vorwand man sie aufs Land in arme Familien schickt (vgl. Spyri, Schumacher, Sapper u. a.). Schließlich in die Hypertrophie getrieben, rangiert Rot auch in Gestalt einer bestimmten Vogelart(!), des „Rotschwanz" nämlich, bei Stifter z. B. gar als Synonym für Sexualität bzw. Obszönität und Gewalt und muß ebenso gewaltsam aus der sorgfältig komponierten Harmonie des Risachschen Gartens im „Nachsommer" getilgt werden. In dem berühmt gewordenen Farbtest von Max Lüscher heißt es:

Rot ist Ausdruck der Vitalkraft, und der vegetativen Erregungshöhe. Dadurch hat es die Bedeutung des Begehrens und aller Formen des Appetits. Rot ist der Drang, Wirkungen zu erzielen, Erfolg zu erobern und hungrig zu begehren, was Intensität und Erlebnisfülle bieten. Rot ist Impuls, vitaler Eroberungswille und Potenz, von der sexuellen Triebkraft bis zur revolutionären Umgestaltung . . . .[146]

Mithin mag die rote Gewandung des Flötenspielers unter all den weißen Unschuldslämmlein also jenseits der bewußten Gestaltung vielleicht durchaus auch gewisse anarchische Tendenzen mittransportieren. Vor diesem abtrünnigen Erwachsenen mit dem mädchenhaften Knabengesicht, der in so ziemlich jeder Hinsicht die ihm zugewiesene gesellschaftliche Rolle verweigert, indem er weder seßhaft noch reich, weder Mann noch Frau, weder erwachsen noch Kind sein will, ist der große Weißmacher der Epoche: der romantische Kindheitsmythos, plötzlich machtlos. Auch ohne die Freud'sche Symbolinterpretation der langen Zipfelmützen, der starren Stabinstrumente (Flöte), der Farbe Rot oder der spitzen Schnabelschuhe zu kennen, empfindet der Betrachter die latente erotische Attraktivität dieser unaufhörlich flötenspielenden Figur, die an die Musik so hingegeben scheint wie die Kinder an ihre eigene, plötzlich und endlich statthafte Zärtlichkeit.

So vereinigt dieses Bild im Kontext der vorangehenden Illustrationen eigentlich beispielhaft die Elemente des Greenaway'schen Schaffens und beleuchtet zugleich dessen gesellschaftliche und private Entstehungsbedingungen in ihrer konfliktträchtigen Fülle und in ihrer Aporie. Was immer die viktorianische Kindheit eingeengt und bedrückt haben mag, ist hier aufgehoben: die düstere Hoheit der Räume, die lastende Einschnürung der Kleider, die Vereinzelung untereinander, der Abstand zu den Großen, das Tabu körperlicher Berührung, der Zwang, erwachsen zu werden, das

Tanzen und Musizieren außerhalb aller Regeln der hohen Kunst, die Entscheidungslosigkeit von Kindern und die Domestizierung der Natur durch Zäune, Hecken, Mäuerchen usw., sowie die Angst vor Technisierung und Mechanisierung der Umwelt bis hinein in die menschlichen Beziehungen. Keins der Kinder trägt noch eins der monströsen Hut-Ungeheuer — träumerisch enthoben sind sie sämtlicher Stigmata ihrer Unmündigkeit und Ohnmacht zu einer Apotheose ewiger Jugend von fast religiöser Insbrunst.[147]

Aber noch etwas anderes wird durch diese Bilder zwangsläufig aufgehoben: das ist die Fähigkeit zu sehen, d. h. der natürliche Drang, die umgebende Wirklichkeit mit all ihren — seis auch widersprüchlichen — Phänomenen, Tendenzen, Daseinsebenen und Ausdrucksweisen wahrzunehmen, zu beurteilen oder zu verändern. Keinem Zeitgenossen kann verborgen geblieben sein, in welch haarsträubendem Kontrast die alltäglich wiederkehrende Wirklichkeit eines weit überwiegenden Teils der englischen Kinder zu Kate Greenaways Blütenträumen im Garten der Lüste stand.

Bereits im Jahr 1840 wird eine Parlamentsakte erlassen, in der eine personell benannte Kommission mit der Untersuchung der Lage von arbeitenden Kindern in ganz England betraut wird. 1844 erscheinen dann die Berichte in der (Leipziger) „Illustrierten Zeitung", aus der hier zitiert ist:

Die Kohlenbergwerke. Die Zahl der Kinder und der Halberwachsenen, welche hier beschäftigt werden, übersteigt alle Begriffe, und sie treten ihre Arbeit, bei der sie nie das Licht des Tages erblicken, in einem zarteren Alter an als irgendwo, die Spitzenarbeit ausgenommen. So sagt der Commissionsbericht: Es treten Fälle ein, daß Kinder mit ihrem vierten Jahre, öfter dem fünften, häufig dem sechsten, zwischen dem siebenten und achten, gewöhnlich aber mit vollendetem achten in die Arbeit kommen. Ein großer Teil der in den Bergwerken arbeitenden Personen ist unter dreizehn, der allergrößte aber unter achtzehn Jahr alt, und in den meisten treten weibliche Individuen ebenso früh ein als männliche. Die Art und Weise der Beschäftigung für die kleinsten Kinder ist gewöhnlich das „Füllen" und macht es notwendig, daß dieselben mit Anbruch des Tages an Ort und Stelle sind und den Schacht nicht eher wieder verlassen, bis Schicht gemacht ist. Die Beschäftigung der Kinder verdient kaum den Namen „Arbeit", denn bedenkt man, daß dieselben, mit sehr wenigen Ausnahmen, das Tageslicht dabei nicht erblicken und immer allein sind, so müßte man, wenn nicht die kommenden und gehenden Kohlenwagen eine Abwechslung brächten, versucht werden, diesen Zustand für den eines Sträflings mit gänzlicher Einsamkeit und zwar von der strengsten Art zu halten.[148]

Der forciert sachliche Ton der Berichterstatter täuscht kaum über ihre Ergriffenheit hinweg. Fast fühlt man sich beim weiteren Vortasten in diesen Rapport für die gebildete Welt in die Atmosphäre von „Metropolis"[149] versetzt, so eindringlich wird der Kontrast zweier nebeneinander — oder sollte man sagen: übereinander? — existierenden Daseinsformen veranschaulicht. Aber auch die anderen Medien greifen nach diesem ersten Signal aus England die Thematik auf: Nur ein Jahr später veröffentlicht Engels „Die Lage der arbeitenden Klasse in England", in der er die Bourgeoisie im Hinblick auf die kapitalistische Kinderausbeutung „geradezu des sozialen Mordes" angklagt.[150] Und Clara Zetkin wird später gar von der Blutschuld des „bethlehemischen Kindermordes" im Kapitalismus sprechen.[151]

1854 findet die Uraufführung von Richard Wagners „Rheingold" statt, des ersten Teils des „Rings", der noch stark von der achtundvierziger Begeisterung seines Verfassers getragen ist und den Betrug der Privilegierten (die Götter) an den niederen (arbeitenden) Schichten (die Zwerge) zum Inhalt hat.[152] Als allgemein bekannt darf man im England dieser Zeit auch die Romane von Charles Dickens voraussetzen, der selber, während der Vater und die Familie im Schuldgefängnis saßen, als 12jähriger Arbeiter in einer Schuhwichsfabrik sich durchschlagen mußte und seine jugendlichen Helden die Stufen bitterster sozialer Not durchlaufen läßt. „Oliver Twist" erscheint 1838 und eröffnet einen schauerlichen Reigen verkrüppelter, geschundener, verhungerter und versklavter kindlicher Elendsgestalten beiderlei Geschlechts, die nicht nur in zunehmendem Maße die Literatur bevölkern, sondern auch das Zeitungswesen. Wer sich noch der unentrinnbaren Popularität eines Dickens[153], Charles Kingsley[154] oder Charlotte Brontës berühmten Waisenhaus-Kapiteln (Jane Eyre)[155] zu entziehen wußte, der mußte doch wenigstens im einen oder anderen Journal auf die Thematik stoßen. In keiner Zeit zuvor hat es mehr Dokumentationen über Arbeit und Löhne, mehr Statistiken, mehr Berichte, Bilder und Beschreibungen über das gesamte soziale Umfeld der gesellschaftlichen „underdogs" gegeben als in der viktorianischen Epoche.[156] Literatur und Alltagspresse scheinen einander dabei zweckdienlich zu ergänzen bzw. auch einander zu ersetzen, wo die viktorianische Prüderie zu viele und aufrüttelnde Details verbietet. Die Kanalisation beispielsweise bzw. ihr Fehlen findet in Dickens' Romanen kaum oder keine Erwähnung, wohl aber deren Auswirkungen, z. B. Typhus und Cholera. Die letzte Zuflucht des Bill Sikes in „Oliver Twist" (1838) ist jenes „Jakob's Island" in Bermondsey, in dem 1848 aufgrund der unbeschreiblich schmutzigen Verhältnisse eine Choleraepidemie ausbricht[157]; eine zeitgenössische Zeitung beschreibt diesen Ort als „die tatsächliche Hauptstadt der Cholera"[158], und Kingsley berichtet gleichzeitig als Augenzeuge, daß „den Leuten keine Wasserversorgung zur Verfügung stand außer in der gemeinschaftlichen Kloake, die voll toter Fische, Katzen und Hunde unter ihren Fenstern stagnierte"[159].
Noch weitaus drastischer mutet der Bericht von Henry Mayhew aus dem Jahr 1851 in seinem aus einer Artikelreihe entstandenen 1. Band „London Labour and the London Poor" an, wenn er dasselbe Elendsviertel beschreibt: „den fürchterlichen Friedhofsgeruch, die dicken Blasen im schleimigen grünschwarzen Wasser, die aufgequollenen Leichen toter Tiere, mit Fäulnisgasen bis zum Platzen gefüllt, die roten Abwässer aus den Gerbereien oder die dunklen Streifen an den Wänden, wo die Abzugsrohre der Häuser sich in die Gosse entluden und die offenen Aborte ohne Türen"[160].
Dickens selbst versucht nicht nur in seinen Romanen, das schlafende Gewissen von Behörden und Bevölkerung zu stören, sondern hält auch Reden bei den einschlägigen Institutionen, so z. B. der Londoner Gesundheitsvereinigung[161] (1851: „gebt ihnen Wasser, verhelft ihnen zur Reinlichkeit!"). 1850 gründet er die „Household Words", in denen er mit einer Auflage von bald Hunderttausend seinen Kampf gegen die sozialen Ungerechtigkeiten seiner Zeit als „das sanfte Sprachrohr der Reform" fortsetzt,

indem er Gemüt und Tatsachensinn seines Publikums in gleicher Weise zu fesseln sucht und so den Weg nicht nur für eine menschlichere Gesetzgebung, sondern auch für deren Umsetzung bzw. Durchsetzung vorbereiten hilft.

Dabei bleibt sein besonderes Verdienst, daß er die *Kinder* aus dem Pandämonium einer fast Zweimillionenstadt im England der Kaiserin Viktoria (und ihres deutschen Gemahls Albert) nicht nur nicht ausklammert, sondern geradezu in den Mittelpunkt seiner dramatischen Erzählungen stellt und damit die Ausrede vereitelt, man habe von all dem Grauenvollen nichts gewußt. Nicht einmal die seriösen oder vornehmen Stadtteile dürfen ihren Nimbus behalten. Selbst einmal Pensionär bei einer alten Frau, die Waisen und unerwünschten Kindern in ihrem Haus — weit entfernt von seiner Arbeitsstelle in der Fabrik — Schlafstellen vermietet, entdeckt er seit seiner Kindheit auf endlosen Wanderungen durch die Stadt die verschiedenen Gesichter derselben Örtlichkeiten, ganz so, wie sie sich auch seinen Kinder-„Helden" darbieten. Während Tom und Ruth Pinch in „Martin Chuzzlewit" (1844) am Covent Garden Market an den aufgetürmten Früchten und Gemüsebergen umherstreifen, wo „Enten und Hühner mit unnatürlich gestreckten Hälsen paarweise zum Kochen bereitlagen" usw., kurz: wo eine gemütliche, gesättigte Marktidylle vorzuherrschen scheint mit lebendigen und toten Tieren, und Frauen, die auf umgedrehten Körben behäbig sitzend ihre Erbsen auskrüllen, da wird die „kleine Dorrit" (1857) auf ihrem mitternächtlichen Weg über denselben Platz mit ganz anderen Bildern konfrontiert: „Die elenden zerlumpten Kinder huschten herum wie *Ratten*(!) und versteckten sich, ernährten sich von Küchenabfällen, drängsten sich zusammen der Wärme wegen und wurden herumgejagt."[162]

Dickens selbst äußert sich gegen Ende seines Lebens in „All the Year round" (1860), diese nachts in Covent Garden herumschleichenden Kinder seien „einer der schlimmsten Anblicke in London" gewesen, diese mitleiderregenden kleinen Gestalten, „die an diesem Ort herumkriechen, die in Körben schlafen, sich um Abfälle balgen, auf irgendeinen Gegenstand losspringen, den sie mit ihren kleinen Diebeshänden greifen zu können glauben, unter Karren und Wagen tauchen, den Schutzleuten ausweichen und mit ihren nackten Füßen ein ständiges Getrappel auf dem Pflaster der Piazza" verursachen und die meisten, wenn nicht immer, irgendwann im Gefängnis landen.[163]

Schon zu Zeiten, als Kate Greenaway gerade anfängt, Erfolg zu haben, publiziert Gustave Doré eine Holzschnittserie unter dem Titel „London, a Pilgrimage" (1872), die Hunger und Not in den übervölkerten Londoner Slum-Straßen anklagt. Ebenso grassieren in den illustrierten Zeitungen bis ins zwanzigste Jahrhundert hinein Abbildungen der Suppen- und Brotverteilung für arme Kinder[164] mit unübersehbar wimmelnden Köpfen und gierig greifenden Armen von übereinander Stolpernden, oder der „Punch" zeichnet 1854 eine ähnliche Kinderhorde, die sich hungernd zum Schneefegen anbietet.[165] Diese vereinzelten Hinweise auf parallele Entwicklungen im Sozialbereich vieler europäischer Länder nebst ihrem Echo auf den verschiedensten künstlerischen Ebenen ließen — was die gesellschaftliche

Repräsentanz im Kunstwerk betrifft — die Browning-Greenaway'sche Gemeinschaftsproduktion an die Peripherie des Gesamtspektrums rücken, wäre da nicht der immense Erfolg nicht nur des „Pied Piper" im Besonderen, sondern auch der „Nursery" im Allgemeinen.

Es ist, als würde da — mit gewaltsam verschlossenen Augen und quasi träumerisch — zum letzten Mal eine heile Kinderwelt heraufbeschworen, deren Exklusivität und Unberührbarkeit sich sehenden Auges nicht mehr rechtfertigen läßt und deren Repräsentabilität vom heraufziehenden Industriezeitalter überrollt wird. Fast scheint es da keine Rolle mehr zu spielen, ob das paradiesische Kinder-Getto innerhalb oder außerhalb des Berges gelegen ist, d. h. das Berginnere avanciert zur Metapher für die gerettete, verinnerlichte Kindheit, ein greifbares Bild der Entrücktheit vom Zwang des technischen Fortschritts, der wirtschaftlichen und gesellschaftlichen Entwicklung, in welche Richtung immer.

Der erwähnte Erfolg dieser Co-Produktion hätte somit unzweideutig Fluchtcharakter — die battistene Niedlichkeit die Funktion eines Apotropaions. In meinem Besitz befindet sich ein Bild, das diese Annahme zu stützen scheint. Ein Bild vom Rattenfänger — versteht sich. Im Vordergrund der flötende Rattenfänger, der die Kinder in langer Reihe nach sich zieht, dahinter schwarze Silhouetten von Bäumen und Häusern: Hameln. Wiederum dahinter der Himmel. Das wäre nicht weiter auffällig. Der besondere Effekt verdankt sich den Materialien und der Bildkomposition. Beides vereinigt sich zu einer suggestiven Farbmagie, deren Eindruck man sich kaum entziehen kann. Während die mittlere Bildebene mit den Häusern schwarz umnachtet liegt, überragt und wie bedroht von überdimensionalen Totenbäumen, wie sie einer kleinen deutschen Stadt wohl kaum anstehen, stellt sich zwischen *Kindern* und *Himmel* eine bedeutsame Verbindung her. Aber ist es überhaupt der Himmel? Verschiebt man die Beleuchtung nur ein ganz klein wenig, so scheint sich da statt des Himmels plötzlich ein glühend blaues Zaubergebirge aufzutürmen, stellenweise rosig überstäubt und in seiner oszillierenden Verheißung ebenso dramatisch wie die farblich korrespondierende, gleich einer Leuchtspur dem Flötenspieler anhangende, gleißende Schar der Kinder.[166] Ihre entrückte Mimikry läßt sie schon nicht mehr von dieser Welt sein, scheint sich zwischen Zutraulichkeit, Exaltation und religiöser Inbrunst nicht entscheiden zu können, sie erglühen von innen, sind illuminiert bis zur Transparenz, scheinen schon fast vereinigt mit dem Ziel ihrer Wanderung.

Selbst die Details der technischen Machart leisten das Ihre, die Deutung fortzuspinnen. Es handelt sich um Hinterglasmalerei, ergänzt durch unterlegte Schmetterlingsflügel. Wen wunderts schließlich noch, von welcher Spezies die schwebende, schimmernde Lieblichkeit der Kleinen — z. T. auch des Flötenspielers — überwiegend herrührt: ihr lateinischer Name lautet „Lycaena *Icarus*".

Resumée

So ereignet sich, was gar nicht darauf angelegt war: es schließt sich von Browning über Greenaway bis zu diesem Bild[167], das aus der Zeit kurz nach der Jahrhundertwende datieren mag und offenkundig in der Tradition des oben erwähnten „Greenawisme" steht, so etwas wie ein hermeneutischer Zirkel. Was anfangs ein erster Artikulationsversuch der kindlichen Bedürfnisse durch sie und für sie selber schien, entpuppt sich ein weiteres Mal als Projektion der Erwachsenen. Nicht die beschriebenen zeitgenössischen Alltagskinder bevölkern dieses Bild, sondern lauter kleine Prinzen und Prinzessinnen, präjudizierte Sonntagskinder sozusagen. Das heißt: die Kinder der Besitzenden werden mit diesem überaus kostbaren Arrangement selber zu einem konstitutiven Teil des Besitzstandes erklärt, den es zu wahren und zu mehren gilt, zur beweglichen Habe, deren potentielle Eigendynamik nur durch Magie gebannt und nur im blaugläsernen Gehege wie in einem Tresor verfügbar gemacht und konserviert werden kann. Die Anstrengung eines solchermaßen vorgezeichneten Glücks steht den Kindern im Gesicht geschrieben. Einzig der Erwachsene, der gleichfalls in orientalisch-üppiger Pracht gewandete Flötenspieler, mit dem einen waschechten „Rattenfänger" zu assoziieren fast schon als Blasphemie erscheint, zeigt eine höchst zufriedene Miene.

Sein Bedürfnis jedenfalls scheint erfüllt: die Negation und Abkehr der Kinder von einer Realität, die buchstäblich schwarz gesehen wird, als Begräbnisstätte für alles, was Genuß und Farbe ins Leben bringt. In der rückwärts weit übers Pflaster fließenden Schleppe des Flötenspielers ist der Fluchtweg ins gesellschaftliche Abseits vorgezeichnet. Daß er nicht unbedingt in die gewähnte Sicherheit führt, mögen die nächsten Texte belegen.[168]

Mithin impliziert der Assoziationsradius um die Figur des Ikarus das strenge Normengefüge, dem solche verordneten Fluchten unterstehen. Ohne die disziplinierte Weisheit des väterlichen Führers kommt die Rettung nicht in Gang, und die Gehorsamsverweigerung führt in den Tod. So gesehen, bleibt die rattenfängerische Dialektik von Kindheit und Autonomiebedürfnis auch noch in diesem Bild erhalten. Nimmt man die Sonne als hierarchisches Zentrum, dessen Nähe bzw. Ferne über Freiheit und (irdisches) Glück entscheidet, so richtet sich Ikarus selbst durch die Zügellosigkeit seiner unautorisierten Sehnsucht nach Wärme und Licht – eben jenen Gratifikationen, die nur für „the happy few" vorgesehen und vorhanden sind. Brueghels Gemälde „La Chute d'Icare" (Der Sturz des Ikarus) erhellt etwas von der grausamen Ironie dieser immer wiederkehrenden Geschichte, wenn er diesen Tod vollkommen unbemerkt – als winziges Detail – inmitten einer herrlich prangenden Landschaft vonstatten gehen läßt – ein leitmotivisches Vorzeichen auch für das, was die Jugendlichen erwartet, die sich mit Anbruch des zwanzigsten Jahrhunderts durch die rattenfängerischen Verheißungen von einem „Platz an der Sonne" verführen lassen.

VI. Das 20. Jahrhundert

1. „La guerre, ce sont nos parents" (1. Weltkrieg) *

Es mutet wie eine besondere Ironie der Geschichte an, daß ausgerechnet das zwanzigste Jahrhundert, von der schwedischen Pädagogin und Schriftstellerin Ellen *Key* im Jahr 1900 anhand ihres gleichnamigen Buches voll Hoffnung zum „Jahrhundert des Kindes" ausgerufen[1], gleichzeitig zum Zeitalter der größten innen- und außenpolitischen Massenbewegungen, auch im Hinblick auf Kinder und Jugendliche wird. Das heißt, schon in nuce kollidiert die Reform-Idee einer differenzierteren und individuelleren Beschäftigung mit Kindern und Jugendlichen mit einem in Deutschland spätestens seit der Reichsgründung tabuisierten Bereich: den nationalen Bedürfnissen. Tatsächlich ist zu keiner Zeit eine solche Vielzahl von Minderjährigen z. T. mit solch systematischer Fahrlässigkeit und solch systematischem Perfektionismus zu Tode gebracht worden wie in diesem zwanzigsten Jahrhundert.

Es ist dies ein Prozeß, der stufenweise an die im vorhergehenden Kapitel beschriebenen Entwicklungen anschließt, um schließlich in der Katastrophe des 1. Weltkriegs einen vorläufigen Kulminationspunkt zu finden. Dabei erscheinen die Unterschiede in der deutschen bzw. englischen (oder französischen) Alltagsgeschichte relativ unerheblich. Nach wie vor stellen Kinder und Jugendliche die billigsten Arbeitskräfte in Industrie und Landwirtschaft dar.[2] Zwar werden nach und nach ein paar Gesetze zu Unfallschutz, Arbeitszeitverkürzung, Kinderschutzbestimmungen usw. erlassen, und auch Kinder aus den niederen Schichten genießen einige Stunden Unterricht im Schnitt, d. h. es entsteht so etwas wie eine Gewerbeaufsicht in Deutschland.[3] Aber die neuen Vorschriften werden nur zögernd bzw. je nach Grad des technischen Fortschritts auch überhaupt nicht befolgt, wenn man nicht gar versucht, sie rückgängig zu machen, mit mehr oder minder (unbewußt) zynischen Hinweisen nicht nur auf die Unschädlichkeit der Kinderarbeit und auf ihren geradezu „spielerischen" Charakter[4], sondern — dies ein vorläufiger Gipfel argumentationsfreudigen Unternehmergeistes — wohl gar unter ausdrücklicher Betonung ihrer sittlichkeitswahrenden Dimension:

Wenn man hiergegen speziell darauf hinweisen zu können glaubt, daß die Kinder und weiblichen Arbeiter in geschlossenen Etablissements einer Abstumpfung ihres Zart- und Schamgefühls in höherem Grade ausgesetzt seien als in der Hausindustrie oder im Handwerk, so können wir diese schon an sich zweifelhafte Behauptung deshalb ruhig dahingestellt sein lassen, weil, wenn und soweit dieselbe wirklich begründet sein sollte, jedenfalls nicht das Geringste mehr darauf ankommen würde,

---

* aus einem anonymen studentischen Kriegs-Brief 1915

ob dieser nachteilige Einfluß mit dem zehnten oder mit dem zwölften Lebensjahre eines Kindes beginnt und ob er während einer Arbeitszeit von 5 oder 6 Stunden, beziehungsweise von 10 oder von 12 Stunden sich geltend macht. Ja, es läßt sich in ersterer Hinsicht sogar mit gutem Grund behaupten, daß etwaige derartige sittlich nachteilige Einwirkungen sich bei Kindern von ganz jugendlichem Alter verhältnismäßig am wenigsten zeigen werden.[5]

Nach Angaben von Erna M. Johansen[6] müssen es 1900 schätzungsweise noch mindestens eine Million Kinder sein, die in gewerblichen Betrieben und in der Heimarbeit, in der Landwirtschaft, im Handel und in den Dienstleistungsbetrieben voll beschäftigt sind. Ihre (billige) Arbeitskraft ist unentbehrlich, um die kostspielige Regression der dünnen Oberschicht in ihre künstlichen Paradiese zu finanzieren. In der Jugendliteratur spiegelt sich diese Phase in den Büchern, z. B. Agnes Sappers Geschichten aus dem Thüringer Wald (1914) wider.

Für die Sapper'schen Kinder, die zumeist in der Sonneberger Spielwarenindustrie als Heimarbeiter beschäftigt und inzwischen längst statistisch wie sozialgeschichtlich erfaßt sind, ist neben der Schule das Arbeiten bis tief in die Nacht hinein bitterster Alltag, und dies ab *drei* Jahren. Dabei verschweigt bzw. beschwichtigt die tapfere Ärmlichkeitsidyllik der Autorin, was der „Thüringer Bote" schon 1902 (am 13. Mai) als Realität vieler Landkreise in Gedichtform enthüllt[7]:

> Der Morgen graut. Ein fahler Schein
> Stiehlt sich ins dumpfe Kämmerlein,
> Als fühlt er ein menschlich Erbarmen.
> Da sitzt bei der Lampe, die Augen rot,
> Auf den hohlen Wangen den blassen Tod,
> Das hüstelnde Kind des Armen.
>
> Es hat gewacht die ganze Nacht,
> Spielsachen den Kindern der Reichen gemacht.
> O Gott! Wie schön ist's auf Erden!
> Und zitternd umspannt die magere Hand
> Den buntbemalten Flitterstand,
> Die Puppe muß fertig werden.
>
> Die schöne Puppe muß zur Stadt,
> Wo jedes Kind seine Puppe hat
> Und Zeit, mit ihr zu spielen.
> O könnt ich doch die Puppe sein!
> Da ging ich spazieren im Sonnenschein
> Und schliefe des Nachts im Kühlen.

Wo diese Puppen gelandet sind, ist wieder in anderen Kinderbüchern zu lesen, z. B. in denen von Else Ury, also bei „Goldblondchen" oder „Baumeisters Rangen", bei „Kommerzienrats Olly" oder dem „Ratstöchterlein von Rothenburg", bei „Professors Zwillingen" oder „Nesthäkchen und ihre Puppen". Mindestens sieben sind es, und die schwarze Lolo, das Negerkind, das „die Unsauberkeit und Unordentlichkeit aus ihrer Heimat Afrika mitgebracht" zu haben scheint[8], darf in dieser Runde ebensowenig fehlen wie Gerda mit den roten Bäckchen, den blonden Löckchen und dem weißen Stickereikleid mit der rosa Schärpe, eine kleine Doppelgängerin ihrer Puppenmutter; am wichtigsten aber ist der Herr Leutnant, der große Puppensoldat: „Eine feine Uniform trug er und das Gewehr präsentierte er stramm vor Anemie."[9]

In diesen scheinbar so harmlosen Büchern versammelt sich folgerichtig, was das Selbstverständnis des wilhelminischen Bürgers ausmacht: Kolonialbewußtsein und daran sich ausbildender Rassismus; Militarismus, um den neuen Besitz zu verteidigen; schließlich die frühe Einübung in den Narzißmus der besitzenden Klasse, deren Selbstreproduktion sich buchstäblich zu Tode läuft auf dem Rücken derer, die in Existenznot gehalten, die Voraussetzungen dazu leisten müssen. Dabei hat das Heimarbeiterkind dem Bürgersproß eins immer noch voraus: es *kennt* seine Abhängigkeitsverhältnisse.

Nesthäkchens Puppenära wird beschlossen von seinem Eintritt in die Schule. Puppe, Fibel und Schießgewehr als Versatzstücke der Kinderstuben, aus deren Spielen „Geschichte" entsteht. Schon im 19. Jahrhundert ist Deutschland zum bedeutendsten Spielwarenherstellerland geworden.[10] Um die Jahrhundertwende verdoppeln sich die Ausfuhrwerte um mehr als hundert Prozent.[11] Großbritannien und die USA liegen weit darunter. Bis zum 1. Weltkrieg erreicht die deutsche Spielwarenindustrie einen Gesamtwert von 125 Millionen Mark, 70% der Produkte gehen ins Ausland.[12]

Einen ihrer wesentlichsten Bestandteile bildet das Kriegsspielzeug, das sich seit der Einigung des Reichs durch die deutsche Armee steigender Beliebtheit erfreut. Ganze Armeen in Schlachtordnung zieren als Bleisoldaten die Fensterbretter der Knaben[13], schon Dreijährige rüsten sich mit Säbel, Trommel und Gewehr; der Matrosenanzug bzw. das Matrosenkleid werden zum nationalen Emblem kindlicher Uniformierbarkeit im Zeichen von Deutschlands mächtig aufrüstender Seemacht. Staatsfeind Nummer eins ist nicht mehr Frankreich, sondern Großbritannien, dessen Flotte um jeden Preis übertrumpft werden muß.[14]

Aber auch innerhalb der Kinderstuben spiegelt sich allenthalben die Durchmilitarisierung des kindlichen Alltags. Schulfeste und Fackelzüge der Schützengilde, Radrennen oder Handwerksbälle — was immer es zu feiern gilt, es wird eröffnet und angeführt von einer uniformierten Musikkapelle; Gymnasiasten erkennt man schon von weither an ihrer Schuluniform, die aufkommende Pfadfinderbewegung reiht sich ein mit Fahrtenkluft und Pionierbewaffnung, das Militär schließlich ist im Stadtbild allgegenwärtig und genießt seine zuvor dem Adel vorbehaltenen gesellschaftlichen Privilegien. Nimmt man den aufblühenden Denkmalskult, die Rückbesinnung auf Preußens Gloria in Schulunterricht und Siegesfeiern, die Garnisonsstadtherrlichkeit bislang unbedeutender kleiner Flecken usw. hinzu, so wird etwas spürbar von der nationalen Euphorie, in die eine ganze Bevölkerung hineinmanövriert wird und die ohne die ständige Präsenz des Militärs nicht mehr denkbar ist. U. a. anhand der Requisiten aus der Heimindustrie wachsen die Kinder so in eine Heimat-Vorstellung hinein, die sich unversehens zum „Vaterland" wandelt. Und dieses Vaterland gilt es, mit aller Kraft zu verherrlichen, zu vergrößern und zu verteidigen. Ein Zitat von W. Benjamin mag verdeutlichen, wie unentrinnbar man diesem nationalen Rattenfängertum als Kind verfallen mußte:

O braungebackne Siegessäule
mit Winterzucker aus den Kindertagen —
Sie stand auf dem weiten Platz wie das rote Datum auf dem Abreißkalender. Mit dem letzten Sedantag hätte man sie abreißen sollen. Als ich klein war, konnte man aber ein Jahr ohne Sedantag sich nicht vorstellen. Nach Sedan blieben nur Paraden übrig. Als darum neunzehnhundertzwei Ohm Krüger nach dem verlorenen Burenkrieg die Tauentzienstraße entlanggefahren kam, da stand auch ich mit einer Gouvernante in der Reihe. Denn unausdenkbar, einen Herrn nicht zu bestaunen, der im Zylinder in den Polstern lehnte und ,einen Krieg geführt hatte'. So sagte man. Mir aber schien das prächtig und zugleich nicht ganz manierlich; so wie wenn der Mann ein Nashorn oder Dromedar ,geführt' hätte und damit so berühmt geworden wäre. Was konnte denn nach Sedan kommen? Mit der Niederlage der Franzosen schien die Weltgeschichte in ihr glorreiches Grab gesunken, über dem die Säule die Stele war und auf das die Siegesallee mündete.[15]

Sedan hat Maßstäbe gesetzt, die erst der Weltkrieg relativieren können wird. Nach allen Seiten begehrt das weltpolitisch „verspätete" Deutschland endlich nach seinem „Platz an der Sonne", d. h. nach Welthandel, Kolonialruhm und imperialer Machtverfestigung. Selbstdarstellungssucht und missionarische Ausbreitung deutschen Wesens und deutscher Kultur zeitigen Demonstrationen nationaler Gigantomanie, die zu Unrecht erst dem Dritten Reich in diesem Ausmaß angelastet wurden. Ihre Wurzeln liegen in Preußen; Ottmar von Mohls Beschreibung einer Denkmalsenthüllung von Kaiser Wilhelm I. im Jahr 1897 gibt einen Eindruck von dem Bild, das man als Patriot in den Augen Fremder abzugeben wünschte:

...Der Kaiser erschien in Gardedukorps-Uniform mit schwarzem Küraß. Alle Fürsten und Prinzen waren unter einem rotgoldenen Baldachin am Eosanderschen Portale versammelt. Das diplomatische Korps, von welchem die amtlich beteiligten Botschaften und Gesandtschaften geladen, die anderen zugelassen waren auf ihren Wunsch, war bis zur Zahl von 84 Plätzen anwesend. Die Musikchöre hatten gespielt. Ein Gebet war gesprochen worden, als der Kaiser den Befehl erteilte: „Präsentiert das Gewehr!", die Hülle des Denkmals fiel langsam, unter Einfallen der Musik, 101 Kanonnschüssen, Läuten sämtlicher Glocken von Berlin, begeisterten Hochs und Hurras des Volkes wurde das großartige Monument enthüllt. Hierauf fand Parade der Berliner Garnison, der Leibkompagnien, der Gardedukorps und des ersten Garderegimentes zu Fuß mit Musikkorps statt. Es dauerte der Vorbeimarsch zwei Stunden und bot ein vollendet schönes militärisches Bild. (...) Am 23. März fand der Festzug der Veteranen und Bürger statt. 40 000 Mann mit zahlreichen Musikkorps, Fahnen und Standarten, die Führer in der Tracht von 1797, zogen vorüber. Eine großartige Huldigung, die in ihrer Ruhe und militärischen Ordnung gewaltig imponierte. Die fremdherrlichen Offiziere, in deren Nähe ich dem patriotischen Schauspiele beiwohnte, waren höchst überrascht und eigentümlich berührt, daß die ganze deutsche Nation geschulte Soldaten seien.[16]

Noch unverhohlener tritt die Tendenz zur Selbstvergottung in Wilhelms Rede für die Provinz Westfalen vom 31. 8. 1907 zutage:

Dann wird unser deutsches Volk der Granitblock sein, auf dem unser Herrgott seine Kulturwerke an der Welt aufbauen und vollenden kann. Dann wird auch das Dichterwort sich erfüllen, das da sagt: „An deutschem Wesen wird einmal noch die Welt genesen."[17]

Sakralisierung der Politik

Die Anspielung auf das für die Kirchengeschichte so folgenschwere Christuswort („Du bist Petrus, das ist: der Fels, auf den ich meine Kirche bauen will") erfolgt nicht von ungefähr. Bei näherer Betrachtung der zahlreichen Reden Wilhelms II., insbesondere seiner bei jeder Gelegenheit dem jeweils vorhandenen ‚Volk" verabreichten Predigten[18], fällt ins Auge, welche Funktion die ebenso oberflächliche, fast refrainartige wie auch stereotype Anbiederung an die Metaphysik hat: sie meint nicht nur die ohnehin bis zum Überdruß zitierte und repetierte Unzertrennlichkeit von Thron und Altar als gesetzte, statische Größe von alters her, sondern scheint ein spezielles, fast schon intim zu nennendes Vertrauensverhältnis zwischen Gott und dem Kaiser anzudeuten. Damit ist ein Doppeltes erreicht: einmal die individuelle und zugleich offizielle Überhöhung von Person und Amt, sozusagen eine *Sakralisierung der Politik*, zum andern umgekehrt aber auch eine *Nationalisierung der Religion*. Der alttestamentarische Kontrakt zwischen Gott und seinem auserwählten Volk erfährt in der permanenten Vermengung des einschlägigen Vokabulars eine Pseudo-Aktualisierung, die in den unkritischen, vielleicht auch ungeschulten Zuhörer die Überzeugung senken muß, er habe es im Kaiser mit einem Propheten und direkten Stellvertreter Gottes in Personalunion zu tun.[19]

Nach dem Kriegsausbruch in Polen spricht der Kaiser am Ende des Feldgottesdienstes zu seinen Soldaten:

Eine schwere Aufgabe ist uns gestellt. Es gilt, die Existenzberechtigung Deutschlands noch einmal vor der ganzen Welt zu beweisen. (. . .) Wir Preußen sind es ja gewöhnt, gegen einen überlegenen Gegner zu fechten und zu siegen. Dazu gehört das feste Vertrauen auf *unseren Alliierten dort oben* (Hervorhebung, E. L.), der unserer gerechten Sache zum Siege verhelfen wird. Wir wissen es aus unserer Kinderzeit, und als Erwachsene haben wir es beim Studium der Geschichte gelernt, daß Gott nur mit den *gläubigen Heeren* (Hervorhebung, E. L.) ist. So war es unter dem großen Kurfürsten, so war es unter dem alten Fritz, so war es bei meinem Urgroßvater, unter meinem Großvater, und so ist es auch unter mir. Wie der große Schotte, wie Freund Luther es aussprach: Ein Mann mit Gott ist immer die Majorität.[20]

Der schöne Popanz vom „heiligen Krieg" ist ebenso alt wie er auch immer wieder zieht. Die bloße Aufzählung der Ahnenreihe im geschickt geklitterten religiösen Kontext gerät zur Garantie für die Zukunft, so als ob keiner der Altvorderen je einen Krieg verloren hätte — schließlich·ausgerechnet der Protestant Luther als Propädeut der Kreuzzüge — bei soviel unverfrorener ideologischer Ausbeutung der spätestens seit dem „alten Fritz" sorgfältig konzipierten und überwachten Unbildung der Unterprivilegierten, respektive der Soldaten, ist es dann endlich auch nur noch ein kleiner Schritt zum „heiligen Grab". Bei einer der beliebten Ruhmreden auf den Großvater, Wilhelm I., der alsbald zum „Großen" avanciert, steigert sich der Enkel in Ekstase:

. . . Wenn der hohe Herr im Mittelalter gelebt hätte[21], er wäre heilig gesprochen, und Pilgerzüge aus allen Ländern wären hingezogen, um an seinen Gebeinen Gebete zu verrichten. (. . .) Gott sei Dank, das ist auch heute noch so. Seines Grabes Tür steht offen, alltäglich wandern die treuen Untertanen dahin und führen ihre Kinder hin . . .[22]

Kreuzzugsideen

Ähnlich wie der programmierte Funktionswandel von der „Heimat" zum „Vaterland" wird an solchen rhetorischen Manipulationen die Intention greifbar, die imperialistische Kriegsbegeisterung zur Kreuzzugsidee umzumünzen. Tatsächlich gibt es eine englische Karikatur Wilhelms II., die ihn in Kostümierung und Pose eines Kreuzritters darstellt.[23]

Vielleicht muß man sich noch einmal vergegenwärtigen, welches merkwürdige Amalgamat von politisch-religiösem Romantizismus, touristischer Freibeuterei und blindwütigen Opferzwängen die bloße Assoziation an die „bewaffneten Wallfahrten nach Jerusalem"[24] freizusetzen vermochte. Auch ohne detailliertes historisches Faktenwissen transportiert der Begriff Kreuzzug seit ca. 800 Jahren in erster Linie Befreiungsphantasien, die sich beileibe nicht nur auf das „heilige Grab" erstrecken, mag dieses nun innerhalb oder außerhalb der eigenen Landesgrenzen liegen. Vielmehr greift die vage Magie des Worts weit über den Kalkül auch der gewagtesten Ablaßgeschäfte hinaus tief in die privaten Bewandtnisse eines jeden Einzelnen ein und zwingt ihn, sein Leben auf irgendeine Weise zu ändern. Es gibt sozusagen keine Un-Betroffenheit.

Gleichberechtigt neben die Befreiung von Sündenlast und Fegefeuer tritt die Verheißung, mit der Kreuznahme aller Alltagssorgen enthoben zu sein. Lebensunterhalt, Beziehungsprobleme, Glaubensfragen, Untertanentreue — kurz: die ganze Sinnfrage des Lebens oder auch Sterbens regelt sich für den, der auszieht, von selbst. Das Ausmaß seines persönlichen Opfers bemißt sich nach der Korrelation von Angebot und Nachfrage; je mehr er gibt, desto mehr wird ihm versprochen und desto weniger braucht ihm im Ernstfall, im Falle seines Todes nämlich, gehalten zu werden.

Langemarck-Mythos

Nur vor dem Hintergrund des antiken „dulce et decorum est pro patria mori" (Horaz), des mittelalterlichen und des modern nationalistischen „Kreuzzugsgedanken" ist ein Phänomen wie der sogenannte „Mythos von Langemarck" denkbar. Dabei verrät die Formulierung, selbst mit der heute üblichen kritischen Distanz gesprochen, noch immer einen Abglanz jener fatalen Gloriole, mit der ein System den absurden Preis für eine kurze Verlängerung seines Illusionismus zu kaschieren sucht. Beim Wort genommen, erweist sich dieser Mythos als Alibi für die Verweigerung, eine Trauerarbeit zu leisten, als deren vordringlichstes Resultat der Zweite Weltkrieg nicht hätte stattfinden können bzw. der dritte gar nicht erst ausbrechen könnte.

Langemarck — das ist der von langer Hand vorbereitete erste „Kinderkreuzzug" des 20. Jahrhunderts, dessen direkte und indirekte Initiatoren — ganz so wie damals im Jahr 1212 — neben weltlichen Fürsten und irregeleiteten Kindern vor allem die *Theologen* sind.[25] Kaum zwei Monate nach Kriegsbeginn faßt Adolf von Harnack (1851—1930) in einer Rede die — im Prinzip austauschbaren — Argumentationselemente der überwiegenden Mehrheit aller deutschen Professoren in Berlin auf folgende Weise zusammen:

Sehen Sie, meine Damen und Herren, im Frieden — wie leicht wird „Vaterland" ein bloßes Wort und eine blasse Idee ... (...) Da ist der Krieg zur rechten Zeit gekommen und hat (...) die heilige Flamme des Vaterlands wieder entfacht. Erst wo sie glüht, können wir die große Mission später wieder aufnehmen, die dem deutschen Volke eigentümlich ist, nämlich das Beste, was andere Völker hervorgebracht haben, dankbar zu würdigen und sich anzueignen und sodann diesen anderen Völkern die tiefe, gesättigte Kultur mit dem deutschen Stempel zuzuführen.[26]

Neben dieser schlichten Lektion in Chauvinismus spezifisch deutscher Prägung ist dem Redner auch an einer angemessenen Einschätzung der unvermeidlichen Opfer gelegen. Dazu leistet er die folgende Hilfestellung:

Aber zu stark, zu fürchterlich ist die europäische Verschwörung gegen uns, als daß wir sie in wenigen Monaten niederzwingen könnten. (...) Dieser Krieg hat schon viel Blut und Tränen gekostet und wird noch mehr Blut und Tränen kosten als irgendein früherer, den unser Vaterland erlebt hat. (...) Aber wie? Sucht nach den Weinenden; findet ihr sie von trostlosem Schmerz verzehrt? Nein! (...) Es waren Tränen, (...) auf denen der Glanz eines freudigen Stolzes lag, Tränen, die in fester Zuversicht schimmerten, ja sogar in Dankbarkeit: „Ich durfte ein Opfer bringen!" (...) Wer solche Tränen geschaut und in solche Augen geblickt hat, der hat den Eindruck des Ewigen und Seligen mitten in dem Leid. Und nicht traurig nur, nein, fromm und feierlich zugleich wird uns zumute, wenn wir wieder von einem Todesopfer hören. (...) Die Gefühle des Triumphes im Aufblick zu unserem Vaterland sind stärker als die Gefühle der Natur.[27]

Ganz abgesehen davon, daß der Redner in seinem letzten Satz sich und seinen Gesinnungsgenossen wohl unabsichtlich buchstäblich die *Un-Natur* der erläuterten pervertierten Empfindungsweise bescheinigt und sich damit im Gestrüpp seiner Rhetorik verfängt, illustriert die Passage, wie mir scheint, hinlänglich den perfiden moralischen Druck, mit dem man all diejenigen in die Zange nahm, die selbst jetzt noch gegenläufige Glücksvorstellungen riskierten oder die für einen geregelten Lebensunterhalt sowie ungehinderte Parteizugehörigkeit unter Umständen eine ungleich tiefere Dankbarkeit entwickelt hätten. Das Zitat aus einem ‚proletarischen' Lebenslauf mag veranschaulichen, wie intrikat gerade der deutsche Bildungsnebel einer Mythenbildung Vorschub leisten konnte, die die Alltagsrealität der keineswegs schweigenden, vielmehr unterdrückten Mehrheit forciert ignorieren mußte, um sich nicht in Nichts aufzulösen.

In jenen Jahren bereitete sich der deutsche Imperialismus darauf vor, in eine gewaltsame Auseinandersetzung über die Neuverteilung der Welt einzutreten. Eine Heeres-, Flotten- und Kolonialvorlage trieb die andere. Mit aller Macht ging man auch daran, die deutsche Jugend, die einmal die Kastanien aus dem Feuer holen sollte, auf ihre „hohe Aufgabe" vorzubereiten. „Vormilitärische Ertüchtigung" hatte der neugegründete „Jugenddeutschlandbund" auf seine Fahne geschrieben. Dieser Bund war die Dachorganisation aller konfessionellen und nichtkonfessionellen bürgerlichen Jugendvereine. An der Spitze dieses Bundes stand ein leibhaftiger General, Freiherr von der Goltz. Die bürgerliche Presse brachte täglich spaltenlange Artikel, die von Fürsorge für die Jugend nur so trieften. Wer so wie ich die „Fürsorge" des Klassenstaates am eigenen Leib erfahren hatte, wußte, was da gespielt wurde. Die klassenbewußte Arbeiterjugend verlangte von ihrer Führung eine eindeutige Stellungnahme gegen diejenigen, die sie mit nationalen Tiraden und militärischem Tamtam benebeln wollten, um sie auf die Schlachtfelder zu schicken.[28]

Tatsächlich zählt auch dies zu den historischen „Leistungen" der Kreuzzüge, an die in der Nachfolgezeit sich immer wieder anknüpfen ließ, daß Standesunterschiede aufgehoben bzw. beiseite gerückt wurden, weniger im Sinn einer Aufhebung der als „natürlich" propagierten Hierarchie, denn als zweckdienliche Einladung an Mittel- und Unterschichten, illusorisch von den Privilegien der Nobilität zu partizipieren.

Entsprechend verführerisch muß es – ob bürgerlich, ob proletarisch – auf die Jugend vor dem Ersten Weltkrieg gewirkt haben, als zu den Waffen gerufen wurde. Gemessen an der in den vorigen Kapiteln beschriebenen Rolle der Nicht-Erwachsenen, als vom Weltgeschehen sorgfältig ferngehaltenen Besitzstücke die einen, mehr oder weniger zum Abfall gehörig bzw. unter dem schieren Nützlichkeitsaspekt gesehen die anderen, ist der Umschwung überwältigend. Plötzlich eint sie das Bewußtsein, daß es gerade auf *sie* ankommt – jeder junge Deutsche ein potentieller Held von morgen. Selbst die sozialistische Arbeiterjugend ist zu jedem Opfer bereit, bis sie sich unter Karl Liebknecht („Nieder mit dem imperialistichen Krieg!") zum Kampf für die Beendigung des Krieges eint.[29] Nie sind es die Arbeiter, die den Krieg gewinnen. Das erkennt – über die nationalen Grenzen hinaus – auch ein junger Engländer aus Canterbury, der sich erinnert:

Damals lernte ich Karosseriebauer und bekam nur fünf Schilling in der Woche. Viele waren arbeitslos ... Sehr viele! Sie lagen auf der Straße und brauchten was zu essen und zum Anziehn. Deshalb gingen sie zum Militär. (...) Die Reichen hatten in der Rüstung investiert und machten das Geld. Und wir sind die Leute, die immer draufzahlen.[30]

Daß die Schuljungen am liebsten alle von der Schulbank weg getürmt wären, ist bekannt.[31] Offiziell ist das 16. Lebensjahr die untere Grenze bei der Einstellung, aber ganz Fanatisierten gelingt die Aufnahme auch schon mit 13 oder wenig mehr.[32] Manche Kompanien bestehen zu einem Großteil aus Jugendlichen. Ihre Ausbildung dauert meist nur 6 Wochen, ehe sie vor Ypern bei Langemarck gegen die professionell trainierte Übermacht der Engländer ihre enthusiasmierte Naivität zu Grabe tragen. Zehntausende dieser Freiwilligen sinken reihenweise bei Sturmangriffen aufs Feld, von denen die Legende beschwichtigend sich und den wenigen Überlebenden einreden muß, sie seien unter Gesang und Hurrageschrei erfolgt:

Da war die Regimentskapelle noch vorneweg. Die hat gespielt. Dann ist irgendjemand gekommen und hat gesagt, Kinder, wir sind doch jetzt unmittelbar an der Feindberührung, wie könnt ihr hier noch spielen? Die Musik muß sofort aufhören und nach hinten hin, sofort aufhören![33]

Daß diese Jugend entsprechend „präpariert" war, wurde beschrieben. In einer Jugendzeitschrift, Jahrgang 1913, heißt es:

Auch uns wird einmal die hohe große Stunde des Kampfes schlagen ... Still und tief im deutschen Herzen muß die Freude am Krieg und ein Sehnen nach ihm leben, weil wir der Feinde genug haben und der Sieg nur einem Volke wird, das mit Sang und Klang zum Kriege wie zu einem Feste geht.[34]

Die meisten „Kinderkorps" haben dies „Fest" nicht überlebt. Ein einziger Satz ist es, der diesen Totentanz mit Gesang zur Legende macht. Im Heeresbericht vom 10. November 1914 heißt es:

Westlich Langemarck brachen junge Regimenter unter dem Gesang „Deutschland, Deutschland über alles . . ." gegen die erste Linie der feindlichen Stellungen vor und nahmen sie . . ..[35]

Es muß tatsächlich gesungen worden sein, seis aus Angst, seis, um nicht von den eigenen Leuten versehentlich niedergeschossen zu werden, seis aus Unfähigkeit, die Lage realistisch einzuschätzen – oder aus wissender Verzweiflung. Ein Augenzeuge berichtet:

Es war in diesem Orkan von Feuer, daß von Norden her . . . bruchstückhaft . . . das Deutschlandlied zu vernehmen war. Ich muß sagen, daß es mir heiß in die Augen kam, als ich hörte, wie tapfer diese jungen Freiwilligenregimenter in den Tod gingen![36]

„Literarische Helden – Kinder"

Rührung, Bewunderung oder Pathos verhindern allemal, daß eine Sache hinterfragt, daß Ursachen gesucht und Schuldige benannt werden. Über die Stilisierung kausaler, nachzeichenbarer Zusammehänge zur unabwendbaren Tragödie gelingt sogar die Poetisierung des Grauenvollen, ein Mechanismus, der – ebenso wie in den amerikanischen Kriegsfilmen der fünfziger Jahre über den II. Weltkrieg oder den Korea-Krieg – schon in der Zeit nach dem 1. Weltkrieg vor allem in der Literatur funktionierte, wobei die Verdrängung der überprüfbaren Fakten und der rasch wieder aufkeimende Wunsch, über die jugendliche Identifikationslust im Text bereits die nächsten „Helden" zu präparieren, einander gelegentlich kunstreich die Waage halten; und selbst, wo sich eine kritische Stimme zu Wort meldet, geht ihre Botschaft im sich selbst genügenden, fast gourmethaften Wohlklang der Sprache unter:

Sie müssen hindurch, die dreitausend fiebernden Knaben, sie müssen als Nachschub nit ihren Bajonetten den Sturm auf die Gräben . . . entscheiden und helfen, ihn vorzutragen bis zu einem bestimmten Punkt, der bezeichnet ist in dem Befehl, den ihr Führer in seiner Tasche trägt. Sie sind dreitausend, damit sie noch ihrer zweitausend sind, wenn sie bei den Hügeln, den Dörfern anlangen; das ist der Sinn ihrer Menge. Sie sind ein Körper, darauf berechnet, nach großen Ausfällen noch handeln und siegen, den Sieg noch immer mit tausendstimmigem Hurra begrüßen zu können . . .
Das junge Blut mit seinen Ranzen und Spießgewehren, seinen verschmutzten Mänteln und Stiefeln. (. . .)
Daß es das freudig tut, wenn auch in grenzenlosen Ängsten und unaussprechlichem Mutterheimweh, ist eine erhabene und beschämende Sache für sich, sollte jedoch kein Grund sein, es in die Lage zu bringen.[37]

Auch Hans Castorp, Thomas Manns knabenhafter Held des „Zauberbergs", der sich unter diesen dreitausend fiebernden Knaben befindet, geht mit einem Lied auf den Lippen dem ungewissen Ende seines Romans – und das ist dem feindlichen Mündungsfeuer – entgegen. Aber nicht das Deutschlandlied, sondern ein anderes spezifisch deutsches Kulturgut,

143

Schuberts zum Volkslied gewordenes „Am Brunnen vor dem Tore ..."
wird hier vom Einschlagen der Geschosse skandiert und führt folgerichtig
zum in seiner lukullischen Rhetorik allerdings eher „beschämenden" als
„erhabenen" letzten Fragesatz des Buches: „Wird auch aus diesem Weltfest
des Todes, auch aus der schlimmen Fieberbrunst, die rings den regne-
rischen Abendhimmel entzündet, einmal die Liebe steigen?"[38]
   Die fatale Melodik dieser Sprache gemahnt an all die anderen hymni-
schen Barden deutscher Kriegsseligkeit, sowohl *vor* als auch *nach* 1941,
Körner, Rilke, Toller, Heym und wie sie alle heißen, deren rattenfängerische Sprechweisen von Liebe und vor allem Tod in nachgerade peinlichem
Kontrast zu etwa gleichzeitig erschienen Texten anderer Autoren stehen,
z. B. von Ludwig Renn in dem von Kurt Kläber herausgegebenen „Volksbuch vom großen Krieg", wo er fragt:

Wie denn gesungen? Während sie vorrannten gegen ratternde Maschinengewehre?
Außer Atem singen? Oder während sie auf dem Bauch lagen und schossen, mit dem
Gefühl: wenn ich dich nicht totschieße, schießt du mich tot! (...) Während eines
mißglückten Sturmes singen? Nein, das ist Lüge, ist eine bloße Phrase, und eine
verflucht blutige?[39]

   Zuwenige sind zurückgekommen, um die Legende Lügen zu strafen.
Und *die* benützten den Mythos dankbar als Krücke auf dem Weg zum
nächsten Krieg.

   Ruhet, ihr Knaben von Langemarck
   Und wartet den Frühling ab.
   Die treibende Erde sprengt Euern Sarg ...[40]

Noch schlimmer hört es sich in Prosa an:

Und um diese Stunde des Frühnachmittags, da es bei den Stäben sicher war, daß es
erste Schlachttag vor Langemarck verloren sei, erstickt, erwürgt und erschlagen, um
diese Stunde ist es dann in einem Winkel dieser erbarmungslosen Sterbelandschaft
gewesen, daß mitten in den Seufzern der Verwundeten, angesichts der Toten,
Hunderten und Hunderten von Toten, mitten im Jammern, mitten in der siedend-
heißen letzten Not — daß sich plötzlich eine Stimme hob. Eine helle, klingende,
vertrauende Stimme, ruhig und schön ... Zart wie ein Hauch schwebt sie zwischen
wachsgelben Gesichtern, blutenden Gliedern und Sterbegebeten hoch ... Und
Stimme um Stimme findet sich ein ... Und ein Gesang löst sich los von der tödlichen, verfluchten Erde, aus den Äckern und aus den Wiesen steigt es auf, das Lied,
das Lied, das Lied!!! ... Verwundete vergessen ihre rotleuchtenden Verbände, heben
sich auf und singen die heilige Melodie. Und wer unter ihnen nicht mehr imstande
ist, sich zu bewegen, singt, die blassen Lippen dicht am Boden, in die Erde hinein ...
Und das Wunder geschieht. Schon ... steht einer aufrecht, und jetzt noch einer ...
manche ohne Helm, mit wehenden Haaren und freien Stirnen, ... stürzt vorwärts
und mit ihm die anderen und mit allen — das Lied, das *Lied* ....[41]

16 000 sollen auf dem sogenannten „Studentenfriedhof" von Lange-
marck liegen. Insgesamt starben hier fast eine Million Soldaten.
   Aber man läßt sie nicht ruhen. Sie werden noch gebraucht. In Liedern,
Romanen, Berichten, Straßennamen, Denkmälern, Friedhöfen, Reden und
Schulbüchern werden sie gnadenlos am Leben erhalten, um immer neu —
spätestens im darauffolgenden Krieg — Knaben in den Tod zu jagen. „Die
Toten bleiben jung."[42]

Walt Disneys Zeichentrick-Film „The Pied Piper" kam 1934 in die Lichtspielhäuser

Der Rattenfänger. Aus: The New York Times Magazine. New York, 4. 2. 1934

Später wird Reichsjugendführer Baldur von Schirach tröstend versichern: „Nichts in Deutschland ist lebendiger als unsere Toten."[43]

2. *Deus lo vult* — *Gott will es*
Das Opfer der Kinder: Kinderkreuzzug und Rattenfänger

Es wurde bereits angedeutet, in welchem Ausmaß sich Theologie und Kirche willig als Zugpferd vor den Karren des Wilhelminischen Kreuzzugsgedankens spannen ließen. Wie sophistisch und pseudowissenschaftlich dabei argumentiert wurde, mag ein Zitat aus der Schrift: „Das religiössittliche Bewußtsein im Weltkriege", erschienen 1917, illustrieren und zugleich erhellen, daß seit Urchristentum und Mittelalter die Wege der Werbung für den „heiligen Krieg" wenig Veränderung erfahren haben, auch nicht durch die Spaltung in zwei Konfessionen. Da heißt es einleitend:

Es ist eine durch die Geschichte mannigfach bezeugte Tatsache, daß in einem Volke immer dann die Religion besonders lebendig und wirkungsgewaltig wird, wenn die Notzeit des Krieges alles Bestehende in Frage stellt und die von ihm Betroffenen zwingt, ihr Leben auf ganz andere Weise auf Gott einzustellen als in den langen, verweichlichten Friedenszeiten.[44]

Der Krieg — nicht nur der „Vater aller Dinge", sondern auch der kürzeste Weg zu Gott. Etwaige Bedenken im Hinblick auf das fünfte Gebot beispielsweise werden, wie folgt, aus dem Weg geräumt:

Das reife, sittlich hochstehende Volk ist für die Erhaltung und den Fortschritt der sittlichen Güter, die es vertritt und denen es seine Reife und Höhe verdankt, verantwortlich. Es darf sie nicht den raubenden Händen der Unkultur überlassen. Es darf nicht wollen, daß die Menschheit zur Tierheit hinabsinke. So muß denn die Kampfansage angenommen und der Krieg durchgeführt werden bis zum bitteren Ende, zum segensvollen Ende durchgeführt durch den heiligen Opfermut aller derer, die die Pflicht des Tötenmüssens als das schwerste Opfer auf sich nehmen, das ihrer Gesittung zugemutet wird. Sie bringen dies Opfer nicht anders als in dem Bewußtsein: Du bist deinem Volke verbunden, das zum Wächter am Heiligtum der Menschheit bestellt ist. „Gott sei meinen Feinden gnädig, ich kann es jetzt nicht sein." Denn ich muß Priester sein und Opfer zugleich. Und *„Gott kann auch mein Töten segnen."* (...) Er kann selbst aus meinem Töten Gutes hervorgehen lassen.[45]

In solchen Sätzen scheint die Zeit stehengeblieben. Sie könnten — mit geringfügigen rhetorischen Variationen — ebenso achthundert Jahre früher gesprochen worden sein, beispielsweise in einem der zahllosen Aufrufe des auf seinem Esel durch die Lande agitierenden Peter von Amiens zum ersten Kreuzzug unter Urban II. (anno 1096). Im zwanzigsten Jahrhundert freilich schwingt im assoziativen Rekurs des Kaisers auf dieses wenig rühmliche Kapitel der (Kirchen-)Geschichte eine doppelte Menschenverachtung mit: Ließen sich damals die breiten Volksmassen emotionalisieren, weil es scheinbar um ein gemeinsames Glaubensziel ging, das Herren und Knechte unter dem Schlachtruf „Gott will es" so einte, daß vielerorts tatsächlich im Falle besonderer Leistung die Ständeordnung durchbrochen wurde, so tritt nun zur Vernebelung der historischen Fakten zusätzlich die Irreführung einer Glaubenslust, die infolge bedachtsam gebremster Schulbildung sich mühelos vom Gottessohn auf den Kaiser, von einem katholischen Kosmopolitismus auf nationalen Chauvinismus, schließlich von der persönlichen Motivation auf einen kollektiven Wahn umdirigieren läßt.[46]

Wo dem mittelalterlichen Menschen spätestens am Heiligen Grab in Jerusalem Ablaß von sämtlichen Sünden verheißen ist (Mord, Plünderung, Vergewaltigung usw. „im Namen" des geschäftstüchtigen Papstes alles inbegriffen), da muß sich der wilhelminische Deutsche mit einer vagen Vorstellung von der Herrlichkeit seines Volkes und seiner kulturellen Mission begnügen, eine Phantasie von solcher Abstraktheit, daß die Erinnerung an handfestere Zeiten begreiflich erscheint. Wohlweislich im Vergessen belassen allerdings die Leichenberge der kampfungeübten Bauern, die zu zigtausenden abgeschlachtet werden, längst bevor sie das Ziel erreichen – der Kaiser kann froh sein über die zweckdienliche Unwissenheit seiner Soldaten.

Peter von Amiens ist nur einer der zahlreichen „Rattenfänger", deren sich die Kirche ab 1096 gern bedient, um die Massen für ihre Ziele zu mobilisieren.[47] Nicht nur den modernen Historikern, sondern auch den führenden Klerikern und Chronisten aus dem elften Jahrhundert liegen diese Ziele relativ klar zutage, wenngleich die Akzentsetzung bei den einzelnen Experten heute variiert. Einigkeit herrscht jedoch darüber, daß weder allein die Beutegier der Feudalherren – wie von der marxistischen Geschichtsschreibung gern ins Feld geführt – noch der Wunsch nach einem strategischen Stützpunkt der westlichen Welt am Bosporus, weder die Spaltung des Katholizismus in eine Ostkirche und das römische Papsttum (Westkirche), noch die Bedrohung Europas bzw. des Heiligen Grabes in Jerusalem durch die Seldschuken den Ausschlag für die zündende Wirkung der Rede geben, die Urban II. zum Ende eines Konzils am 27. November 1096 im französischen Clermont vor einer großen Anzahl von Geistlichen und Laien hält. Vielmehr muß neben allen genannten Beweggründen die religiöse Durchdrungenheit mitbedacht werden, von der das Leben der Menschen im Mittelalter geprägt ist, gleichgültig, welchem Stand man angehört.

Der bloße Klang des Namens Jerusalem muß für die Menschen des elften Jahrhunderts einen magischen Glanz und Schimmer gehabt haben, den wir heute kaum mehr nachzuempfinden imstande sind.[48] Jerusalem war das Schlüsselwort, das ganz bestimmte psychologische Reaktionen hervorbrachte, und ganz bestimmte eschatologische Vorstellungen erweckte. Man dachte nicht nur an die Stadt in Palästina, wo sich das Leiden und Sterben, das Begräbnis und die Wiederauferstehung Jesu Christi abgespielt hatte. Mindestens ebenso klar wuchs vor den Augen der Menschen das Bild des himmlischen Jerusalem empor, mit seinen saphirenen Toren, seinen edelsteingeschmückten Mauern und Plätzen, wie es die Apokalypse (21, 10 ff) und Tobias (13, 21 f) beschrieben hatten; Mittelpunkt einer geistigen Welt, so wie das weltliche Jerusalem nach den Worten des Ezechiel (5, 6) Mittelpunkt der Erde war; Sammelpunkt der Zerstreuten, Ziel der großen Pilgerfahrt der Völker (Tobias 13, 14; Jesaia 2, 2), wo Gott unter seinem Volke weilt und wohin die Auserwählten aufsteigen; endzeitlicher Ort; Aufenthalt der Gerechten; Stadt des Paradieses und des Lebensbaumes, der alle Völker heilt.[49]

Es kann hier nicht die verwickelte Phänomenologie der Kreuzzüge ausführlich abgehandelt werden, wiewohl sie zu einem der spannendsten, häufig auch einem der peinlichsten Kapitel der Geschichte gehört. Aber im Kontext der Kinderkreuzzüge und deren literarischem Niederschlag bedarf vielleicht neben den genannten Faktoren noch ein Umstand der Erwähnung, der sich unserer Vorstellungskraft heute weitgehend zu entziehen scheint: die *Armut*.

Zwar richtet sich der erste Aufruf, das Kreuz zu nehmen (in Gestalt eines auf den Ärmel gehefteten Stoffkreuzes), vornehmlich an die Ritter, Geistlichen und den Landadel, miteinbegriffen ist jedoch jede Menge Volks, das sich um einen solchen Prinzipal schart, Verwandte (zweit- und spätergeborene Söhne und Brüder), Hörige und freie Bauern. Ihre Zahl übertrifft schon im ersten der insgesamt sieben Kreuzzüge (manche zählen acht, wobei der Kinderkreuzzug interessanterweise *nie* offiziell mitgezählt wird, weil weder geistliche, noch weltliche Würdenträger dazu gepredigt haben) die Gruppe der Berittenen und Bewaffneten in solchem Ausmaß, daß sich der eine oder andere Berichterstatter bzw. Autor dazu bewogen fühlt, von einem „Bauernkreuzzug" zu sprechen.[50]

Am ehesten läßt sich die Situation dieser Menschen mit der der Bewohner der dritten Welt heute vergleichen. Kurt Frischler fängt ein wenig die Atmosphäre von Unwissenheit, Aberglaube und dumpfer Ergebenheit in ein vermeintlich gottgewolltes Schicksal ein, wenn er am Anfang seines Buches über die Kreuzzüge[51] aufzählt, was sich in den Jahren ab 1093 bei den Bauern zu einem Katastrophengefühl verdichtet, das es gradezu „natürlich" erscheinen läßt, mit welchem verzweifelten Enthusiasmus sie sich freiwillig zur Gefolgschaft melden — für die überwiegende Mehrheit eine Gefolgschaft in den Tod.[52]

Drei Jahre gibt es Mißernten; für einen Scheffel Getreide werden Töchter an reiche alte Gutsherren verkauft; Meteoritenschwärme verstören die hungernden Menschen; Wolken nehmen Kreuzform an (wer behauptet, das habe es immer schon gegeben, wird unter Umständen gehenkt — so geschehen im Mai 1095[53]). Kometen und Nordlichter schüren die Weltuntergangsstimmung. Schließlich tun die Privatfehden der Feudalherren, der Abgabezwang, das Raubrittertum usw. ein übriges, das Leben als schier unerträglich erscheinen zu lassen.

Die Prediger machen sich die Stimmung zunutze mit zusätzlichen Drohungen und Warnungen vor dem jüngsten Gericht und dem Erscheinen des Antichristen. Aus Angst, Unterernährung und Resignation braut sich so ein dumpfer, schwerblütiger Groll zusammen, der jedes Mißgeschick als göttliche Strafe oder Hexerei interpretiert und sich gleichzeitig so hoffnungslos an die überkommenen Irrtümer klammert[54], daß die Hälfte aller Energie dazu eingesetzt wird, die Not im „status quo" zu erhalten. In einer Wirtschaftsstudie über England wird darauf hingewiesen, daß der Grundbesitz von rund der Hälfte der bäuerlichen Bevölkerung zu gering war, um den Familien auch nur das einfachste Existenzminimum zu sichern.[55] Das bedeutet ein Zuwenig an Beschäftigung für die heranwachsenden Kinder und Jugendlichen, außerdem die Notwendigkeit, soviel wie möglich anderweitig als Tagelöhner und dergleichen Arbeit zu suchen, z. B. mit Spinnen, Weben, Wegebau oder Holzfällerei, und es bedeutet mithin eine immer wieder einsetzende, meist saisonbedingte Wanderbewegung zu den Städten hin, in denen man sich mehr Chancen erhofft und in denen der Pauperismus ein eigenes Gepräge annimmt.[56]

Die Bevölkerungsexplosion, von der man zwischen 850 und der ersten Kreuzzugszeit nach den mit heutiger Technik vervollkommten Statistiken des berühmten, von den normannischen Eroberern Englands angelegten „Domesday – Book" (es zählt Grundherrschaften und Einwohnerzahlen usw.) sprechen kann, bringt für den genannten Zeitraum fast eine Verdoppelung der Einwohnerzahlen Europas (ohne Rußland, den Balkan und Skandinavien), d. h. ca. 28 Millionen[57] bei vorher knapp 15 Millionen. Sie alle wollen essen, arbeiten, ein Dach über dem Kopf haben. So läßt sich leicht nachvollziehen, daß neben moralisierender Verurteilung sich für Urban II. in der jüngeren Geschichtsschreibung noch bzw. wieder Stimmen finden, die über sein kirchenpolitisches Durchsetzungsvermögen hinaus vor allem die staatsmännische Weitsicht zu rühmen wissen, mit der er über die Idee des „Gottesfriedens" und der „bewaffneten Wallfahrten gen Jerusalem"[58] die allgemeine Endzeitstimmung in frohen Aufbruchseifer überwechseln ließ und gleichzeitig noch die drängendsten Existenzprobleme ganzer Völker und Volksgruppen beseitigte. Wer sich von der Straße weg fürs Kreuz „engagieren" ließ, erwarb sich selbst als Outcast automatisch ein gewisses Zugehörigkeitsrecht und eine Aufwertung seiner gesellschaftlich noch so „unwerten" Person durch die Gemeinschaft – wenn nicht der Heiligen, so doch derer, denen das ewige Leben verheißen war, eine Aussicht, die sich tatsächlich als geeignet erwies, Bluts-, Stammes- und Feudalfehden eine Zeitlang zum Stillstand zu bringen um des einen großen Zieles willen.

Die Armut im Mittelalter hat viele Gesichter und erzeugt viele Einschätzungsvariationen, die jeweils die Haltung der Wohlhabenden präjudizieren. Aus der mittelalterlichen Armengesetzgebung wissen wir, daß zwischen verschuldeter und unverschuldeter Armut unterschieden wurde. Dahinter steht – bis in die Predigersprüche des Alten Testaments – die realpolitische Erwägung, daß Armut den besten Nährboden für Gewalt und Kriminalität bilden kann. In einer Augsburger Chronik des 15. Jahrhunderts beispielsweise ist zu lesen: „Der verdorbene, daß heißt, der arme Mann kehrt sich zum Bösen."[59] Geradezu brutal, jedenfalls ohne jede Sentimentalität artikuliert sich die alttestamentarische Spruchweisheit: „Die Armen macht die Armut blöde" (Spr. 10, 15), was freilich auch als medizingeschichtlicher Hinweis auf die Folgen der Unterernährung verstanden werden könnte, oder: „... einen Armen hassen auch seine Nächsten" (Spr. 14,20), was wie eine direkte Vorstufe zu Brechts Kindergedichten klingt: „Wär ich nicht arm, wärst du nicht reich." Auch das römische Recht sieht eher eine gesellschaftliche Bedrohung statt Aufgabe in den Armen.[60]

Erst die verstärkt aufs Neue Testament sich berufende Armutsbewegung einiger Orden im Hochmittelalter bringt eine Idealisierung mit sich, die die (freiwillige) Armut zur Tugend macht (Katharer, Waldenser, Franziskaner usw.). Fischer deutet das als mögliche Reaktion auf ein sich steigerndes Mißtrauen gegenüber den Besitzlosen und damit Unruhe stiftenden Teilen der Gesellschaft, in der gewöhnlich die Höhe des Vermögens die Rangordnung bestimmt und damit auch eine gewisse politische Macht impliziert.[61] Wer „pauper" ist, ist auch „impotens", d. h. dessen Stimme hat kein gesellschaftliches Durchsetzungsvermögen. Im 12. Jahrhundert bestimmt der Erzbischof von Köln, daß als Schöffen nur noch „prudentiores", „meliores" und „potentiores" gewählt werden sollen, da *sie* nicht durch Stärkere in ihrer Rechtsauffassung eingeschüchtert werden können.[62]

Die Kinder

Es bedarf einer zumindest schlaglichtartigen Beleuchtung dieses Amalgamats von Lebensformen und Glaubenszwängen, um zu begreifen, wie es zu dem kommen konnte, was in die Kirchengeschichte mit teils spürbarem, teils verstecktem Widerwillen unter der Bezeichnung „Kinderkreuzzug" eingegangen ist. Gemeint ist der historisch erwiesene Sachverhalt, daß im Jahr 1212, d. h. zwischen dem vierten und dem fünften Kreuzzug, Scharen von Kindern − die Angaben schwanken zwischen 10 000 und 30 000 − sich aufmachen, das zu vollbringen, was den Erwachsenen bislang nicht gelungen ist: Die Wiedergewinnung der „terra sancta", des Heiligen Grabes, für die Christenheit.

An zwei Stellen fast zugleich, zwischen denen nach den Quellen keine Verbindung besteht, erheben zehn- bis zwölfjährige Knaben ihre Stimmen, erklären sich zu persönlich Beauftragten Christi und predigen den Kreuzzug: In Frankreich der Hirtenjunge Stephan aus Cloyes im Orléannais, und wenige Wochen später in Köln der etwas jüngere Nikolaus. Beiden scheint eine natürliche Beredsamkeit eigen, die ihnen rasch eine große Zahl Bürger-, Bauern- und Rittersöhne und Töchter zuführt, die als „Jünger" ihre Predigten weiter ins Land tragen und so etwas wie einen „Sternmarsch" jeweils nach Köln und Vendome zu den Sammelpunkten auslösen, von denen aus ans Meer gezogen werden soll.[63] Beide Kinderführer versichern selbstgewiß, das Meer werde sich teilen und die jugendlichen Heerscharen trockenen Fußes ans Ziel gelangen lassen, ebenso wie einst das Volk Israel auf der Flucht vor den Ägyptern.

Natürlich geschieht nichts dergleichen. Weniger als ein Drittel der Gesamtzahl der Deutschen erreicht überhaupt Genua − Hunger und Kälte lassen schon bei der Alpenüberquerung zahllose Kinder elend umkommen. In ihrer Enttäuschung über das ausbleibende Wunder nehmen viele das genuesische Angebot an, sich als ordentliche Bürger in der Stadt niederzulassen, was immer noch rühmlicher ist, als unverrichteter Dinge in die armseligen deutschen Dörfer heimzukehren. Ein kleiner Rest schlägt sich unter Nikolaus' Führung bis Rom durch, um vom Papst des Gelübdes entbunden zu werden. Runciman kommentiert:

Ihre Frömmigkeit rührte ihn, aber ihre Torheit setzte ihn in Verlegenheit. Freundlich, jedoch bestimmt erklärte er ihnen, daß sie jetzt heimkehren müßten. Sobald sie erwachsen seien, sollten sie ihr Gelübde erfüllen und ausziehen, um für das Kreuz zu kämpfen.[64]

Dieser Papst ist nicht mehr Urban, sondern Innocenz III., derselbe, von dem in dieser Angelegenheit berichtet wird, er habe bei ersten Gerüchten über die beiden Kinderzüge geseufzt: „Diese Knaben (Kinder) beschämen Uns, denn dieweil sie eilen, das Heilige Land wiederzugewinnen, liegen Wir im Schlafe."[65]

Die Spannweite zwischen diesen beiden Zitaten erscheint mir symptomatisch für die Ambivalenz des Klerus insgesamt gegenüber dieser drastischen Reaktion auf seine immer neue Geschäftigkeit entfaltende Wallfahrtspolitik. Innocenz, als oberster „Hirte" und Kriegsherr zugleich sinnfällig die Paradoxie des gesamten Unternehmens verdeutlichend, legt genügend Gerissenheit an den Tag, um sich im Falle des Erfolgs den gebührenden Anteil am Ruhm zu sichern, vor allem aber, um für spätere Aktionen prophylaktisch die nötigen Streitkräfte bereits im Kindesalter dingfest zu machen. Leichter kann die Anwerbung nie gewesen sein als über die Ausbeutung dieser verzweifelten Kinder.

Dem französischen Zug ergeht es womöglich noch übler. Als auch hier in Marseille das Meer sich störrisch zeigt, wittern zwei Handelsleute die Chance ihres Lebens, verladen die Kinder unter Verheißung einer kostenfreien Überfahrt in ca. sieben Schiffe und verkaufen sie, soweit sie nicht bei Stürmen, Piratenüberfällen und Schiffbrüchen umkommen, im Orient in die Sklaverei. Von beiden Zügen soll nach Jahren eine verschwindend geringe Zahl von Teilnehmern zurückgekehrt sein, vielleicht haben auch ein paar von jedem tatsächlich nach unvorstellbaren Strapazen Jerusalem erreicht — ihre historische Spur verliert sich im Dickicht nachfolgender Kolportage.[66]

Die Befriedigung, mit der etliche Forscher konstatieren, daß — ungesicherten Berichten zufolge — diese beiden Kaufleute Jahre später aus ganz anderen Gründen gehenkt wurden, „so daß sie zu guter Letzt doch die Strafe für ihr Verbrechen ereilte"[67] bzw. daß der Vater des kleinen Nikolaus in Köln — auf Betreiben der nach einem Schuldigen suchenden Eltern — im Jahr 1214 den selben Tod erlitt, angeblich, weil er aus Ruhmsucht seinen Sohn angestachelt habe, mutet ebenso peinlich wie irrational an, etwa wie wenn Hitlers unrühmliches Ende über die Ermordung von 6 Millionen Juden trösten sollte bzw. die einiger hunderttausend Kinder.[68] Makaber erscheint auch — vergleichbar mit dem Auszug der Rattenfängerkinder — daß erst der katastrophale Ausgang des Unterfangens die üblichen Stimmen auf den Plan ruft, die immer alles schon vorher gewußt haben wollen. Tatsache ist, daß von keiner Seite her den Kindern ernsthafte Hindernisse in den Weg gelegt wurden, sondern daß sie — von Ausnahmen abgesehen — die Sehnsüchte und Heilserwartungen der Daheimbleibenden mit sich trugen und vielerorts so reich von Bürgern und Bauern beschenkt und bewirtet wurden, daß sich dem Zug — wie übrigens jedem Kreuzzug — eine Horde von „Asozialen", d. h. Straßengesindel, Kriminelle, „Pauperes" und Prostituierte anschlossen und damit wieder einmal den „volksreinigenden" Effekt von dergleichen Aderlässen bestätigten.

Es läßt sich unschwer vorstellen, aus wie vielerlei Schichten sich Rührung und Genugtuung der Erwachsenen zusammengesetzt haben mögen. Selbst heutige Chronisten verfallen mitunter noch anläßlich der damaligen

Ereignisse in eine Emphase, deren durchsichtiger Selbstzweckcharakter nachgerade abstößt und argwöhnen läßt, der Beitrag sei *vor* 1945 geschrieben. Der Eindruck täuscht. In Friedrich Heers 1961 erschienenem Buch über das Mittelalter findet sich folgendes Resumée:

> Die Kinderkreuzzüge dürfen nicht als eine Episode abgetan werden. Sie entsprachen tiefsten Motiven des Aufbruchs der Volksseele. (...) So sucht sich die Seele eines kindhaften Volkes und junger, glaubensfrischer Menschen zu erheben über die Realität des Tages, die gerade im Kreuzzugszeitalter voll Blut und Tränen war.[69]

Niemand spricht davon, wie langfristig und sorgfältig solche „Erhebung" von der Kirche vorprogrammiert ist, daß sie nicht genuin den Menschen eigen ist, sondern im ständigen Kampf zwischen weltlicher und geistlicher Macht zum einzigen Ausweg aus der Angst wird. Wer wahrhaft in der Furcht des Herrn lebt, der bleibt auch immer auf seine Tröstungen angewiesen. Ohne die ganz naiven, konkreten Phantasien von der Hölle und ihren Martern hätte die Ablaß-Droge nicht soviel Macht über die Menschen gewinnen können. Wer sich dergestalt „erhebt", der ist zugleich anderer Wünsche und Phantasien „enthoben", nämlich der, daß auf dieser Erde an seinen realen Verhältnissen etwas zu ändern sei.

In einem ganz wesentlichen Punkt freilich unterscheiden sich die deutschen von den französischen Kindern. Und dies führt hinüber zu der sonderbaren Kreuzzugsgeschichte von Martin Beheim — Schwarzbach, die er einige Zeit *nach* dem ersten Weltkrieg verfaßt, die aber im Mittelalter spielt und am Ende in die Geschichte des Rattenfängers von Hameln einmündet, als könnte es überhaupt nicht anders sein. Der französische Kinderführer Stephan sucht — ausgerüstet mit einem der damals so geschätzten „Himmelsbriefe", einer persönlichen „Botschaft" des Herrn — den französischen König (Philipp II. August) auf, um ihn weisungsgemäß um Unterstützung für seinen Kinderkreuzzug zu bitten, *militärische* Unterstützung, versteht sich, also um Waffen, Ausrüstung, Verpflegung usw., damit er gegen die Sarazenen ziehen könne. Er wird abgewiesen. Nikolaus drückt sich vorsichtiger aus. Er spricht eher von einer nicht gewaltsamen Bekehrung der Ungläubigen. Sein Traum ist die Rückeroberung des Heiligen Grabes durch die (Überzeugungs-) Kraft der Reinheit der unschuldigen Kinder — eine Tatsache, die H. E. Mayer den ebenso pathetischen wie fragwürdigen Ausruf entlockt, der Kinderkreuzzug sei „Triumph und Niederlage der Armutsidee zugleich" gewesen.[70]

3. Der deutsche Engel
Beheim — Schwarzbach: Die Michaelskinder (1930)*

Die Kinderkreuzzüge von 1212 scheinen weder die ersten, noch die letzten ihrer Art gewesen zu sein, sicherlich aber die umfangreichsten, weshalb sich ihre Spuren am weitesten verfolgen lassen und die Geschichtswerke nicht umhin können, sie wenigstens kurz abzuhandeln. Mehr als ein paar Seiten

---

* Zitate aus dem Text nach der Ausgabe von 1947 (Hamburg)

Der Rattenfänger von Hameln. Nach einer Originalzeichnung von E. Freiesleben in Weimar. Ende des 19. Jahrhunderts.

sind ihnen nirgendwo gewidmet. Die großen kirchengeschichtlichen Werke[71] lassen es bei wenigen Hinweisen auf die törichten Glaubensverwirrungen der Kinder bewenden, nicht ohne ihren Eifer und ihre Tapferkeit zu rühmen. Eine Analyse oder Beurteilung findet nicht statt.

Sowohl vor, als auch nach 1212, durch das ganze Mittelalter hindurch, hat es immer wieder, spontan oder gelenkt, Menschenansammlungen, Zusammenrottungen und verschiedentlich motivierte Wanderzüge gegeben, bei denen man sich durch eine aktuelle Zielsetzung wie beispielsweise die Beteiligung am Kathedralenbau zu Chartres aus dem Überdruck der Lebensumstände vorübergehend zu lösen suchte. Solche geistlichen Fluchtwege boten sich als Ventil für die Ausdrucksnot der Masse der „Unmündigen" um so mehr an, als sie im Sinne der Kirche und der Fürsten die doppelte Abhängigkeitshierarchie immer neu reproduzierten und zugleich die Kassen wieder füllten.

Unmündig sind nicht nur die Kinder, sondern mit ihnen jeder andere Unfreie, die Hörigen und Leibeigenen, deren Stimme nichts gilt (ebenso wie die der Frauen), die der Rede nicht mächtig sind. d. h. ihren Mund nicht zu gebrauchen wissen, ihn auch nicht gebrauchen *dürfen* gegenüber den Mächtigen, weder zu Klagen, noch zu Kritik, und die daher an einer kollektiven Verdrängung leiden, die bei der geringsten Disziplinierungslücke gewaltsam explodieren kann, auch wenn sich diese Gewalt mitunter — aus Angst vor Strafe z. B. — gegen die eigene Person richtet, wie etwa in den Geißlerzügen oder ähnlichen Bußpraktiken, deren Schmerz- und Blutrausch als psychologischer Mechanismus der Verzweiflung hier nicht weiter erläutert zu werden braucht.

Neben dem Heiligen Grab gab es ringsum sehr viel näherliegende Kampfanlässe, wobei sich auch hier das begreifliche Bedürfnis der Menschen, konkret der Verheißungen und Glaubensbilder auf irgendeine Weise habhaft zu werden, oft zu einem merkwürdig mythisch-realistischen Vorstellungsgemisch zusammenschließt, dessen Struktur kaum noch entwirrt werden kann und vielfach in Sage oder Legende mündet. Dazu gehören die fanatisierenden Predigten gegen die Albigenser (um 1212) ebenso wie die immer neuen Züge gegen Spanien, gegen die Katharer und all die anderen „Ketzer", die Minoriten, Fratizellen usw., und dazu gehören Begebenheiten wie der aus dem fünfzehnten Jahrhundert berichtete Kinderzug von Schwäbisch Hall nach der Burg des heiligen Michael, sowie die viel früher entstandenen Heiligenlegenden und Sagen, beispielsweise die für dasselbe Jahrhundert der Kinderkreuzzüge vom Chronisten beglaubigte Sage über den Rattenfänger von Hameln.

So darf man im obigen Sinn derlei Texte, besonders die mündlich tradierten, auch mit als erste Verlautbarungen der „Unmündigen" verstehen, als Versuch, das Unsagbare und Unsägliche ihrer Innenwelt zur Sprache zu bringen und die Über-Figuren, die Abgesonderten und Besonderen, die ja vor ihrer Heiligsprechung gewöhnliche Menschen waren, zum Für-Sprecher zu machen, d. h. die ganze Widersprüchlichkeit ihrer Ängste und Sehnsüchte auf sie abzuladen. Daß diese Geschichten zumeist aus der Feder von Kirchenmännern überliefert sind, ist nicht nur der auf wenige Zentren (Klöster) beschränkten Schreibkunst zuzurechnen, sondern sagt auch etwas über das Kontrollbedürfnis der Kirche. Was wirklich ein Wunder ist, bleibt letztlich ihrer Entscheidung vorbehalten, aber die nicht unbedingt von ihr sanktionierte Mischform der vielen frommen Volkssagen, man könnte auch sagen: des Volksmunds, beweist, daß die „Mündigkeit" der sogenannten Unmündigen ihren Fortgang nimmt.

Zu den untersten Schichten dieser Unmündigen zählen die Kinder, von deren Zug Beheim in seinem Roman erzählt. Aber wer ist dieser Michael, dem sie sich so mit Haut und Haar verschreiben, daß ihnen die Unterscheidungsfähigkeit zwischen dem Heilsamen und dem Heillosen, zwischen der Gewalt, die sie treibt, und der Gewalt, die sie selber — auch untereinander — ausüben, zu verschwimmen beginnt, ganz so wie ihren Vorgängern im Jahre 1212.[72]

Auch die Legende[73] berichtet bei der ersten Epiphanie des Erzengels und Fürsten der himmlischen Heerscharen außerhalb des byzantinischen Orients, wo er zunächst „gesichtet" und verehrt wurde, von einem Akt der Gewalt. Im Jahr 490 auf dem Monte Gargano lenkt er den Pfeil, den ein argloser Herdenbesitzer seinem entsprungenen Stier zugedacht hat, auf den Schützen zurück und raubt ihm so ein Auge. Natürlich gelingt es erst einem Mann der Kirche, nämlich dem Bischof persönlich, näheren Aufschluß über diese etwas ungewöhnliche und aggressive Einladung zur Verehrung zu erhalten. „Wenn ihr mich dort verehren werdet, werdet ihr Heil erfahren."[74] Die Einsichtsfähigkeit des Volkes ist nicht gefragt. Es soll blindlings seinen frommen Führern folgen. So will es die Legende.

Insgesamt gilt Michael als Träger eines fünffachen Amtes: als Hirte und Schützer der Herden, als Kriegsheld, als Herr der kosmischen Gewalten, als Geleiter der Toten, als Spezialist für die verborgenen Heilkräfte der Erde und als Heiler des Aussatzes von Leib und Seele.[75] Sein Name bedeutet dem hebräischen Wortsinn nach: „Wer ist wie Gott?", und das Fest seiner Erscheinung wird seit dem elften Jahrhundert in der Kirche gefeiert (am 8. Mai bzw. 29. Sept.). Fast jeder wird ihn auf einer der gängigen Abbildungen als gepanzerten, strahlenden Heldenjüngling gesehen haben[76], der mit flammendem Schwert den besiegten Drachen (d. i. Luzifer) niederhält. Michael als Bannenträger Christi gegen die Mächte der Finsternis — die *Deutschen* müssen ihn besonders gut kennen, zierte sein Bild doch einst die deutsche Reichsfahne. So schließen sich Legende, Symbol und Geschichte (und Literatur) unerwartet zum verhängnisvollen Zirkel:

Er ist der Bannenträger des Imperiums, des Reiches, das im Kampf die Völker umfriedet und sie für Christi Wiederkehr würdig machen will, des Reiches unter der Herrschaft der deutschen Kaiser.
So wird Sankt Michael der *Engel der Deutschen.* Sie heben ihre Kampf- und Marschlieder mit seinem Namen an. Ja, sie sind so von ihm erfüllt, in ihm entbrannt, daß sie seinen Namen tragen. Diese törichten, stürmischen, wild dreinschlagenden, gewalttätigen Menschen: sie werden lauter Michael, deutsche Michel."[77]

Mit diesen Worten und bezeichnenden Phantasien reagiert im Jahr 1930 ein deutscher Rezensent unmittelbar auf das Erscheinen des Romans *Die Michaelskinder.* Schier hymnisch preist er die normannische „Erfindung", ein Amalgamat aus Christus und Odin: Michael, der immer mit dem Schwert entscheidet, wie sie. „Der germanische Westen wird zur Weltaufgabe gerufen von Michael."[78] In der Normandie, am Rande der Bretagne, wird ihm eine Burg errichtet: Mont Saint Michel.

Zu *ihr* brechen die Michaelskinder auf, denn es heißt, daß er ein Heer der Unschuldigen sammelt, um mit ihrer Hilfe das Böse in der Welt zu besiegen. Nur Kinder und in sich Gekehrte vermögen seinen *Blick* wahrzunehmen. Es sind die Jahre der „blinden Eiferer und der zärtlichen Toren." (S. 7) Um die Zweckdienlichkeit solcher Verklammerung von Historie, Zeitgeschichte und zeitloser Legende nachvollziebar zu machen, sei der Analyse eine kurze Inhaltsangabe des Beheim-Romans vorangestellt.

Mitten im 15. Jahrhundert, nach siebenhundertjährigem Warten, ruft der Erzengel Miachel die unmündigen Kinder zu seiner Gefolgschaft auf. Die den Ruf als erste vernehmen, sind einem winzigen Dorf in der Lüneburger Heide zugehörig, und alle haben in der Vornacht bei einem Überfall durch Wegelagerer ihre Eltern verloren. Nur ein Außenseiter, der Schnitzer Georg, ist übriggeblieben von den Erwachsenen. *Seine* Gesichte von Michael treiben sie zum Aufbruch, nachdem sie den mutmaßlichen Mörder ihrer Eltern zuvor gefunden und hingerichtet haben.
Die Schicksale dieser Kindergruppe bleiben im Mittelpunkt des Interesses, wobei Gruppengeist und Einzelerleben ständig ineinandergreifen. Eins der Mädchen fällt unterwegs einem sadistischen Lustmord zum Opfer, eine andere fühlt sich während ihrer Vergewaltigung plötzlich stigmatisiert. Ein Junge wird von den Aussätzigen gewaltsam zurückbehalten und „vereinnahmt". Georg, der eigentlich mit ihnen ziehen wollte, ist aus Sehnsucht nach seiner Werkstatt längst wieder umgekehrt.
Die Kinder kommen schließlich nach vielen Abenteuern vor die Stadt Hameln und lagern auf einer Wiese. Inzwischen sind es an die dreihundert. Um sie in diesen

schlechten Zeiten so rasch wie möglich wieder loszuwerden und mit ihnen gleich alle Waisenkinder und sonstigen Störenfriede der Stadt, bestechen Bürgermeister und Rat einen jungen Burschen, der mit den Kindern geht, aber älter ist, und dessen vielgerühmtes Flötenspiel ihnen nach eingehender Prüfung geeignet scheint, die geplante Säuberungsaktion zu initiieren.

Tatsächlich gelingt die List. Die Kinder laufen hinter dem Spielmann her aus der Stadt in die Nacht hinein. Zu spät merken die Bürger, daß es *alle* Kinder sind, nicht nur die offenkundig unerwünschten — zu spät auch, daß das Wetter plötzlich in klirrende Kälte umschlägt, in der die Pilger fast sämtlich in dieser Nacht umkommen. Nur *einer* aus dem Heidedorf wird von Georg gerettet, als er das Leichenfeld absucht und dort auch den von eigener Hand getöteten Flötenspieler entdeckt.

Beheims Text läßt den Leser in merkwürdig ambivalenter Verfassung zurück. Es ist ein überaus gebildetes Buch, besonders kenntnisreich, was „die Geschichten der Bibel"[79], vor allem das Alte Testament anlangt, eine Thematik, die der Verfasser auch in zahlreichen anderen Werken ins Zentrum gestellt hat, z. B. in drei Texten über Paulus, über „die großen Hirten der Menschheit" (1958), die „Krypta" (1935) oder „die Runen Gottes" (1927) u. a. Ebenso versteht er sich aber auf die Rapierkunst („Der kleine Moltke und die Rapierkunst" 1929), das Schachspiel (das Buch vom Schach 1934), die „Sagen der Griechen" (1956) oder die Nibelungen („der Stern von Burgund"), zu schweigen von heidnisch-animistischen Ritualen wie „Todestrommel" (1935) und „Schwerttanz" (1938). Ein buntes Sammelsurium, das ihn als Repräsentanten eines humanistischen Bildungsideals ausweist, also eines Erziehungskonzepts, das in seiner bürgerlichen Wissens- und Toleranz-Euphorie leicht in Gefahr gerät, das Besondere mit dem Allgemeinen ästhetisch so zu verknüpfen, daß der gemeinsame Fluchtpunkt im Nebel bleibt.

Ungeachtet der Eindeutigkeit, mit der er sich zunächst als allwissender Erzähler einführt, verflüchtigt sich der Autor im Laufe der Handlung zusehends — zum Ende sucht man ihn und seinen Standort vergebens. Ähnlich wie bei Ernst Jünger, dessen „magischer" Realismus über dem ethischen Anspruch seiner kriegerisch elitären Spracheleganz zu Recht immer wieder gesellschaftspolitisch in Mißkredit geriet, erzeugt auch die Lektüre der Michaelskinder ein Gefühl von Schicksalsschwüle, dessen Fragwürdigkeit leicht in mystischer Sprachopulenz versackt. Was immer geschieht, es wird als unabwendbares Verhängnis erlebt und gedeutet. Zwischen Getriebensein und Gnade gibt es keine eigene Position.

Beheims eigentliches Thema ist die *Gewalt*. Die Kinder, als zugleich aktive und passive Helden, sind ihr doppeltes Opfer. Schritt für Schritt werden sie all dessen beraubt, was ihr Kindsein ausmacht. Und immer ist es ein gewalttätiger, grausamer Tod, der sie dem Erwachsensein etwas näherrücken läßt. Im Zweifel zwischen naiven Ängsten und zwanghaft determinierter Handlungsweise, behält letztere meist die Oberhand. Dadurch erscheinen die Kinder zunehmend instrumentalisiert, bekommen Rollen zugewiesen und weisen einander selbst auch entsprechende Rollen zu, so konsequent, daß beispielsweise die Hinrichtung bzw. der Mord am Mörder ihrer Eltern zu einer Inszenierung nach allen Regeln der Kunst wird. Nur das Ritual rettet die Kinder über die Scheußlichkeit der Aktion hinweg, aber der Preis ist hoch: Danach können sie plötzlich nicht mehr richtig *spielen*, nicht einmal das beliebte Kreuzfahrtspiel (!), bei dem das Heilige Grab mit viel Geschrei und Kampf den bösen Türken entrissen werden muß.

Dieser forcierte Alterungsprozeß wurzelt tief in dem kollektiven Schuldgefühl, das die Kinder aneinanderkettet und für das sie sich wechselweise neue Nahrung suchen oder — im ohnmächtigem Bewußtsein, daß man Böses tun kann, ohne böse zu sein — dem sie immer neue Opfer bringen, Menschenopfer gleichsam, wobei das Gefühl der Mit*wisserschaft* unmerklich zur Ahnung hilfloser Mit*täterschaft* wird.

Die strukturelle Gewalt dieser Urerfahrung widerfährt ihnen unausweichlich immer dann, wenn *Liebe* im Spiel ist bzw. das, was der Verfasser als solche gelten lassen oder verwerfen will. Bei einer vergleichenden Betrachtung des vielfältigen Beziehungsgeflechts der Kinder untereinander und gegenüber Dritten kristallisiert sich eine eigentümliche Polarisierung heraus, die ein paar Beispiele verdeutlichen mögen.

Georg und Elke, der Bildschnitzer und das Waisenkind, bilden das Rahmenpaar. Sie besorgt ihm die Wirtschaft und ehrt ihn als Vaterfigur und Künstler. Seine ebenso glühende wie sorgliche Zuneigung zu dem schmächtigen Kind mit dem schönen Gesicht beruht auf Elkes einfältiger spiritueller Sensitivität, auf ihrer mystischen Liebesfähigkeit, die so viel vehementer auf Über-Menschliches, denn auf gewöhnliche Lebewesen gerichtet ist, daß eine Vereinigung nur vorstellbar ist, indem das Unterste zuoberst gekehrt wird — im eigentlichen Wortsinn: Nicht genug damit, daß sie bereits bei der intensiven „Leidenschaft", mit der sie den Gekreuzigten betrachtet, an Händen und Füßen die einschlägigen Schmerzen verspürt, transsubstantiiert sie später ihre Vergewaltigung durch Strauchdiebe so konsequent zur eigenen Kreuzigung, daß sie in ihrem Leidensrausch tatsächlich blutende Wundmale erzeugt. Sexualität als Stigmatisierung — eine Zwangssublimation, die den Akt der Gewalt nur durch einen Akt von Gegen-Gewalt überlebbar macht, einer Gewalt gegen sich selbst, deren Zweck das Mittel heiligt: Die Phantasie, daß ein anderer bereits von ihr Besitz ergriffen hat und dies mit dem uralten Zeichen des fließenden Blutes dokumentiert.

Solchermaßen zur Heiligen gestempelt, zieht sie von Stund an nur noch „zulässige" Empfindungen auf sich, d. h. die Rückerstattung ihrer gemordeten Kindheit und ihrer gemordeten Weiblichkeit muß mit dem Tod erkauft werden. In der Eiseskälte hinter Hameln darf sich der anbetungsvolle kleine Jark an sie drücken und bleibt durch ihre Körperwärme am Leben. Ebenso darf der Schnitzer Georg erst das *tote* Mädchen in seine Arme nehmen, und nur *er* kann außer den zu Hilfe gerufenen Mönchen ihre überirdische Schönheit wahrnehmen.

Der totalitäre Anspruch dieses exemplarischen Opfergangs, dessen auktorial abgesicherte Unausweichlichkeit den Leser schaudern macht, schafft eine Analogie zu einer so anders initiierten Szene, daß im Vergleich der Dimensionen von Qual und Entsetzen die Unmenschlichkeit sich als „menschlicher" erweist als die Heiligkeit: Auf der Flucht aus dem Tal der Aussätzigen verlieren die Kinder einen der Ihren. Dabei tut es wenig zur

Sache, daß der vom Teufel unter Vertrag genommene Kaspar (später der Flötenspieler) ihn absichtsvoll fahrlässig den Kranken gleichsam zum Fraße vorwirft. Bedeutsamer scheint mir die fast antike Grausigkeit der Konstruktion, *an* der und *in* der sich erst des Autors erotische Phantasien entzünden können.

Sie hatten den am Boden Liegenden umringt. Jark sah deutlich, wie Peter matte Bewegungen des Abscheus, des Wehrens tat. Sie aber knieten neben ihm, sie streichelten ihn, sie betasteten seinen Leib. Sie rissen ihm das Hemd ab und hätschelten seine weiße Haut mit ihren Händen. Jark hörte ihn weinen wie ein kleines Kind. (...) Die Aussätzigen sprachen untereinander, dann redeten sie zärtliche Worte zu dem Knaben. Sie warfen sich auf ihn und küßten ihn auf den Mund und auf die Augen. Er lag nun ganz nackt vor ihnen, und sie begannen sich um ihn zu schlagen, um einen Platz auf seinem gesunden Leib, ihre Hände daraufzulegen oder die zerfressenen Lippen daraufzudrücken. „Er ist unser, er gehört zu uns", hörte Jark sie reden. „Er ist noch weiß und fett, er hat noch Muskeln, und seine Haut ist glatt. Er soll unser Oberster sein. Wir wollen ihn küssen. Was können wir sonst küssen? O du Lieber, Guter, Weißer, komm!" Und sie erstickten sein Weinen mit ihren Lippen, die sie ihm auf den Mund preßten. (S. 185)

Das Unerhörte dieser Passage liegt für mich weniger im peinigend veranschaulichten Geschick des unglücklichen Jungen, sondern in der Entdeckung, daß hier körperliche Sinnlichkeit als frevelhafter Übergriff krankhaften, vertierten Menschentums auf das „Heile", Gesunde dargestellt wird, als Kannibalismus, und daß in der dramaturgischen Schürzung alles darauf angelegt ist, mit der Gestik hilfloser Zärtlichkeit genuin auch Ekel zu erzeugen.[80] Wieder ist es erst die Grenze zum Tod (bei lebendigem Leibe), die eine — wie auch immer geartete — Äußerung von Zärtlichkeit und Zuwendung zuläßt, ähnlich wie bei dem dritten Paar, Kaspar und Lis, der eine dumpf getrieben vom Satz des Versuchers („Tu nur immer, wie dir zumut ist"), die andere dumpf getrieben von der Gewalt des gegenseitigen Verlangens nacheinander, das sie dem sadistischen Lustmörder in die Arme zwingt. Die dem zerfleischten Körper entronnene Seele weiß nichts Eiligeres zu tun, als dem vor sich selber flüchtenden Täter hinterherzujagen und ihm eine Vergebung aufzunötigen, die ihn gar nicht interessiert. Nur ihre Auferstehung könnte ihm in seiner nicht verlöschenden Gier helfen; denn er *liebt* sein Opfer.[81] Bleibt schließlich ein letzter, fast lapidarer Hinweis (neben anderen ungenannten) auf die Verknüpfung von Eros und Thanatos[82] in der folgenden Szene zwischen Elke und einem alten Mönch, der sich dem Zug angeschlossen hat.

O die Ferne, die Leere, die bittre Einsamkeit! Elke ächzte in sich hinein und sah nicht, wie der Sterbende sie ansah. (...) Er würde nun schwinden, sie wußte es. Nimm mich mit, zuckte es in ihr auf. Ihr Mund sprach es nach. (...) Nimm mich doch mit, o nimm mich mit! Da kniete sie schon auf des Greises Lager, da lag sie neben ihm, ihn umhalsend und umklammernd, gleich einer verzweifelten Geliebten, vielleicht einer verstoßenen. Ihr fror, sie kroch unter seine Kutte, sie drückte sich ganz an seinen alten zerbrechenden Leib, wühlte ihren Kopf unter seinen Arm, der nun bald mächtig und gottnahe werden sollte, nicht mehr arm und matt wie jetzt. Nimm mich doch mit! wimmerte sie. Sie flüsterte es noch, als er längst nicht mehr hörte, sondern ganz heimlich eingeschlafen war. (S. 196)

In Wirklichkeit ist er ihr entwischt, ganz heimlich der Gewalt ihrer Todessehnsucht entschlafen, „ohne sie mitzunehmen, wie ein Freund, der zu müde ist, um Freundschaft zu halten." (S. 197)

Selbst Binka, die von der kleinen Gauklerstochter übermäßig geliebte *Birke* muß ihr Leben lassen und buchstäblich an sich selbst verbrennen, ebenso wie Marie und Hanna, die Heilige und die Hure: Ihre Besessenheit für Michael muß letztere mit dem Foltertod bezahlen. In Wahrheit büßt sie dafür, daß sie mit dem Knecht Kaspar eine ganze „normale" körperliche Liebesbeziehung gehabt hat.

So bleibt als traurige Bilanz geglückter, weil statthafter Liebe, die *nicht* den Tod nach sich zieht, eine einzige Beziehung übrig: die des Fährmanns, der als Preis für seine Dienste gleich am Anfang der Reise das kleinste Kind verlangt, damit es seine Einsamkeit mit ihm teilt und erträglicher macht, und dem sie dieses Menschenopfer bringen, um nur weiterzukommen. Es ist eine „funktionale" Liebe, ebenso wie die von Georg zu dem kleinen Jark, den er am Ende neben der toten Elke findet. Und die Toten untereinander: auch *sie* verbindet eine Zärtlichkeit, deren sie sich im Leben nie bewußt waren, geschweige denn, die sie arglos hätten äußern dürfen, und die nun in das große, eine, allen gemeinsame Gefühl mündet, das wie eine breite Heerstraße zu Michael führt:

Da nahm sie (d. i. Lis) wahr, wie jemand neben ihr stand und wie eine Hand nach der ihren tastete. Und ein wohlbekanntes Gesicht tauchte groß und geisterhaft vor ihr auf, es war so schön und voller Liebe, daß es sogleich beschwichtigend in ihre Seele einzog, und dazu vermeinte sie, einen süßen, unendlich wohltuenden Kuß auf ihrem Munde zu fühlen. Sie erkannte, daß Marie bei ihr war. (. . .)
Sie kamen durch Wiesen von Nebel, und . . . endlich schlug an ihr Ohr ein Kampfgetümmel, ein Getöse von weither, und erfüllte sie mit einer furchtbaren Ungeduld . . . und inmitten einer Welt des Zwielichts tat sich eine breite, gerade Heerstraße auf. (. . .) Soweit der Blick reichte, war sie bevölkert von Menschen, die alle in der selben Richtung dahinzogen . . . das Kampfgetümmel aber war immer vernehmbar. . .
„Wohin gehen sie", fragte Lis.
„Zu Michael", sprach Marie. (S. 177)

Nahtlos reihen sich die Hamelner Ereignisse dieser Logik ein. Das heißt: Unerbittlich zieht, was der rechten Liebe nicht teilhaftig, in den Tod. Das mutet wie eine pädagogische Züchtigung biblischen Ausmaßes an, wenn mit den ungeliebten fremden Kindern plötzlich auch die eigenen verschwunden sind. Die Entscheidungsgewalt der Kinder macht alle Berechnungen der Erwachsenen hinfällig und lächerlich.

Aber ist es wirklich ihre eigene Entscheidungsgewalt? Die Hamelner Eltern möchten gern glauben, daß sie vom Teufel genasführt wurden. Das ist ein — wie in der Rattenfänger-Literatur deutlich wurde — bekanntes und praktikables Modell, in dem alle Rollen klar verteilt sind und die Eltern am Ende in kleidsamer Trauer übrigbleiben. Aber irgend etwas will sich hier diesem Konzept nicht fügen. Die Trauer gilt weniger dem Verlust der Kinder als einer Rechnung, die nicht aufgeht.

Oder geht sie doch auf? „Wir sind ein ganzes Leben lang listig gewesen, ich glaube, nun sind wir an unserer eigenen List erstickt", sagt einer der

Hamelner Bürger zu Georg und schließt seinen Bericht über den Auszug der Kinder und das Versäumnis der Eltern, sie so schnell wie möglich zurückzuholen, mit den Worten: „Wir haben es nicht nur geduldet! Wir haben es so gewollt!" Genauer: Sie haben den Teufel selber eingeladen und bestochen, sie von den lästigen Kindern zu befreien, haben ihn ein Probespiel auf seiner Flöte veranstalten lassen und seine Kunst ausdrücklich für gut befunden:

Ich muß gestehen, die Töne mochten wohl geeignet sein, elende Kinder aus allen Winkeln zu locken, so fröhlich waren sie und von solch besonderer gottloser Lustigkeit. Wir hätten es nicht besser treffen können. Und so wurde es abgemacht: Der Bursch sollte hinter den wallfahrenden Kindern, die sonst nicht hätten durch Hameln hindurchziehen dürfen, hergehen und auf seiner Flöte spielen und alle unsere überzähligen Waisenkinder anlocken, mit Pfeifen und Gesang und auch mit Worten, wenn es not wäre, und sollte versuchen, sie alle mit auf die große Wallfahrt zu bekommen. (S. 213)

Es liegt auf der Hand: *Jedes* Kind dieser Stadt empfand sich offenbar als „überzähliges Waisenkind", fühlte sich jedenfalls auf irgendeine Art „verwaist", auf sich gestellt, von den herrschenden moralischen Kategorien unberührt. Die Gottlosigkeit von Fröhlichkeit und Lust[83], wie sie sich hier angeblich in der Musik manifestiert, erinnert dabei an die oben zitierte mittelalterliche Theorie der „anständigen" und „lasterhaften" Tonarten, welch letztere „des Teufels" sind (sic!), und schafft im Roman in letzter Konsequenz den Nachweis heran, daß selbst die Kinder dem Verdikt der Kirche ihren Tribut zahlen müssen, d. h. für ihre, worauf immer gerichtete, Lust mit dem Leben bezahlen.

Resumée

Die zu Anfang beschriebene Ambivalenz gegenüber dem Text von Beheim-Schwarzbach löst sich am Ende nicht auf. Auf der Ebene der intendierten Botschaft schält sich deutlich der Appell heraus, zu werden „wie die Kinder", d. h. die Kompromißlosigkeit zu adaptieren, mit der sie demonstrieren: Gott (oder sein jeweiliger Stellvertreter) ist berechtigt, das Letzte zu fordern. Welche Dimensionen dieses Letzte annehmen kann, haben die Einblicke in Welt-, Zeit- und Individualgeschichte, auch anhand des Romans, zu illustrieren versucht. Der „Tatendrang der nordischen Seele, verbunden mit der Innigkeit christlicher Versenkung"[84], ein Lebenskonzept *nach* dem ersten Weltkrieg, für den Beheim nach seinen eigenen Worten ebenso ein Jahr zu jung wie für den zweiten dann ein Jahr zu alt war? Es ist nicht überliefert, ob der solchermaßen gerühmte Autor gegen die Deutung Einspruch erhoben hat, möglicherweise nicht. Zu eindeutig verweist seine Apologie für das *Opfer* auf die einzig zulässige Lust, die sich im Text ermitteln läßt: Die Lust des blinden Gehorsams, des Geführtwerdens durch Berufenere, die Unterwerfung unter den „Ruf" schlechthin.

Die prononcierte Freudlosigkeit dieses Getriebenseins, von wem und wohin es auch sei, die nach Art der „Nibelunge Not" mit schwerblütigem Triumph ins Verderben führt, wird dabei einzig durch die Gewißheit aufgewogen, daß — „geführt" oder „genasführt" — die Verantwortung stets auf andere abwälzbar bleibt.

Immer erst der Ausgang entscheidet, ob Gott oder Teufel am Werk waren — so haben es fast alle Rattenfängertexte bislang gehalten, und so hält es auch dieser, indem er die abstrakte theologische Ideologie des *Opfers* einer die Ziele hinterfragenden Autonomie überordnet. Darüber trösten weder Schiller'sches Pathos, noch spartanisches Untergangsethos hinweg, wie es in den sich überschlagenden Stimmen der zeitgenössischen Rezensenten nicht zufällig gleich in der einschlägigen Diktion zum Ausdruck kommt:

> Der grinsende Götze, der „ewig lächelnde Abtrünnige" hat gesiegt, und es ist ihm ein leichtes geworden, die schwachen Leiber dieser Kinder zu vernichten, wenn er auch ihre Seelen nicht verderben konnte. Aber der Triumph ist nur scheinbar. Denn über dem Leichenfeld der Dreihundert leuchtet am strahlendsten das Wort: *Opfer*. Die Heerstraße zum Kampf Michaels mit dem Drachen geht weiter; jener Junge, den Heding geborgen, bleibt übrig — vielleicht hat er Nachkommen gefunden. . ."[85]

Wir kennen sowohl die Vorfahren, als auch die Nachkommen, die Knaben von Langemarck und die Hitlerjugend — die Reihe dieser Nachkommen ist international unendlich fortsetzbar. Sie sind der lebendige Nachweis, daß die potentielle Anarchie der Beheimschen Kinder immer wieder domestizierbar ist, d. h. daß sich die Gewalt ihrer Liebe unter der rechten Führung in die jeweils politisch zupaß kommende Liebe zur Gewalt umformen läßt.

Auf der Ebene des „Textbegehrens" dieses Romans erreicht uns eine andere „Botschaft". Sie ruft auf zum Boykott solchen Opfermuts und warnt vor der Diabolisierung einer Sinnlichkeit, der als einziger Fluchtweg die „Heerstraße" zu einer liebestodsüchtigen Über-Sinnlichkeit bleibt. Der „deutsche Engel" als Rattenfänger — von solcher Janusköpfigkeit hat sich der Kaiser nicht träumen lassen, als er ihn auf seine Fahne setzte.

Oder gerade doch?! Wie sagte doch der Hamelner Bürger: Wir haben es nicht nur geduldet!

Wir haben es so *gewollt!*"

4. Dialektik der Unschuld — Kinderkreuzzugsdiskurs

Es sieht so aus, als sollte die Denkfigur des Kinderkreuzzugs als Diskursmodell für ganz unterschiedlich ausgerichtete Texte in den folgenden 30 Jahren wenn nicht geläufig, so doch „vertraut" werden; so vertraut jedenfalls, wie dem Menschen das Ungeheuerliche zu werden pflegt, wenn man es ihm häufig genug zumutet und listig genug schmackhaft macht. Seit die pastorale Wortakrobatik der wilhelminischen Zeit das patriotische Menschenopfer — mit dem entsprechenden Seitenblick auf die unentbehrlichsten Produktivkräfte der Nation: die *Mütter* — zum herrlichsten Daseinszweck stilisiert hat, scheint man sich mithin an den Gedanken zu gewöhnen, daß Kinder auch ohne ihr Zutun in die elementare Entsetzlichkeit von Kriegsgeschehen mit einbezogen werden, daß aber ihrer aktiven Teilhabe bzw. ihrem Verlust gleichzeitig das Odium besonderer Tragik anhaftet. Dabei möchte der Begriff „Tragik" gern darüber hinwegtrösten, daß es sich nicht um eine Naturkatastrophe, sondern um ein verursachtes und damit vermeidbares Geschehen handelt. Wer den Mythos der Verhängnishaftigkeit installiert, sucht zumeist das Verhältnis von Ursache und Wirkung zu verschleiern. Und wo nur noch Ergebnisse bzw. deren proklamierte Auslöser betrachtet werden, da rücken — anstelle einer eigenen kritischen Positionsbestimmung — voyeuristische Neigungen in den Vordergrund, die eher auf ein genüßliches Leiden am Vermeidlichen abzielen, denn auf konkrete Arbeit an der Veränderung des Status Quo.

Damit ist die Palette der Nuancen jedoch noch nicht erschöpft. Ebenso wie *Kinder* dem Verhängnis die Faszination des Abenteuers abgewinnen können, ohne sich als Opfer zu fühlen, so haben auch *Erwachsene* immer wieder angesichts der lemminghaften „Täterschaft" von Kindern verzweifelte Schritte unternommen, sie durch List, Gewalt oder Überredung den vorhersehbaren Konsequenzen ihres Tuns zu entziehen. Die Motive solcher Rettungsaktionen oszillieren zwischen Eigennutz, Altruismus und der Kompensierung eigener Schuldgefühle bzw. zwischen Bewunderung, Neid und Sentimentalität. Eine besonders subtile Form der Anklage oder des Appells ergibt sich aus der unkommentierten Darstellung historischen Geschehens oder versteigt sich auch zu einer zagen Hoffnung auf die regenerierende Kraft der Kinder nach einer antizipierten Zerstörung der Welt.

Im folgenden sollen einige Texte skizziert werden, die das mit Beginn des Jahrhunderts präjudizierte und im Roman von Beheim-Schwarzbach zumindest in deutscher Sprache erstmals thematisierte Sujet aufgreifen und vielfältig variieren. In verschiedenen Sprachen und wechselnden Gattungen bildet sich so etwas wie ein „Kinderkreuzzugsdiskurs" heraus, der das oben angedeutete Spektrum der (Schreib-)Motivationsmöglichkeiten in jeweils spezifischer Form nützt, wobei die Funktion von Gattung und Textanlaß einander z. T. ergänzen.

4.1 Felix Hartlaub: „Kinderkreuzzug" — Aufbruch zum Ich*

Zeitlich den „Michaelskindern" zunächst entsteht 1927 die Novelle eines *Knaben*, des 14jährigen Schülers Felix Hartlaub.[86] Die Erzählung läßt sich nicht damit abtun, daß hier ein Pubertierender über zwei gleichfalls pubertierende Altersgenossen schreibt, auch wenn dies dem äußeren Sachverhalt entspricht. Es ist die Geschichte eines Judenjungen zu Köln, der sich im allgemeinen historischen Kreuzzugsfieber Anno 1212 einer Gruppe deutscher Kinder anschließt, sich in eine leidenschaftliche Freund-Feind-Konstellation mit deren Anführer verstrickt, bis beide in Ungarn als letzte der Gruppe gemeinsam umkommen.

Die Schwester Hartlaubs erzählt, daß er sich sein Leben lang eine Tarnkappe gewünscht hat[87] — die Magie dieses wunderbaren Gegenstands läßt sich vielschichtig deuten. In jedem Fall verleiht er die (un-)heimliche

---

* 1927; publ. 1955.

Macht, das Naturgesetz des Gesehenwerdens außer Kraft zu setzen, d. h. auf Wunsch unbeeinflußte Verhaltensweisen zu erzeugen und gleichzeitig Augenzeuge zu bleiben. Etwas von diesem Bedürfnis nach Unsichtbarkeit mag die Wahl der historischen Szenerie mitbestimmt haben. Die Erzählhaltung erscheint betont abständig, ja kühl, berichtet in gleichmütigem Nebeneinander von Grausamkeit, Mord und den schwankenden Gemütsverfassungen der beiden Knaben, auf deren Verhältnis sich der Gang der Handlung zunehmend konzentriert. Dabei stoßen sich die meist kurzen, parataktischen Sätze in endloser Atemlosigkeit gegenseitig voran, nur unterbrochen von gelegentlichen Dialogfetzen bzw. den Monologen des Eusebius, des Anführers der Kinder. Sein Gegenspieler, der Judenknabe, und − laut Anmerkung des Herausgebers − erster Repräsentant des im späteren Werk des Autors[88] immer wieder auftauchenden „negativen Helden" erhält keinen Namen und kommt daher meist nur indirekt zu Wort.

Mir scheint der Schwerpunkt dieser Erzählung anderwärts zu liegen. Ihr übergeordnetes Thema sind Gewaltphantasien und Kampf: Kampf des Einzelnen gegen sich selbst, Kämpfe gegen äußere Kontrahenten und Widerwärtigkeiten, und schließlich der unausgesetzte Kampf der beiden Knaben gegeneinander. Die eigentlichen „negativen Helden" sind die Erwachsenen. Mit Ausnahme von einigen anonym bleibenden, freundlichen Bauern stehen sie synonym für Brutalität, Besitzgier, pathologische Besessenheit, Betrug, Feigheit oder blinde Agressivität. Nur ihre Orientierungslosigkeit läßt die Kinder nach einer vorzeigbaren Motivation für die eigene Abenteuerlust fahnden: „Ich spring lieber in den Rhein, als daß ich wieder heimgeh", sagt einer von ihnen. „Wir sollten den Kutscher von seinem Bock runterschmeißen und den Wagen anzünden". (S. 203)

Hier wie andernorts verselbständigt sich die Gewalt, behält als einzige Funktion die Abfuhrmöglichkeit von Wut, Enttäuschungen und Angst. Die Angst, heimkehren zu müssen in den Alltagstrott und das Außergewöhnliche zu verpassen. Die einzige sanfte Geste in dieser Erzählung, der „Kuß in Christo", den das Christenmädchen dem Judenjungen gibt, wird bezeichnenderweise voll Argwohn und ohne Gegenreaktion registriert − es ist noch zu früh für die Signale der Andersgeschlechtlichkeit.

Kehren wir noch einmal zum Bild der Tarnkappe zurück. Wer sich unter ihr verbirgt, entfernt sich nicht wirklich, sondern bleibt „latent" anwesend. Just mit demselben Terminus, der *Latenzzeit*, bezeichnet die Psychoanalyse die Phase vor der Pubertät (und *nach* dem Ödipus-Komplex) und damit vor der geschlechtlichen Reife, die sich durch besondere Empfänglichkeit für ethisch-moralische Ziele (Ideologien) und ein gesteigertes Identifikationsbedürfnis mit den Eltern auszeichnet. Wo (sich) die Eltern versagen, wird nach einem Ersatz-Anführer gesucht.[89]

In dieser Lesart läßt sich Hartlaubs Erzählung als Umsetzung eines Prozesses decodieren, dem niemand entrinnt: dem Prozeß des Erwachsenwerdens und des Abschieds von der Kindheit − in seinem persönlichen Fall zusätzlich belastet durch die frühe Kindheit während des 1. Weltkriegs (1913 geboren) und das Hineinwachsen in eine Zeit, in der sich die Elterngeneration durch den verlorenen Krieg (= als verlorene Identität) und die ersten zaghaften Schritte in die Demokratie zu verunsichert fühlte, um das erwünschte „Leitbild" abzugeben.[90] In der Tarnkappe symbolisiert sich der Wunsch, sich alle diese Beunruhigungen vom Leibe zu halten, während die Erzählung selber ein anderes Modell formuliert bzw. probiert: ein Sich-einlassen auf die unausweichlichen Ambivalenzen, die der Abschied vom infantilen Aufgehobensein mit sich bringt, ein Kreuzzug gleichsam, auf den sich *jeder* begeben muß, um zu sich zu kommen; weil aber der Druck der widerstreitenden Emotionen noch zu stark für ein paar schmächtige Knabenschultern ist, wird die Last gerecht auf *zwei* Personen verteilt.

So gesehen, wären der Judenknabe und Eusebius verschiedene Ansichten ein und derselben Person, wären „Versuchs-Ichs", im Trockenkurs getestet, projektiv ausgewertet und später weitergeführt.[91] Einen „negativen" Helden gibt die Erzählung nicht her. Vielmehr bekämpfen sich die beiden Knaben von Anfang an so grundlos und zugleich so unerbittlich, wie man sich nur bekämpfen kann, wenn man spürt, daß man den anderen als Kontrast und Ergänzung braucht, daß man ohne ihn nicht zu einer Synthese der verstreuten Kräfte kommt.

Daher muß der Judenknabe „wieder in seine mißmutig scheue, krämerhafte Laune" zurücksinken, als Eusebius endgültig verschwunden scheint (S. 215), darum messen sich beide „mit einem Blick, weder freundlich noch feindlich", als sie sich endlich wiederfinden (S. 222), und darum müssen auch beide am Ende sterben, denn der Übertritt ins Erwachsenenleben setzt ein Kinderleben mit tödlichem Ausgang voraus. Vor den Augen die Vision dieser Grenzüberschreitung, versinken sie im Sumpf: „Doch im Sinken glauben sie über das Meer zu schreiten, zwischen glänzenden Muschelscherben zu landen, über glutheiße Karawanenstraßen zu schweben. Gesang schallt von braunen Ruderbänken, von den Wüstenkastellen ertönt der Schlachtruf der Kamelreiter. Der schwarze Horizont des Schlamms wächst über ihre geblendeten Lider." (S. 223)

Es muß eine aufgewühlte Zeit für den jungen Autor gewesen sein. Die Schwester berichtet[92] von intensiver Lektüre mittelalterlicher Geschichte und gleichzeitig · entworfenen Serien von Federzeichnungen, in denen dieselben Motive immer wieder variiert werden: Schlachten, Reiterkämpfe, orientalisches Ambiente. Auch zu „Schlitters" verfertigt er realistische, krasse Illustrationen von fast alptraumhafter Bedrängung.[93] Beunruhigt bringen ihn die besorgten Eltern in das Landerziehungsheim Odenwaldschule. Diese fürsorgliche Beunruhigung erstreckt sich noch über das gesamte Werk des 1945 spurlos verschollenen Autors in einer Weise, die des jungen Hartlaub Gewaltphantasien im Nachhinein um so plausibler macht und ein merkwürdiges Zwielicht auf die Zwanghaftigkeit auch des Familienimage wirft. Am „Kinderkreuzzug" und anderen Erzählungen, besonders denen aus der Jugendzeit, hat Christian-Hartwig Wilke[94] nachgewiesen, welche gewaltigen Eingriffe von Verlag und Herausgebern (die Anteile sind nicht genau zu ermitteln) an der ursprünglichen Textgestalt vorgenommen wurden, bis schließlich das Bild vom „Frühvollendeten" zurechtmanipuliert war.

Hartlaub selbst, so stelle ich mir vor, hätte sich am heftigsten gegen die Glättungen, Auslassungen und Einfügungen zu Wehr gesetzt. Aus ihnen drängt sich die Illusion einer Reife auf, die dem Original erfreulicherweise abgeht. Naivität und Dialekt, Reflexionen und Kommentare, Vulgarität und unfreiwillige Komik sind durchweg eliminiert und einem kultivierten Redefluß gewichen. Bei der Lektüre des Originals atmet man erleichtert auf: es ist jugendlich-drastisch, herzerfrischend ordinär und — was die oben dargelegte Deutungshypothese des „Kinderkreuzzugs" anlangt, von wünschenswerter Eindeutigkeit. Einer der Jungen z. B. neckt das Mädchen mit der Drohung, der Vater sei ihr nachgefahren, um sie zurückzuholen. Sie antwortet: „Ist er mir nachgefahren? Ich glaub es nicht. Wär er das, würd ich ihn abstechen wie eine Sau."[95] Zur selben Schreckensvorstellung eine andere, weggelassene Passage:

Wenn mich mein Alter wiederkriegt, stäupt er mich blutig und schließt mich in die Wäschekammer. Und der Lehrer hält einen den ganzen Tag im Lupus. Sie würden einem Schellen anlegen und in den Block schließen, sie lassen einen von den Bütteln fangen, von den Bauern schlagen.[96]

Die Ritter schließlich „scheißen" und „kotzen" und „wimmern" ohne Ansehen der Person, und all dies, soweit artikuliert, im modernen Mannheimer Jargon, was den Ernst gelegentlich unterminiert.

Am bedenklichsten wird die familiäre „Beckmesserei", wenn das erst durch den Kriegsausgang zurechtgerüttelte Gewissen der Herausgeber anachronistisch sich an scheinbar antisemitischen Passagen des Originals vergreift, sie einfach fallen läßt (ebenso absurd wäre es, wollte man Shakespeares „Kaufmann von Venedig" in diesem Sinne „bereinigen"). In mehrfachem Sinn wird die publizierte Fassung dadurch „unhistorisch": nicht nur, daß sie die damals allgemein virulente Mißachtung der Juden leugnet — sie leugnet auch die konkreten Kenntnisse des Kunsthistorikersohns Hartlaub von den Judenprogromen überall in Europa während der Kreuzzugszeit; und sie leugnet schließlich den ganz natürlichen Mechanismus des jungen Autors, anstelle der in sich selbst abgelehnten Züge einen äußeren „Feind" zu etablieren. So gesehen, ist der schreibende Knabe seinen besserwisserischen Herausgebern weit voraus: indem er den strahlenden, tapferen Eusebius und den ängstlichen, nur vom Selbsterhaltungswillen getriebenen Judenjungen[97] am Schluß gemeinsam sterben läßt, sind die Feindbilder annulliert bzw. ausagiert. Folgerichtig fehlen auch die Stellen, in denen sich die vage Erkenntnis der Kinder ankündigt, daß das „Ziel" eigentlich auf einer ganz anderen (Selbst)Verständnisebene liegt:

Der Morgen würde groß erstehen. Irgend jemand Altbekanntes müßte hinter einem Hügel auftauchen und ihn vorwärtsziehen. Dann fühlte er in der Ferne irgendeine Erfüllung, das Ende (!) eines Triebes, den er nie erkannt.[98]

Etwas später heißt es:

Sie kletterten ächzend, ohne zu sprechen, dem Kreuze zu. Ließ einer die Schritte kleiner werden oder schwenkte beiseite, wurde er von dem anderen vorwärts geschoben. Sie fühlten sich verwandt im Streben nach dem Ziel. Was nützte eigentlich das Kreuz? (...) Schweratmend ließen sie sich nieder, suchten irgendetwas, ihre schwitzenden Hände begegneten, faßten sich. Beide standen auf . . .[99]

Schließlich weiß die aufbrechende Pubertätsphantasie zwischen der Faszination, die vom Knabenhaften oder Mädchenhaften ausgeht, noch nicht recht zu unterscheiden. Sicher ist nur, daß hier ein neues Land betreten wird, vom mythologischen Gelände der Kindheit ebensoweit entfernt wie vom „Ziel", der Entdeckung des eigenen Ich. Körperfeindlichkeit, Elternmythos und Sprachpuritanismus der fünfziger Jahre haben auch diese letzten Zeilen des Originals verschwinden lassen, die auf den Schluß der Gsw-Ausgabe folgen:

Und am Ende setzen sie die Füße in einem fremden Lande auf, im Glanz fremder Gestirne. Sie sind dort allein(!), frühe, nur nie gekannte Halbwesen den Traum erfüllen, deren leichte weibliche Bewegungen an den tastenden Fingern vorbeischwingen. Sie erkennen zarte Gewächse, schlankes Gezweig sucht im Licht, alles halbleiblich, unerwachsen. Jetzt, der Raum erdröhnt, sie stürzen hinein, tief, lösen sich, gehen darin auf, zerstäuben. Dann wächst der schwarze Horizont des Schlamms über ihre geblendeten Lider, ihre Leiber berühren sich im Sinken. Während sich die moosige Pflanzendecke schließt, spüren sie hinter dem zerbrochenen Irrwahn das Ziel.(S. 271)

Es erübrigt sich, den inhaltlichen, sprachlichen und syntaktischen Eingriffen noch detaillierter nachzugehen. Festzuhalten bleibt, daß selbst noch durch die geschönte Fassung hindurch die ungestüme Originalität sichtbar wird, mit der hier ein begabter junger Autor die Irrungen seiner Entwicklungszeit poetisch zu transfigurieren sucht, indem er sein Sprachvermögen in verschiedene Richtungen sich vortasten läßt, um zu prüfen, ob Realität und Phantastik einander schon tragen.

Wenn hier ein Rattenfänger zugange gewesen sein wollte, dann in Gestalt seiner Korrektoren, die selbst dem Toten noch seine kindliche Unentschiedenheit abjagen, um mit dem Trugbild wunderbarer Frühreife ein Publikum zu ködern, das sich vielleicht zuträglicher mit dem halbwüchsigen Knaben identifiziert hätte, statt sich wieder an neuen „Vor-Bildern" messen zu müssen.[100]

4.2   Ernst Wiechert: „Kinderkreuzzug" – Ein deutscher Enkel

Es wird immer viel Wesens von der guten „Mutter Erde" gemacht in Wiecherts Romanen und Erzählungen, man könnte sie als die eigentliche „Heldin" all seiner Texte bezeichnen, auch wenn die Titel gern anderen, weit hergeholten und bedeutungsschweren Assoziationen Vorschub leisten. Die 1935 erschienene Novelle spielt im Ersten Weltkrieg. Ihre Thematik ist jedoch zeitlos und für jeden Krieg symptomatisch: Hunger auf der einen Seite, Hartherzigkeit der Besitzenden auf der anderen Seite. Es geht Wiechert offenbar um die folgenschweren Diskrepanzen in der Beziehung einer Gruppe von Menschen zu dieser Erde, genauer: zum Land, zur fruchtbringenden Scholle; seine Sätze tragen den Geruch förmlich in die Stube und sedieren dort zu einer Art Bodensatz von Menschlichkeit und Güte, der allen vagen, dissoziierten Sehnsüchten Rechnung trägt. Wer sich freilich solcher Agrar-Mystik zu versperren weiß, der erscheint buchstäblich als „ruchlos". Ist er gar Bauer, wird seine Verweigerung zur Blasphemie.

Damit ist das Personal der Wiechertschen Prosa schon fast umrissen: immer gibt es den unwandelbar Abtrünnigen von der allumfassenden Menschlichkeits-Religion, den Verkrusteten, den Unrettbaren. Und immer ist ihm einer zur Seite gesetzt, der sich aufgrund einschlägiger Erfahrungen auf demselben Wege zu Haß und Verbitterung befindet, der sich aber für die Botschaft der Liebe doch noch erreichbar zeigt. Und immer gibt es anschließend jemand, der mit seinem hartnäckigen Glauben den fast Versteinerten zum Erweichen bringt und so das Licht der Hoffnung, daß Gott doch nicht tot sei, weiterpflanzt.

Im Handlungsablauf bilden die nachtwandlerische, fast choreographische Präzision, mit der sich die Figuren in ihrem abgesteckten Feld bewegen, und ihre — zumindest, was die „positiven Helden" betrifft — schwermütig-romantische Sprache einen mitunter fast verwegenen Kontrast, besonders bei den Kindern. Wiecherts Kinder scheinen sämtlich demselben Hofmannsthal-Gedicht entsprungen, sind solche mit großen Augen, die von nichts und doch von allem wissen und denen eine für Erwachsene nicht wiederzuerlangende Weisheit eignet. Als diejenigen, die der heilen (-den) Erde noch am nächsten sind, sind sie mit einer Mission betraut, die eigentlich über ihre Kräfte ginge, würde ihr zartes Alter nicht in grüblerischer Verklärung zu einer „Gotteskindschaft" überhöht, in der sich die enttäuschten Hoffnungen der ganzen Menschheitsgeschichte zu sammeln scheinen, um in einem letzten Anlauf die Blockade der steinernen Herzen zu sprengen.

Wiechert steht mit diesem neuen, von der persönlichen Erfahrung des Weltkriegs geprägten Kindheitsmythos nicht allein. Andere Zeitgenossen, z. B. Erich Kästner, setzen in ähnlicher Weise auf das „Kind" schlechthin, d. h. auf seine Fähigkeit, die neurotischen Verwicklungen der Erwachsenen, wenn nicht zu durchschauen, so doch zu durchhauen wie den gordischen Knoten und einen Neubeginn zu ermöglichen. Nicht zufällig erscheinen die seinerzeit bekanntesten dieser Texte jeweils nach den beiden Kriegen, d. h. zu einer Zeit, in der sich die Erwachsenen nicht nur schuldig an den Kindern, sondern auch um vieles ratloser als diese fühlen; da *ihre* Führer versagt haben, wächst die Empfänglichkeit für die gläubige Unbeirrbarkeit derer, die sich mit sichtbarem Erfolg einer *über* den menschlichen Bewertungskategorien angesiedelten Führungsmacht anvertrauen.

Im Kinderkreuzzugstext ist sie symbolisch personalisiert in der Gestalt des Enkels.[101] Träumerisch fasziniert von Erzählungen über den historischen Kinderkreuzzug, spintisiert er sich in einen heiligen Feldzug zum verstockten Großvater hinein, um die halbverhungerten Geschwister zu retten. Bei dem alten Bauer ist freilich Hopfen und Malz verloren, er bleibt der Bösewicht vom Dienst, damit die Wandlung seines gottlosen Knechts vom Saulus zum Paulus um so ungewöhnlicher, unerwarteter erfolgen kann.

In der eigenmächtigen Gehorsamsverweigerung dieses Knechts gegen das ausdrückliche Gebot seines (weltlichen) Herrn ist die Möglichkeit bzw. Notwendigkeit eines Widerstands gegen Staatsgewalt angedeutet, die über Wiecherts Blut- und Boden-Mystik oft in Vergessenheit geraten ist, zumal der religiös befrachtete Sprachballast die eigentliche Botschaft eher zu verunklaren scheint. Tatsächlich steckte die Gestapo ihn 1938 wegen anti-nationalsozialistischer Reden und Rundbriefe für einige Monate ins Konzentrationslager (Buchenwald) und ließ ihn auch nach seiner Entlassung nicht wieder aus den Augen.

In der Zeit nach dem Krieg finden sich Wiecherts Bücher in jedem bürgerlichen Haushalt. Der von ihm gebotene Fluchtweg in die Innerlichkeit kindlicher Religiosität und intakter Wälder vermeidet bewußt die Frage nach der (Mit-)Schuld am Geschehenen, um zu signalisieren, daß es zur Umkehr in ein nach eigenem Empfinden menschenwürdiges, sinnvolles Dasein niemals und für niemand zu spät ist. Auf diese Weise wirkt er auf die Trümmermüdigkeit der älteren wie der jungen Generation trostspendend, gelegentlich bis zum Eskapismus. Ob Schufte oder von tätiger Nächstenliebe besessen: Wiecherts Helden sind allemal „undemokratisch" bis ans Herz hinan, d. h. leidenschaftliche Einzelgänger, von denen sich unmöglich vorstellen läßt, daß sie beispielsweise in eine Partei eintreten, in der Gewerkschaft mitarbeiten oder sonstige gesellschaftliche Pflichten auf sich nehmen.

Es sind einsame, isolierte Gottsucher, in deren Stummheit keineswegs nur die berühmte ostpreußische Heimat Wiecherts mitschwingt, sondern vor allem die bis weit in die fünfziger Jahre reichende Not der Sprachlosigkeit ganzer Generationen. So kann auch die Identifikation des Lesers „stumm" stattfinden, über emotionale Tiefenschichten, die die Schwelle zum Bewußtsein nie passieren, die irrational bleiben.

Diese Eigenart seiner Prosa, verbunden mit den zahllosen biblischen Analogien und Sprachanklängen, mag zum sinkenden Marktwert Wiecherts in den sechziger Jahren beigetragen haben. Wenn z. B. der einarmige Hirt den verstoßenen Enkel, den Anführer der kleinen Kinderschar, fragt, wieviele sie denn seien, weil er das Essen vorbereitet, sagt der Knabe:

Zwölf. Weißt du nicht, daß wir soviel sein müssen? Und aus der feuchten Tiefe seiner erschöpften Augen, in denen das Spiel der Herdflammen war, strahlte das Licht eines Altars auf den Fragenden. (S. 40)

Im folgenden muß der Hirt, ob er will oder nicht, sich der suggestiven Glaubenskraft des Kindes öffnen, muß sich gar selbst als „Zeichen" begreifen lernen, daß Gott doch nicht auf den Schlachtfeldern umgebracht wurde. Das Schlachttier, das er für die Kinder seinem geizigen Herrn entwendet und mit ihnen ißt, wird zur Wiederholung vom Liebesmahl Jesu mit seinen Jüngern: „Es ist ein Lamm", sagte Jürgen, die leuchtenden Augen zu ihm aufhebend. „Siehst du nun auch, daß er nicht gestorben ist?"

In dieser Stunde erleuchtete das finstere Antlitz des Hirten sich von einem inneren Lichte, und wie er die Augen über die Köpfe der Kinder gleiten ließ, fühlte er dunkel und schwerfälligen Geistes, daß die Jahre des Krieges nicht den höchsten Gipfel der Welle bilden könnten, zu der sein Leben sich erhoben hatte, und daß selbst das Rauschen der Erde unter blanker Pflugschar ärmer erklingen müßte als der glückselige Atem dieser Hungrigen, denen er eine Speise bereitet hatte. (S. 43)

Durch die Beschwörung des „einfachen Lebens" und der a priori unmittelbaren Gottesnähe schlichter Gemüter klingt die Angst vor dem Intellekt. Bildung und Wissen entfremden der Erde, werden widerstrebend und nur von den Besten heil überstanden, um das notorische Helfersyndrom um so exzessiver ausagieren zu können. So wandelt sich die irrationale Grundstimmung im Wiechert'schen Werk unmerklich zum antirationalen Impuls; in seinem Umkreis nimmt sich dann auch die wehmütige Beschreibung der ostpreußischen Heimat eher wie die Klagen vom „Bund der Vertriebenen" aus, die die notwendige Trauerarbeit zu leisten nicht bereit sind.

Modifiziert wird die Sehnsucht nach einem Führer sorglich am Leben gehalten, und aller Individualismus täuscht nicht darüber hinweg, daß über die Altersschranken hin eine Glaubenshierarchie existiert, die immer wieder ihr Pendant im Normengefüge unserer Gesellschaft suchen und finden wird. Ihre latente Bedrohlichkeit scheint Wiechert entgangen zu sein.[102]

4.3 Bertolt Brecht / Berthold Viertel: Gedichte gegen die Verzweiflung (1941) „Suchend nach dem Land mit Frieden"

Unter dem Titel (Der) „Kinderkreuzzug" gibt es aus dem Jahr 1941 zwei Gedichte grundlegend verschiedener Textur. Brechts Ballade, fast müßte man sagen: Bänkellied, längst zum Fundus des gebildeten Bürgertums gehörig, ist im Ton eines prononcierten Verismus gehalten. Von den insgesamt 35 Strophen, die den Zug eines Häufchens polnischer Kinder schildern, die 1939 aus der zerstörten Heimat aufbrechen, um nach irgendeinem Land zu suchen, wo Friede ist, fällt nur *eine* aus dem Rahmen des Tatsachenberichts und irrt ab in eine Vision:

> Und er (der Zug, E. L.) scheint mir durch den Dämmer
> Bald schon gar nicht mehr der selbe:
> Andere Gesichtlein seh ich:
> Spanische, französische, gelbe! (Str. 31)

Diese Kinder gehen unter, genarrt von der zynischen Vernunft militärischer Tricks: alle Wegweiser zeigen in eine falsche Richtung. Das dialektische Beziehungsgeflecht von Titel, Erzählung und Assoziationsfeld setzt — ungeachtet des fast kommentarlosen Chronikstils — Übertragungs- bzw. Identifikationsmöglichkeiten frei, die über den historischen Fixpunkt sowohl vorwärts wie rückwärts hinausreichen. Weder die gottsucherische Streitlust (1212), noch der schiere Überlebenswille (1939) bekommen eine Chance, werden als „Orientierung" für ausreichend erachtet. Kindliche Unschuld büßt ihren Privilegcharakter ein. Die Hoffnung ist auf den Hund gekommen, einen Hund mit Pappschild um den Hals:

> Darauf stand: Bitte um Hilfe!
> Wir wissen den Weg nicht mehr.
> Wir sind fünfundfünfzig
> Der Hund führt euch her. (Str. 33)

Wie jede Hoffnung, die keine Nahrung mehr findet, ist auch der Hund tot, bevor er Rettung bringen kann. Die wörtlich zu nehmende (Aus-)Weglosigkeit der Kinder korreliert mit Brechts eigener Situation zur Entstehungszeit des Gedichts: Flucht vor dem Faschismus immer in letzter

Minute, in der sein Exilland bereits wieder überfallen wird. Aus Finnland strebt er über die Sowjetunion dem nächsten Fluchtpunkt (Amerika) zu, als die deutschen Armeen bereits in Rußland eindringen.

Die Parallele weist jedoch über das Biographische hinaus: eigentliches Thema des Gedichts ist der Ballast der gesellschaftlichen Prägungen, den man auf allen Fluchten mit sich schleppt. Nur wo das gesellschaftlich „Normale" umkehrbar wird, sind neue Wege denkbar. In der Kindergruppe vermengt sich beides: unwillkürliche Imitation der injizierten Muster und souveräne Abkehr davon. In ihrem Völkergemisch (ein Judenjunge, ein kleiner Kommunist, ein Nazikind usw.) zählt nicht ideologische oder rassische Abkunft, sondern aktuelles Verhalten. Gleichzeitig behaupten sich die Rituale der Erwachsenen, wie Begräbnisreden, Führungsspiele, Mütterlichkeit, Tierliebe, Schule, Liebe, Glaube, Hoffnung usw. — aber statt in der bloßen Reproduktion steckenzubleiben, entdecken sie ihre eigene Dimension neu: Protestant, Katholik, Nazi und Kommunist vereinigen sich am Grab des Judenjungen, nicht, um seinen Tod zu beweinen, sondern um von der ganz konkreten „Zukunft des Lebendigen" zu sprechen. Die kulminiert in dem Wort „Frieden", das einer den anderen schreiben lehren will, aber er kommt nur bis zur Hälfte: „Frie . . .".

Aus solchen Widersprüchen läßt sich Material für neue Lebensentwürfe zusammentragen. Der *Glaube* der Kinder wird von der Geschichte widerlegt, weil er blind und unwissend ist und sich einer unwissenden Führung anvertraut. *Nicht* widerlegt wird jedoch die Begier, die zweite Hälfte dieses magischen Worts „Frie . . ." buchstäblich zu erfahren und erwandern, den Weg selbst zu suchen und die übernommene Handhabung der Dinge in Frage zu stellen. Ansatzweise geschieht das bereits in der Gemeinschaft, die die Kinder den Erwachsenen voraus haben.[103]

Mit dem Heiligenschein um die kindliche Unwissenheit ist es jedenfalls vorbei. Aus der Perspektive Brechts erscheint sie folgerichtig als Relikt der bürgerlichen Ära, die den Rückzug in die private Idylle spätestens seit 1848 nicht nur praktiziert, sondern auch propagiert und literarisch idealisiert hat, wobei sich im Bedürfnis nach dem (neo-)romantischen Kindheitsmythos unschwer das Bemühen wahrnehmen läßt, die auferlegte eigene politische Unmündigkeit zu kompensieren.

Die Befolgung des kirchlichen und staatlichen Verdikts hat sich nicht ausgezahlt. In der Bildsprache wird *jeder* zum „Rattenfänger", der sein Wissen zur Waffe macht, indem er es anderen vorenthält. Zahllose Texte Brechts weisen auf diesen Verpflichtungscharakter von Bildung und Wissen hin, auf das demokratische Postulat solchen „Besitzes". Mit dem Rekurs auf die Kant'sche Forderung, sich des eigenen Verstandes zu bedienen, erklärt er eine Politik für abgewirtschaftet, die in vielfachem Sinn von Besitzunterschieden profitiert, auch und vor allem, indem sie die Kinder einerseits zum Stand der Besitzlosen, andererseits zum Statusbesitz ihrer Eltern rechnet. Gemäß der anfangs zitierten Brecht'schen Vision bleibt es völlig unerheblich, ob es sich um spanische, französische oder gelbe Kinder handelt, genauer gesagt: es können gar nicht genug der herkömmlichen und augenfälligen Unterschiede in Rasse, Herkunft, Bildung, Religion usw. bestehen, um plausibel zu machen, wie belanglos solche

170

sekundären Differenzen werden können, wenn über sie hinaus ein gemeinsamer Friedenswille sich erarbeiten läßt.[104]

„Wiederfinder"

Ein stärkerer Kontrast, genauer: eine entferntere Antithese als Berthold Viertels (1885–1953) ein Jahr zuvor geschriebenes Gedicht „Der Kinderkreuzzug" (1940)[105] ist kaum vorstellbar, obwohl sich beide Autoren mit der Flucht aus Nazideutschland nach Amerika in einer ähnlichen Situation befanden.

Der historische Bezug bleibt vage im Atmosphärischen hängen bzw. wird verallgemeinert und dadurch übertragbar auf jede vergangene, aktuelle oder zukünftige apokalyptische Weltsicht; seiner Kürze halber sei es hier Brechts (als bekannt vorausgesetzter) Ballade gegenübergesetzt:

Der Kinderkreuzzug

Dort! – von unsern Füßen unbegangene
Und mit Wolken halb verhangene
Abendliche Himmelsfelder
Prüft der Blick.
Die so groß in Welt verfangene
Sonne schlingt das Blut der Wälder
Heim in ihren Kreis zurück. –

Dreht sie niederwärts die Scheibe
Unter unsern Horizont:
Gehe sie denn ewig fort und bleibe,
Wo sie hingeht! Sei entthront!
Erde sei von neuem Tag verschont! –

Aber da erwacht der Kinder
Hoffnungsheischend klare Schar,
Hebt die Augen: Wiederfinder
Unter all dem moosgekrausten Haar
Steigen aus den kleinen Betten.
Tagentschlossen, nachtgeheilt
Schließen sie sich rasch zu Ketten,
Kinderkreuzzug, eng gekeilt.

Kinderkreuze ihre Hände,
Ihre Arme hochgeschwungen
Zu den bleigedeckten Bergen
Eines sonnenleeren Himmels –
Und sie ruhen eher nicht,
Bis sie wieder, heiß durchdrungen,
Eine Sonne hergezogen
Und ein neues Tageslicht.

Brechts Verismo wird wieder eingeholt von Wiecherts „Blut der Wälder". Nun aber nicht mehr vermengt mit dem Blut Christi, sondern als beliebige Assoziationen freisetzende, pathetische Resignation, ebenso beliebig und unbegründet wiederaufgehoben von pauschalisierten Hoffnungsträgern: Jugend als Wiederaufbereitungsanlage, als apriorische Wiederfinder von Lebensqualität.

Ein sicher ungewollter Zynismus läßt sich da herauslesen: Solange es Kinder gibt, können Zerstörungswut und Wehleidigkeit der Erwachsenen nicht die Oberhand behalten. Der Kalkül mit solchen irrationalen unbekannten Größen kann nicht aufgehen bzw. kann in bedenkliche Nähe gegenläufiger ideologischer Interpretationen geraten. Ähnlich global, notorisch un-festgelegt und in vielfältiger Bedeutungsträchtigkeit sich verflüchtigenden Worträuschen ist Ernst Jüngers Prosa gehalten, von der sich bis heute nicht immer recht ausmachen läßt, ob sie sich pro- oder antifaschistisch geriert.[106]

Ohne Viertel zu unterstellen, ähnlich gezielt mit seiner wohlklingenden Vagheit zu operieren, bleibt gegenüber diesem Text doch der Argwohn bestehen, daß hier die Pflichten von Unschuld und Unwissenheit (um in der Terminologie der vorherigen Autoren zu bleiben), in einer Weise festgeschrieben werden, die es den Erwachsenen immer wieder erlaubt, ihre Defizite eher auf ominöse Naturgesetzlichkeiten zurückzuführen, als an ihrer Veränderung zu arbeiten und die alibihafte Besetzung von „Kindheit" aufzugeben.

4.4 Jerzy Andrzejewski: Die Pforten des Paradieses (1960/1967 d.)
Glaube, Liebe, Hoffnung . . .

Spätestens seit dem ersten Kreuzzug im Jahr 1096 wurde deutlich, daß es keineswegs nur religiöse Motive waren, die die Teilnehmer zum Aufbruch bewogen.[107] Abenteuerlust und wirtschaftliche Not vereinigten sich vielfach zu einem Gefühlssturm, in dem Glauben, Phantasie und Verzweiflung nicht voneinander zu trennen waren. Einmütig berichten die Chronisten von der Verlegenheit, in die sich Papst und Kirche durch dies unvorhergesehene Echo der Werbepredigten für den Kreuzzug versetzt sahen.

Andrzejewski nimmt diesen Gedanken auf. Gleich zu Beginn seines Romans führt er mitten hinein in das Heer der Kinder; es ist seit 5 Wochen unterwegs. Vierzehn sind aufgebrochen beim Ruf des 16jährigen Hirten Jakob von Cloyes, inzwischen sind es über tausend. Ein alter Mann nimmt seit drei Tagen den Kindern die Beichte ab, ein großer schwerer Mann im braunen Habit eines Minoritenfraters. Bestürzt über einen vernichtenden Traum ist er ihnen entgegengegangen, eine Vision vom grimmigen Ende dieses Kreuzzugs in der Wüste vor Augen. Seine Sehnsucht nach der weltverändernden Kraft dieser Kinder verkehrt sich im Verlauf der großen Beichte in blankes Entsetzen. Über den strauchelnden, sterbenden Alten, der sich in letztem, hellsichtigem Aufraffen ihnen in den Weg stellen will, hinweg streben die Kinder unbeirrbar ihrem Untergang entgegen.

Auch hier ist die Handlung in der Zeit des historischen Kinderkreuzzugs angesiedelt (s. Hartlaub, Schwob[108]). Aber das betrifft nur Ambiente und äußeren Erzählanlaß, vielleicht auch die Sprachgestalt, die das unaufhörliche und unaufhaltsame Wandern des Kinderzugs dadurch zu versinnlichen sucht, daß der gesamte Kurzroman in einen einzigen Mammutsatz gefüllt ist, der in rhythmischen Wogen auf und nieder geht und in refrainartig wiederkehrenden Passagen und Sätzen als gemeinsamer Strom figuriert, der sie alle trägt. Korrelativ zur fortschreitenden Bewegung und dem Fluß der Beichte brechen in den Kindern immer neue Erinnerungsarsenale auf. Aber so unterschiedlich ihre Erzählungen, Reflexionen und Träume sein mögen, etwas zwingt sie alle in die nämliche Sprechweise, in einen fast psalmodierenden Singsang, der so unaufhörlich aus den wechselnden Mündern quillt, wie ihre Füße die Redenden weitertragen.

Dies große Gemeinsame ist die *Liebe*. Jeder aus der Gefolgschaft der ersten Stunde ist ihr auf anderen Wegen begegnet, aber alle diese Wege führen zu Jakob, ihrem Anführer. Bald leidenschaftlich, bald keusch entsagend, bald wahrheitsfanatisch, bald verstrickt in sehnsuchtsvolle Lügen, legen sie beichtend ihre Geständnisse ab, so daß sich des Paters verzweifelte Hoffnung schließlich nur noch an Jakob selber klammern kann. Erweist auch *er* sich als von (Eigen-)Liebe und Eitelkeit verführt, muß er ihm die Absolution verweigern.

Aber Jakob zeigt sich rein und frei, und trotzdem spricht ihn der Pater nicht los. Unwissentlich ist auch er verstrickt in das Ineinander von Begehren, Einsamkeit und Gewalt, ist quasi *Opfer* der eigenen Unschuld und nun im Begriff, auch ihr *Täter* zu werden. Denn seine „Sendung" entlarvt sich als Einflüsterung des Adoptivvaters, der nur ruhig sterben zu können meinte, wenn der Knabe die von ihm verübten Greuel bei der Eroberung von Byzanz sühnt. Auch diesem Kreuzzug liegt also die weltliche Liebe als causa movens zugrunde, und Jakob ist nur ein Instrument der Menschen (statt Gottes).

Um die Instrumentalisierbarkeit jugendlicher Liebes- und Leidensfähigkeit scheint es Andrzejewski in erster Linie zu gehen. So kann er unter dem Mantel der Historie Mechanismen aufdecken, die zu allen Zeiten funktioniert haben: den Mißbrauch begeisterter Kinder für die obskuren Zwecke der Erwachsenen — als Tarnung unter Führung eines der Ihren. Ihre Bereitschaft, die Kinder zur Rettung der eigenen Haut dranzugeben, erhellt unterderhand die Blindheitsgefahr jeder Massenbewegung, gleichviel, welches ihre Ziele sind, und verweist damit u. a. auch auf Andrzejewkis zeitgenössische Gegenwart.

Seit den fünfziger Jahren wird in Polen die Ausformung zum Machtstaat sowjetischen Musters mächtig vorangetrieben. Zur ökonomisch bedingten Unzufriedenheit vor allem bei den Bauern und Arbeitern gesellt sich ein fortschreitender innerer Widerstand der bürgerlichen Intelligenz gegen die Sowjetisierung des kulturellen Lebens, von der sich besonders Schriftsteller betroffen fühlen. Ihre Opposition gegen die Prinzipien des Sozialistischen Realismus mündet u. a. in eine neue Hinwendung zur einzigen Institution, die sich noch ein geistiges Eigenleben bewahrt hat: der Kirche.[109] Neu einsetzenden Verfolgungen und einer weitergehenden Gängelung der Kirche setzen ab 1956 erst die Entstalinisierung, der „polnische Oktober" und die Regierung unter Gomulka langsam ein Ende. Zahlreiche Künstler, Philosophen und Schriftsteller flüchten während dieser Zeit des Umbruchs in die Vergangenheit, in historische Themen und Verschlüsselungen, um sich dem verordneten Positivismus bzw. politischen Dirigismus zu entziehen.[110]

So stellt sich als der eigentliche „Held" des Romans der alte Mönch heraus, dessen Hoffnung auf die Errettung der Welt durch diesen Kinderkreuzzug seinem klaren Verstand nicht standhält. Sein Plan, nun seinerseits die Kinder vor dem sicheren Untergang zu bewahren, indem er Jakob, ihren Führer, nicht freispricht, scheitert an der Gewalt, mit der sie die Ideologie ihren persönlichen Bewandtnissen schützend vorschieben, bis sie ihrer so wenig entraten können, daß sie buchstäblich über Leichen gehen (nämlich den sterbenden Mönch), um die Illusion ihrer Berufung in den Massen aufrechterhalten.

Spätestens in diesem Moment machen sie sich zu Mitschuldigen.

Resumée

Die Synopse der vorgestellten Kinderkreuzzugstexte[111] erscheint mir nicht nur literaturgeschichtlich notwendig, um Historizität und Aktualität z. T. längst vergessener Werke neu zu bestimmen bzw. ins Bewußtsein zu rücken, sondern enthüllt auch eine psychohistorische Kontinuität von Denk- und Handlungsmechanismen, die hellhörig machen müßte. Bewußt wurden Texte aus verschiedenen Zeit- und Sprachräumen ausgewählt, um zu verdeutlichen, wie vergleichsweise geringfügig nationale Unterschiede und Eigenheiten werden angesichts eines übernationalen Phänomens, das durch Jahrtausende die Beziehungen zwischen den Generationen mitgestaltet hat und bis heute genuin mitbestimmt: die Tatsache, daß unabhängig von Übereinstimmung mit bzw. Widerspruch gegen den normativen Druck seitens der Erwachsenenwelt Kinder sich zu Funktionsträgern machen lassen, ohne ihre „Sendung" (im Sinn von indirekter „Beauftragung") als Fremdsteuerung zu begreifen. Ganz im Gegenteil stattet sie ihre besondere psychische Konstitution und soziale Situation mit Fähigkeiten aus, die den Erwachsenen weitgehend abhanden gekommen sind und die sie aufgrund ihres Abstands zur eigenen Entwicklungsgeschichte als Chance und Bedrohung zugleich begreifen: die kindliche Fähigkeit z. B., atmosphärisch Wahrgenommenes zu transformieren, zu konkretisieren und in Handlung umzusetzen, in der Überzeugung, selbstgesetzten Zielen nachzuziehen. Trifft diese natürliche Neigung von Kindern, zu „gehorchen" bzw. sich von den Großen abzugrenzen (was lediglich ein anderer Aspekt von Gehorchen ist), auf Konflikte der Außenwelt, die eine kollektive Verdrängung notwendig machen, so vereinigen sich die Bedürfnisse von Erwachsenen und Kindern zu einer kollektiven Phantasie, mit deren Hilfe sich beide Gruppen ihrer privaten Bedrängnisse entledigen und sie in eine Aktionsform einmünden lassen können, die ihnen die Illusion der Autonomie beläßt. Lloyd de Mause hat in einem Aufsatz[112] über solche „historischen Gruppenphantasien" einen Teil seiner psychogenetischen Theorie als *ein* Grundmuster von Eltern-Kind-Beziehungen überzeugend beschrieben. Seine auf Freud[113] basierende Theorie, daß das Agens dieser Übertragungen von privaten Gefühlen auf die öffentliche Bühne immer die Suche des Einzelnen nach Liebe ist, veranschaulicht jeder der Kinderkreuz-

zugstexte in einer anderen Variante, wobei sich von der Erzählung Hartlaubs, eigentlich schon der Beheim-Schwarzbachs, bis hin zu Andrzejewski
eine koordinatenmäßige Verschiebung von stärkerer Privatheit zu stärkerer
Eingebundenheit in die Historizität der Ereignisse ergibt. Als jugendlicher
Autor ist Hartlaub der Phase noch am nächsten, in der die Ängste, Sehnsüchte und Projektionen der Erwachsenen als indirekte „Botschaften" in
den Jugendlichen eindringen, von ihm reflektiert (gespiegelt) und in
direkte Willenskundgebungen gemünzt werden. In seinem wie auch in
allen anderen Texten wird die strukturelle *Gewalt* deutlich, die der Transformation zur direkten Gewalt (in Gestalt von Kriegshandlungen bzw.
dem, was ihnen vorausgeht) zugrundeliegt.

Sowohl im beschriebenen historischen Zeitraum der Erzählungen, als
auch in der aktuellen politischen Situation zur Erzählzeit läßt sich jeweils
eine besondere Steigerung dieser strukturellen Gewalt nachweisen. So
scheint es nur plausibel, wenn sich korrelativ zum Ausmaß von Verzweiflung, materieller Not und Unterdrückung spätestens seit dem Beginn der
christlichen Zeitrechnung die Hoffnung auf eine Erlösung aus all diesen
halb durchschauten Abhängigkeiten auf eine Figuration richtet, die quasi
als Brennpunkt realer wie irrealer Phantasien besonders geeignet ist: auf die
„Figuration Kind". In der Kinderkreuzzugsliteratur verdichten sich auf
ziemlich einmalige Weise psychische und historische Wiedergeburts- und
Erlösungsphantasien, die in dem Wahn gipfeln, die kirchlich indoktri-
nierte Erlösung durch das Jesuskind ließe sich gleichsam in kleiner Münze
– nämlich in Gestalt von millionenhaft immer wieder hingeopferten
Kindern – symbolisch wiederholen, als Umkehreffekt des leitmotivischen
Ursprungs dieser Hoffnung: des bethlehemitischen Kindermords.

Wie unerlöst diese Illusion zwischen Hilflosigkeit und Zynismus durch
die Weltgeschichte irrt, belegt ein weiteres Mal die aktuelle politische
Situation im Iran, wie sie in einer großen Tageszeitung unter der Über-
schrift „Kinderkreuzzug" berichtet wird:

Die Meldung ist so erschreckend wie glaubwürdig: Im Iran werden 15 000 Kinder
„vermißt", ohne daß sich irgendeine offizielle Stelle um sie kümmert. Ihr Verschwinden hängt ursächlich unmittelbar mit der islamischen Revolution der Ayatollahs
und mit deren Krieg gegen den Irak zusammen. Die Armen aus den Slums und
minderjährige Kinder sind nämlich mittlerweile zu den beiden Hauptstützen des
Regimes geworden. In einer Gesellschaft, deren Arbeitslosenrate inzwischen über
30% liegt, erscheint der freiwillige Gang zum Militär und zu den Revolutionsgarden
vielen Familien als einzige Chance. Die Ayatollahs haben ganze Kinderbrigaden von
Zwölf- bis Fünfzehnjährigen geschaffen und durch ihre religiöse Propaganda für
steten Zugang gesorgt. Für den Märtyrertod erwarten die Kinder den Lohn Allahs im
Jenseits, für Notlagen versprechen ihnen der geistlichen Werber den Beistand der
Heiligen. Die Kindersoldaten ziehen zu Zehntausenden mit roten Armbinden, aber
oft ohne Uniform in den Krieg. Bewaffnet sind sie mit Gewehren, die sie kaum zu
tragen vermögen, und eingesetzt werden sie buchstäblich als Kanonenfutter. Beim
Angriff auf irakische Stellungen hatten sie immer wieder die erste Linie zu bilden. Sie
stürmten betend in Minenfelder und schufen durch ihre „Opfer" freie Bahn für die
nachfolgenden regulären Truppen. Entsprechend hoch sind ihre Verluste. Nach
irakischen Angaben befinden sich über 5 000 Kinder in Gefangenenlagern. Es muß
eine kleine Minderheit sein, denn sie waren ja alle für den Opfertod programmiert,
und in Gefangenschaft zu gehen gilt als Schande . . .[114]

Dieser Artikel mag für zahlreiche andere vergleichbaren Inhalts stehen. Ergänzend hinzufügen ließe sich allenfalls, daß in kaum noch staunenswerter Analogie zu den besprochenen Rattenfänger-Texten in dieser Arbeit die Mehrzahl dieser Berichte refrainartig mit dem Hinweis auf Demonstrationen verzweifelter Mütter bzw. Eltern usw. schließen, eine Bemerkung, die fast immer im Widerspruch zum zuvor Gesagten steht, offenbar aber einem mutmaßlichen Bedürfnis der Leser (auch der Autoren) Rechnung trägt. In jüngerer Zeit häufen sich dagegen Kommentare, die von einer eindeutigeren Haltung zu erzählen wissen: daß die Kinder beschworen, suggestiv bearbeitet und bedroht werden, um keinen Preis zurückzukehren (die Zahl der Kriegs-Kinder-Krüppel geht in die Zehntausende), sondern die Akzeptanz ihres Opfers durch ihr endgültiges Verschwinden unter Beweis zu stellen, nach der Devise: Nur ein toter Sohn ist ein guter Sohn.[115]

Das Grauen, das dieser Zeitungsbericht auslöst und unter dessen Einfluß offenbar auch der Autor bei aller bemühten Sachlichkeit steht, rührt nicht nur von den erzählten Fakten, sondern von der unbarmherzigen Eindeutigkeit, von der seit Beginn des 20. Jahrhunderts die vorher beobachteten Vagheits- und Phantasiespiele im Umfeld der Rattenfängerthematik abgelöst werden. Das hier beschriebene Kindersterben ist irreversibel, nicht mehr als literarische Kompensation mißglückter bürgerlicher Identifikationssuche (Selbsterlösung) abweisbar. Es ist die vorerst letzte Konsequenz aus einer Entwicklung, die mit der politischen bzw. nationalen Konsolidierung nach der Reichsgründung einsetzte und gesamtgesellschaftlich zu einer Umgewichtung von Faszinations- und Verführungsmechanismen führt, aus der das Militär mit seinen musikalischen, narzißtischen und charismatischen Lockungen nicht mehr wegzudenken ist.

Literarisch findet diese Umakzenturierung ihren Niederschlag in Motivvariationen, die über den Umweg des Historismus in romanhafte Verarbeitungen der jüngeren und jüngsten Vergangenheit einmünden, um schließlich mit einer gewissen Sprachlosigkeit in der Sackgasse der unmittelbaren politischen Gegenwart steckenzubleiben. Am Schluß steht nur noch der nackte Bericht. Vor seiner Unerbittlichkeit nähme sich die im Lauf des 20. Jahrhunderts fast zum Slogan gewordene (politische) Rattenfängermetaphorik zynisch aus. Damit wiederum wäre der Beweis erbracht, daß tatsächlich — wie zu Beginn hypothetisch behauptet — die wichtigste Funktion der besprochenen Texte vom kollektiven Kinder-Sterben darin bestand, gesellschaftliche Verdrängungshilfe zu leisten, und daß diese Hilfskonstruktionen folglich dann versagen, wenn die Realität zur Konfrontation mit den unmittelbaren Folgen solcher Gruppenphantasien zwingt, also ehe aus „Geschichte" wieder „Geschichten" werden.

5. Missionar in Sachen (deutsche) Heimat
Theodor Wilhelm Elbertzhagen: Der Rattenfänger von Hameln (1934)

Wie ein heiter-absurder Abgesang zum Kinderkreuzzugsdiskurs mutet der Roman von Theodor Wilhelm Elbertzhagen aus dem Jahr 1934 an.[116] Man fragt sich freilich nach der Angemessenheit solcher Heiterkeit, vor allem angesichts der Tatsache, daß der Roman nach dem Ende des Krieges neu aufgelegt wird. Der Rückgriff auf Mythen, um jüngste Geschichte zu verlebendigen, wird hier aus der Perspektive der Nachkriegsausgabe zur grotesken und unfreiwilligen Eigensatire. Fragwürdig bleibt in beiden Fällen die Überzeitlichkeit, die dadurch signalisiert werden soll, daß zwei Wirklichkeitsebenen mehrfach durcheinanderwechseln.

Die Erzählung ist im Jahr 1384 angesiedelt, also — genau wie die erste Hamelner Chronik — gerade einhundert Jahre nach dem Kinderauszug. Ein 60jähriger Fremder in prächtiger ausländischer Tracht reitet in Hameln ein und fordert eine alte Schuld, an die sich niemand erinnern kann. Erst, als er auf seiner Flöte spielt, steigen die alten Geschichten aus dem Gedächtnis auf und spülen verdrängte Schuldgefühle mit hoch. Plötzlich ist man bereit zu zahlen, sogar mit Zinsen für 100 Jahre. Zum Dank verliest der Fremde ein Pergament, das sich als die Lebensgeschichte von Hunold *Bundting* entpuppt, des Rattenfängers, der vor 100 Jahren die Kinder entführt hat. Unter ihnen befand sich auch der Vater des Fremden, der nun als sein Gesandter kommt und sich als Vetter des Bürgermeisters erweist. Im Auftrag Hunolds soll er, wenn die Stadt „redlich und treu, wie sich das für eine deutsche Stadt gehöre" ist, ihr das Geld schenken für ein „schönes deutsches Haus" zur Erinnerung an alles: „Du aber, liebe Vaterstadt Hameln, du sollst für alle Zeit eine deutsche Märchenstadt werden wie keine andere" (S. 95).

Ungeachtet der unfreiwilligen Komik dieses Textes an vielerlei Orten, beispielsweise als die Bürger von Hameln erst *dann* ihre Freudentänze anfangen, wie sie hören, daß sie ihr Geld behalten dürfen, die „lieben alten, ewig jungen deutschen Lieder und Tänze", versteht sich, beschleicht den Leser von Anbeginn ob der forcierten Serenität des Erzählens von einer heilen, satten, fröhlichen Welt beim obligaten Blick auf das Erscheinungsjahr des Buches tiefes Unbehagen. Zu offensichtlich wird der aus Sage, Märchen, Mythos zusammengemixte Rahmen zur bloßen Folie degradiert, wird ein schlampiger Anachronismus betrieben, um durchaus zeitgebundenen Irrationalismen die Würde ewiger Gültigkeit anzuheften und sie dadurch jeder kritischen Befragung zu entziehen. Es läßt sich förmlich nachverfolgen, wie der Autor mit jeder neuen Verlautbarung des Wörtchens „*Deutsch*" sich in einen Rausch hineinsteigert, dessen vage Gefühligkeit das faktische Wissen um die Geschichte des 1. Weltkriegs fortschwemmen bzw. soweit anullieren soll, daß an den nachprüfbaren kausalen Zusammenhängen kein Interesse mehr besteht. Was „zählt", ist allein das ungebrochene Bekenntnis zu einem „Deutschtum", das sich überwiegend in heimatverbundenen Rundgesängen erschöpft und die großdeutsche Lösung so illusionistisch heraufbeschwört, als sei sie nicht unlängst zu Grabe getragen, sondern eben erst erfunden worden.

Nicht daß die *Heimat* erst durch Bloch der allgemeinen Diskreditierung entrissen worden wäre, obwohl manches wie auf den vorliegenden Text gemünzt scheint: „Ziel ist jene Gemeinschaft", heißt es im 3. Band des *Prinzip Hoffnung*, „wo die Sehnsucht der Sache nicht zuvorkommt, noch die Erfüllung geringer ist als die Sehnsucht"[117]. Heimat als „konkrete Utopie" wird schon nach dem Ende des ersten Weltkriegs (und um so stärker ab 1945) zu jener Art „Tagtraum", die dazu angetan ist, Wünsche als

„Vorgefühle von Fähigkeiten" begreifen zu lassen, im vorliegenden Fall als historische Antizipation der zur Erscheinungszeit des Romans ideell-propagandistisch betriebenen deutschen „Wiedervereinigung"[118].

Die emotionale Synthese von Erzählzeit und erzählter Zeit suggeriert eine Geschichtsklitterung, die im Leser den Eindruck entstehen lassen muß, was *ihm* von der „deutschen Heimat" abhanden gekommen ist[119], sei seit Tausenden von Jahren, ganz gewiß aber seit dem 13. Jahrhundert, eine gewachsene Einheit von Gottes Gnaden, die der Mensch nicht teilen darf. Ungarn, Siebenbürgen, Böhmen, der Balkan usw. rangieren in solch verkürzter Optik als pars pro toto für die verlorenen „Ostgebiete", im Text hat dort ein *Adolf* von Holstein Bauern aus Westfalen, Friesland und Niedersachsen angesiedelt, hat ihnen das Land einfach geschenkt, weil sie daheim zu arm waren.

Zu ihnen will der Rattenfänger Bundting — in einer Art eigenmächtiger Kinderlandverschickungsaktion — die entführten Hamelner Kinder bringen. Denn deutsche Kinder können sich nur bei Deutschen wohlfühlen.[120] Wie ein Jugendherbergsvater alten Schlages[121] zieht er mit ihnen durchs Land, lehrt sie, Natur, Wald und Welt mit neuen Augen zu sehen und die Eltern, die ihn betrogen haben, zu vergessen. Das Zaubermittel, das er dazu verwendet, besteht nicht nur in seiner Musik („Welch ein Wunder, wenn fröhliche Kinder eines fleißigen Volkes Lieder singen", S. 62 f.), sondern noch in einer anderen, altbekannten Lockung: der Erzählung vom *Kinderkreuzzug*. Dabei bedarf es kaum der Erwähnung, daß diese Erzählung sich auf die Erfolge des Kinderzugs beschränkt und mit der glücklichen Einschiffung des „Heeres" endet. Krankheiten, Tod, Sklaverei, Folter, Märtyrertum und Schiffbruch existieren nicht, nur das „samtblaue Meer mit seinen weißen Schaumkronen auf den Wellen, das große prächtige Rom, darin in stolzem Palaste der Papst wohnte, und sie setzten selbst ihre Füße auf die schaukelnden Schiffe, deren weiße und rotbraune Segel sich im Winde blähten wie riesige Pausbacken. Wir wollen auch einen Kreuzzug unternehmen" (S. 79).

Tatsächlich befinden sie sich längst mittendrin, ohne es zu wissen. Der sie dahin geführt hat, folgt jenem altbewährten Prinzip, das auf Kosten der Kinder den Eltern Einsicht und Umkehr erspart und das Heilige Land dorthin verlegt, wo die eigenen Sehnsüchte wurzeln. Nur einem *Kind* kann Bundting denn auch den nationalistisch gefärbten Altruismus seiner Kindesentführung plausibel machen, eben jenem Knaben, dessen Sohn später sein Gesandter wird:

Denn das Unrecht, das deine Vaterstadt an mir getan, schmerzt mich ja nicht meinetwegen, nicht wegen des entgangenen Lohnes, den ich gar nicht für mich verwenden wollte, sondern dafür, daß ihr armen, verhungerten Kinder, die ihr damals alle waret, euch erst mal wieder recht satt und rund essen solltet. Das Herz wollte mir zerspringen, daß in einer so freundlichen deutschen Stadt in einem so urdeutschen Land mit fruchtbaren Äckern und waldumrauschten Hügeln an der fröhlichen Weser so undankbare und betrügerische Menschen wohnen sollten. Daß im deutschen Land die Ehrlichkeit und Arbeit nichts mehr gelten soll. Da hab ich mir gedacht: die Buben und Mädel, die ganze unschuldige Jugend soll künftig nicht mehr in Lug und Trug und häßlicher Selbstsucht aufwachsen, sie soll die Schuld der Stadt sühnen und ihrem Namen wieder den guten Klang geben. Ihr Kinder sollt wieder die rechte Heimatliebe im Herzen tragen. Heimatliebe wächst aber nur in dem so recht, der sie entbehren muß. (...) Und wir zeigen und beweisen allen fremden Menschen, wie lieb wir unser deutsches Vaterland haben und wie schön es dort ist. (S. 85 f.)

Dieser Monolog wird zum Initiationserlebnis für den Knaben. Künftig ist er mit dem Rattenfänger gemeinsam der *Führer* „dieses seltsamen Kinderzuges, dieses Kreuzzuges ohne Waffen und Schlachten, und der sich doch die Welt eroberte durch deutsche Lieder, deutsches Gemüt, deutsche Melodien und Märchen". (S. 87)

Und als gäbe es neben diesem einen, einzigen Adjektiv „deutsch" nichts Vergleichbares, verliert sich der Autor in einem Paroxysmus der Deutschtümelei, der sich von der Zeit *vor* der Gründung der Republik nicht lösen zu können scheint. Die Kinder kommen schließlich ohne jede Mühsal in Wandervogelstimmung und an Lagerfeuern sich ausbreitender Pfadfinderromantik in Siebenbürgen an:

Da lebten fern, ganz fern von der deutschen Heimat, in einem fremden Lande, das von riesigen Felsbergen umgrenzt ist, deutsche Bauern, die sich da angesiedelt hatten, mit ihrer Hände hartem Fleiß deutsche Dörfer, deutsche Häuser bauten, die deutsche Sitte und Sprache ins Welschland getragen und zu hohem Ansehen gebracht hatten, und da kamen nun plötzlich an einem fröhlich weißen Wintertag einhundertdreißig frische, gesunde Kinder an, die deutsche Lieder sangen, die Reigen der fernen Heimat tanzten, die gleiche vertraute Muttersprache plauderten. (...) Weißhaarige Männer mit braunen, sorgenzerfurchten und Frauen mit lieben, blauäugigen Gesichtern haben dagestanden und vor Freude richtige Tränen geweint. (...) Da haben es die Hamelner Kinder gelernt (...) wie sich der Deutsche, der im fremden Welschland unter fremden Menschen und fremden Gesetzen leben muß, nach der Heimat sehnt mit brennendem Herzen und (...) welch heiliger Vorzug es ist, daheim in Deutschland leben zu dürfen, und daß jeder Deutsche schon deshalb gut und ehrlich sein müsse. (S. 90 ff.)

Wie die Siebenbürgener Sachsen „stolz und froh ihr Deutschtum zu bewahren", das ist die magere Botschaft dieses blonden, blauäugigen Rattenfänger-Jünglings an die Erbauer und Opfer des dritten Reiches.

Das Phänomen bis hin zur „Bund-der-Vertriebenen-Mentalität" der fünfziger Jahre als direkte Folgeerscheinung ist bis heute in deutschen Landen anzutreffen: das verzweifelte Festhalten an einer Identifikations-Figuration, die sich in blinder Reproduktion der eingestanzten Leitbilder bei Bedarf von einer (Führer-)Person auf das ganze Land und Volk, dem man selber angehört, verlagert, um mit entsprechenden Rundschlägen Angriffe auf das versehrte Selbstbild kollektiv zurückschlagen zu können. Der Bericht von Melitta Maschmann[122], der in Deutschland bezeichnenderweise relativ geringe Resonanz gefunden hat, d. h. das ebenso redliche wie erfolglose Bemühen einer ehemaligen hohen BDM-Führerin, über Beschreibung und Analyse ihres Aufstiegs sich an die Quellen ihrer passiven und aktiven Manipulationsbereitschaft nicht nur heranzuarbeiten, sondern sich gleichsam davon loszuschreiben, loszusagen, läßt etwas davon ahnen, wie tief die in der nationalsozialistischen Jugenderziehung eingeübten Mechanismen verankert sind. Der französische Historiker Joseph Rovan schreibt in einem Aufsatz über die Geschichte der HJ: „Die Mythen vom *Dienst,* von der *Treue* und von der *Ehre* werden ständig bemüht.

Uniformiert und mit allen möglichen Orden und Bändern, Dolchen und bombastischen Titeln geschmückt, werden die jungen Leute aufgesogen, aufgefressen und entpersönlicht. Im Schatten des großen ‚Rattenfängers' ist Schirach ein höchst wirkungsvoller kleiner Verführer."[123]

Vor diesem Hintergrund nimmt sich Elbertzhagens Erzählung wie eine provozierende Idyllisierung nationalsozialistischer Maßnahmen wie z. B. des „freiwilligen" Arbeitsdienstes auf dem Land oder der Erschließung brachliegender oder unzureichend ausgenützter Böden durch Zusammenarbeit von HJ und SS aus. Tatsächlich übernahm die HJ schon ab 1934 auch die Jugendorganisationen der deutschen Minderheiten im Ausland, besonders im Baltikum, in Polen, der Tschechoslowakei und auf dem Balkan, mit dem Ziel, die Absorption der Auslandsdeutschen durch das Gastland zu bekämpfen und die Jugendlichen zu tüchtigen Propagandisten *im* fremden Volk zu erziehen.[124] In den zitierten „deutschen Dörfern und deutschen Häusern", von den schwieligen Händen deutscher Bauern erbaut, erkennt man unschwer Hitlers bzw. Himmlers Traum von den sogenannten „Wehrdörfern", landwirtschaftlichen und zugleich militärischen Siedlungen nach Art der altösterreichischen Grenzbefestigungen gegen die Türken (ähnlich denen, die später die israelische Armee an den arabischen Grenzen errichtete), die in den zu erobernden Ostgebieten aufgebaut werden sollten. Die HJ ist als vorrangige Rekrutierungsreserve hierfür vorgesehen. Selbst die Rolle der Eltern paßt sich in dieses Konzept ein: ebenso wie der Rattenfänger die Kinder von ihren Familien entfernt, um sie im Kollektiv eindringlicher zur anvisierten Heimatliebe erziehen zu können, ist in der sich etablierenden Nazi-Gesellschaft für die Zeit nach dem „Endsieg" geplant, nach dem Modell von *Sparta* den Eltern das Recht auf die Erziehung ihrer Kinder weitgehend zu entziehen. Teilweise wird dies dann in den Kriegsverschickungslagern praktiziert, in denen sich über das Ziel der physischen Sicherheit hinaus die Möglichkeit ergab, die Kinder fern von störenden Einflüssen ideologisch zu indoktrinieren. 800 000 Kinder gingen noch 1944 auf diese Weise durch die Hände von fanatischen NS-Vertrauenslehrern.

Diese ausführliche Parallelisierung erschiene vielleicht unstatthaft — immerhin bedient sich die Erzählung eines approbierten historischen „Kostüms" — wüßte man nicht von Plänen der HJ-Führer, auch *nach* der bereits sicheren Niederlage in den vom Feind besetzten Gebieten (vorzugsweise den verlorenen Ostgebieten) mit Kindern und Jugendlichen den künftigen Widerstand zu organisieren und die Substanz der nationalsozialistischen Botschaft weiterzutragen (z. B. „Werwolf"-Gruppen usw.). Melitta Maschmann berichtet auf bewegende Weise von diesem letzten verzweifelten Aufbäumen einer alleingelassenen, verratenen Jugend.[125]

Resumée

Was erhellt die Analogie von Text und Geschichte? Ich denke, sie setzt Warnsignale verschiedener Art. Neben der besonderen — mithin zum Gemeinplatz gewordenen — ideologischen und emotionalen Manipulierbarkeit von Jugendlichen rückt die Doppelbödigkeit eines Verfahrens ins

Blickfeld, dessen traditionsreiche Geschichte nicht darüber hinwegtäuschen darf, daß es zu ganz entgegengesetzten Zwecken verwendet
werden kann. Der kunstvollen Einkleidung aktueller brisanter, auch
politischer Problematik in historische Gleichnisse, in vorhandenes Sagen-
gut oder in Bilder aus Flora und Fauna des jeweiligen Herkunftslandes
verdanken wir ganze literarische Gattungen (z. B. Fabel), zu schweigen von
der oft lebensrettenden Funktion von derlei Maskierung (Persien: Der
kleine schwarze Fisch u. a.). Wer sich derselben Technik bedient, um auf
der Basis ihrer „Kreditfähigkeit" der Jugend erneut „Schulden" aufzubür-
den, die ihre Eltern gemacht haben, auch wenn sie jetzt in „Hoffnungen"
umbenannt sind, entlarvt sich als zwiefacher Rattenfänger. Der vorliegende
Text von Elbertzhagen kann in diesem Sinn als Akt einer Verleugnung
gedeutet werden, die in künstlicher Simplifizierung und einer überaus
primitiven Sprache Assoziationen Vorschub leistet, die historische Sachverhalte nicht nur verkürzen und entstellen, sondern suggestiv negieren.

Der neuralgische Punkt, an dem diese psychologische Rattenfängerei
zutage tritt, ist der Begriff „Heimat". Selbst wenn man in Rechnung stellt,
daß nach dem ersten verlorenen Krieg in Deutschland die legitime Sehnsucht nach der inneren und äußeren Rehabilitierung eines in Verruf
geratenen Gefühls ihren verbalen Niederschlag (und damit ein Echo)
suchte, bedeutet das keinen Freibrief für revanchistische Propaganda im
Stil derer, die noch immer nicht begriffen haben, von *welcher* Seite sie
eigentlich betrogen wurden. In dieser Lesart wird jedenfalls Blochs konkrete Utopie fahrlässig versäumt und sinkt zur Kurmark-Zigarettenreklame
ab, wenn beispielsweise refrainartig wiederkehrend die ausländischen
Anrainer beim Durchzug der Hamelner Kinder mit Sang und Klang in den
emphatischen Ruf ausbrechen: *„Was muß eure Heimat für ein schönes herrliches Land sein!"* (S. 89)

Es geht auch anders. Entgegen der bei Elbertzhagen unter der Hand
vermittelten Annahme, daß Heimatgefühl ein speziell *deutsches* Privileg sei,
suchen z. B. in den fünfziger Jahren, d. h. zur Zeit der Neuauflage des
Buches 1954, in ganz Europa zerrissene Familien, versprengte oder aus der
Gefangenschaft entlassene Soldaten bzw. heimkehrende Emigranten die
Stätten ihrer Kindheit wieder auf, um nach Spuren ihrer verschütteten
Identität zu fahnden. Aus der Vielzahl ihrer literarischen Zeugnisse sei aus
dem Jahr 1954 ein Textauszug neben Elbertzhagens trivialisierte Propa-
ganda-Erzählung gestellt, der in größtmöglicher Einfachheit gerade *das*
behutsam in Frage (eine echte Frage) stellt, womit der andere sich in
grobschlächtiger Vereinnahmung eines Publikums versichert, das sich dem
Geist angleicht, den es begreift.

Ein Dorf brauchst du, und wäre es nur, damit du es hin und wieder gern verläßt. Ein
Dorf — das bedeutet: du bist nicht allein, du weißt, in den Menschen, in den
Pflanzen, in der Erde lebt ein Stück von dir, das, auch wenn du selbst nicht da bist,
bleibt und auf dich wartet. Aber es ist nicht leicht, dabei ruhig zu sein. Seit dem
einen Jahr, da ich dieses Dorf im Sinn trage und, sowie ich kann, von Genua
herübereile, schlüpft es mir aus den Händen. So etwas wird dir mit der Zeit und mit
der wachsenden Einsicht klar. Ist es möglich, daß ich mit vierzig Jahren, ich, der so
viel von der Welt gesehen hat, noch nicht weiß, was das ist: mein Dorf.[126]

Eine sehr viel weiter reichende Variante des Heimatbegriffs in Verbindung mit einem zwischen *Oger* und *Erlkönig* changierenden *Rattenfänger* bietet der Roman des französischen Goncourt-Preisträgers Michel *Tournier: Der Erlkönig,* aus dem Jahr 1970, dessen einläßlichere Analyse als Exkurs hier zu fernab liegen würde. Als politische Metapher und Inbegriff der gesamten Monstrosität des Dritten Reichs treibt hier ein germanophiler Franzose als „Fänger" alle Knaben in den nazistischen Napolas zusammen und überantwortet sie damit dem sicheren Tod für das Land, dem *er* sich auf so rätselhaft magische Weise verbunden fühlt, daß er noch im Untergang mit der „fremden" Heimat sich identifiziert.[127]

6. Das Drama des Rattenfängers
Dramatisierungen (1879/1932—1975)

Es gibt Stoffe, die sich der Dramatisierung zu entziehen scheinen, d. h. die auf der Bühne keine neue Dimension erschließen. Vielleicht gehört der *Rattenfänger* zu ihnen. Im Verhältnis zur Menge der epischen Verarbeitungen der Thematik wurden tatsächlich relativ wenige Versuche unternommen, die Sage spielbar aufzubereiten. Soweit sie vorliegen, muß der Literaturgeschichte, die sie meist „vergessen" hat, rechtgegeben werden. Im Kontext dieser Motiv-Forschung bilden sie jedoch eine kleine „In-Group", die nicht unterschlagen werden darf, zumal sie sowohl formal, als auch in ihrer je eigenen inhaltlichen Akzentsetzung eine Überleitung zum nächsten Teil der Untersuchung bilden: den *Rattenfängerliedern* heutiger Chansonniers. Eine Ausnahme bilden die von Kindern erarbeiteten Spiele und Stücke, die im letzten Kapitel vorgestellt werden.

6.1 Begierde nach Dissonanz / Opern-Exkurs

Am Anfang der Reihe[128] — sozusagen außen vor — steht ein sonderbares Zwitterwesen: *Der Rattenfänger von Hameln.* Große Oper in fünf Akten. Dichtung mit Zugrundelegung der Sage und der Fabel von J. Wolffs gleichnamiger Aventiure von Friedrich Hofmann. Musik von Victor E. Nessler.[129]
   Die Partitur dieses Opus' war nicht aufzuspüren, möglicherweise existiert sie überhaupt nicht mehr oder nur in der DDR. Dafür aber ein Klavierauszug in Erstausgabe von Breitkopf & Härtel, was immerhin auf ein gewisses — wenn auch hier nur zeitgebundenes — Renommée Rückschlüsse zuläßt. Seinen großen Durchbruch erzielte der Komponist nicht mit dem *Rattenfänger,* den heute buchstäblich niemand mehr kennt, sondern mit der Oper *Der Trompeter von Säckingen,* dessen Haupt-„Schlager", „Behüt dich Gott, es wär so schön gewesen" immerhin noch in manchen Liederbüchern zu finden ist.[130] Kein Geringerer als Arthur Nikisch leitete am 19. März 1879 in Leipzig die Uraufführung der Rattenfänger-Oper, Berlin folgt ein Jahr später.
   Heute ist es kaum noch vorstellbar, daß der Komponist aufgrund des Erfolgs dieser Uraufführung seine Stellung als Theaterkapellmeister

aufgeben und sich ausschließlich dem Komponieren widmen konnte. Anläßlich der sehr späten *Wiener* Erstaufführung des *Rattenfängers* 1897 schreibt der Kritiker Eduard Hanslick ziemlich wegwerfend:

Von Leipzig aus war Nesslers *Rattenfänger* vor achtzehn Jahren siegreich und verheerend über die deutschen Bühnen gezogen. Jetzt erst, nach fast zwei Decennien, erscheint der wohlbekannte Sänger und vielgereiste Rattenfänger auch in Wien. Ob wirklich „diese altberühmte Stadt ihn ganz besonders nötig hat"[131]?

Das Geheimnis dieses ebenso raschen wie rasch vergänglichen Ruhms liegt darin, daß er eine Art Kontrastprogramm zum „anstrengenden Genusse Wagnerscher Riesenopern" (Hanslick) darstellt[132], eine Rückkehr zu schlichten menschlichen Stoffen und zur eingängigen Melodik, vergleichbar etwa den gemütvollen und beliebten *Lortzing*-Opern. Dessenungeachtet setzt er jedoch instinktsicher wo immer möglich, wenngleich reichlich trivialisiert, Wagners genialste „Erfindung" ein: Das Leitmotiv. Das in der Ouvertüre anklingende Allegro grazioso, Triolen mit folgenden chromatischen Abwärtsläufen[133], ertönt wieder, wenn die Ratten und Mäuse verzaubert werden und begleitet ebenso den Zug der Kinder, bis die Brücke hinter ihnen zerbricht. Am Schluß schwebt die Schalmei des Rattenfängers über den aus der Kirche dringenden Chorälen und skandiert — nun in aufsteigender Linie — das alsbald ausbrechende Verzweiflungsgeschrei der Eltern.

Dazwischen liegt die aus Julius Wolffs Epos bekannte Liebesgeschichte, auch *sie* von Ton- und Textgestalt her in leicht Wagnerschem Verschnitt, etwa wenn Hunold und Gertrud so eilig zueinander in Liebe fallen, daß man Tristan und Isolde dagegen als phlegmatisch bezeichnen müßte.

sie: voll Graun und Lust . . .
er: voll Lust und Graun . . .
sie: es reißet mich hin mit Zaubergewalt zum Mann voll Herrlichkeit
er: es reißet mich hin mit Zaubergewalt zur wunderholden Maid (S. 94).

Und Hunold fährt fort: „Dich zu erringen, dich zu ersingen, dich zu erstürmen, du mutige Maid . . ." usw. Gertrud sind meist einfachere, innige, volksliedhafte Melodien, Lieder und Arien zugeordnet, entsprechend der Rolle, die Frauen im Opernrepertoire besonders in der zweiten Hälfte des 19. Jahrhunderts zugewiesen wird. Sie sind für die „Seele" zuständig, für Reinheit, Treue und Opfer, allenfalls Schelmischkeit usw. — kurz, für alles, was dem Mann abgeht oder wofür er keine Zeit hat (Typ *Waffenschmied* z. B.). So entsteht in der Rattenfängeroper ein süffiges Potpourri von Altbekanntem auf vielerlei Ebenen, das den Hörgewohnheiten auch der Anspruchsvolleren zu schmeicheln sucht, ohne die Masse zu verprellen. Ergänzend dazu lassen sich im Text gelegentlich unfreiwillig tragikomische Formulierungen aufstöbern, so z. B. Hunolds in sadistische Alliterationen sich steigerndes Fänger-Lied:

Nimm höheren Schwung an, du eklige Brut
und setze zum Sprung an hinab in die Flut
im Wogentanz lauern die Lachse schon lang

. . .

> wie färbt ihr die Wogen der Weser so rot
> wie's windet und wendet und quieket und zischt[134]
> verschlungen, verendet, begraben im Gischt.
> Hinab in die Wogen, hinab in den Tod.

oder der „Rachekuß", den er der Bürgermeistertochter aufzudrücken wettet und der seinen tödlichen Konflikt, eben zwischen Liebe und Rache, apostrophieren soll. Deutlicher als bei Wolff ist das Motiv der *Strafe* herausgearbeitet, die die Gesellschaft über ihn verhängt, weil er als „underdog" die Sinnlichkeit der Prominententochter hervorzulocken wußte. Die Kinder interessieren ihn überhaupt nicht. Nur aus Wut über den Tod seiner Geliebten nimmt er sie mit.

> Die ihr mein Lieb stets mir geraubt
> die Rache fällt auf aller Haupt.
> In ewger Trauer sollt ihr stehn
> nie eure Kinder wiedersehn.

Der symbolische Brückenabbruch hinter dem letzten verschwindenden Kind beendet das Spiel.

Mit dem Hinweis auf die epigonalen Merkmale von Text und Musik scheint mir der rattenfängerhafte Erfolg dieses Werks aber noch nicht hinreichend erläutert. Adorno hat in seiner *Einleitung in die Musiksoziologie*[135] auf die komplexe Beziehung zwischen Musik*hörenden*, als vergesellschafteten Einzelwesen, und der Musik selbst hingewiesen, d. h. auf die Wechselwirkung gesellschaftlicher Antagonismen und ihren Niederschlag in beiden: den Produzenten wie den Konsumenten von Musik. Grundsätzlich ist über die Qualität einer Musik nicht danach zu entscheiden, ob, wann und wie intensiv sie eine Breitenwirkung erzielt, ebenso wie sich das Moralisieren über die gesellschaftliche Funktion auch minderer Musik erübrigt, solange „die Beschaffenheit der Gesellschaft selbst und mächtige Instanzen den Menschen jene Musik aufzwingen, und solange ein Zustand fortdauert, in dem sie, zu ihrer sogenannten Entspannung, ihrer bedürfen" (S. 81).

Gerade an der Wagnerrezeption läßt sich das Verhältnis von Produktivkräften und Produktionsverhältnissen exemplarisch beobachten. Dabei zählt Adorno zu den Produktivkräften den gesamten künstlerischen Apparat auch der *re*produzierenden Mitarbeiter, etwa bei einer Produktion wie der Oper, während die Produktionsverhältnisse wirtschaftliche und ideologische Bedingungen miteinbeziehen, d. h. Entstehungsvoraussetzungen *und* Reaktionsweisen, genauer: die musikalische Mentalität und den Geschmack der Hörer. Im Fall Wagner steht beides nicht so sehr antagonistisch einander gegenüber (wie z. B. später bei Schönberg u. a.), sondern ist „reziprok vermittelt" (S. 234): Wagners Produktivkraft bzw. seine großen Produktionen haben zwar einerseits relativ abrupt Wandlungen des Publikumsgeschmacks hervorgerufen, gleichzeitig — wie am Beispiel der Rattenfängeroper ablesbar — nur sehr viel langsamer — als kompositorische Neuerung auch in der gehobenen „Unterhaltungsmusik" ihre Spuren hinterlassen.

Diese Langsamkeit, um nicht zu sagen: Verzögerung wäre ein Hinweis darauf, daß umgekehrt auch die Produktionsverhältnisse auf die Produktivkräfte Einfluß nehmen. Ein „Fortschritt", den der jeweilige Markt nicht begünstigte, wurde noch immer aufgehalten. In diesem Sinn ist Nesslers Oper ein Meisterwerk der Anpassung. Unter dem gesellschaftlichen Druck des Erfolgszwangs verleugnet er, was Adorno treffend als eine „Begierde nach Dissonanz"[136] bezeichnet, d. h. den von aller Harmonieseligkeit sich entfernenden Ausdruck des leidenden, „zugleich autonomen und unfreien Subjekts" (S. 236). Stattdessen macht er Konzessionen in alle Richtungen: zum Fortschritt hin, indem er es hier und da ein wenig wagnern läßt; zum gesellschaftlich verinnerlichten Massengeschmack hin, indem er einen populären Stoff populär vertont, d. h. in leicht eingängigen Weisen, die jeder gleich mitsingen kann.[137] Wie nebenbei bietet sich solche Musik auch zur Regulierung der indidviduellen Triebökonomie an: als „Gefäß" für frei flottierende Emotionen, als Projektionsmedium bzw. Gefühlslieferant per identificationem, über den sich das zur Entstehungszeit aktuelle zivilisatorische Gefühls*verbot* überlisten läßt.

Nesslers bzw. seines Librettisten Hofmanns oben angedeutete Akzentuierung der unstatthaften Triebhaftigkeit, selbst unter Liebenden, läßt etwas von der katalysatorischen Rolle ahnen, die die Bühne von der Antike bis heute und besonders im 19. Jahrhundert immer wieder einzunehmen wußte. Im Umfeld des Rattenfänger-Motivs, dem die Musik ja genuin zugehörig ist, verdienen die produktiven und rezeptiven näheren Bewandtnisse dieser Oper insofern besondere Aufmerksamkeit, als sie konkret etwas von der „politischen Verdächtigkeit" (Th. Mann, Zauberberg) von Musik aufblitzen lassen, indem sie einerseits zwar die Verführungsmechanismen des Werks transparent machen, andererseits aber damit lediglich die Unabhängigkeit des Erfolgs von der „Qualität" bestätigen: eine gesellschaftspolitische Dimension par excellence!

6.2 Die Dramen

Weder die Oper, noch die Dramen, von denen im folgenden die Rede sein soll, richten sich an Kinder. Vielmehr geht die mit Julius Wolff einsetzende Entwicklung dahin, daß diejenigen, die einst den zentralen Konfliktpunkt der Handlung bildeten, die Kinder, nicht nur als Statisten an die Peripherie gedrängt bzw. als bloßes Mittel zum Zweck benötigt werden, sondern im weiteren Abstraktionsprozeß der symbolischen Übertragbarkeiten verschwinden sie in einem Fall schließlich sogar *ganz* von der Bildfläche, so als besänne man sich auf die ursprüngliche Doppelsträngigkeit der Thematik zur Zeit der ersten Chroniken. Stattdessen ergibt sich eine deutliche Korrelation zwischen politischer Tendenz bzw. einer prononciert apolitischen Haltung einerseits und der zunehmenden Eliminierung von Kindern bzw. ihrem gezielt agitatorischen Einsatz andererseits. Dabei erscheint es mir als eine nur scheinbare Paradoxie, daß gerade zwei Stücke von 1932 und 1934, also aus einer Zeit totaler politischer Mobilmachung, sich eigentlich aller aktualisierenden Bezüge enthalten.

Den „Rattenfänger von Hameln" von J. v. d. *Goltz* (1932) könnte man auch mit dem programmatischen Titel *Ruhe und Ordnung* überschreiben, mit einem leichten Beigeschmack von eklektizistischem Individual-Patriotismus, mystischer Verliebtheit in die Religion und verquasten Anklängen an die Einschätzung des Dichters als bürgerlicher Prophet. Die „Botschaft", wenn es denn eine gibt, erschöpft sich im Ausruf: „Eine Welt ist untergegangen, an die wir geglaubt", mithin eine Sorge, die man dem Autor als Zeitzeugen wohl glauben möchte. Anläufe, eine neue wiederaufzubauen, werden jedoch nicht unternommen.

Eher in Richtung einer pluralistischen Unverbindlichkeit weist „Der Rattenfänger" von B. Flemes aus dem Jahr 1934. Drei Deutungsmuster ohne innere Kohärenz werden nebeneinander gestellt, ihr einziges verbindendes Element bildet eine gewisse — zeitgemäße — Frauenfeindlichkeit: die Geliebten der jeweiligen Rattenfänger-Modifikationen (in einem Fall als Faust-Verschnitt verkleidet) werden immer dann in die Subalternität zurückgestoßen, wenn die Männer an ihrer Unsterblichkeit zu zimmern beginnen. Die nationalsozialistische Frauenideologie fiel auf keinen unvorbereiteten Boden.

Ganz anders dagegen das zur Zeit des kalten Krieges entstandene Drama von A. Elisabeth *Wiede*. Im Schatten des Berliner Mauerbaus gerät es zum Schulstück gegen Kapitalismus und Republikflucht und verfährt mit dem gänzlichen Verzicht auf die Kinder umgekehrt proportional ebenso radikal wie *Zuckmayer* in seinem weitgehend auf die Psychologie rebellierender Jugendlicher abgestellten Text.

6.3 Lehrstück gegen die Republikflucht
Anna Elisabeth Wiede: Die Ratten von Hameln (1958)*

Läßt es das Stück von Flemes an der im Text versprochenen Aufklärungsarbeit letztlich fehlen bzw. bleibt im Rhetorischen stecken, so findet sich davon um so mehr in A. E. Wiedes 1958 in der DDR erschienenen Drama *Die Ratten von Hameln*. Konsequenter als ihre Vorgänger dokumentiert sie bereits in Titel und Personal ihr parteiliches Erkenntnis- und Schreibinteresse: Nicht so sehr der Rattenfänger und seine Aktivitäten stehen im Mittelpunkt, sondern die *Ratten*, d. h. diejenigen, die als solche gleich eingangs, kaum noch symbolisch verbrämt, apostrophiert werden: die Unterprivilegierten, also Arbeiter, Tagelöhner, arme Handwerker bzw. die fast ebenso armen Meister usw. Die dialektische Dynamik solcher Titulierungen durch die Mächtigen drückt dabei zweierlei aus: einmal die produktive Kraft der verachteten untersten Schichten, aus der Not eine Tugend zu machen, zum andern den Bumerangeffekt solchen verbalen Mißbrauchs, der den potentiellen bzw. zwangsläufigen Rückschlag der Deklassifizierung auf die eigene Gruppe miteinschließt.

Zeit der Handlung ist das Jahr 1284, der Ort Hameln. Schon *vor* Beginn der ersten Szene wird die Funktion dieser historischen Fixierung signalisiert, nämlich ihre beliebige Übertragbarkeit auf jede Variationsform von

---

* Zit. wird nach Elisabeth Wiede: Die Ratten von Hameln (1958), in: Neue Deutsche Literatur. Monatsschrift für Schöne Literatur und Kritik, 4, Berlin 1958, S. 11—65.

Klassengesellschaft. Die Szenenanweisungen sind im Brecht-Stil mit programmatischen Kurz-Statements überschrieben, deren anachronistisches Vokabular keinen Zweifel an den anvisierten Assoziationswünschen der Autorin läßt:

Es gibt Eigentum zu bewachen (S. 11).
Die Volkspartei organisiert den Aufstand, um die Macht im Stadtrat zu erlangen (S. 12).
Die Produktionsmittelbesitzer organisieren Maßnahmen gegen den Aufstand (S. 17).
Gesetze, von der Bourgeoisie zu ihrem Nutzen erlassen, werden von ihr zu ihrem Nutzen durchbrochen. Engagement eines Rattenfängers (S. 23).
Kauf eines Fischs und einer Tochter (S. 25).
Ein Kleinbürger betreibt Realpolitik (S. 36).
Vor die Wahl gestellt, für den Fortschritt zu kämpfen oder jenseits der Grenze in den vorerst einträglichen Dienst der Ausbeuter zu treten, entscheiden sich, 1284, viele gegen den Fortschritt (S. 45).
Ein verzweifeltes Mittel im Klassenkampf (S. 54).
Schwere Prüfung eines Vaterherzens: der engagierte Geschäftsmann erweist sich als Geschäftsmann (S. 56).
Eine große Niederlage. Sie ist nicht endgültig; neue Situationen enthalten neue Möglichkeiten. Ein kleiner Sieg (S. 59).

Die knappen Kommentare ergeben Inhaltsstenogramm und Deutung zugleich. Nun wird auch die Pragmatik der historischen Präzisierung deutlich: Je größer die zeitliche Distanz, desto verzeihlicher die Fehlentscheidungen entmutigter Revolutionäre, desto unnachsichtiger freilich auch die inhärente Stigmatisierung derer, die ca. 660 Jahre später noch nichts dazugelernt zu haben scheinen, die „jenseits der Grenze" in den Dienst der Ausbeuter treten, statt an Ort und Stelle für den Fortschritt zu kämpfen.

1961 wird diese Grenze in Gestalt des Berliner Mauerbaus für die ganze Welt sichtbar und aktualisiert auf beklemmende Weise die mittelalterliche Eingeschlossenheit der Besitzlosen innerhalb der engen Stadtmauern. Jeder, der von „draußen" kommt, wird da notgedrungen zum Rattenfänger, zur Personifikation des Entbehrten und Begehrten, seis was Weltkenntnis, persönliche Freiheit, Menschenkenntnis oder Kenntnis der Frauen angeht. Selbst die Goethesche Konnotation des „vielgereisten Sängers" als Verführer par excellence fügt sich nahtlos der materialistischen Deutung ein: Im Kampf um den eigenen Profit sind ihm im Zweifelsfall die Menschen — auch die Frauen — nur Mittel zum Zweck, „Material", aus dem er sein individuelles Glück zu zimmern sucht, ein Glück, das sich ausschließlich im *Besitz* manifestiert. So ergibt sich eine dritte Nuance der Ratten-Metapher: sie betrifft diejenigen, die dem Fänger am Ende tatsächlich folgen, die decouragierten Aufständischen, die der Magie des (versprochenen) Eigentums erliegen und die ehemals mitverfochtenen Ziele des Klassenkampfes verraten; die „Abtrünnigen", und das heißt: Die Verführten.

Worum geht es? In der Stadt herrscht unerträgliche Teuerung. Nobilität und reiche Bürger regieren mit Folter und totaler Überwachung. Ein Aufstand der Volkspartei ist geplant, um im Stadtrat mehr Macht und damit Einfluß auf Lebensmittelpreise und Mieten zu gewinnen. Stango, der wegen verbotener Abwerbung für die Kolonien inhaftierte Fremde, wird vom Bürgermeister erpreßt, die Köpfe der Verschwörung zum Auswandern zu bereden, andernfalls wird er zum Tode verurteilt. Als seine Verführungskünste bei Männern wie Frauen scheitern, macht er sich an die Bürgermeisterstochter heran und heiratet sie heimlich. Damit ist er zum Hauptfeind der Revolution geworden. Einer der Aufständischen denunziert ihn wegen Abwerbung von 120 Arbeitern, aber die Heirat rettet ihn, und der geschäftstüchtige Vater entschließt sich aufgrund der 70 Goldmark, die der neue Schwiegersohn für jeden Geworbenen vom Bischof zu Olmütz bekommt, die beiden vor ihrem Auszug zu segnen. Die Zurückbleibenden retten, was zu retten ist, indem sie den neu entstandenen Arbeitermangel benützen, um mit Ausstandsdrohungen höhere Löhne durchzusetzen. Es gelingt ihnen dies aber nur, weil auch die Besitzenden sich rücksichtslos gegeneinander ausspielen. Das Spiel endet mit dem Beschluß des Bürgermeisters, *diese* unrühmliche Seite aus der Stadtchronik zu eliminieren.

Der zentrale Begriff des Textes ist *Eigentum*. Zu *ihm* muß sich jeder auf irgendeine Weise „verhalten". Die Reichen tun dies auf klassische Weise, indem sie es verteidigen, durch Feilschen und Konkurrenzkampf zu mehren suchen und alle menschlichen Beziehungen diesem Gesetz unterordnen. Paradigmatisch dafür steht der „Verkauf" der Bürgermeisterstochter an einen Raubritter durch den eigenen Vater. Auch die Kinder sind „Besitz"; ihre Sozialisation zwingt sie überdies, die erlernten Mechanismen unreflektiert zu reproduzieren: Wer mehr bietet, gewinnt – in diesem Fall Stango die Bürgermeisterstochter. Daß auch die Auflehnung im Zeichen des Zugewinns steht, demonstriert nicht nur die Tochter, die mit Entlobung und Heirat ihre eigenen Geschäfte betreibt, sondern vor allem die abtrünnige Arbeiterschaft. Sie verfällt dem Kapitalismus-Syndrom, weil sie noch zu privat – statt ideologisch reagiert. Dagegen steht die Gewißheit der Revolutionsführer: „Wenn man den Haß der Besitzlosen kennt, ist es tollkühn, selber dieser Klasse angehören zu wollen" (S. 49). Die zwangsläufige moralische Dekadenz „dieser Klasse", die alles nur unter dem Aspekt der Käuflichkeit betrachten kann, zeitigt fast satirische Effekte: Der Stadtrat tagt im *Puff*, wird aber auf Geheiß der Puffmutter erst dann von den Mädchen „bedient", als man sich auf einen Plan gegen die Verschwörer geeinigt hat. Auch *ihr* Verdienst wäre durch das Vordringen sozialer Strukturen bedroht.

So wird der Text auf relativ einfache, eingängige Weise zum Lehr- und Abschreckungsstück gegen den Kapitalismus und dessen unentrinnbare Eigengesetzlichkeit, den Kampf aller gegen alle. Selbst die Revolutionsführer können in ihrer ausweglosen Situation noch nicht der Kampfmittel entraten, die sie eigentlich moralisch verabscheuen: um aus der großen Niederlage wenigstens einen kleinen Sieg zu machen, sehen sie sich genötigt, Stango beim Bürgermeister zu denunzieren. Ihre Uneinigkeit bei diesem Entschluß und die damit verbundene Selbstkritik wird nur durch die einmütig durchgefochtene Ausstandsdrohung wieder wettgemacht.

Fast „schulmäßig" bietet sich Wiedes Stück dazu an, Funktion und Praxis der DDR-Literatur bzw. Literatur-Theorie in den fünfziger Jahren zu orten. Der Text erscheint fünf Jahre *nach* dem Aufstand des 17. Juni (= 1953), drei Jahre *vor* dem Mauerbau (= 1961) und knapp ein Jahr *vor* der ersten *Bitterfelder* Konferenz[138] (= 1959). Was dort im Detail festgelegt wird, ist keine fundamentale Neukonzeption, sondern im wesentlichen die Fortführung und Präzisierung dessen, was Marx/Engels, Gorki und Brecht vielerorts und immer wieder als die Grundforderungen des *Sozialistischen Realismus* beschrieben haben und was nach wie vor als Basisorientierung gültig ist. Lange vor der Entstehung des Begriffs (1932 wird er von Iwan Groskij zum 1. Mal gebraucht[139]) hat es eine sozialistisch-realistische Kunstentwicklung gegeben, „deren Wurzeln bis in die Entstehungszeit des Kommunistischen Manifests, der Geburtsstunde des wissenschaftlichen Sozialismus, zurückreichen"[140].

Zu einem ihrer ersten Höhepunkte werden die mittleren und späteren Werke von Gorki (ab 1899), insbesondere der Roman *Die Mutter* (1907).[141] Schon 1888 schreibt Engels in einem Brief an Margaret Harkness:

Realismus bedeutet, meines Erachtens, außer der Treue des Details die getreue Wiedergabe typischer Charaktere unter typischen Umständen. (. . .) Die rebellische Auflehnung der Arbeiterklasse gegen das Milieu der Unterdrückung, das sie umgibt, ihre Versuche — krampfhaft, halbbewußt oder bewußt — ihre Stellung als menschliche Wesen wiederzuerlangen, gehören der Geschichte an und müssen darum auf einen Platz im Bereich des Realismus Anspruch erheben.[142]

Ob historisch oder gegenwartsbezogen — jeder Stoff muß „aus der Sicht der historisch entwickelten sozialistischen Theorie und Praxis zur Zeit der Entstehung des Werks" dargestellt bzw. ausgeführt werden (Mehnert[143]). Darum kann Engels seine Theorie ebenso auf Balzacs „Comédie humaine"[144] als Prototyp realistischer Gesellschaftsschilderung im neunzehnten Jahrhundert anwenden, wobei er es zu einem der „größten Triumphe des Realismus" zählt, daß Balzac praktisch gezwungen ist, gegen seine eigenen parteilichen und Gesellschaftssympathien anzuschreiben, eben um der „Realität" gerecht zu werden, wie die Autorin der „Ratten von Hameln" den neuesten Stand der Literatur-Diskussion sowie die besondere aktuelle Problematik der Republik im Gewand einer mittelalterlichen Sage abhandelt.

Stützen kann sie sich dabei insbesondere auf Brechts „Katzgraben-Notate" von 1953[145], wo anhand von Strittmatters *Katzgraben* die sozialistische Literaturkonzeption paradigmatisch erläutert wird. Einzelabschnitte wie „Politik auf dem Theater"; „Krisen und Konflikte"; „Aufbau eines Helden"; „Der positive Held" usw. lassen sich zu folgenden Thesen zusammenfassen[146]:

Allgemeine Wirkungsabsicht von Literatur:
— Ingangsetzen von Lernprozessen beim Rezipienten / Bezug herstellen zum eigenen Leben (Mittel: Abbildung / Bewußtmachen der Wirklichkeit)
— Erzeugen von *Lust* zur Veränderung der Wirklichkeit im sozialistischen Sinn
— Schwung für die Zukunft verleihen

Spezielle Absichten, die mit den Heldenfiguren verfolgt werden:
— positive Helden als nachahmenswerte Vorbilder
— ihre positiven Eigenschaften müssen für die jeweilige historische (wirtschaftliche) Situation der DDR bedeutsam sein
— die Nachahmung soll nicht blind, sondern bewußt (Identifikation *und* Distanz zum Helden, vgl. Brechts Theorie vom *epischen Theater*) erfolgen

Der sozialistisch-realistische Charakter der Literatur:
- Darstellung der Realität vom marxistischen Standpunkt aus, d. h.:
- Realität *dialektisch* darstellen (d. h. in ihren Widersprüchen und Klassengegensätzen, die Triebkraft jeder Entwicklung sind)
- Veränderbarkeit der Menschen und Verhältnisse aufzeigen („typische Menschen" statt Stereotypen)
- Für den Klassenkampf bedeutsame Menschen darstellen
- Einsatz von *neuen Leidenschaften* zeigen (für gesellschaftliche Ziele)
- Abhängigkeit des Bewußtseins vom gesellschaftlichen Sein sichtbar machen
- *Parteinahme* des Schriftstellers für das „Neue", gesellschaftlich *Fortschrittliche.*

Die Parallelen zu den thesenartigen Szenenüberschriften von Wiedes Stück sind unübersehbar. Daß die künstlerische Gestaltung über die von Mehnert formulierten Grundmerkmale sozialistisch-realistischer Kunst: *Realismus, Parteilichkeit, Volksverbundenheit*[147] hinausgeht bzw. auf Details der Brechtschen Konzeption zurückgreift, sei an einer bislang nicht erwähnten Schlüsselszene für den „positiven Helden" demonstriert. Bevor Stango, der „Rattenfänger", sich der Bürgermeisterstochter zuwendet, verliebt er sich in Katharina, eine arme Webersfrau, die zu den Köpfen der geplanten Revolution gehört. Was ihn an ihr fasziniert, sind gerade *die* Eigenschaften, die ihn in seinen ernsthaften Heiratsabsichten scheitern lassen: die Hartnäckigkeit ihrer Überzeugung, daß sie zwar ein Recht auf ihre persönlichen Empfindungen hat, auf diese aber, im Konflikt mit ihrer politischen Einstellung — wenn nötig — verzichten kann. Nur für ein paar Augenblicke der Müdigkeit und Ungewißheit über Stangos Ziele wird sie „schwach":

Stango: Wie wichtig du deine Sache nimmst. Nimm dich selber wichtig. Trachte, daß du ein hübsches Kleid an den Leib kriegst, die Welt kannst du nicht ändern.
Katharina: Vorerst dachte ich auch mehr an eine Änderung der Mieten.
Stango: Vorerst. Sodann aber erfolgt die Verbreitung des ewigen Friedens sowie Herstellung der allgemeinen Gerechtigkeit.
Katharina: Die Gerechtigkeit mißfällt dir. Es würde dir keiner mehr nachlaufen. Das Geschäft ginge zurück.
Stango: Es mißfällt mir. Ein solides Angebot lehnst du ab. Aber das goldene Zeitalter erwartest du.
Katharina: Das Goldene Zeitalter ist prophezeit.
Stango: Du glaubst an Prophezeiungen?
Katharina: Weil das nicht immer so weitergehen kann.
Stango: Und wer macht das?
Katharina: Gott wird die Unterdrücker vernichten, oder man hängt sie auf.
(. . .).
Stango: Um solcher Märchen willen paktierst du mit solchem Volk. Schau sie dir an, deine Hinterhoffreundschaften. Um einen Schoppen verraten sie dich dreimal.
Katharina: Das ist nicht wahr. Sie haben kein Geld. Du kannst dir zehn Fässer voll kaufen.
Stango (wütend): Ich verbiete dir, dieses Volk zu verteidigen.
Katharina (aufgeregt): Das haben wir gar nicht nötig. Gegenüber Ihnen.
Stango (noch wütender): Machst du dich gleich mit dem Vorstadtdreck?
Katharina (kriegt einen hysterischen Anfall): Der Vorstadtdreck bin ich. (Sie haut ihm eine herunter.) Geh weg. Ich will dich nicht sehen. Ich will nicht. Du bist dumm, dumm, dumm. Niederträchtig. Sie dreckiger Junker. (Sie setzt sich erschöpft.)

Stango: Heulst du?
Katharina (weint nicht): Nein.
Stango (nimmt sie in die Arme): Armes Mädchen.
Katharina: Ja.
Stango: Katharina. (Er küßt sie. Man hört das Abendläuten.) Komm, wir gehen hier
   weg. Ich bringe dich nach Hause.
Katharina (unglücklich): Ich will nicht mit dir schlafen.
Stango (sanft): Doch willst du.
Katharina: Ich will wirklich nicht. (Sie läßt ihn los und legt ihr Einschlagetuch
   zusammen.)
Stango: Katharina.
Katharina: Laß gut sein.
Stango: Das ist doch einfach Starrsinn.
Katharina (etwas verlegen): Es ist auch *politisch.*
Stango: Du hast kein Herz.
Katharina: Ich geh nach Hause.

Später versucht er es noch einmal, aber diesmal ist sich Katharina ihrer
Sache ganz sicher.

Stango: Ich will dich bitten, mich zu heiraten.
Katharina: Ich will dich nicht heiraten.
Stango: In den Kolonien ist man nicht engherzig. Ich kann es mir leisten, eine
   Leineweberin zu heiraten. Du wirst eine reiche und sehr angesehene Frau sein.
Katharina: Ich will nicht.
Stango: Also gut. Ich liebe dich. Komm mit.
Katharina: Ich liebe dich nicht.
Stango: Gestern hatte ich einen anderen Eindruck.
Katharina: Ich war müde. Es hat auch keinen Sinn.
Stango: Wenn du mich liebst, hat es Sinn.
Katharina: Wie kann ich dich lieben, wenn es keinen Sinn hat?

   Die Kunst der hier angewandten Dialektik zeigt sich nicht nur in Katha-
rinas Aufgabe ihres inneren Kampfes zugunsten des äußeren, bei dem sie
sich mit den „Ansichten der Mehrheit" im Einklang weiß, sondern in der
gesetzmäßigen Notwendigkeit, mit der sich die beiden Charaktere *in* der
Auseinandersetzung mit ihren Gefühlen voneinander fortentwickeln und
ihre wahre Position nicht verleugnen können. Auf schlüssige Weise
illustrieren die beiden letzten Sätze so den marxistischen Grundsatz, daß es
nicht das Bewußtsein ist, das das gesellschaftliche Sein bestimmt, sondern
umgekehrt, und daß der Fortschritt sich erst aus dem Antagonismus von
kleinen Siegen *und* Niederlagen herausentwickelt.
   Im Kontext der Kapitalismus-Schelte, die das Stück leitmotivisch
durchzieht, muß man sich vergegenwärtigen, daß gerade in den fünfziger
Jahren nach einer kurzen Phase der — vom Kriegsende beeinflußten —
Kapitalismuskritik unter dem Siegel der „Sozialen Marktwirtschaft" eine
neue Verteidigung des Kapitalismus einsetzt, theoretisch abgesichert durch
theologische Soziallehren oder die philosophische Anthropologie etwa
eines Arnold Gehlen.[148] Die Autorin reagiert also auf durchaus vielfältige
Weise nicht nur auf die politisch aktuellen Zeitläufte, sondern auch auf die
den jeweiligen Veränderungen ständig neu angepaßte Überbaudiskussion,

die ihren Niederschlag auf Parteitagen und Kongressen findet.[149] Innerhalb
dieses Prozesses ist beispielsweise die Aufhebung der Unterscheidung von
„Unterhaltungsliteratur" und sogenannter „Hoher Literatur" — wie sie in
der Bundesrepublik Deutschland nach wie vor besteht — einer der wichtigsten Faktoren. In ihr bekundet sich auch die Verdrängung formal-ästheti-
scher Bewertungskategorien zugunsten der erzieherischen Absicht von
Literatur und ihrer Funktion als „ideologischer Akt des Bewußtseins"[150],
eine Bewegung, die in der ersten Bitterfelder Konferenz von 1959 mit der
ostentativen Aufforderung an jeden einzelnen Werktätigen gipfelt, seine
Erlebnisse, Erfahrungen und Gedanken innerhalb der Arbeitswelt schriftlich festzuhalten und zu veröffentlichen.[151]

Fragt man sich also nach dem literar-ästhetischen Wert von Wiedes
Stück, tut man ihr historisch sozusagen Unrecht. Obwohl nicht so unbe-
holfen wie Strittmatters oben erwähnter ursprünglicher *Katzgraben*-Ent-
wurf, hätte es die entsprechenden Brechtschen Zutaten wohl brauchen
können.[152]

So bleibt es ein dramaturgisch geschicktes Konstrukt, dessen Sprache
sich risiko- und ereignisarm im historisch abgesicherten Allerweltsvokabu-
lar zwischen Unterdrückten und Unterdrückern bewegt und im Leser eine
gewiß unbeabsichtigte, unbotmäßige kleine Sehnsucht nach Kindern und
Ratten weckt.

Erst einer späteren Generation ist es vorbehalten, am kunstpolitischen
Parteiprogramm vorsichtige Kritik zu üben, so geschehen auf der zweiten
Bitterfelder Konferenz von 1964, in der die praktischen Resultate der ersten
kritisch reflektiert bzw. als normative Zwanghaftigkeit heftig angeprangert
werden.[153] Anna Seghers spricht vom „Sonntagsdeutsch" der schreibenden
Kumpels, Strittmatter vom „gut gemeinten Gestammel" der Arbeitskolle-
gen, das für lesende Arbeiter unzumutbar sei usw.[154]

Bis Phantasiekonzepte und subjektive Authentizität mit Christa Wolf,
Irmtraud Morgner, Maxie Wander u. a. wieder eine Daseinsberechtigung
im Sinne von Johannes R. Bechers „Literaturgesellschaft" in der soziali-
stisch-realistischen Literatur finden, ist noch ein langer Weg. A. E. Wiede
jedenfalls versteht sich eher noch als „Ingenieur der Seele."[155]

7. Utopie der (Selbst) Befreiung:
„*Lebensfrömmigkeit und Menschenliebe*"
Carl Zuckmayer: Der Rattenfänger (1975)*

Auf die Uraufführung der dramatisierten Fabel *Der Rattenfänger* von Carl Zuckmayer
zurückzukommen, die Ende Februar im Schauspielhaus Zürich stattfand, besteht
nicht deswegen Grund, weil der Abend gebracht hätte, was man — oft allzu voreilig —
ein epochales Ereignis zu nennen pflegt. Das ist dieses neue Stück eines alten
Mannes und seine Inszenierung durch Leopold Lindtberg sicher nicht. Es gehen
davon keine die Szene verändernden Impulse auf die Entwicklung des Theaterschaf-
fens aus, das Werk ist nicht von der Art, daß sich eine jüngere Generation in seinen
Figuren und Bildern selbst erkennt. In der Aufnahme durch die Kritik kommt das
deutlich zur Geltung, und eben dies — scheint mir — müßte uns zu Überlegungen

---

* Zit. wird nach C. Zuckmayer: Der Rattenfänger. Eine Fabel, Frankfurt 1975.

anreg en, die bisher nicht angestellt wurden. Im allgemeinen waren die Aufführungs-berichte wohlwollend, ja nicht ohne Bewunderung für die in ihrer Art ungebrochene Kraft des Altmeisters unter den deutschen Dramatikern. Aber daß es „Theater von Gestern" sei, das da uraufgeführt wurde, ist — verklausuliert und offen — mehrmals ausgesprochen worden. In einer Kritik stand nach dieser Fragestellung in Klammer allerdings: „und vielleicht von morgen"[156].

Zuckmayer ist fast achtzig, als er das Stück schreibt. Ein Umstand, der insofern Beachtung verdient, als hier sowohl Kinder als auch Ratten wieder in den Text zurückgekehrt sind, zum handlungstragenden Personal avan-cieren. Aber trotz eindeutiger Publikumserfolge (s. oben) hat er die Kritik vielfach nicht überzeugen können, daß er das rechte Sprachrohr, der rechte Anwalt für die Belange dieser Kinder sei. Ob das eher auf formale oder eher auf inhaltliche Gründe zurückzuführen ist, oder gar auf eine kategorisie-rende Einordnung in sein bis dato vorliegendes Werk, mag eine eingehen-dere Analyse ergeben.

Die *Fabel*, wie das Stück untertitelt ist, besagt folgendes:

Hameln ist (1284) geteilt in eine hintere und eine vordere Stadt. In der hinteren wohnen die „underdogs" jeglicher Provenienz, in der vorderen Patrizier und Geld-adel. In der hinteren führt die Rattenplage durch Vernichtung der Ernte zu Kinder-sterblichkeit und Hungersnot, in der vorderen hat man sich entsprechend abge-sichert. Ratten zu töten, ist *verboten* (bei Strafe des Handabhackens). Der Stadtregent will die Teuerung benützen, das Gelichter, das sich „viehmäßig vermehrt", loszuwer-den (gemeint sind die *Menschen*).
Für die Kinder aus *beiden* Stadtteilen wird *Bunting*, der *Rattenfänger*, zum Katalysator für das schwelende Aufruhr-Potential, für ihre Enttäuschung und ihren Widerstand gegenüber den korrupten Erwachsenen. Aber auch alle anderen Parteiungen in der Stadt wollen sich Buntings bedienen. Er soll die Ratten, die inzwischen auch die Vorderstadt bedrohen, beseitigen, den gesellschaftlichen Abschaum fortlocken, ihn praktisch in die Sklaverei verkaufen, soll der Regentengattin zu Liebesspielen dienen und für die hintere Stadt Bürgerrechte erwirken. Gleichzeitig bereitet er den Auf-stand der unteren Stadt als deren designierter Führer vor und verliebt sich in ein zwischen den Parteien stehendes junges Mädchen, um dessentwillen er seßhaft und freier Bauer werden will. Als sich die Gattin des Regenten unter seinen verführeri-schen Flötentönen buchstäblich zu Tode tanzt, muß er fliehen und alle, die auf seine Führung warten, im Stich lassen. Mit blindwütigem Rauben und Morden fällt die hintere Stadt über die vordere her. Eine Säuberungsaktion wird gestartet, Rikke, Buntings Freundin, entgeht der Vergewaltigung durch die Soldaten mit Selbstmord, Bunting wird gefaßt und vor Gericht gestellt. Nach dem alten Brauch, nachdem sich eine würdige Person stellvertretend für den Angeklagten hinrichten lassen kann, bittet der „kleine Henker" (Rikkes Ziehvater) um dieses Recht, wird aber — da ohne Bürgerrechte — für unwürdig erklärt. Dann fordern die beiden *eigenen* Kinder den Regenten auf, *sie* an Buntings Stelle zu töten und damit das Maß seiner „legalen" Morde voll zu machen. Der Vater erklimmt selbst die Galgenleiter und erhängt sich. 100 Kinder aus der vorderen, 30 aus der hinteren Stadt warten auf Bunting. Nach einigem Zögern ist er bereit, sie in ein Land hinter den sieben Bergen zu führen, um dort ein neues und besseres Geschlecht mit ihnen zu gründen. Drei behinderte Kinder, ein lahmes, ein taubstummes und ein blindes bleiben zurück. Der lahme Johannes bleibt beim Dekan, der seine Hilfe beim Wiederaufbau der Stadt braucht.

Die gedrängte, eine Reihe von Nebenverwicklungen noch außer acht lassende Inhaltsangabe mag einen Eindruck davon vermitteln, mit wel-chem Perfektionismus Zuckmayer gern sämtliche überlieferten Deutungs-variationen in seinen Text einarbeiten will. Tatsächlich geht aus seinem kurzen Nachwort hervor, daß er die zu Beginn dieser Arbeit mehrfach erwähnten Forschungen des Hamelner Heinrich *Spanuth* genau studiert und in der Stadt selbst noch verschiedene andere Quellen gefunden hat, bevor er sich an die Ausarbeitung des Stoffs machte. So ergibt sich als erstes Fazit, daß es ihm keinesfalls um die besondere Akzentuierung *einer* der bekannten Deutungen geht, sondern um etwas, das sie alle miteinander eint.

Wollte man dies „gemeinsame Vielfache" – wie es sich in Zuckmayers Stück wiederspiegelt, auf den Begriff bringen, so handelt es sich im wesentlichen um drei Problemkreise:

1. *Macht*
2. *Liebe*
3. *Utopie der Freiheit.*

1. *Macht:* Schon das Personarium und die Raumzuweisung sind auf eine drastische Zuspitzung der sozialen Kontraste angelegt. Jeder Stadtteil ist hermetisch in sich abgeschlossen, seine Bewohner sind gesondert aufgeführt, als könnte bereits die Berührung der Namen mit Armut und Schmutz infizieren. Unmißverständlich verweisen die Bezeichnungen auf die Verhältnisse, die nicht so sind, daß sich mit bloßen Namen eine echte Identität herstellen ließe: Hutzelbein, Köterinck, Grindkopp, Eulenzwitsch, Schlitzbauch, Lapperjan, kleiner Henker usw. Das setzt sich – umgekehrt – bei den Kindern fort: Gudula oder Stellamarie, Coelestin oder Heidelore sind im Lumpenproletariat nicht denkbar, solche Namen sind gleichsam „spitzenbesetzt", signalisieren eine *nominale* Kostbarkeit dieser Kinder und Jugendlichen gegenüber den „Rotzbuben" aus der Hinterstadt, eine Prägung, die in ihrer Umfassendheit strukturelle Gewalt unmittelbar in direkte Brutalität umschlagen lassen kann. Das kündigt sich zunächst verbal an, wenn die lateinischen Bittgesänge der Bürgerskinder von den Gassenkindern höhnisch nachgeäfft werden, bis sie im von Buntings Flöte begleiteten Gejohle untergehn:

Ene dene duzmaneh
Kriwwele krawwele Mäusezeh
Ratten, Wanzen, Läuse, Flöh,
Sorgenbrot, Hungersnot,
Ohnebrot, Mausetot,
Höh, höh, höh!

Bunting, der hier erstmals – wie ein „Hippie" (Zuckmayer!) gekleidet – in Erscheinung tritt, solidarisiert sich spontan mit denen, die sich ihrer Haut wehren, die ihre Not benennen können, statt sich hinter wohltönenden und unverstandenen Worten zu verstecken. Die Macht der Realität und des Bewußtseins treten hier den Kampf gegen Lebenslüge und materialistische Verdummung an.

Aber es ist noch ein weiter Weg, bis gerade die Kinder sich aus den Reproduktionsmechanismen der Elterngeneration zu lösen vermögen. Vorerst äußert sich ihr orientierungsloser Protest in Aggressivität gegenüber den Schwächeren, in eskapistischen Drogenträumen und Erlöserphantasien. Im Stadtgraben, wo sie auf Bunting warten, kulminieren ihre Unzufriedenheit, ihr Elternhaß und ihre verwirrten erotischen Sehnsüchte in einem wütenden, verzweifelten *Tanz*, der nahtlos in eine Schlägerei übergeht. Der Tanz als innere und äußere, als psychische und körperlich erfahrbare Ablösungsbewegung von den Eltern, von deren Besitzdenken und bigotter Frömmigkeit, ihrer Doppelmoral und Menschenverachtung:

Gudula: Denk an sie alle, die Väter, die Mütter, wie sie jetzt in den Betstühlen hocken, die Ungläubigen, die Lügner, sie stinken einander an –
Stina (ist blind): Wenn ich ein Mensch wäre wie ihr und könnte sehn, dann würd' ich hingehn und die Stadt anzünden, die Stiftskirche zuerst, wenn sie alle drin sind, daß es höllenheiß wird und keiner mehr raus kann.
Johannes: Auch deine Eltern?
Stina: Die möcht ich schreien hören.
Gudula: Und wir möchten den alten Grafen, der uns gemacht hat und im Grabe fault, ausscharren und wecken und ihm einen glühenden Pfahl durch den Leib stoßen . . .
Johannes: Weil er eure Mutter geliebt hat? Weil er als Greis noch die heiße Jugend begehrte?
Gudula: Er hat sie nicht geliebt, er hat sie gebraucht, geschändet. Und wie ein Tier gehalten, schlimmer als ein Tier.
Stellmarie: Sie war eine Mohrin, ein Mohr ist kein Mensch und kein Vieh, ihr seid halbe Menschen, das sagt meine Mutter, die Gräfin Everstein.
Gudula: Und was sagst du?
Stellmarie: Ich sage, meine Mutter, die ist kein Mensch. (schon halb im Rausch) Ich sage, die Gräfin Everstein, meine Mutter, ist eine läufige Hündin –
(. . .) Sie sagen, wir sind Kinder, wir sind noch keine Menschen, aber *ich will kein Mensch werden wie sie*, dann will ich Kind bleiben. Und wenn er kommt und uns wegführt –
(. . .) Er kommt, und er ist der, den wir lieben, und er wird uns führen unter der Erde durch, dorthin, wo keine Menschen sind, nur Kinder, und das Gras und der Wind und die Bäume – (S. 86 f.).

Symbolisch kompensatorisch für die Ohnmacht, die sie alle empfinden, und in eskalierendem Drogen- und Wutrausch über ihr persönliches Defizit fängt die blinde Stina an, den taubstummen Knaben, der sie führt, zu prügeln:

Stina: (. . .) Und da haben sie mir einen Buben gekauft, der nicht hören und sprechen kann, aber für mich sieht, und weil er sieht, deshalb schlag ich ihn.
(. . .) Und wenn ich dem ins Maul rotze, dann muß ers schlucken, und wenn ich befehle, er soll die Hostie ausspucken beim Abendmahl – (S. 88).

Schließlich fallen sie gemeinsam noch mit dem Ruf: „Kreuziget ihn!" über den anderen Krüppel her, den frommen Johannes, in dessen Behinderung sich erneut Stinas eigene Unvollkommenheit spiegelt und der sich anmaßt, sie alle zur Besinnung zu rufen. Bevor Bunting auf den Plan tritt, triumphiert die physische Gewalt über Vernunft und Wissen.[157] Daß sie selber ihre Drogen als „Prothesen" für die verschüttete Phantasie brauchen, ist ihnen noch nicht bewußt, aber sie spüren es dumpf, deshalb müssen sie dem Knaben die seinen wegstoßen und ihn halb totschlagen. Seine Gläubigkeit und sein wacher Verstand sind in seinem Stand (die Mutter ist „nur" Kammerfrau, Kinderfrau) eine *zu* beleidigende Provokation für die genußsüchtige Wehleidigkeit und triebhafte Haßabfuhr der anderen.

Bunting versteht sich als Aufgeklärter und *Aufklärer.* Der berauschten Massenhysterie macht er rasch ein Ende, indem er die Kinder in ein handlungsorientiertes Denken nötigt. Er fordert sie zur *offenen* Revolte auf:

Bunting: . . . ihr braucht nicht nach Hause, wenn ihr nicht wollt. Warum bleibt ihr nicht auf den Straßen, wenn die ihr Fest feiern, bis sie Angst kriegen und euch suchen und rufen? Dann gebt ihnen den Trotz!
Coelestin: Und wenn sie uns holen lassen, mit Gewalt? Sie haben die Macht, wir haben keine Waffe.
Bunting: Ihr habt die furchtbarste Waffe, die tödlichste, die der Mensch erfunden hat: die *Wahrheit.* Sagt ihnen die Wahrheit, und sie werden tot umfallen vor Schreck (S. 95).[158]

Während sie gehen und ihr inneres Chaos in Worte und Sätze zur Waffe umzuschmieden suchen, wird ihr Lehrmeister beinahe selber das Opfer seiner *Lust* an der Macht, die er erst schrittweise quasi als persönliches „Charisma" entdeckt. In diesem Sinn stehen die *Ratten* hier synonym für alle Erscheinungsformen geistiger bzw. materieller Versklavung, für die Selbsterniedrigung der Jasager und Angepaßten, für Massenwahn und sexuelle Triebhaftigkeit. Dabei versteht sich von selbst, daß diese Analogisierung nur für diejenigen gilt, deren Verhältnisse eine *Wahl* der Verhaltensweisen überhaupt zulassen bzw. die sich ihrer vorhandenen Kampfmittel aus Trägheit nicht bedienen, darin hält es Zuckmayer ganz mit seinem Freund Brecht. Beinahe also wird der Bunting selbst zur „Ratte". Nicht nur nach außen, sondern auch gegenüber sich selber muß er sich wehren gegen den Nimbus des Magiers, ein Ruf, der ihm nicht nur die Gefolgschaft von Kindern und Ratten, sondern auch sexuelle Abenteuerlust bzw. liebende Hingabe ganz unterschiedlicher Frauen einhandelt. In diesem Kontext breitet der Autor die ganze Skala menschlicher Abhängigkeiten und ihr ineinander Verstricktsein vor dem aus, der für eine kurze Zeit Macht über alle — außer über sich selbst — hat, bis ihn die selbstzerstörerische Intensität der Empfindungen, die er aus den Menschen hervorbrechen lassen kann, zur Besinnung ruft.

2. *Liebe:* Daß der Rattenfänger nur das auslösende Moment, keinesfalls die Ursache für das Chaos ist, das er anstiftet, daß Arme und Reiche, Gesunde und Kranke, Kinder und Erwachsene, Männer und Frauen nur auf den „Ruf" warten, um gleichsam „aus sich herauszugehen", deutet die Szene mit der Regentengattin an. Ihre inwendige Versteinerung hat ihr Pendant in einer fetischistischen Liebe zu Schmuck, nicht zufällig ist es ein blutroter Rubinstein, den sie von ihrem Mann auf Kosten von dessen wirtschaftlichem Ruin als Geschenk erzwingt, Symbol gestorbener Liebesfähigkeit und Härte, auch gegenüber denjenigen, die für diese Pracht mit ihrem Blut bezahlen mußten.

Mit seiner Musik bringt Bunting diesen „Stein" zum Glühen; auch hier ist es wieder der *Tanz,* der mit therapeutischem Effekt die Seelenstarre löst. Blochs Definition der Musik als *Ruf ins Entbehrte* (Prinzip Hoffnung) mag dabei die Gewalttätigkeit veranschaulichen, mit der „Leben" auch bei den materiell Gesicherten unterdrückt wird, so gewalttätig, daß die Erinnerung daran tötet. Spätestens beim „Todestanz" dieser Frau begreift Bunting, daß er eine solche Macht nicht will, daß er mit ihr seines Lebens nicht mehr froh würde.

Die Erkenntnis, daß die Liebe zur Macht und die Macht wirklicher Liebe nicht zu vereinigen sind, muß eine zweite Frau mit ihrem Tod demonstrieren: Buntings Geliebte. Sie, die als erste seine „politischen" Möglichkeiten erkennt: „Das ist mehr als Zauber. Das ist *Macht*. Der kann die Welt beherrschen" (S. 82), wird auch das erste Opfer der Gewalt, die dem fahrlässigen Umgang mit der Macht folgt. Zu eitel, die laszive Ekstase der vornehmsten Dame der Stadt rechtzeitig zu bremsen, macht er durch ihren (freilich unbeabsichtigten) Tod nicht nur die ganze Revolution zunichte, sondern damit auch den Verwirklichungsraum für eine Liebe, in der sich die Partner emotional *und* rational ebenbürtig wären. Rikke und *Er*.

So bleibt am Ende nach all den tödlichen Verwirrungen nur *eine* Form der Hingabe übrig, die den neuen Anfang der Kinder von Hameln mitträgt: die gegenseitige Hingabe und Lernfähigkeit, die Platon u. a. mit dem „pädagogischen Eros" (Gastmahl)[159] meint.

3. *Utopie der Freiheit:* Wenn Bunting auf Bitten der Kinder die Führung in die Emigration übernimmt, tut er es nicht mehr aus persönlicher Erfolgsgier oder Rache, sondern aus politischer Verantwortung. Klug geworden durch die katastrophalen Auswüchse blinder Anhängerschaft, warnt er sie vor den Frösten der Freiheit:

Ihr sollt wissen, was euch bevorsteht. Zuerst ziehn wir nach Norden durch das große Moor, der Nebel hilft uns, ohne Spur zu verschwinden. Es ist ein gefährlicher Weg, nur einen Fuß breit, und wer ihn verfehlt, wird versinken. Dann geht es ostwärts, durch die Heide, in der es Ödhöfe und Siedlungen gibt, da müssen wir uns teilen, jeder für sich, um bei den Bauern zu betteln – oder zu stehlen bei den Reichen, denn die geben nichts. Ich werde euch immer einen Ort bezeichnen, an dem wir wieder zusammenfinden, ich kenne diese Wege. Wenn es durch Wälder geht, werdet ihr lernen, von Beeren und Pilzen zu leben oder Schlingen zu legen für allerlei Getier; und wenn es Winter wird, müßt ihr lernen, in Ställen und Heuschobern Wärme zu suchen bei Nacht und in Räucherkammern einzubrechen – ja, wir müssen auch rauben, denn mit sauberen Händen kommen wir nicht ans Ziel. Das aber ist erst der Anfang. (S. 150 f.).

Indem er die Gefahren konkretisiert, wandeln sich auch die vagen Illusionen über die Freiheit zur konkreten Utopie. Aus dem Abenteuerspielplatz im Stadtgraben begeben sie sich in ein Überlebenstraining, das sie aus der selbstgewählten Eigenverantwortung nicht entläßt. Daß dabei die Auswanderung nur der *eine* Weg der Identitätsfindung ist, genauer: daß „innere Emigration" nicht zwangsläufig Passivität und politischer Ohnmacht gleichzusetzen ist, belegt der abschließende Dialog zwischen dem gegen seinen Willen zurückgebliebenen lahmen Johannes und dem Dekan der Stadt. Weniger aggressiv als die anderen, dabei gefühlsmäßig um so selbstgewisser, verbalisiert er noch einmal quasi stellvertretend für alle das, was sie fortgetrieben hat: den „Abschied von den Eltern"[160]; der Dekan fragt ihn:

Ludger: Sag, liebst du deine Mutter?
Johannes (fast erschreckt): Ich habe nie darüber nachgedacht und nie daran gezweifelt, ich hielt es für natürlich. Aber jetzt –

Ludger: Sprich weiter.
Johannes: Ich kann nicht mehr mit ihr leben. (S. 156)

Aber bei dieser Absage an Eltern bzw. Erwachsene bleibt es nicht. Der Älteste und der Jüngste tun sich zusammen, aus der scheinbaren Potenzierung von Schwäche wächst neue Widerstandskraft, eine stillere, weniger anarchistische als die der Ausgezogenen, vielleicht auch weniger romantisch, aber in der angedeuteten Beharrlichkeit kaum weniger effektiv:

Ludger: Ich weiß. Du bist ihrem Schoß entwachsen und gereift über deine Jahre. Willst du bei mir bleiben?
Johannes: Ich weiß nicht, ob ich noch beten kann.
Ludger: Jeder kann beten — durch die Tat. Und es gibt viel zu tun.
Die Stadt ist geschlagen, an der Erstgeburt, und führerlos. Da heißt es Trost zu spenden, Rat zu geben. Ich bin der Letzte, der hier noch Stand und Amt besitzt, und ich bin neunzig. Du wirst mir helfen.
Johannes: Mit meiner schwachen Kraft?
Ludger: Die Kraft ist immer da, wenn wir sie brauchen. (S. 156)

Zuckmayer ist beileibe kein Missionar. So ist der letzte Satz wohl eher in dem Sinne zu verstehen, daß auch scheinbar fehlende Kräfte sich einstellen, wenn man nur wirklich Gebrauch von ihnen machen will, wenn man seine Einsatzchance erkennt.

Ähnlich wie die Autoren der Kinderkreuzzugstexte setzt er dabei ganz und gar auf die *Kinder*. Freilich nicht auf die *Fiktion* einer Kindheit, die an keinerlei Wandel der Gesellschaft teilhat und sich in apriorischer Moralität ständig bereithält, sisyphusartig die Schuld der Elterngeneration aufzuarbeiten, sondern auf eine Kindheit, die sich in den Untiefen der bloßen Lust am Protest nicht selber abhanden kommt; die statt „erwachsen" lieber reif werden und ihren eigenen Weg finden will, die durch die Reflexe der Widersprüche der Erwachsenenwelt im eigenen Verhalten hellhörig wird und den Prozeß der unwillkürlichen Assimilation zu stoppen sucht; die schließlich den Verlust einer „geborgten" Geborgenheit in Kauf nimmt, um die eigenen Wahrheiten auszuprobieren, sich ihnen auszusetzen.

Wie weit die Prägungen reichen, die es abzuwerfen gilt, das illustriert der „Krieg der Kinder" in der Szene, in der die Gassenjugend der hinteren Stadt die Sprößlinge der Reichen als Geiseln gefangenhält, um von der Regierung die Freilassung ihres „Gurus" Bunting zu erpressen. Ihre Undressiertheit und Wildheit macht sie dabei ungeachtet dessen, daß sie in der Minderheit sind, zum stärkeren Gegner; der Weg zu sich und *ihrer* Realität ist ihnen nicht durch Erziehungsrituale und Repräsentationszwänge verstellt. Mit anderen Worten: Erst müssen zwei bzw. mehrere durchaus unterschiedliche und gegenläufige „Wahrheiten" der Kinder aufeinanderprallen, ehe sie zu einem gemeinsamen Ausdruckswillen finden und sich auf *ein* Ziel einigen können. Die einhundert Kinder aus der Vorderstadt wiegen an Selbsterfahrung und Widerstandskraft die dreißig aus der hinteren nicht auf. Daß sie sich aber *alle* Buntings Führung anvertrauen wollen, ohne vom Prinzip der von ihm geforderten Freiwilligkeit und Eigenverantwortung wieder in die Unmündigkeit abzugleiten, macht sie erst zu einer Gemeinschaft, von der sich hoffen läßt, daß sie den Irrwegen der Eltern auf Dauer etwas entgegenzusetzen haben wird.

Buntings Rolle bei dieser symbolischen *und* realen Wanderung der Kinder zu sich selbst, zu einer eigenen Identität, ist denn auch bescheidener nicht denkbar. Nicht als „Führer", eher als Berater versteht er sich, etwa im Sinne von Rousseaus Erzieher für *Emile*[161], der lediglich darüber wachen soll, daß aus den „natürlichen Folgen" der Verhaltensweisen seines Zöglings diesem nicht irreparable Schäden erwachsen, keinesfalls jedoch darüber, daß notwendige und schmerzliche Erfahrungen vermieden werden. Nicht sein Machtstreben oder seine besonderen Fähigkeiten machen Bunting vorübergehend zum Anführer geeignet, sondern die Tatsache, daß er eine eigene Entwicklung durchmacht; daß er auf den bequemen Nimbus des Magiers zugunsten von Aufklärung verzichtet und daß er auch in *dem* Sinne zu den Besitzlosen zu rechnen ist, daß er sowohl seine Wahrheit als auch seine Einsicht in die eigenen Versäumnisse nicht für sich behält, sondern den anderen mitzuteilen weiß, also die Macht, die aus dem Wissen kommt, weitergibt. Damit kann er weiterleben, während dem Stadtregenten angesichts des Aufruhrs der eigenen Kinder nur noch Selbstmord einfällt. Sein Verständnis von Autorität läßt ihn bereits straucheln, wenn sein auf Gehorsamsritualen gegründeter Staatsapparat nicht reibungslos funktioniert. Buntings Autorität basiert auf einer Solidarisierung mit den Kindern, die — im Sinne Nietzsches (Zarathustra) — nicht „zum anderen übergeht", aus der Balance zwischen Eigensinn und (geschichtlicher) Verantwortung.

So entpuppt sich Zuckmayers Stück letztlich als eine hochgradig *moralische* Angelegenheit. Darauf deutet auch sein Hinweis, dies sei eine *Fabel*, keine *Historie*. Es spielt keine Rolle, ob sein Bunting wie ein Hippie oder Punk gekleidet ist — wichtig ist, daß er sich außerhalb der herrschenden Norm befindet, daß die Kinder sich in diesem konstruktiven Außenseitertum wiedererkennen und handlungsfähig bleiben bzw. werden.

Um sie einzubinden in eine Tradition legitimer Empörung, hat Zuckmayer drei Lieder im *Brecht*-Song-Stil eingestreut (vertont von Gottfried von Einem), die nur scheinbar beiläufig seine persönliche Deutung der Rattenfängersage als sinnfällige Verknüpfung des Individuell-Besonderen mit dem Menschheitlich-Allgemeinen ausdrücken. Im mittleren „Lied vom himmlischen Aufruhr" (S. 93 f.) — die anderen sind praktisch Vagantenlieder — wird der Aufruhr (und Sturz) Luzifers als das für die Menschen initiierende Moment beschrieben, das eine *Wahl* erst möglich macht, d. h. die Ablösung als identitätsstiftenden Akt darstellt:

Wir aber, wir haben die Wahl!
Und wir werden uns immer wieder empören ... (S. 94).[162]

Aus der Absage an eine blind zu verehrende höchste Instanz speist sich das Revolutionspotential immer neuer Generationen. Etwas kurzsichtig hat die Kritik in den siebziger Jahren bemängelt, daß die parteilichen Anspielungen auf Anti-Vietnam-Krieg-Demonstrationen und gesamteuropäische kapitalistische Profitgier zu kurz greifen, um „zeitgemäßes Theater" zu repräsentieren. Anti-Kriegs-Engagement und Studentenrevolten seien nicht mehr aktuell, heißt es in einer amerikanischen Besprechung[163], und die Verfasserin scheut sich nicht, den Autor — ähnlich wie es mit Böll heute noch und immer wieder geschieht — abschätzig in die Nähe von Anarchisten und Terroristen zu stellen. Kein Zufall, daß solche Stimmen aus Amerika kommen; sie lassen ahnen, zu welchem Grad von „Ärgernis" der Text doch avancieren kann — ungeachtet seiner angeblich unzeitgemäßen Betrachtungen bzw. Form.

Tatsächlich muß man die Bühnenerfolge des Dramas nach der ersten freundlichen Aufnahme als mäßig bezeichnen. Die Ungeniertheit, mit der der alte Mann Naivität und Kunstverstand, Elemente des epischen Theaters und der klassischen Dramaturgie, Alltagssprache und emotionales Pathos zu mischen weiß, vereitelt jegliche Etikettierung und zuordnende Beschwichtigung. In einer Zeit, in der die „Dramatisierung" menschlicher Sprachlosigkeit und Selbstverbannung auf den Müll der Gesellschaft[164] stärkstes identifikatorisches Echo auslöst, muß die Direktheit und zugleich vielseitige Wendbarkeit des Zuckmayerschen Textes eine eher nachsichtige Anerkennung hervorrufen oder allenfalls den Beifall derer, die sich als Mit-Propheten im eigenen Lande ebenfalls zuwenig gehört glauben wie etwa Konrad Lorenz, der Zuckmayers Rattenfängerversion kühn als Parabel gegen „die ökologischen Sünden der herrschenden Schicht" vereinnahmt, und dies zu einer Zeit, in der vom sauren Regen noch kaum die Rede war.[165]

So scheint sich alles in allem die vorsichtige Weisheit des zu Anfang zitierten „Theaterbriefs" zu bewahrheiten: Das „Theater von gestern" könnte unversehens in „Theater von morgen" umschlagen, genauer: „von heute" — wo erneut Antikriegsdemonstrationen an der Tagesordnung sind, wo erneut die „Kraft des Aufbruchs aus dem reinen Gefühl heraus"[166] probiert wird, gibt es auch längst eine neue Sensibilität für Sozialutopien und „statements of hope"[167].

Ein Film der Brüder *Taviani*[168] mit dem Titel „Die Wiese" (1977) greift genau *diesen* Akzent kunstreich auf und malt im Zwischenreich von Traum, Vision und realistischem Märchenspiel die Utopie einer Gesellschaft von Kindern, die „in gerechter und glücklicher Gemeinschaft miteinander leben"[169]. Ausgelöst durch die Erzählung vom *Rattenfänger* an ihrem Krankenbett, sieht sich die Heldin im Fieber selbst in seiner Rolle so lange den Erwachsenen zu wildem Tanz aufspielen, bis alle tot daliegen. Auf eine daran anschließende, unbeschreiblich süße Melodie hin lösen sich aus allen Ritzen und Winkeln die *Kinder,* steigen behutsam über die Toten hinweg und folgen der Flötenspielerin ins oben beschriebene Land, in dem sie arbeiten und sich lieben und wo ein weißer Pegasus den Pflug zieht. Die zu Beginn des Films gezeigte Theateraufführung eines Rattenfängerspiels auf dem Marktplatz von San Gimignano (Toskana) wird von den Faschisten gewaltsam abgebrochen.

Wie in Fortsetzung des Zuckmayerschen Stücks sind damit wieder alle Topoi versammelt, die die „Fabel" zum politischen Theater werden lassen und vice versa. Auf die Frage, ob man solche Träume angesichts des zwanzigsten Jahrhunderts noch haben könne, hat Carl Zuckmayer geantwortet: *„Nur* angesichts des zwanzigsten Jahrhunderts!"[170]

Was geben die Dramatisierungen für die Thematik her, worin liegt ihr spezifischer Beitrag im Kontext von *Kindheit* und *Tod*? Gemeinsam ist sowohl Oper als auch Dramen der Adressatenkreis: Ein erwachsenes Publikum: Eine fast „natürliche" Folge davon scheint der Zuschnitt der weitgehend als bekannt vorausgesetzten Inhalte auf Problemkreise, Erkenntnisfähigkeit und Genußwünsche dieser Erwachsenenwelt, auf ihre Hörgewohnheiten und Sehbedürfnisse. Stärker als bei Roman und Erzählung sind Wirkung bzw. Erfolg eines Theaterstücks vom Zusammenspiel zwischen Tradition, Produktionsverhältnissen und Reaktion (der Konsumenten) abhängig (vgl. Opernkapitel); die unerläßliche Dialogisierung des Stoffs schließlich schafft einen Abstraktionsraum, in dem die Kinder sich buchstäblich verlieren, indem sie mit dem Rückgriff auf erwachsene Strategien Gefahr laufen, auf doppelte Weise ihrer Kindlichkeit verlustig zu gehen, oder in dem sie überhaupt nicht mehr vorgesehen sind. Selbst noch bei Zuckmayer sind es weitgehend die Konflikte der Elterngeneration, die das Geschehen bestimmen.

Einen nicht minder folgenreichen „Fort"-Schritt vom handlungstragenden Konzept der meisten Prosatexte bildet die Auflösung des (Kinder)Kollektivs in einzelne Personen. Über die repräsentatorische Funktion für ihre jeweilige Bezugsgruppe hinaus werden sie zu individuellen „Gegenspielern" des Rattenfängers und relativieren damit — etwa im Gegensatz zu den frühen Chroniken — seine Position. Längst ist es nicht mehr nur der *Rattenfänger*, der andere *ver*führt oder *fort*führt, sondern Zeitläufte, Zufall und situative Bedingungen sowie politisch-gesellschaftliche und/oder individualpsychologische Entwicklungsstationen fügen sich zu einer Handlungskonstellation, in deren Kräftespiel der Helden-Firnis langsam abblättert und durchaus widersprüchliche Strukturen darunter zutagetreten. Über das Pathos der Epigonen hinweg ergibt sich so eine zunehmende *Vermenschlichung* bzw. Entdämonisierung der Fängerfigur — sie wird angreifbar, verletzlich, gefährdet. Der Rattenfänger verführt weniger, als daß er oft selbst ein Verführter ist, sei's durch Geld, Macht, Liebe oder eine (religiöse) Utopie.

Damit einher geht eine dritte Konsequenz: Da der Abstand zwischen dem Rattenfänger und den „anderen" gleich auf mehreren Ebenen — z. B. Alter, Lebensideologie, Methoden des Handelns usw. — dadurch weitgehend verringert, im Stück von Wiede sogar ganz aufgehoben ist, wird über die Motivkonzentration des Dramatischen im Verein mit einer sich verändernden Betrachtungsweise kindheitsgeschichtlicher und gesellschaftlicher Konflikte fast so etwas die *Solidarität* mit dem Rattenfänger denkbar. Die Magie der Geheimniskrämerei wird ersetzt durch die Faszination gezielter „Mitwisserschaft". Der (Privat-)Besitz von Bildung und Wissen wird öffentlich zugänglich gemacht, wird Allgemeingut. Der Prophet (Goltz) wird über die Zwischenstation des zauberischen Einzelgängers (Flemes) zum Aufklärer und schließlich zum *Menschen*, dem gegenüber man verschiedene Verhaltensweisen an den Tag legen kann.

Daraus wiederum resultiert ein letztes Phänomen, das mir besonders aus den Erfahrungen der beiden Weltkriege gespeist scheint: In verschieden gerichteter und verschieden starker Akzentuierung, genauer: in aufsteigender (chronologischer) Linie haben diese Stücke folgerichtig nicht mehr den *Tod* im Sinn, sondern das *Leben*. Es gibt zwar noch Opfer, aber sie verteilen sich zunehmend auf beide Seiten. Führen und Geführtwerden reduzieren sich in solcher Perspektive auf vorübergehende Zustände, die der Eigenverantwortlichkeit nicht entheben und die entsprechend wechselnder Kompetenzen reguliert werden. Zwischen Flüchten und Standhalten stellt sich so ein empfindliches Gleichgewicht her, bei dem die Aussicht auf ein lebbares, an den Bedürfnissen einer autonomen Gemeinschaft von Verschiedenen orientiertes Leben den Ausschlag gibt.

Fragen wir also ein letztes Mal, ob Zuckmayers Rattenfängerstück „Theater von gestern bzw. morgen" sei, so bietet sich jenseits der möglichen und begreiflichen Einwände von theater- oder literaturwissenschaftlichen Standpunkten aus für den Leser von heute eine dritte, zwingende Version dieser ohnehin viel zu pauschalisierenden Etikettierungen: Das, was der Autor die „Fabel" nennt, ist auf ebenso beklemmende wie ermutigende Weise „Theater von heute", ein Lehrstück in Sachen Generationenkonflikte, Selbstverwirklichung und Demokratie. Achtzig Jahre alt ist Zuckmayer im Uraufführungsjahr 1976 geworden. Im selben Jahr erscheint im Fischer-Verlag ein anderer Band von ihm, „Porträts und Zeugnisse aus bewegten Zeiten". Sein Titel: *Aufruf zum Leben*. Haec fabula docet.

8. Rattenfängerlieder — von Goethe bis Wader

8.1 Von der Koketterie zum Protest

Unter allen Paraphrasierungs- und Deutungsversuchen der Rattenfängersage scheint das Gedicht oder Lied formal am geeignetsten, eine bestimmte Botschaft zu übermitteln. Die Kürze zwingt zur Konzentration und zur Entwicklung auf irgendein Ende hin, dies Ende wiederum zur resümierenden Schlußfolgerung, zum Appell. Dies jedenfalls suggerieren neuere Adaptionen des Motivs.

Über ihnen darf man nicht vergessen, daß es durch das ganze neunzehnte Jahrhundert bereits eine Tradition von illustren Künstlern gibt, die Geschichte der Kinder von Hameln poetisierend umzusetzen. Wenn es auch nicht möglich ist, sämtliche in diesem Kontext stehenden Werke zu ermitteln und vorzustellen, so ergibt doch ein Überblick über die repräsentativeren und bekannteren unter ihnen einen deutlichen Befund: Dem neunzehnten Jahrhundert sind vornehmlich Gedichte und Balladen bzw. Lieder zugeordnet; ihr Aussagewille beschränkt sich weitgehend auf eine „Atmosphärisierung", auf die stimmungsbildenden Elemente des vorgegebenen Geschehens. Häufig ist der Rattenfänger selber die erzählende Zentralfigur, deren Perspektive die narrativen Akzente bestimmt. Der Tenor dieser durchweg gereimten Poeme reicht von genüßlich-koketter Selbstdarstellung (Goethe)[171] über eine *noch* gemütliche Verbal-Revolution

Paul Thumann, Der Rattenfänger. Mitte des 19. Jahrhunderts

(Eichendorff) gegen Standesunterschiede bis zur onomatopoetisch ausge-
schmückten, professionellen Selbstgefälligkeit des Rattenfängers (Geibel).
Allen gemeinsam ist das Verharren im Deskriptiven, in Verlautbarungen
des Wohlgefallens an der eigenen Wirkung, die sich zur „Lust am Text"
steigert, indem sie über das Sujet dem Autor erlaubt, die Rezeptions- und
Echo-Gier eines jeden Schreibenden einerseits durch die Strenge von
Form, Rhythmus und Reim partiell zu sublimieren, andererseits per
identificationem auszuagieren, zu differenzieren und metamedial zu
steigern.[172]

Auch Brentanos und Simrocks scheinbar objektivere Strophenerzählun-
gen beschreiben nur den Geschehensablauf, würzen ihn mit kleinen
Dialog-Einsprengseln und rhetorischen Fragen, die der allwissende Erzähler im Stil des antiken Chors stellt, und verlagern das Handlungsgewicht je
nach dem Verhältnis von Selbstverständnis und literaturgeschichtlichem
Standort mal mehr auf die Kinder, mal mehr auf die Ratten und Mäuse,
mal mehr auf die Erweiterung der Verführungskünste auf Mädchen und
Frauen (mit obligater Liebesgeschichte) — eine Entwicklung, die in Julius
Wolffs Epos vom Rattenfänger kulminiert.

Die *Vertonungen* dieser poetischen Produkte erschließen folgerichtig
keine eigene, neue Dimension, wiewohl sich unter den Komponisten
überaus klangvolle Namen befinden. Allein das Goethe-Gedicht ist insgesamt ca. achtzehn mal in Musik gesetzt worden, darunter von Schubert
und Hugo Wolff. In diesem Zusammenhang scheint es besonders bedauer-
lich, daß gerade dieser Text aller deutenden Nuancierung enträt, indem er
Rattenfänger, Kinderfänger und Mädchenfänger gutmütig-spielerisch auf
eine Ebene hebt und auf Kosten der thematisch inhärenten Dämonie und
Bedrohlichkeit selbst noch in dieser Version der erotischen Attraktivität
bzw. Aktivität des Ich-Helden das letzte Wort läßt. So reduzieren sich die
musikalischen Unterschiede im wesentlichen auf die nachweisbare Repräsentanz von Epochen- bzw. Personalstil sowie auf graduelle Schwankungen
in der Darstellung und begleitenden Umsetzung der im Text verankerten
ironischen Brechung solcher künstlichen Simplifizierung. Text und Musik
vereinigen sich — immer auf der Basis der vorausgesetzten allgemeinen
Bekanntheit des Sujets — zu bildungsbürgerlichem Besitzgut, das in der
einen oder anderen Verpackung — sei's lehrreich, sei's unterhaltend oder
moralisierend — den status quo stabilisiert, indem es zur mehr oder weniger
anspruchsvollen Konsumierung einer Ungeheuerlichkeit einlädt. Sage und
Historie werden in dieser Rezeptionsweise an einen Ort placiert, an dem sie
die Lebenden nichts mehr angehen, es sei denn im Gewand nostalgischer
Rückbesinnung auf die Ursprünge von inzwischen Gemeingut geworde-
nem Erfahrungs- und Gefühlspotential oder als in lustvollem Schauder
nacherlebte *Vor*geschichte — in jedem Fall abgekoppelt von den Bewandtnissen der jeweiligen Gegenwart und kulinarisch verfügbar gemacht, d. h.
auf eine Repetition angelegt, mit deren Häufigkeit die Fähigkeit zur
fraglosen Hinnahme von scheinbar Unabwendbarem korrelativ steigt,
vielleicht sogar eingeübt wird.

8.2 Von der Dialektik zur Didaktik

Im zwanzigsten Jahrhundert verlagert sich der Schwerpunkt von den Gedichten und Liedern auf den „song". Während die klassische und romantische Liedkomposition fast ausnahmslos auf bereits vorhandene, akkreditierte Texte zurückgriff und die Musik ihre Inspiration diachronisch über das Wort bekam, entstehen beim Song Text und Musik eher synchron, sind ständig aufeinander bezogen.[173]

Selbst wo − wie bei Brecht, Wedekind, Mehring u. a., den „Vätern" des "klassischen" Songs oder auch Chansons − Text und Musik noch nicht einer Personalunion entspringen, vielleicht sogar nicht immer zwingend aufeinander angewiesen bzw. füreinander konzipiert sind[174], verändern sich doch Intonation und Rhythmus der Worte nachdrücklich und analog zur neuen Funktion. Bei Brecht verdankt sich die aufrüttelnde, provozierende Wirkung solcher eingestreuten Verse noch weitgehend dem Kontrast zum übrigen Text. Sie bilden Konzentrationspunkte, die den Handlungsgang pointieren und das Lesen (Sehen und Hören) gegen den Strich einüben, die den unreflektierten Genuß stören wollen, indem sie Kontraindikationen von Inhalt, Rhythmus und Melodie bewußt unversöhnt stehenlassen und so die Hörerwartungen ironisieren. Selbst im Sprechgesang kommen die verfremdenden Irritationsmomente noch zum Tragen. Hatten Mozart und seine Zeitgenossen die Poesie noch als „der Musik gehorsame Tochter" eingestuft, so verfällt die Neuzeit zunächst ins Gegenteil, bevor die zunehmende Ausgewogenheit von Ton und Text zu neuen Schocknuancen nötigt.

8.3 Bertolt Brecht:
Die wahre Geschichte vom Rattenfänger von Hameln (1938/1941)

In den „Gedichten 1938−1941" von Bert Brecht findet sich „Die wahre Geschichte vom Rattenfänger von Hameln". Im Adjektiv des Titels deutet sich bereits so etwas wie eine „Kontrafaktur" der bisherigen Texte des vorausgehenden Jahrhunderts an. Dialektisch gesagt: Der Rückgriff auf die Tradition dient lediglich einer Absage an sie. Das gilt sowohl für den Inhalt wie die Sprachmelodie. In sechs gleichmäßigen Strophen mit jeweils demselben Anfangsvers: „Der Rattenfänger von Hameln . . ." und jeweils demselben Refrain: „Er pfiff hübsch. Er pfiff lang. 's war ein wunderbarer Klang", rollt ein absurdes Geschehen ab, an dessen Ende weder eine Ratte, noch ein Kind zu Schaden gekommen ist, dafür aber der Rattenfänger auf dem Markt gehenkt wird.

> Der Rattenfänger von Hameln
> Aus der Stadt wollt er sie retten
> Daß die Kindlein einen bessern
> Ort zum Größerwerden hätten.

Soweit, so gut. Der Topos ist bekannt, spätestens seit Browning, die Vorgeschichte mit den Ratten fällt unter den Tisch, desgleichen zum Verständnis nötige Erläuterungen. Wer Gutes will, hat immer recht.

Brechts Lied richtet sich gegen die Fahrlässigkeit solcher unerbetenen Verheißungen, gegen die Manipulation von Wehrlosen, sei's auch zum vermeintlich Guten, und gegen die latente Verführbarkeit der Verführer selber. Als „hilfloser Helfer" verfängt sich Brechts Rattenfänger in den Klangnetzen seiner eigenen Kunst:

> Als er aus der Stadt gegangen
> Hat ihm, heißt es, sein Gepfeife
> Selbst die Sinne eingefangen.
> Ich pfeif hübsch. Ich pfeif lang
> 's ist ein wunderbarer Klang.

> Der Rattenfänger von Hameln
> Um den Berg ist er gebogen
> Hat die Kindlein aus Versehen
> In die Stadt zurückgezogen.
> Pfiff zu hübsch. Pfiff zu lang.
> 's war zu wunderbar ein Klang.

Man fühlt sich an die Opern erinnert, in denen die Flüchtenden (Liebespaare) unweigerlich so lange singen, bis ihre Verfolger sie bequem wieder einfangen können (Entführung!). Brechts Rattenfänger, der sozusagen auf seine eigenen Flötentone „abfährt", wird ganz einfach lächerlich, vergleichbar mit der Wirkungslosigkeit eines Witze-Erzählers, der das erwünschte Gelächter seines Publikums so früh im Erzählprozeß antizipiert, daß es den Zuhörern im Halse steckenbleibt.

Goethe erzählt in *Dichtung und Wahrheit*, daß ihm als altem Mann beim lauten Vorlesen eigener früher Gedichte regelmäßig Tränen der Ergriffenheit kamen. Wedekinds *Lulu* ist beim Blick in den Spiegel von der eigenen Schönheit und Faszinationskraft so besessen, daß sie am liebsten „ihr eigener Mann" sein will und unbewußt ihre sämtlichen Ehemänner in den Tod treibt. Die Reihe der unterschiedlichen Beispiele mag andeuten, daß auf allen Ebenen solcher Selbstverliebtheit der nämliche Mechanismus zugange ist: Der „tödliche" Rückkoppelungseffekt einer Begeisterung, die Objekt und Subjekt nicht zu trennen weiß, genauer: deren „Objektivität" nicht standhält, wenn das Subjekt im Wohlgefallen an sich selbst zu ertrinken droht. Die dialektische Absurdität des Brecht'schen Rattenfängers, fast möchte man sagen, seine „Obszönität" besteht darin, daß er im höchsten Sinnenrausch sich seiner Kunst noch so bewußt bleibt, daß Sichwundern und Sichbewundern in eins fallen und er versäumt, rechtzeitig aus dem tödlichen Autismus auszubrechen. „Ich pfeif hübsch . . ."

Die eminent politische Brisanz des Textes braucht kaum betont zu werden. Die Person dieses Rattenfängers ist austauschbar, es hat ihn zu allen Zeiten gegeben. Nicht der (denkbare) direkte Zeitbezug steht im Vordergrund, sondern ein generalisierbares psychologisches Phänomen, das seit Beginn der Menschheit immer wieder „Geschichte" gemacht hat und immer wieder bekämpft wurde: der Virus der Eitelkeit in den Mächtigen. Zum Schutz vor ihm wird den siegreichen Feldherren im antiken Rom während des Triumphzugs das warnende „memento mori" zugeraunt; die „Fürstenspiegel" der Renaissance deuten schon im Titel allegorisch und zugleich faktisch an, was sie bezwecken: Die Selbstkorrektur durch die

Unerbittlichkeit der „Spiegelung" anhand eines strengen Pflichtenkatalogs für die Regenten. Mittelalter und Barock lieben die Darstellung junger, verführerischer Frauen mit dem Skelett im Hintergrund – Mahnung an die Vergänglichkeit von Jugend und Schönheit. Schließlich im England Heinrichs VIII. hält man für die kleinen Prinzen Prügelknaben, die im Angesicht ihrer „Besitzer" die Schläge empfangen, die eigentlich jenen zugedacht sind.

In diesem Sinn eröffnet Brechts Gedicht eine neue Genealogie von Rattenfängern als *politische* Metapher, indem er das dämonisch-kryptische Wiedergängertum der frühen Chroniktexte dialektisch-materialistisch als zwar gefährliche, aber immanent lächerliche und vor allem veränderbare menschliche Eigenschaft darstellt, die sich im Zweifel selber den Garaus macht. Daß er dabei stärker als Mehring, Haushofer und viele andere auf die eigentliche Fabel bzw. Sage zurückgreift, macht seinen Text weit über die Entstehungszeit des dritten Reichs hinaus vielschichtig anwendbar im Sinne einer „Parabel", die nicht nur die gesellschaftlich Mächtigen angeht, sondern jeden Einzelnen – sei's als „Täter", sei's als „Opfer".

8.4 Christiane & Fredrik: *Die wahre Geschichte vom Rattenfänger von Hameln (1974)*[175]

Die inhärente Didaktik von Brechts Dialektik tritt noch deutlicher in der musikalischen Version seines Textes von Christiane & Fredrik zutage. Da sie sich mit ihren Liedern und Chansons ausdrücklich an Kinder wenden, ist der kurze und eher sarkastische Stil von Brecht wieder zur breiteren Erzählung auseinandergezogen, bringt anschauliche Details und kleine Dialoge und führt stringent zu dem Punkt, an dem sie – in kritischer Distanz zu Brecht – über dessen „offenes Ende" (bzw. das der Kinder) hinausgehen und ein direktes Handlungsangebot machen.

In bänkelliedartigem Wechselgesang der beiden entsteht das Bild einer ländlichen Idylle, aus der der Rattenfänger in das geplagte Hameln gerät. Die Gegensätzlichkeit der beiden Welten schlägt sich in zwei verschiedenen Refrains nieder; der eine variiert den von Brecht immer wieder geringfügig:

> Mein Gott, pfeift der schön
> und wat pfeift der lang!
> 's ist ein wunderbarer Klang.

Der andere markiert die absurde Mentalität der „Herrschenden", auch wenn's ihnen selbst dreckig geht:

> Der ist arm. Der ist fremd!
> Der soll machen, daß er rennt.

Schon bevor der Rattenfänger seinen Rachegang antritt, solidarisieren sich die Kinder emotional mit ihm, so daß für den *Protest*-Charakter seines zweiten Auftritts zwei Worte genügen: „Blies Flöte". Hier wird auf engstem Raum erstmals ausgeführt, was bereits die erste Chronik von 1384 anzudeuten scheint, aber wohlweislich offenläßt: Diese Musik fällt auf vorbereiteten Boden, macht längst vorhandenes Empörungs- und Fluchtpotential bewußt, wird selber *Ausdruck* einer kollektiven Auflehnung:

Die Kinder spitzten die Ohrn.
Diese Töne verstanden sie gut.

Freilich reicht ihr „Verständnis" noch nicht hin, die Fadenscheinigkeit der rattenfängerischen Versprechungen zu ermessen. Die Kritik der beiden Liedermacher gilt daher weniger dem Entführer, der die unterdrückte Wut der Kinder auf ihre Eltern für seine Zwecke mißbraucht, sondern der naiven Gläubigkeit gegenüber nicht nachprüfbaren Verheißungen:

Er sprach schön. Er sprach lang.
Und die Kinder glaubten dran.

Auch *sie* beschreiben also einen geläufigen Mechanismus: Die ideologische Anfälligkeit und Manipulierbarkeit der ohnehin schon Unterdrückten. Aber anders als bei Brecht, dessen „Täter" sein eigenes „Opfer" wird, sind hier die Opfer am Beispiel der Kinder von Hameln zum Widerstand und zur eigenen Autonomie aufgerufen, zum *Tun*. Ohne Lamentieren und ohne Analysieren setzen sie ihre Enttäuschung in Aktion um:

Sie suchten und suchten und fanden es nicht
das ferne versprochene Land
und sagten am Ende zu den eigenen Kindern:
„das nehmen wir selbst in die Hand."
Und seitdem, da baun sie gegen Krieg und Not
an einer besseren Welt,
wo kein Kind zu hungern und zu weinen braucht,
wie's der Spielmann einst erzählt.
Er pfiff schön. Er pfiff lang.
Es war ein wunderbarer Klang.

Bei Nietzsche heißt es im *Zarathustra:* „Was das Leben *uns* verspricht, das sollen *wir* dem Leben halten." Auf diese Kurzformel ließe sich das Ermutigungskonzept der beiden Liedermacher bringen. Auch ihre übrigen Texte und Melodien kreisen um Unterdrückung und Emanzipation, Schulangst und gerechte Güterverteilung, handeln von Frauen, Kindern und Außerseitern und verlassen die Realitätsebene nicht. Nicht die große Politik, sondern die kleinen Alltagsfaschismen nehmen sie ins Visier und setzen den Glauben, daß nicht nur Vernunft, sondern mitunter auch das rechte *Gefühl* lehrbar seien, gegen die entmündigende Hoffnung auf irgendeinen Führer.

Der unfreiwillige Sarkasmus der letzten Strophe — in der es holterdipolter über Generationen und Jahrhunderte hinweggeht, sei nur am Rande, aber doch wenigstens erwähnt. Er ist das Resultat des anfangs angedeuteten Drangs zur „Botschaft" des Songs, und die muß — bei so langem historischem Vorspann — verkürzt ausfallen. Muß auch — um für Kinder verständlich zu bleiben — vergleichsweise plakativ ausfallen, vielleicht sogar pauschal. Aber da fängt das Elend schon an: Zu starke Pauschalisierung gleitet rasch in die Abstraktion ab, und *die* wiederum gleitet bequem am eben heraufbeschworenen Verstand und Gefühl ab, bringt nichts in Bewegung. Setzt eines der adressierten Kinder auch nur *ein*mal seine Fernsehweisheit von den nicht endenden Kriegen in der dritten Welt, von Rüstungsspirale und 40 000 Kindern, die täglich an Hunger und Unterernährung sterben, in Beziehung zu diesem Lied, müssen ihm die letzten Verse wie Blasphemie vorkommen, mindestens aber als „Eigentor" gegen die dort propagierte Fähigkeit zur Selbsterlösung. Mit dem einzigen Wörtchen „seitdem" wird eine historische Perspektive der Aussichtslosigkeit eröffnet, gegen die sich kaum anhoffen, geschweige denn anhandeln läßt. So schließt sich bei näherem Hinsehen ein hermeneutischer Zirkel zum „circulus vitiosus", in dem sich die „Botschaft" zu Tode läuft.

8.5 Franz Josef Degenhardt: Spiel nicht mit den Schmuddelkindern (1965)

Anti-Sentiment und die Haltung der Desillusion — bei Wader später von einem neuen Leidensbewußtsein und neuer Sensibilität in den Hintergrund gedrängt — bestimmen auf der Tradition von Kästner, Brecht, Tucholsky, Ringelnatz u. a.[176] das „Schmuddelkinderlied" von Degenhardt, das sich nicht eigentlich als Rattenfängerlied bezeichnen läßt, der Thematik jedoch sehr wohl zuzuordnen ist. Es knüpft nur assoziativ an die alte Geschichte an, bedarf ihres konkreten Hintergrundes zum Verständnis nicht. Das Rattige, Rattenhafte wird stattdessen dialektisch aus zwei Perspektiven zum Synonym für alles Verabscheuungswürdige, das Ober- und Unterschicht einander vorhalten und das die Unversöhnlichkeit der gesellschaftlichen Klassenunterschiede zementiert.

Degenhardt gehört zu denen, die in den Nachkriegsjahren das Genre des politischen Lieds langsam wieder „salonfähig" gemacht haben. Sein „fast autobiographischer Lebenslauf eines westdeutschen Linken" (Lied) mit den typischen Stationen: bürgerliche Erziehung, Wiederaufrüstung, Paris, Sartre und Jazz, Jura-Studium, die Blechtrommel, Brecht, SPD, Spiegelaffäre, Neuss und Dutschke[177] weist ihn als denen zugehörig aus, die Intellekt und Bildungsprivilegien zur Waffe gegen die eigene Kaste umschmieden, die mit Analysen, Musik und Argumenten den Sprachlosen zum Sprechen verhelfen, dabei aber nicht nur Emotionen, sondern noch dringlicher Bewußtsein wecken wollen, die „Geschichte(n)" erzählen, um (Er)Kenntnis zu vermitteln und auf dieser Basis eine neue politische Wachsamkeit zu entfachen.

Folgerichtig wenden sich die ersten Lieder noch ziemlich allgemein gegen die Folgeerscheinungen des bundesdeutschen Wirtschaftswunders, gegen die Ermordung der Gefühle durch die Liebe zum Geld, zu den Statussymbolen („Zwischen zwei Straßenbahnen") und zum Image bei den anderen. Die „Schmuddelkinder" bilden einen ersten Höhepunkt dieser generellen Kulturkritik. In detaillierten Bildern, Szenen und kleinen Dialogfetzen entsteht eine „Ihr-da-oben-wir-da-unten-Topographie", deren jeweilige Versatzstücke klar geschieden sind und keinen Übertritt erlauben. Hie Autoritäten (Eltern, Pastor usw.), Familienidylle, Frömmigkeit, Schule, gepflegter Musikunterricht, addressierte Pfadfindermentalität usw. — hie alles, was *Spaß* macht: Kaninchengeruch, Rauchen, Kartenspielen, erste erotische Erfahrungen, Natur: kurz, eine gesunde triebhafte Neugier für alles Lebendige: Kaninchen, Kinder, Katzen, Außenseiter, Blöde usw.

... wo man, wenn der Regen rauschte
Engelbert dem Blöden lauschte
der auf einem Haarkamm biß
Rattenfängerlieder blies ...

Der Harmlosigkeit des integrativen Stalldunstes (1961 erscheint „Katz und Maus", 1963 „Hundejahre", als Prosa-Pendants wohl am nächsten[178]) ist nicht nur die Kälte und Langeweile des gutbürgerlichen Erziehungscodex gegenübergestellt, sondern — in Andeutungen — auch schon die gerade durchlebten und immer wieder denkbaren tödlichen Konsequenzen der Kindern aufgezwungenen Erwachsenenideale. Rattenhaftigkeit und Rattenfängertum changieren aus wechselndem Blickwinkel in wechselnde Funktionen bzw. politische Dimensionen (z. B. unter dem Stichwort: Wiederaufrüstung):

... lernte Rumpf und Wörter beugen
und statt Rattenfängerweisen
mußte er das Largo geigen
und vor dürren Tantengreisen
unter roten Rattenwimpern
par coer Kinderszenen klimpern
und verklemmt in Viererreihen
Knochen morsch und morscher schreien ...

Degenhardts Schmuddelkinderlied ist die Geschichte einer mißglückten Anpassung. Es ist *auch* die Geschichte einer beschämten Nation, die sich mit Gewalt die verlorene Achtung der Nachbarn wiedererringen will und ihren Haß gegen die aufgezwungene Situation in wohlmeinende Gewalttätigkeit gegenüber unbotmäßigen Kindern ummünzt. Aus der Absurdität des bürgerlichen Dressurakts resultiert ein doppelter Verlust an Identität: hin- und hergezerrt zwischen profanen Sehnsüchten und Rachegelüsten für den subtilen Mord an seiner Person, zeitigt der schlicht als „er" eingeführte Held pathologische Symptome: er identifiziert sich mit dem „Aggressor" — hier den Eltern usw. — und internalisiert deren Normensystem so perfekt, daß wiederum nur Gewalteinwirkung — ein Autounfall — diese geliehene Identität zu Bruch bringen kann. Wie in höhnischer Demonstration der „self-fulfilling prophecy" führt er zwanghaft die eigene Verblödung herbei, die ihn — als „primärer Krankheitszweck" (Mitscherlich) — gleichzeitig aus dem Karrierestreß und der Verantwortung für die späte Erfüllung früher Sehnsüchte entläßt. Indem er Kinder am Schulgang zu hindern und sie zu verführen sucht, ist es ihm um die Anullierung der eigenen Biographie, um das Nachholen *seiner* Kindheit zu tun, ein Unterfangen, dessen Vergeblichkeit nicht nur die im Rattenteich schwimmende Leiche illustriert, sondern mehr noch — fast zynisch — die Aufnahme des elterlichen Refrains („Spiel nicht mit den Schmuddelkindern ...") durch die Schmuddelkinder selber. Das doppelte Opfer verfehlter Anpassung ist nirgendwo mehr zugehörig. Als Spielball fremder wie eigener Introjekte hat es vielmehr so fahrlässig zur Kriminalisierung seiner einstigen Wunschwelt beigetragen, daß ihm nur noch die totale Aussonderung aus der Gesellschaft bleibt.

Wie später in den „Zündschnüren" (1973) ergreift Degenhardt lautstark

und unmißverständlich die Partei der *Kinder*, insbesondere der Proletarier-
kinder, die durch Alter und Schichtzugehörigkeit doppelt benachteiligt
sind. Im Schmuddelkinderlied erweisen sie sich freilich als die Stärkeren,
als diejenigen, deren verführerische Lebensnähe den autoritär fixierten
Bürgersohn in mörderische Konflikte bringt. Insofern erstreckt sich Degenhardts „Anwaltschaft" (nach der Studentenrevolte ist er Apo-Anwalt in
Hamburg) auf alle, die sich von Rattenfängerweisen jedweder Provenienz
betören lassen, die sich von den jeweils Mächtigen krümmen lassen, statt
den „aufrechten Gang" zu üben.[179] Die Trennung des anfangs funktionie-
renden Kinder-Kollektivs in Ober- und Unterschicht (s. auch Zuckmayer)
enthüllt die Angst der Erwachsenen vor der potentiellen Gegengewalt der
Kinder, vor ihrer anarchistischen Autonomie. Nach dem Motto: „Divide et
impera!" wird die Spaltung dieser Einheit betrieben, sie führt weiter über
die „möblierte Erziehung" bis in die Musik, deren genuin subversiver
Charakter sich gegen Händel und Schumann am Ende durchsetzt.

Text und Musik sind bei Degenhardt an ein intellektuelles Publikum
gerichtet. Daher verliert er sich nicht in funktionslosem Wohlklang,
sondern nähert im Interesse der Aussage die beiden Bereiche einander so
stark, daß häufig eine Art intensiver Sprechgesang entsteht. Im Schmuddelkinderlied versinnlicht er die Unentrinnbarkeit und Penetranz der elterlichen Beeinflussungsversuche; ihr Nichtendenwollen und die trügerische
Harmonie ihrer abgeschirmten Wohlstandswelt sind in Refrain und
klassischen Endauflösungen eingefangen. Um den Witz solcher sprachlichen und musikalischen „Zitate" verstehen zu können, bedarf es freilich —
unaufgelöstes Paradox — eben jener Bildung, die im Lied so heftig attackiert
und als kindheitsfeindlich hingestellt wird.

8.6 Hannes Wader: Der Rattenfänger (um 1973/74)[180]

Autor, Komponist und Rattenfänger verschmelzen hier zur Personalunion
und nehmen das Wiedergängermotiv in neuer Funktion in ihre Ich-Erzäh-
lung auf. Als travestierte ahasverische Figur muß dieser Rattenfänger unstet
die Welt durchwandern.[181] Nicht die *von* ihm, sondern die *an* ihm verübte
Schuld treibt ihn um:

> Und solange die Gewalt und Angst
> die Macht in Händen hält,
> solange kann ich nicht sterben ...

In Anbetracht von Tatort und Tatzeit „vor tausend und einem Jahr"[182] in
Hameln muß es schon eine gewichtige Mission sein, die ihn am Leben hält.
Aus dem anfänglichen Kohlhaasentum des betrogenen und mißhandelten
Rattenfängers steigt — wie bei Brecht und Christiane & Fredrik — auch hier
unbeirrbar das Phantom von einer besseren Welt auf, einer Welt, in der
Unrecht nicht als „Naturgewalt" in Kauf genommen wird und das Recht
des Stärkeren nichts gilt.

In diesem Selbstverständnis wird der Wader-Rattenfänger zum Indikator
für das, was faul ist im Staat. Wader weist damit dem modernen „Sänger"
und mithin sich selbst ein buntes Rollengemisch aus antikem „vates",

griechischem Chor und personifizierter psychoanalytischer Gewissens-
instanz zu. Er wird zum *Über-Ich* der Nation.

Was ist geschehen? In seiner Suche nach Recht um jeden Preis entfacht
der Rattenfänger einen Generationenkrieg, indem er spielend und singend
Zeugnis ablegt von der Ungerechtigkeit der „Väter". Darauf sitzen die
Kinder Gericht über ihre Eltern, „zerren" deren Lügen ans Licht und
werden dafür ebenfalls geschlagen. Schließlich kommt der Bürger- und
Kinderkrieg vor den Rat:

> Es geschah, was heute noch immer geschieht,
> wo Ruhe mehr gilt als Recht.
> Denn wo die Herrschenden Ruhe wolln,
> gehts den Beherrschten schlecht.
> So beschloß man die Vertreibung
> einer ganzen Generation.
> In der Nacht desselben Tages begann
> die schmutzige Aktion.
> Gefesselt und geknebelt,
> von den eigenen Vätern bewacht,
> hat man die Kinder von Hameln ganz heimlich
> aus der Stadt gebracht.
>
> Nun war wieder Ruhe in der Stadt Hameln,
> fast wie in einem Grab.
> Doch die Niedertracht blühte, die Ratsherren faßten
> eilig ein Schreiben ab.
> Das wurde der Stadtchronik beigefügt
> mit dem Stempel des Landesherrn
> und besagt, daß die Kinder vom Rattenfänger
> ermordet worden wärn.
> Doch die Hamelner Kinder sind nicht tot,
> zerstreut in aller Welt
> haben sie auch wieder Kinder gezeugt,
> ihnen diese Geschichte erzählt.

Wader ist ein typischer Repräsentant der 68iger Generation. Nach dem
damaligen Slogan „Trau keinem über dreißig" teilt er die Menschheit in
zwei Lager: Kinder und Erwachsene, Gerechte und Ungerechte, Ehrliche
und Verlogene, Schwächere und Stärkere, Unschuldige und Schuldige —
die Reihe ist beliebig fortsetzbar.

In seiner Perspektive scheinen diese Verhältnisse statisch und ehern
festgelegt, die „Aufgaben" entsprechend verteilt: den „Kindern", d. h. der
jüngeren Generation obliegt es bis in alle Ewigkeit aufgrund ihrer apriori-
schen Unschuld, den Erwachsenen die Larve vom Gesicht zu reißen, sie
anzuklagen und abzuurteilen — sie haben die Moral stets auf ihrer Seite.
Dagegen haben die Erwachsenen kaum eine Chance.

Der Determinismus des Wader'schen Vokabulars scheint längst von der
eigenen „Bewegung" eingeholt, ja überholt. Aus der vatermörderischen,
antiautoritären Rebellion gegen Notstandsgesetze und Professoren(selbst)-
herrlichkeit sind die Politik der kleinen Schritte und der lange Marsch
durch die Institutionen hervorgegangen — aus dem „anti" ist lange schon
das weisere „nicht" geworden. Wer damals jung war, ist heute meistenteils
etabliert.

Jedes Alter erfordert bzw. produziert seine eigenen spezifischen Möglichkeiten des Protests. Aber Wader wendet sich auch am Ende seines Liedes wieder nur an die Kinder, d. h. er stellt die Lernfähigkeit der Erwachsenen in Abrede. Seine eigene Biographie und die kollektive Biographie der Studenten von 1968 scheinen an manchen Stellen in eins zu fallen. Da klingt die Vertreibung des Rattenfängers wie die Teilbeschreibung einer Demonstration, die erste Begegnung mit den Kindern wird zum „sit-in", die Anklage der Eltern zum Tribunal.

Mit Ring im Ohr und bunter Gewandung — wie sein Protagonist — ist Wader selbst ab 1968 als singender Rattenfänger aufgetreten, hat das Studium abgebrochen und stattdessen seinem Publikum landauf, landab von der Ungerechtigkeit in der Welt erzählt.[183] Vielleicht erklärt sich von daher auch eine gewisse Larmoyanz im Rattenfängerlied (und anderen), unterstützt durch das identitätsverwischende „Ich". Einsamkeit, Unbehaustheit, Liebe und Alkohol sowie eine gewisse Koketterie mit pauschalisiertem Außenseitertum bilden die Themen der Lieder, die im Kontext stehen (z. B. „Es ist schon viele Jahre her . . ."). Die Texte sind oft ichbezogen, ein bißchen eitel, ein bißchen wehleidig; emotionale Versatzstücke werden in Kenner-Attitüde angetippt und wieder fallengelassen, haben keine rechte Funktion. Ähnlich verhält es sich im Rattenfängerlied. Alles ist generalisiert, alles rechnet auf das stillschweigende Einvernehmen einer aufs selbe Vokabular eingeschworenen Generation.

Dabei sind *zwei* Dinge tatsächlich neu und aufrüttelnd in seiner Deutung der Hamelner Ereignisse: die „Abschaffung" der Kindheit durch die eigenen Eltern und die anschließende Geschichtsfälschung mit oberster Genehmigung (vgl. Beheim). Von daher versteht sich die Gewalttätigkeit seiner Phantasie von einem permanenten „jüngsten Gericht" in seiner wörtlichen Bedeutung. Psychoanalytisch gesehen, entspricht sie der Vehemenz der Enttäuschung, die der Ablösung von den Eltern vorausgeht und die sich gern in Tagträumen zum „Familienroman der Neurotiker" steigert, der angstlustbesetzten Idee von den „falschen" und „richtigen" Eltern, in der sich die Gefühlsambivalenz der kritischer werdenden Jugendlichen ausdrückt.[184]

In der antiautoritären Bewegung, die sich diesen Ablösungsprozeß gesamtgesellschaftlich zu eigen macht, indem sie sich solidarisch und kollektiv gegen die starre Wert- und Besitznomenklatur der Elterngeneration wendet, fühlt sich Wader ab 1968 zu Hause. Selbst der sozialdemokratischen Arbeiterschaft entwachsen und auf dem Lande großgeworden, findet er in seinen Liedern nur langsam weg von der „Arroganz gegenüber der eigenen Biographie"[185], zu einem konkreteren politischen Engagement.

Der Rattenfänger markiert ziemlich genau den Wendepunkt dieser Entwicklung, daher die Vermischung von beiderlei Elementen, dem privatidentifikatorischen mit Tendenz zum Aufgehen im großen neuen „Wir-Gefühl" und der Verdichtung generalisierter Gesinnungskundgebungen (Kampf gegen das Böse usw.) zur direkten politischen Aussage. Zur witzigen Groteskkoppelung von beidem führt ein unmittelbar *vor* der Rattenfängerplatte erschienener Song mit dem Titel „Der Tankerkönig" (d.i. LP „Sieben Lieder"), in dem es um einen Banküberfall geht. Der „Held" fordert das Geld mit den Worten: „Ich bin der Rattenfänger von Hameln. Wo sind hier die Mäuse?"[186]

Eine der wichtigsten Funktionen des Protestsongs, dessen Quellen in den Liedern der deutschen und amerikanischen Arbeiterbewegung, im französischen Chanson und im Volkslied zu suchen sind[187], ist „die der Agitation und Gegeninformation, d. h. der Beschreibung zu kritisierender Sachverhalte, verbunden mit der Aufforderung zu deren Veränderung" — indem es — nach Süverkrüb — „niemand die Illusion läßt, er habe durch bloßes Zuhören schon Gesellschaft verändert"[188]. Waders Rattenfängerlied entspricht dieser Forderung zwar einerseits, bleibt aber auf halbem Wege stehen. Zu genüßlich und ausmalend realistisch fällt die Schilderung seiner eigenen Leiden aus, um einen wirkungsvollen Transfer zum Erlebnisfundus der Masse herzustellen; zu starr verkehrt er die angegriffene Polarisierung zwischen Erwachsenen und Kindern ins Gegenteil, um *mehr* als allgemeine Solidarisierungsgefühle zu erzeugen. Sein Protest im Lied ist kein „Widerstand", sondern bleibt Deklaration, Appell; und dessen Zentrum bleibt immer wieder *er. Sein* Selbstverständnis gestattet keine Annäherung der Parteien. Denn der Friede, den er herbeizusingen meint, würde — im wahrsten Sinn des Wortes — seine Un-Sterblichkeit zunichte machen.

Resumée

Während das neunzehnte Jahrhundert eine eher restaurative Rezeption des Rattenfängermotivs zeitigt, indem es poetisierenden und reproduzierenden Dichtungen den Vorzug gibt und zusätzliche Deutungsnuancen (Liebesgeschichten!) allzu offenkundig dem herrschenden Publikumsgeschmack assimiliert, geht die Aufnahme des Motivs im zwanzigsten Jahrhundert neue Wege. Grundsätzlich scheint das Hinzutreten des musikalischen Elements keine wesentliche Bereicherung der Darstellungs- und Interpretationsmöglichkeiten zu beinhalten, sondern wirkt vielfach wie eine „Übersetzung" desselben Texts in eine andere, verwandte Sprache oder wie die Wiedergabe eines bekannten Bildes in einer veränderten Grundtönung. Sprache und Musik vereinigen sich in den frühen Vertonungen zu einer akustischen Delikatesse, die nicht Intellekt oder Bewußtsein, sondern vornehmlich Erinnerung und Geschmacksnerven reizen soll. Damit ist der Adressatenkreis dieser Werke umrissen: Über Geschmacksfragen hatte sich nur die gebildete Mittel- und Oberschicht ein Urteil zu erlauben. Die Geschichte vom Verschwinden der Hamelner Kinder ist für sie längst zu einem Teil ihres Wissensfundus geworden — so wie man weiß, wie Kartoffeln schmecken, aber auf ein neues Rezept, eine neue Garnierung neugierig ist. In diesem Sinne bleiben alle Gedichte, Balladen und Vertonungen des neunzehnten Jahrhunderts *Variationen* um dasselbe Thema. Und dieses Thema ist in den Bereich der Vergangenheit verwiesen, hat zum zeitgeschichtlich gegenwärtigen Geschehen der Zuhörer keinen Bezug.

Lieder, Balladen und Songs des zwanzigsten Jahrhunderts schlagen neue Töne an. Hervorgegangen aus der Tradition des literarischen Kabaretts und dem Dadaismus, geschult an den zeitkritischen bis politischen Texten von Wedekind bis Kästner, Mehring, Ringelnatz, Tucholsky und natürlich

Brecht, erobern sie sich langsam ein eigenes Terrain und ein eigenes Publikum, eine Entwicklung, die mit der Studentenbewegung 1968 einen einstweiligen Höhepunkt findet.

Aus der „Bestätigungskunst" wird eine *Protestkunst*. Text und Musik entstehen überwiegend synchron, sind Verlautbarungen desselben Impulses und derselben Person, simultan-medial.

Die Rattenfängerthematik rückt in diesem Umfeld in kultur- und gesellschaftskritische bzw. politische Dimension. Die Autoren benützen den besonderen Kommunikationszusammenhang des vorgetragenen Liedes, um in wechselnder Akzentuierung Intellekt *und* Gefühl der Zuhörerschaft anzusprechen. In ihrem neuen Verständnis des Kindes als einer grundsätzlich autonomen Persönlichkeit richten sie auch ihre Lieder zunehmend direkt an diejenigen, die sie angehen, von deren Geschick sie handeln, und nötigen sie in eine Perspektive potentiell produktiver Ich-Bezogenheit, indem sie die Zeitlosigkeit bzw. Aktualität individueller und gesellschaftlicher Handlungs- bzw. Wirkungsmechanismen zu Bewußtsein bringen.

Zum „Rattenfänger" wird in dieser Sichtweise jeder, der die blinde Gefolgschaftsneigung bestimmter Gruppierungen für seine persönlichen, machtpolitischen, parteilichen oder strategischen Zwecke zu funktionalisieren versucht. Gleichzeitig kündigt sich eine Art „Entmythologisierung" des literarischen Topos an: Der klassische Kinder*feind*, einst mit dem Teufel selber gleichgesetzt, mutiert allmählich zum Kinder*freund*, zu einem, der mit ihnen gemeinsame Sache machen will, der ihnen ihre moralische Überlegenheit über die Erwachsenen bescheinigt und sie dadurch in die Pflicht nimmt, an der Veränderung dieser Welt mitzuwirken.

Ähnlich wie in den Kinderkreuzzugstexten werden die Kinder zu Hoffnungsträgern emporstilisiert, von deren Wachsamkeit und Gerechtigkeitssinn der Fortbestand der Menschheit *mit* abhängt, deren Fragilität freilich auch Rechnung getragen wird, indem man ihre ambivalenten Bedürfnisse nach Führung *und* Selbstbestimmung in eine ebenso ambivalente Kunstfigur einbindet, deren Rattenfängertum darin besteht, daß sie zur Einsicht in die eigene Entscheidungsfähigkeit (ver-)führen will.

So wird aus dem mittelalterlich-dämonischen Bürgerschreck immer wieder das säkularisierte Schreckgespenst vom Aufstand der Kinder. Die Studentenrevolte von 1968 ist nur *eine* von zahlreichen Manifestationen ihres „Wiedergängertums". Ebenso ließe sich die Hippie-Bewegung nennen, die Züricher Unruhen, die Hausbesetzerszene und anderes mehr. Je weiter die Zeit vorrückt, desto weniger bedürfen sie eines Rattenfängers.

9. Repressive Toleranz

9.1 Rattenfänger für Kinder (Kinderbücher). Sieben Beispiele

Das neue Interesse an der Kindheit[189], das sich mit den siebziger Jahren im Gefolge der Studentenbewegung durchsetzt, fördert auch ein neues Interesse am Kinderbuch und damit am „Rattenfänger" zutage. Aus den Jahren 1970 bis 1981 liegen mir sechs verschiedene Fassungen des Stoffs aus drei verschiedenen Ländern vor: zwei englische, zwei niederländische, zwei deutsche.[190] Ähnlich wie bei Defoes *ROBINSON*, der über die deutsche Bearbeitung des Aufklärers J. H. Campe als Kinderbuch wieder nach England zurückkam[191], findet die Rattenfängersage über das Epos von Browning[192] wieder verstärkt in die holländische und deutsche (Kinder-)-Literatur zurück.

Lindner[193] formuliert ein paar griffige Termini, die als allgemeine Deutungsschemata der Tendenzwende in den siebziger Jahren zirkulierten: Heilsame Desillusionierung und Rückkehr tradierter Bestände; Orientierungslosigkeit und verschärfte Sinnkrise; Entwicklung alternativer Diskurse/Kulturen.[194] Tatsächlich lassen sich diese Kinderbücher relativ mühelos dem einen oder anderen Schlagwort unterordnen. Fünf von ihnen sind — zwar verschieden nuanciert — im klassischen Bilderbuch-Genre gehalten, eins ist für ältere, ein Jugendbuch. In der Regel übertrifft die Qualität der Bilder die des Textes, der mehr oder minder vom Grimm'-schen Grundmuster ausgeht und — abgesehen von belanglosen Details — nur in den Schlüssen divergiert.

1. Lieselotte Schwarz reproduziert in einfacher Sprache die herkömmliche Fabel und vermag auch über die skurrile Scheußlichkeit ihrer merkwürdig fleischfarbenen Menschen und Landschaften keine besondere Deutungstiefe zu erzielen. Die prätentiöse Symbolik von Form und Farbe ist keiner erkennbaren Idee zuzuordnen.[195]

2. Dagegen nimmt sich — Stichwort: Desillusionierung — die undatierte niederländische Version aus der Reihe „Lezen en Leren" in ihrer rührenden Didaktik fast befreiend aus.[196] Wenn auch die Menschendarstellung, speziell die der Kinder, an frühe Kaufhauskataloge gemahnt — mit gelegentlichen Ausrutschern in Kasperfiguren — so wird die extreme Phantasielosigkeit dieses Kitsch-Realismus doch aufgelockert durch Sachlichkeit und Informationswert der auf jeder Seite abgesetzten, bebilderten Erläuterungen, die das jeweils Dargestellte in einen historischen, naturgeschichtlichen oder kulturgeschichtlichen Rahmen zu setzen suchen. Da wird die Entwicklung vom Tauschhandel über Metallgeld zum Papiergeld blitzartig abgehandelt; der Status des Bürgermeisters in den verschiedenen europäischen Ländern und in Amerika wird miteinander verglichen; ein Fakir soll die geheimnisvolle Wirkung von Musik auf Tiere illustrieren (aber auch *unter* Tieren, z. B. Lockgesang der Vögel usw.); eine kleine Instrumentenkunde belehrt über Alter, Herkunft und Technik der bekanntesten Blasinstrumente; schließlich wird am Ende kurz die Wahrscheinlichkeit des Erzählgeschehens reflektiert bzw. mehrere Hypothesen sind gleichwertig nebeneinander gehalten; eine davon muß dem Leser bekannt vorkommen:

Het is ook mogelijk dat het verhaal betrekking heeft op de bekende kinderkruistocht van 1212, toen duizenden kinderen, de meeste onder de 12 jaar, dwars door Europa naar het Heilige Land trokken, onder leiding van Stephan, een herdersjongen.[197]

Die Ängstlichkeit, mit der hier jedes bißchen Magie vermieden wird, erinnert an zurückliegende Zeiten. Hatte diese Technik zu Campes Zeit, um 1780 — also in der bürgerlichen Aufklärung — eine historisch nachvollziehbare Funktion im aufblühenden Erziehungswesen[198], um auf die protestantische Erfolgsethik[199] und den doppelten Marktwert von Tugend und Wissen einzuschwören, so fragt man sich, ob heutige Kinder nicht noch viel selbstverständlicher als schon vor 200 Jahren[200] die „nützlichen" Exkurse souverän überschlagen. Allerdings deutet *eine* Abbildung darauf hin, daß das Büchlein schon seit den fünfziger Jahren auf dem Markt ist und immer wieder billig aufgelegt wird: ein Klarinettenspieler, kurzhaarig und mit Krawatte, mit einem überaus fleißigen Gesicht. Wenn in jüngster Vergangenheit überhaupt Parallelen zum aufstrebenden Kapitalismus gegen Ende des 18. Jahrhunderts denkbar sind, dann zur Zeit des Wirtschaftswunders, in den fünfziger Jahren.

3. Aus England ist ein Bilderbuch nach Deutschland und Holland geraten, das in einer Art expressivem Surrealismus gehalten ist.[201] Der Zeichenstil schwankt zwischen Comic und Karikatur, besonders geglückt scheint mir die Unheimlichkeit und aggressive Intelligenz der Ratten, die gerade in der „Überzeichnung" beklemmend lebendig werden, ohne in platten Realismus zu verfallen. Der Text hält sich im wesentlichen an Browning (z. B. in Details wie der geretteten Ratte und der Einsamkeit des übrigbleibenden Knaben). Das Schlußbild (und Text) zeigt ein „prachtig dal", ein herrliches Tal ohne Menschen und Ratten, darin bleiben die Kinder und reproduzieren fröhlich die einfältigen Projektionen der Erwachsenen, indem sie eins der Kinder zum Herzog und patriarchalischen Fürsorger ausrufen lassen, während die anderen in stupidem Würstchen- und Spielzeugglück vor sich hinvegetieren: „Ze spelen de hele dag, eten perziken en worstjes en zingen vrolijke deuntjes." Arme Kinder! Neill in „Summerhill" wußte es besser.

4. Das zweite englische Bändchen von 1978 ist wiederum didaktisch motiviert (reading level 4) und gehört zu der Reihe: „read it yourself", ein Projekt der „Ladybird Books" mit eigenem „Words Reading Scheme", d. h. jedem Buch ist eine Liste von Worten beigegeben, die auf der entsprechenden Schwierigkeitsebene den bereits vorhandenen Wortschatz additiv ergänzen.[202] An die Stelle von Erläuterungen der neuen Wörter treten die Bilder, naturalistisch gehaltene, leicht historisierende Illustrationen, die den Browning-Text simplifizierend wiedergeben. Neben „The Pied Piper of Hamelin" wird für die selbe Lernebene noch „Snow White an the Seven Dwarfs" (Schneewittchen), „Cinderella" und „Jack and the Beanstalk" angeboten, für die nächste Stufe dann „William Tell", „Heidi" und „Robinson" u. a. Auf der Märchenebene scheint die Europäisierung jedenfalls zu funktionieren.

5. Ingeborg Engelhardts Jugendroman: „Der Ruf des Spielmanns" von 1977[203] bearbeitet das Motiv weitaus am differenziertesten. Indem sie der Deutungstradition von einer Werbeaktion des Bischofs von Olmütz (Böhmen/Mähren) folgt, also der gängigsten und den „Wahrheitsforschern" bis heute am plausibelsten erscheinenden Interpretation der Hamelner Geschehnisse von 1284, entfaltet sie vor den Augen ihrer Leser ein breit angelegtes sozial- und kulturgeschichtliches Panorama, innerhalb dessen Menschen leben, handeln und leiden, deren widersprüchliche, realistische Psychologie den Jugendlichen nachvollziehbar, also „authentisch" erscheinen muß.

Eine fast bestürzende Aktualität stellt sich gleich zu Beginn bei den verzweifelten Aktionen der „Bruderschaft der armen Kinder von Hameln" ein, einer Gruppe von zweit-, dritt- und spätergeborenen Kindern, für die im engen Gefüge der handwerklichen Zulassungen kein Platz in der Stadt ist — die jugendlichen Arbeitslosen des Mittelalters. Mit kleineren illegalen Geschäften versuchen sie sich über Wasser zu halten und einen letzten Rest von Selbstachtung zu bewahren. Bevor sie mit dem Spielmann endlich in Richtung Mähren davonziehen, wird in mehreren, geschickt durch Dialoge aufgearbeiteten Handlungsfäden viel „Geschichte" vermittelt: die Inquisition, das Gerücht vom „wiedergekehrten Staufer", dem die armen Kinder folgen wollen, der Kampf um Bürgerrechte und die Überwindung ständischer Barrieren — vor allem die letztgenannten Motive geben den Stoff für Ereignisse und Entschlüsse her, anhand derer sich Reflexionsimpulse und Umorientierungen vermitteln lassen, die durchaus nicht nur geschichtlich zu verstehen sind, sondern unter ihrer Verkleidung — wie schon häufig — vielfach übertragbar sind und zu allen Zeiten neu bedenkenswert: Mutter-Tochter-Beziehungen, d. h. die Wahl zwischen kindlicher „Verantwortung" und dem Recht auf ein eigenes Leben; Geschlechterbeziehung unter den jungen Leuten; Rollentausch, Ehrgeiz, freie Partnerwahl — all diese Anachronismen werden in „normaler", dem heutigen Sprachgebrauch angepaßter Diktion unter den Beteiligten ausgehandelt und lassen den Eindruck zurück, daß die damalige Menschheit — abgesehen von einem (faktisch) engeren Horizont — dieselben Nöte, dieselben Empfindungen, auch dieselben Fragen — nur freilich andere „Antworten" hatte. Das Schicksal der Ausziehenden bleibt offen.

Man kann darüber streiten, ob die automatische Verengung des Blickwinkels durch die Fixierung auf *eine* Traditionslinie nicht zuviele Zugeständnisse inhaltlicher und gestalterischer Art erfordert — mir scheint dieser gründlich recherchierte und fesselnd erzählte Jugendroman eine überaus gelungene Demonstration für die Möglichkeit, die „Wiederkehr des Gleichen", d. h. die darin enthaltene Gesetzmäßigkeit *und* die wechselnden Mittel zu ihrer Veränderung zu verdeutlichen und dazu zu ermutigen, die Grenzen der jeweils realisierbaren (kindlichen) Autonomie immer wieder neu auszuschreiten bzw. immer wieder neu zu überschreiten.

6. Das letzte Beispiel ist ein niederländisches Comic-Buch[204], gezeichnet und nacherzählt von Fred Julsing (1981). Die aufwendigen und skurrilen Zeichnungen irritieren zunächst durch undogmatische Formen und Kostüme: der Rattenfänger scheint eine Mischung aus Barbarella und dem gestiefelten Kater, Kinder und Bürger tragen überhohe Zipfelhüte, die sie um Körperlänge überragen und auf phallische Obsessionen des Zeichners schließen lassen. Überzeugend dagegen die Zügellosigkeit der aufgebrachten Bürger, die gegen den Bürgermeister, gegen die Ratten und den seinen Lohn fordernden Rattenfänger mit den selben verzerrten Fratzen, gewalttätigen Gebärden und Worten vorgehen.

Die alogische Kausalität von Schuld und Sühne erhält stark repressiven Charakter, etwa in dem Sinn, daß „Nasenweisheit" tödliche Folgen haben kann (vgl. die aufklärerischen Warnungstode von Kindern). Erster und letzter Satz des Buches sind so leitmotivisch zu verstehen: „Zo eindigde het verhaal van de stad waar niemand z'n Neus buiten de deur durfde te steken." Unhinterfragbare Autoritäten scheinen wieder auf dem Vormarsch.

7. Sei zum Schluß noch eine heitere Motivvariante erwähnt, die nicht die Emanzipation der Kinder (oder ihre erneute Unterdrückung) im Sinn hat, sondern die der *Mäuse*. In Leo Lionnis: Geraldine und die Mäuseflöte (1979)[205] entdeckt die Maus Geraldine in einem Stück Käse die Figur einer Rattenfängermaus, die auf ihrem eigenen Schwanz Flöte bläst. Als die anderen Mäuse an der Rattenfängerkäsemaus knabbern wollen, um nicht zu verhungern, gelingt es Geraldine — um die Musik zu retten — auf ihrem eigenen Schwanz dieselben Töne und Melodien zu blasen. Damit ist das Problem gelöst: „Jetzt können wir den Käse (inkl. Rattenfängerkäsemusikmaus) essen", sagt Geraldine. „Jetzt ist die Musik in mir."

9.2 „Rattikale" Minderheiten: Kinder, Schüler, Studenten

Im Sinne des eingangs erläuterten Mythosbegriffs von Roland Barthes scheint es „natürlich", daß Kinder und Jugendliche bzw. junge Leute das letzte Wort innerhalb dieser Untersuchung von Rattenfängertexten und Kindheitsgeschichten behalten. In verschiedenen Projekten haben sie sich selbst ihrer Sache angenommen und — teils allein, teils kollektiv, teils spontan, teils geplant — eine Reihe von Texten verfaßt, die hier in Auswahl noch vorgestellt werden sollen.

Erstes, mir bekanntes Beispiel ist der Versuch der Referendarin Beatrix Rief, an einer Frankfurter Gesamtschule gemeinsam mit den Kindern ein Rattenfängerstück zu schreiben und aufzuführen, so geschehen im November 1979. In ihrem Bericht, der gleichzeitig ihre schriftliche Prüfungsarbeit für das zweite Staatsexamen ist, erzählt sie von der schrittweisen Verwirklichung ihrer Idee, „darstellendes Spiel im Unterricht als Medium zur Förderung kognitiver, affektiver und sozialer Fähigkeiten" einzusetzen.[206] Grundlage des Spiels wurde ein auf der Basis der Grimm'schen Sage erstelltes Manuskript, von dem in der Darstellung jedoch spontan abgewichen werden durfte.

Bezeichnend für die Kastrationsgefahr durch Autoritäten und Institutionen im Hinblick auf eine un-gezügelte Phantasietätigkeit der Kinder ist die Erfahrung der Klassenlehrerin und betreuenden Mentorin des fast ein Jahr dauernden Projekts, Ulrike Holzapfel: Nach mehrfachen erfolgreichen Aufführungen nebst positivem Echo in der Tagespresse „arbeitete" es in den Kindern weiter, sie verlangten plötzlich nach einem anderen Schluß. Als dazu Gelegenheit gegeben wurde, ließen die kleinen Autoren ihre Kinder-Kollegen wieder glücklich heimkehren, eine Art „Teufelsaustreibung" insofern, als damit einer der letzten Sätze des Stücks aus dem Mund des alten Rentners wieder zurückgenommen wird: „Ich bin froh, daß die Kinder weg sind. Sie waren immer so laut, da konnte ich noch nicht mal in Ruhe meinen Mittagsschlaf halten" (Rief, Anhang S. 10). Seine Bemerkung wird lediglich als „Übertreibung" relativiert, niemand widerspricht ernsthaft. Stattdessen will man in seltener Versöhnlichkeit beten.

In eine ähnliche Richtung gehen meine eigenen Beobachtungen in der vierten Klasse einer Münsteraner Grundschule.[207] Hier wurden nur Szeneninhalte und Szenenabfolge gemeinsam festgelegt, das von den Kindern ebenfalls gewünschte positive Ende war ins Spiel eingeplant und zu aller Zufriedenheit durchgeführt. Unter gingen dafür die „Feinheiten" während der Rollenspiele, in deren Verlauf jedes Kind jede Rolle ausprobieren durfte und in denen erstaunlich heftige und präzise Kritik an den Elternhäusern ans Licht kam. Ungeachtet der dirigistischen Maßnahmen seitens der Lehrerin, die den Einspruch der meist akademischen Eltern fürchten mochte, schlich sich ein bestimmter, subversiver Satz immer wieder in den (nicht in einem Manuskript fixierten) Text. Der Rattenfänger hat die Kinder in den Berg geführt, wo sie spielen und sich eigentlich ganz wohl fühlen, und fordert ein zweites Mal seinen Lohn von den Eltern. Das Mädchen, das den Rattenfänger nicht nur wegen seines ausgezeichneten Original-Flötenspiels ungemein überzeugend darstellte, verfing sich bei jeder Aufführung immer wieder in den eigenen Begründungen und Anklagen, die in dem wütenden Satz gipfelten: „Jetzt gebt mir endlich meinen Lohn! Ich hab euch von den Ratten befreit, und von den *Kindern* hab ich euch schließlich auch *befreit!"*

Wenig später nimmt sich eine weitere Schule des Stoffs an: Die Theater-AG der Hermann-Ehlers-Schule in Berlin führt 1983 das Stück „Der Auszug der Kinder" in ihrer Aula auf.[208] Grundlage ist der Text von Carl Zuckmayer. Da dieser oben ausführlich analysiert wurde, sei hier vor allem auf das Programmheft verwiesen, das die Jugendlichen zusammen mit ihrem Spielleiter Richard Faller erarbeitet haben. Es deutet nicht nur auf eine ambitionierte Spielgemeinschaft hin, die sich in die technische Kompliziertheit des professionellen Theaterapparats mit Posten wie Beleuchtung, Kulissen, Maske, Textbearbeitung, Tontechnik und Werbung usw. kundig eingearbeitet hat, sondern zielt auf ein Weiteres. In kurzen Beiträgen über den zugrundegelegten Text und seinen Autor, sowie Pressestimmen zur Uraufführung, in Text- und Musikbeispielen, historisch-thematischen Bezügen (Kinderkreuzzug) und kindheitsgeschichtlichen Hinweisen wird ein Verständnisraster geschaffen, der auch einem unvorbelasteten Publikum den Nachvollzug der abschließenden und wichtigsten Deutungs- und Einordnungsversuche ermöglicht: Die Integration in eine Tradition kindlichen Aufruhrs, in der allemal aus einer Notgemeinschaft ein kollektives Handlungskonzept erwächst. In diesem Kontext wird der „Werkstattbericht" der Arbeitsgemeinschaft zur folgerichtigen Fortsetzung von Beispielen wie dem Rattenfängerlied (Wader), den Berichten über kindliche Hausbesetzer oder den Circus Muchachos der spanischen Kinderrepublik *Bemposta*, also von Zeitbezügen, die den ebenfalls im Programmheft zitierten alten Poesie-Albumsspruch „Sei deiner Eltern Stolz und Zierde" drastisch kontrastieren mit dem, was „die schönste Zeit im Leben" (Grips) bei den Betroffenen selber an Empfindungen evoziert: „Flucht, Sehnsucht, No Future und Null Bock" (Programmheft).

Bevor ein vorläufig letztes, von Kindern einer freien Kunstschule kollektiv erarbeitetes Stück etwas ausführlicher besprochen werden soll, sei noch auf Texte verwiesen, die ein eher launiges Intermezzo böten, schlössen sie nicht z. T. nahtlos an die oben skizzierten Tendenzen an, freilich in einer Lockerheit und Formenvielfalt, daß man über dem Spielerischen gelegentlich die Gewichtigkeit des ausgedrückten Selbst- und Weltverständnisses vergessen könnte. Es sind Texte von Studenten der Universität Münster, die 1980 zu Beginn eines Seminars über „Kindheitsmythen"[209] spontan zum Rattenfängerbegriff entstanden und am Ende der Sitzung eingesammelt wurden. Der Zugewinn an literarischer Geselligkeit[210] im gemeinsamen Schreibakt — etwa gegenüber früheren „Schreib-Seminaren" — läßt sich an der entspannten Phantasier- und formalen Probierlust ablesen, mit der ad hoc in überraschender Variationsbreite und ohne jede Vorbereitung Sujet, Assoziationen und identifikatorische Subjektivität in die jeweilige Sprachgestalt einfließen. Eine Auswahl der Texte befindet sich im Anhang. Die Gruppierung nach gestalterischen Gesichtspunkten ergibt folgendes Bild[211]:

1. Textreihe: Der offenbar ziemlich genau erinnerte Inhalt der Grimm'-schen Sage oder eines Lesebuchtexts wird in Ort, Zeit und Handlung mehr oder minder beibehalten, mit einer gewissen Tendenz zur Bagatellisierung (letztere tritt häufig in bewußt unperfekten Reimen zutage). Darin scheint sich eine gewisse Distanzierung gegenüber diesen „Kinder-Texten" ausdrücken zu wollen, eine Verlegenheit im Umgang damit, was die Aktion im Rahmen des geplanten Seminars eigentlich soll.
2. Textreihe: Durch ein „lyrisches Ich" wird eine intime Situation hergestellt. Die fraglos beglaubigte Magie der Musik trifft beim Einzelnen auf eine bestimmte psychische Disposition, so daß die Aussagen über das Ich die Vorstellung vom eigentlich Rattenfängerhaften auflösen. Die Konturen von Subjekt und Objekt verschwimmen in angstlustvoller Ambivalenz.
3. Textreihe: Das *Kind* erscheint als verletzlichstes „Naturprodukt". Der Entfremdung der Erwachsenen von Kindheit überhaupt, die sie Kinder und Ratten z. T. als identisch erleben läßt im Hinblick auf Störeffekt und Bedrohlichkeit, tritt — innerlich monologisierend — ein personifiziertes Sendungsbewußtsein entgegen, das den Prozeß des Erwachsenwerdens für aufhaltsam erklärt und den Auszug der Kinder als (Selbst)-Rettungsaktion versteht.
4. Textreihe: „Männerphantasien" (vgl. Goethe-Gedicht). Arglistige (in ihrem Selbstzweck durchsichtige) Demontage einer ebenso unerklärlichen wie beneideten Anziehungskraft über das Medium der Karikatur (eindeutig männlicher Autor).
5. Textreihe: Weitergesponnenes Bildungsgut mit witzig-erotischen Collagen.
6. Textreihe: Medium Satire. Die Verfremdungen der als bekannt vorausgesetzten Story markieren gesellschaftskritische und politische Positionen. Sie richten sich gegen die Cliquenwirtschaft kapitalistischer Gruppen in der Oberschicht, suggerieren Verbündung mit der Subkultur, funktionieren den Rattenfänger um zu einer Art *Robin Hood* (oder: Robin *Wood*). In der direkten Aktualisierung werden nicht nur Kinder, sondern auch Studenten zu *Ratten*, mit einem Wort: „Ratten" sind

immer die, von denen sich die anderen (die Herrschenden) bedroht fühlen — die kleine, „rattikale" Minderheit.

Vom Traum, daß diese Minderheit sich in eine „radikale" Mehrheit wandeln könnte, erzählt das letzte Stück mit dem Titel: *Hameln* 1985. Eine alte Geschichte, neu erzählt von Gundel und den Theaterkindern bei KUMULI[212], gespielt von der Kindertheatergruppe, Berlin 1983. Eins der Kinder faßt den Kern der neu entstandenen Geschichte im Programm folgendermaßen zusammen:

In diesem Stück geht es hauptsächlich darum, daß alle Geschäftsleute möglichst viel verkaufen wollen, und das bedeutet für sie, daß alles schön schnell geht. Zum Beispiel: die Bäume, Vögel, Katzen und sowieso alle Tiere sollen weg. Auch die alten Leute und alten Häuser. Der Bürgermeister kommt auf die Idee, daß die komische Person, die seit kurzer Zeit in der Stadt ist, mit ihrem Geflöte alle Störenfriede aus der Stadt herausführen soll. Nur die Kinder sollen dableiben. Sie sollen Coca-Cola in die Dosen füllen, oder Schokolade, die weiße Zähne macht, fabrizieren. (Matthias)

Als billige Arbeitskräfte von heute und Kunden von morgen werden die Kinder noch gebraucht. Der Rest ist schnell erzählt:

Die „komische" Person fragt alle Betroffenen, ob sie mit aus der Stadt ziehen wollen. Mit den Kindern zusammen, die auch nicht zurückbleiben möchten, beschließen alle, woanders eine neue Stadt aufzubauen. Am nächsten Tag ziehen sie unter Musik und Tanz aus.
Die Folgen sind katastrophal: Die Kinder werden als Käufer vermißt. Die Luft wird — ohne die Bäume — so schlecht, daß man Gasmasken tragen muß. Das Übermaß an Freizeit macht die Einsamkeit bewußt und weckt die Sehnsucht nach den Kindern. Berichte über das glückliche Leben der Verstoßenen erregen schließlich den Neid der „Hinterbliebenen". Die Kinder werden gebeten, wieder zurückzukommen.
Die aber denken nicht daran. Stattdessen laden sie die Zurückgebliebenen zu *sich* ein und fordern sie auf, *ihr* Leben mit ihnen zu leben.
Die Bürger machen Anstalten, das zu versuchen.

Wie dieses neue Leben aussehen soll, das beschreiben die Verse, die beim Auszug gesungen werden:

Alle:	Kommt, wir wandern alle aus,
	Baum und Vogel, Katz und Haus!
Katze:	Bleibt allein in dem Gestank,
	unser Weg geht anderslang!
Bäume:	Streß und Hetzen, Eile, Rennen,
	niemals Ruh und Freude kennen,
Vögel:	keine Feste, keine Spiele,
	nur Geschäft und Geld sind Ziele!
Alle:	Kommt, wir wandern alle aus,
	unsre Stadt sieht anders aus.
Altes Haus:	Platz für alle! heißt's ab heute,
	auch für alle alten Leute
Vögel:	Waldig wird die neue Stadt,
	Fels und Wiese, Baum und Blatt.
Kind:	Wohnen woll'n wir in den Bäumen,
	und, solang es Spaß macht, träumen.

Alter Mann:	Arbeit macht uns nicht verdrießlich, wenn's für alle ist ersprießlich.
Altes Haus:	Jeder hilft dem andern gern, keiner ist allein und fern.
Bäume:	Schatten wollen wir euch geben, Früchte, die ihr braucht zum Leben.
Alter Mann:	Korn und Rübe, Äpfel, Bohnen, ernten die, die bei uns wohnen.
Vögel:	Tanz, Musik und frohe Feste, sind in unsrer Stadt das Beste.
Katze:	Wer bestimmt, was jeder tut? Und das, was für alle gut?
Kind:	Bloß nicht einer nur allein! Keiner soll Bestimmer sein!
Alle:	Alle wollen wir beraten, was für alle gut sein kann.

Die hervorstechendsten Merkmale dieser neuen Wunschgesellschaft sind folgende:
— es gibt keine Hierarchie;
— phylogenetisches und anthropomorphes Leben stehen gleichberechtigt nebeneinander;
— Verbindung von Arbeit, Natur, Feiern;
— die neue Gemeinschaft ersetzt den defekt gewordenen Mythos *Familie*;
— geschlechtsspezifische Rollen sind nebensächlich oder aufgehoben (es ist nur von „Kindern" die Rede; nur die Erwachsenen sprechen noch vereinzelt von „Söhnen" und „Töchtern");
— die Person des Rattenfängers ist weder verführbar, noch verführerisch; er ist demokratisch und geschlechtsspezifisch nicht festgelegt[213];
— nicht Leistung entscheidet, sondern das Bemühen um gegenseitige Hilfestellung bei den gemeinsamen Zielen;
— Individualität und Gemeinschaft sind vereinbar.

Meines Erachtens ist es kein Zufall, daß gerade die jüngeren Bearbeitungen, und das sind auch die Bearbeitungen *durch* die Jüngeren und *für* die Jüngeren, besonders häufig die dramatische Form wählen. Der Hunger nach Sinnlichkeit und Sinnenfälligkeit, der in der ersten Chronik nur zwischen den Zeilen, statt direkt im Text angesiedelt ist, scheint im Theater sein Medium gefunden zu haben. Gleichzeitig bildet es ein Forum für intellektuelle Prozesse, das heißt, es materialisiert Bewußtseinsänderungen über den Akt des Sehens. Um die Dichte der Zeichen im theatralischen Bereich begrifflich zu fassen, spricht Barthes von einer „regelrechten Polyphonie von Informationen"[214]. Dabei ist von besonderer Bedeutung, daß die Simultaneität der semantischen Akte während einer Aufführung auf verschiedenen Ebenen stattfindet und kontrapunktisch angeordnet ist. Über Denotation und Konnotation der Zeichen bzw. der Verknüpfung von verschiedenen Nachrichten, die simultan an den Zuschauer ergehen, entsteht ein ganzes Netz von Bedeutungen, das sich für diejenigen noch verdichtet, die nicht nur kognitiv und emotional, sondern auch sinnlich und technisch-materiell in das semiologische System des Theaters eingebunden sind: Im Fall der letzterwähnten Kinder (Kumuli) betrifft das die

Personalunion von Autorenschaft, technischer Realisierung *und* Publikum. Dadurch, daß die Schranken zwischen Produzenten und Konsumenten aufgehoben sind, wird genau *das* vermieden, was die siebenhundertjährige Genealogie von Rattenfängern(Texten) überhaupt erst entstehen ließ: die Illusion, Kinder und Erwachsene ließen sich objektiv auseinanderdividieren.

Robert Browning, The Pied Piper of Hamelin. Illustration by Arthur Rackham.

Ende (offen)

Das „Verschwinden der Kindheit"

Ursprünglich ging die vorliegende Untersuchung von der Hypothese aus, daß die Menschen zu allen Zeiten Mechanismen entwickelt haben, Aspekte der „Bedrohlichkeit" von Kindheit umzurationalisieren in Vorstellungen und Bilder der „Bedrohtheit" von Kindern. Die Angst *vor* den Kindern wird umgewandelt in die Angst *um* die Kinder bzw. in die prononcierte Klage um den *Verlust* von Kindern.

Anhand der Verfolgung ein und desselben Motivs durch sieben Jahrhunderte Kultur-, Literatur- und Kindheitsgeschichte wurde nachzuweisen versucht, daß die erst allmählich sich herausbildende „Figuration Kind" in der einen oder anderen Form immer wieder als Projektionsfläche für die Ambivalenzen der Erwachsenen herhalten muß, ein dialektischer Prozeß, in dem die selbstdefinitorisch notwendige Trennung zwischen Erwachsenen- und Kindheitswelt erst mühsam bewerkstelligt werden muß, um dann wieder schrittweise negiert zu werden. Der amerikanische Erziehungswissenschaftler Neil Postman hat scharfsinnige Beobachtungen zusammengestellt, die das „Verschwinden der Kindheit" anhand einer Analyse der elektronischen Medien und ihrer Verführung zur intellektuellen Regression vielschichtig belegen.[1]

Das bedeutet mithin, daß es unterschiedliche Motive und Wege gibt, den zivilisatorischen Bruch wieder aus der Welt zu schaffen oder ihn auch neu zu betreiben. Die Rezeptionsgeschichte der Rattenfänger-Sage hat gezeigt, daß die Installation eines „Mittelsmanns" zwischen den Generationen, einer Sündenbock-Figur für die variablen Ab- und Ausgrenzungsbedürfnisse, bis heute ein besonders praktikables Modell darstellt, den politisch jeweils wünschenswerten Proporz von angepaßtem und abweichendem Verhalten aufrechtzuerhalten. In diesem Sinn werden z. B. die gelegentlichen „Ausschreitungen" bei Demonstrationen stereotyp der Figuration „Rädelsführer" angelastet, eine Denkfigur, die den Fortbestand der Illusion gestattet, die „Verwirrung" der Masse sei im Ernstfall wieder rückgängig zu machen und fuße nicht auf eigener Überzeugung.

Der Rattenfänger wird also weiterhin „gebraucht". Dabei wechselt seine Gestalt, der von Anfang an etwas Unstetes und Irrationales anhaftet, über verschiedene, historisch bedingte Stationen einer konkreteren funktionalen (literarischen) Ausprägung (als Teufel, Zauberer, Verführer, Kriegstreiber, Künstler, Hippie usw.) in jüngerer Zeit erneut in eine Phase der Amorphisierung über, an der sich die Geister scheiden. Postman erhebt in seinem Plädoyer für die „Wiedereinführung" der Kindheit das *Fernsehen* in den Rang einer magischen Potenz, die — gleichsam als futuristischer Rattenfänger — alt und jung unwiderstehlich in den Bann eines kollektiven

Infantilismus zwingt. So treffend seine Symptombefunde ausfallen, so vage bleiben jedoch die ursächlichen Überlegungen – ein Phänomen, das ihn mit den frühen Chronikschreibern eint. Und wie bei diesen verkehren sich Angst und aggressive Schuldgefühle gegenüber den Opfern (un)aufhaltsamer Entwicklungen wieder in eine rigide (gesellschaftliche) Theologie bzw. Teleologie, die ihre Sehnsucht nach den alten hierarchischen Ordnungen in kulturpessimistische Endzeitvisionen kleidet.

Das Fernsehen als Sündenbock par excellence, als anonyme Macht, deren Komplexität nicht einmal Schuldzuweisungen erlaubt[2] –, als Vehikel der Verkindlichung für die Erwachsenen bzw. für einen vorzeitigen Alterungsprozeß der Kinder! Wer wollte es in der Orwell-Ära riskieren, die ubiquitäre Einmischung dieses und anderer Medien ins Privatleben jedes Einzelnen zu bagatellisieren! In der Gewißheit antizipierter Zustimmung verfällt der Autor in genau jene Mythifizierung des Mythos (Fernsehen), die die Entpolitisierung seiner Aussage „natürlich" erscheinen läßt[3] und sie zum Ausgangspunkt einer dritten semiologischen Kette nimmt.

Unter dem Signum des „Geheimnisses" soll sich nach Postman die Erwachsenenwelt gegenüber der Kindheit neu etablieren. Erst die Geheimnisse der Erwachsenen, der Wissenden, definieren den Status der Unwissenden, der *Kinder* – eine Befindlichkeit, die nach Meinung des Verfassers durch die Entdeckung der Buchdruckerkunst schon einmal nachhaltig in Mißkredit geriet. In seiner Sorge um die Exklusivität der Elternrechte spricht er sich offen für eine *Zensur* aller für Kinder zugänglichen Medien aus und wirbt für die Rehabilitierung eines „Schamgefühls", das sich mit den Kristallisationspunkten *Sexualität* und *Politik* genau auf *die* Bereiche erstreckt, deren Frag-Würdigkeit die Erwachsenen gern auch vor sich selber verbergen.

Die gesellschaftspolitische Explosivität einer solchermaßen restringierten Kindheit, d. h. der Sanktionierung von „Scheinheiligkeit"[4] zugunsten der „heilen" Fiktion vom Erwachsenwerden in bekömmlichen, streng rationierten Dosen, scheint dem Autor freilich vergleichsweise gering, gemessen an der Gefahr des Verlustes von elterlicher Autorität und Kontrolle. Die mythische Meta-Sprache seines Diskurses läßt dabei genau die Reziprozität von *Angst* und *Methode* durchblicken, die der französische Anthropologe, Psychoanalytiker und Verhaltensforscher Georges Devereux als häufigsten und heikelsten Irritationsfaktor beim wissenschaftlichen Arbeiten, besonders in den Verhaltenswissenschaften, erkannt zu haben meint.

Die Tatsache, schreibt er, daß auch einige Verhaltenswissenschaftler sich von ihren Objekten dissoziieren und eine mehr oder weniger außermenschliche Beobachterposition einnehmen, indem sie ihre menschlichen Objekte praktisch in Meerschweinchen verwandeln, ist eine Quelle unbewußter Angst, die eine Reihe von Abwehrmechanismen – angefangen bei der professionellen Haltung bis zu einer (abwehrenden) Mechanisierung oder zumindest Zoomorphisierung des Menschen – in Gang setzt. Der daraus resultierende Verlust der gefühlsmäßigen Anteilnnahme und die Beeinträchtigung des – sehr beruhigenden – Gefühls für die eigene Menschlichkeit wären an sich schon eine hinreichende Begründung dafür, daß man die Absonderung vermeiden soll, wenn nicht der produktivste Weg, den Menschen zu erforschen, im Medium der eigenen Menschlichkeit verliefe.[5]

Häufiger als von Meerschweinchen spricht Devereux allerdings von *Ratten*. Als bevorzugte Versuchstiere für die Erforschung mutmaßlichen menschlichen Verhaltens werden sie auch zu einer speziellen Fehlerquelle im Kontext „tierischer Spekulationen" (s. Einleitung). Devereux hat nachgewiesen, daß zahlreiche Experimente daran scheitern, daß die Wissenschaftler trotz jahrelangen Umgangs mit ihren Versuchsobjekten bestimmte Informationen „vergessen" und infolgedessen falsche Schlüsse aus ihren Beobachtungen ziehen. Einen weiteren, schwerwiegenden Erkenntniswiderstand bildet das „Selbst-Modell" des Forschers, d. h. das Verhältnis von kultureller Prägung, spezifischer Befindlichkeit, Übertragungs- und Gegenübertragungsmechanismen.[6]

Um auf Neil Postman zurückzukommen, so legt sein Buch den Verdacht nahe, man habe es hier — in seiner Anschauung von *Kindern* — just mit der von Devereux beschriebenen „Zoomorphisierung" zu tun. Sein Diskurs verwandelt die Kinder — unter dem Vorwand sorgenvoller Verantwortung — in *Ratten*. Über die rein mechanische Kontrolle ihres Zugangs zum Bereich „hinter den Kulissen des Erwachsenenlebens" (S. 112), also zu Schwäche, Perversion, Gewalttätigkeit, Krankheit und Dummheit usw., glaubt er zu retten bzw. neu zu erschaffen, was spätestens seit Sigmund Freud (eigentlich schon am Ende der Romantik, s. Brentano) als Zerrbild von Erwachsenenprojektionen erkannt ist: die asexuelle, ahnungslose Reinheit der Kindheit als biologisch-kultureller Aggregatzustand einer bestimmten Altersphase. In solchem Umfeld kommt auch Alice Millers gegenläufige Naivität wieder zu Ehren. In ihrem dritten Band zum Thema Kindheit und Erziehung (Du sollst nicht merken) beschreibt sie die verheerenden Folgen eben jenes Mißbrauchs von Kindern, den solche artifizielle Einfalt komplementär erst ermöglicht[7], indem sie die den Kindern sorgfältig anerzogenen Schuldgefühle als subtilere Fortsetzung von Menschenopfern apostrophiert. „Die Wahrheit", ist das Kapitel über Märchen, Träume und Dichtung überschrieben, „die Wahrheit erzählt sich doch!" (S. 291)

Märchen möchte natürlich auch Neil Postman nicht missen. Aus ihrem Repertoire erwachsener Fehlhandlungen soll sich der Wissensfundus der Kinder speisen; was darüber ist, ist von Übel. Seine Sehnsucht nach den verlorenen Gratifikationen der „Schwarzen Pädagogik" (in der Märchen bekanntlich verpönt waren!) läßt ihn indes nicht den Boden unter den Füßen verlieren. Der letzte Abschnitt seines Buches benennt die Triebkraft solcher („schwarzen") Romantizismen von der Kindheit im Elfenbeinturm „märchenhaft" klar:

Dennoch, es gibt Eltern, die ... den „Anweisungen" ihrer Kultur trotzen. Diese Eltern verhelfen ihren Kindern nicht nur zu einer wirklichen Kindheit, sie schaffen gleichzeitig auch eine Art intellektueller *Elite* (Hervorh. E. L.). Auf kurze Sicht nämlich werden Kinder, die in solchen Familien aufwachsen, gewiß größere Chancen im *Geschäftsleben* (Hervorh. E. L.), in den freien Berufen und sogar in den Medien selbst haben ... (S. 171).

Elite-Bildung und Geschäftstüchtigkeit als Signifikanten und lebender Beweis für eine (im obigen Sinne) geglückte Kindheit — und dies im „demokratischsten" aller Länder. Ob eine solche (puritanisch-anachronistische) Formel heute noch aufgeht, mag der Leser selbst entscheiden.

Bleiben zum Schluß die Texte der Kinder: Ihre Gegen-Entwürfe sprechen eine mindestens ebenso deutliche Sprache wie die Angstträume des Erziehungswissenschaftlers. Auch *sie* träumen von einem „Verschwinden der Kindheit", aber nicht als Suchbild einer identifikatorisch darauf angewiesenen Erwachsenenwelt, sondern als schrittweise Auflösung eines patriarchalisch-hierarchischen Familien-Modells, dessen zweihundert Jahre alten Muster für die jüngeren Generationen des zwanzigsten Jahrhunderts nicht mehr greifen. In spielerischem Vorgriff auf denkbare Alternativen probieren sie die sanfte Anullierung genau der Normen und Institutionen, denen Neil Postman als Garanten für Sicherheit und Ordnung das Wort redet.

Dabei spricht die Sinnfälligkeit, mit der sich ihre Texte an bestimmten neuralgischen Punkten treffen bzw. überschneiden, für sich: Längst nicht mehr der Tod ist das Thema, sondern der schon von Zuckmayer vorformulierte „Aufruf zum *Leben*". Nicht die gesellschaftlichen oder geschlechtsspezifischen Rollenzuweisungen zählen, nicht das, was die Generationen *trennt*, sondern das, worin sich ihre Bedürfnisse und Möglichkeiten begegnen; nicht die manipulierbare und verführbare *Masse* steht am Ende, sondern die aus Einzelnen synästhetisch sich zusammensetzende Gruppe, das Kollektiv, dessen Führungsdurst mit wachsender Autonomie erlischt.[8]

Die überwiegende Mehrzahl dieser Texte von Kindern, Schülern und Studenten, besonders der Kumuli-Text aus Berlin, zeichnet sich durch einen gewissen Projekt-Charakter aus. Damit ist signalisiert: Hier wird gearbeitet, nach Lösungen gefahndet, versuchsweise eine Idee durchgespielt. Nicht Rezepte werden verabreicht, sondern Phantasien und Wünsche zur Diskussion gestellt, mitunter auch auf ihren Realitätsgehalt überprüft. So findet verbal einen Niederschlag, was als Befindlichkeit längst das Dasein dieser Generation durchdringt: daß sie allerorten selber mit Hand anlegen muß, um sich in dieser Welt einzurichten; daß Kindheit nicht gleichbedeutend mit Unmündigkeit zu sein braucht und daß Gesellschaftsstrukturen, solange sie bestehen, auch *veränderbar* bleiben.

Auf diese Weise kehrt der Rattenfänger über den Umkehreffekt seiner Mythifizierung im Sinne der Kinder wieder in seine alte politische Dimension zurück.

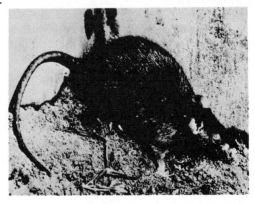

Anmerkungen

I. Einleitung

1. Die Wiederkehr des Gleichen

[1] Samuel Erich: Exodus Hamelensis, 1654. Letzte deutsche Auflage 1690. Die lateinische Übersetzung ist verschollen.

[2] Schneewittchen; Dornröschen u. a.

[3] Vgl. Sigmund Freud: Studienausgabe, Bd. 1–10, Frankfurt 1975 (hrsg. von A. Mitscherlich / A. Richards / J. Strachey (conditio humana), hier: Bd. V. Auf den Begriff der *Latenzzeit* wird im Verlauf der Textanalysen noch mehrfach zurückgegriffen.

[4] André Jolles: Einfache Formen. Legende/Sage/Mythe/Rätsel/Spruch/Kasus/Memorabile/Märchen/Witz, Tübingen [2]1958 (1. Aufl. 1930).

[5] Die erste Sammlung der Grimm'schen Sagen erscheint 1816 und 1818, 1853 die sehr viel breiter ausgemalten Fassungen von Bechstein.

[6] Spanuth, a. a. O., S. 71.

[7] Die Grimm'sche Sagen-Version wird absichtlich nicht genauer analysiert, da sie keine eigene Deutung bzw. künstlerische Aussage enthält und überdies als allgemein bekannt vorausgesetzt werden kann. Am ehesten verrät sie noch einen philologischen Perfektionsanspruch.

[8] Vgl. die Vorrede der Brüder Grimm zum 2. Band der *DEUTSCHEN SAGEN*, Ausg. Darmstadt 1956, S. 20 als Gegenargument des im 18. Jahrhundert noch bemängelten objektiv Unwahren in der Sage z. B.

[9] Josef Szövérffy: Irisches Erzählgut im Abendland. Studien zur vergleichenden Volkskunde und Mittelalterforschung, Berlin 1957, S. 36, er weiß von einem *irischen* Rattenfänger zu berichten ("To get rid of rats and mice, write a nice letter and stuff their hole with in"; in: A. Weston Whitney and C. Canfield Bullock: Folk-Lore from Maryland (MAFS 18, New York 1925), Nr. 1209, S. 57). Auch im Orient ist er bekannt. Vgl. auch: Spanuth, a. a. O., S. 38–50.

[10] Hermann Bausinger: Formen der Volkspoesie, Berlin 1968, S. 172.

[11] Zit. nach DIE ZEIT v. 4. 11. 83 / Nr. 45, S. 57.

[12] Vgl. hierzu auch: Hermann Bausinger / Utz Jeggle / Gottfried Korff / Martin Scharfe: Grundzüge der Volkskunde, Darmstadt 1978, bes. die Kap. über „Sitte und Brauch" des Alltags (1.1) und „Erfahrung, Gedächtnis, Geschichte" (3.3).

[13] Die Religion in Geschichte und Gegenwart. Handwörterbuch für Theologie und Religionswissenschaft. Tübingen [3]1962, Bd. VI, S. 710.

2. Die Entzifferung des Mythos

[14] Roland Barthes: Mythen des Alltags, Frankfurt [5]1980, (Paris 1957).

[15] Ebda., S. 98.

[16] Freud: Studienausgabe, a. a. O., Bd. II.

[17] Vgl. hierzu den *ERLKÖNIG* von Michel Tournier, s. Lit. Verz.

[18] Roland Barthes: Kritik und Wahrheit, Frankfurt 1967, S. 61 (Paris 1966).

[19] Volker Klotz: Interpretieren? — Zugänglich machen!, in: Literatur & Erfahrung, 12/13, „Interpretieren?", Berlin 1983, S. 11 ff.

[20] Ebda.

[21] Helga Gallas: Notizen zum Interpreten und seiner Tätigkeit, ebda., S. 25.

3. Literarische Anthropologie

[22] Ursprünglich sollte die Untersuchung zum Rattenfänger-Mythos nur einen Teil der Arbeit ausmachen. Der andere sollte anhand einzelner Texte aus verschiedenen Epochen den gemeinsamen (bzw. divergierenden) Ort ermitteln, der das Verhältnis von *Kindheit* und *Tod* näher beschreibt. Wegen der großen Textfülle bereits zum Rattenfänger, die hier zwar nicht lückenlos, aber repräsentativ, was Gewichtigkeit, Distribution und Anzahl der Texte angeht, aufbereitet werden, wurde darauf verzichtet. Die Anbindung an die literarische Repräsentanz überzeitlicher „Kindheitsmythen" ergibt sich aus der Summe der Rattenfänger-Teilergebnisse.

[23] Vgl. Philippe Ariès: Geschichte der Kindheit, München/Wien 1975 (Paris 1960). Ders.: Geschichte des Todes, München/Wien 1980 (franz. 1978). Die positivistische Materialfülle der Ariès'schen Studien ist unerläßliche Basis für alle Kindheitsforschung, wenngleich er die Dialektik im Prozeß der Erziehung verkennt.

[24] Katharina Rutschky verwendet den Ausdruck in: Schwarze Pädagogik. Quellen zur Naturgeschichte der bürgerlichen Erziehung. Hrsg. und eingel. von K. R., Frankfurt 1977.

[25] Roland Barthes: Die Lust am Text, Frankfurt 1980 (franz. 1973).

4. Tierische Spekulationen

[26] Vgl. den Aufsatz von Silvia Bovenschen: Tierische Spekulationen. Bemerkungen zu den kulturellen Mustern der Tier-Projektionen, in: Neue Rundschau, Bd. 1, 94. Jh., Frankfurt 1983.

[27] Frankfurter Rundschau vom 7. Januar 1980, dpa.

[28] Vgl. Jürgen Link: Kollektivsymbolik und Mediendiskurse, in: „Kulturrevolution", Zs für angewandte Diskurstheorie, Nr. 1, 10/82, S. 7 (Bochum).

[29] S. Laplanche/Pontalis, a. a. O., Stichwort „Symbol".

[30] Von Jürgen Link in Anlehnung an Sisyphos sehr geistreich „Sysykoll" genannt (s. „Kulturrevolution", vgl. Anm. 28).

[31] Silvia Bovenschen: Tierische Spekulationen, a. a. O., S. 55.

[32] Vgl. Handwörterbuch des deutschen Aberglaubens.

[33] In diesem Zusammenhang ist eine Szene aus S. Lagerlöfs „Nils Holgersson" (1906) interessant: Nils muß eine Urfehde zwischen den grauen und den schwarzen Ratten beilegen. Die schwarzen sind vom Aussterben bedroht und werden von den grauen bedrängt. Nils bekommt mit Hilfe der Wildgänse eine echte Rattenfängerpfeife und zieht die Meute der grauen Ratten kilometerweit fort. Ein Rattenfänger ohne Gewaltanwendung (s. Kap. 4: „Der Rattenfänger").

[34] Vgl. Horkheimer, M. / Adorno, T.: Dialektik der Aufklärung. Mensch und Tier, a. a. O., S. 262. Adorno schilt die behaviouristische Übertragung vom (gefangenen, denaturierten) Tier im Labor auf *Menschen*. Er plädiert für eine neue Achtung vor dem Tier und seiner Psychologie, die ihm weitaus erforschenswerter als die der Menschen erscheint.

[35] Die Punker-Szene besonders in Berlin schmückte sich in den Jahren 1981/83 gern mit zahmen weißen Ratten.

[36] S. Bovenschen: Tierische Spekulationen, a. a. O., S. 6.

[37] Vgl. Charles Fourier: Theorie der vier Bewegungen und der allgemeinen Bestimmungen, Frankfurt 1966 (Einl. von Elisabeth Lenk). Bei Fourier werden aus Tiger und Ratte „Anti-Tiger" und „Anti-Ratte" im Verlauf künftiger Entwicklungsstadien der Menschheit.

[38] Ebd., S. 27.

[39] S. Frankfurter Rundschau vom 28. Februar 1981, Nr. 50. Alle Sachinformationen hier und im folgenden stammen aus dem umfangreichen Artikel von Raoul Hoffmann ebd.

[40] Vgl. Frankfurter Rundschau vom 30. Juni 1982: „Schule für Rattenfänger".

5. Projektionskarussell: „Tiere" — „Ratten" — „Kinder"

[41] Fourier, Theorie . . ., a. a. O., S. 27.
[42] Speziell Kap. 1 und 9.
[43] Vgl. Schérer, R. / Hocquenghem, G.: Co — ire. Kindheitsmythen, München 1977, S. 10.
[44] Ebd.
[45] Sigmund Freud: Der Familienroman der Neurotiker (1909), Studienausgabe, a. a. O., Bd. IV, S. 222.
[46] Vgl. Elke Liebs: Schwierige Idylle. Kinder-Geschichten aus dem 19. Jahrhundert, in: Friedrich Glasenapp: Das Marienbüchlein (1847), neu hrsg. von J. Merkel / D. Richter, München 1980.
[47] C. M. Versteeg-Solleveld: Das Wiegenlied, in: Image XXIII, Den Haag 1937, zit. in: W. Kaminski / U. Pech (Hrsg.): Kinderliteratur und Psychoanalyse, Beiheft 19 zum Bulletin Jugend und Literatur 1982.
[48] Vgl. Elisabeth Badinter: Die Mutterliebe. Geschichte eines Gefühls vom 17. Jahrhundert bis heute, München 1981.

6. Abschied von den Eltern

[49] Douglas Milburn: Kindesmord, Berlin und Schlechtenwegen 1982, S. 33.
[50] Lloyd de Mause: Hört ihr die Kinder weinen. Eine psychogenetische Geschichte der Kindheit, Frankfurt 1977.
[51] Philippe Ariès: Geschichte der Kindheit, a. a. O.
[52] Zum juristischen Verhältnis von Kind und Familie vgl. Gunnar Heinsohn / Rolf Knieper: Theorie des Familienrechts, Frankfurt ²1976.
[53] Milburn hält hier den praktizierten Kindsmord der alten Gesellschaften und des Mittelalters gegen den „Verhaltens-Filizid", d. h. das gesellschaftliche Erzwingen von geschlechtsspezifischem Rollenverhalten, a. a. O., S. 33 und S. 79 ff.
[54] Vgl. die autobiographischen Romane der Schweizer Autoren Fritz Zorn; Mars; sowie Jacques Chessex: Der Kinderfresser, 1979, in denen auf verschiedene Weise — einmal durch Verdrängung und kontrolliertes Schweigen (Zorn), einmal durch ritualisierte Sadismen (Chessex) — die Zerstörung von Kindheit betrieben wird.
[55] Im Gegensatz dazu zwingt der Vater der Ur-Horde die anderen zu Triebverzicht und infolgedessen zu Gefühlsbindungen an ihn und untereinander — er zwingt sie sozusagen in die Massenpsychologie. Vgl. zu diesem gesamten Komplex: Sigmund Freud: Massenpsychologie und Ich-Analyse, Studienausgabe, Bd. 9, a. a. O., S. 65—133.
[56] S. Kap. VI.4 und VI.6 dieser Arbeit über „Kinderkreuzzüge" und „Dramen" (Zuckmayer).

II. Das Mittelalter

1. Diskurs der Vagheit

[1] Dies der vollständige Text, vgl. Spanuth, S. 16 (ursprünglich auf Latein, s. auch Dobbertin, Quellen . . .).
[2] Matthäus 2, 17 u. 18.
[3] 2. Moses 12, 28—30.
[4] Z. B. „Engelkonzert" in Grünewalds „Isenheimer Altar".
[5] Hier und im folgenden stütze ich mich auf das Handwörterbuch des deutschen Aberglaubens, a. a. O., Stichwort *Musik*.
[6] S. auch die von Pythagoras aus dem Orient übernommene und ausgebaute Idee von der „Sphärenharmonie", einem kosmischen Ton-System zwischen den Planeten, als dessen bloßes Abbild die „weltliche" Musik im Mittelalter noch verstanden wurde. Im Quadrivium des mittelalterlichen Studiengangs bildet sie mit Arithmetik, Geometrie und Astronomie eine Wissenschaft.

[7] Ernst Bloch: Das Prinzip Hoffnung, Frankfurt 1970, Bd. 3, S. 1244.

[8] In: Tristan; Zauberflöte (Mozart); Wilhelm Meister (Goethe); Ahnung und Gegenwart (Eichendorff); Maler Nolten (Mörike); Der Arme Spielmann (Grillparzer); Der Mann ohne Eigenschaften (Walther und Clarisse, Musil); Buddenbrooks (Mann); Doktor Faustus (Mann); Hoffmanns Erzählungen (E. T. A. Hoffmann). Vgl. auch E. Bloch, Prinzip Hoffnung, Bd. 3, S. 1250: „Überschreitung in der Musik".

[9] Vgl. die Tanzszene bei Emil Strauß: Freund Hein (1902), s. auch Kapitel IV dieser Arbeit über „Veitstanz" (zwischen „ratio" und „religio").

[10] W. Shakespeare: Der Kaufmann von Venedig, 5. Akt, 1. Szene.

[11] Vgl. Spanuth, a. a. O., S. 126.

[12] Ebd., S. 127.

[13] S. auch der 12jährige Jesus im Tempel.

[14] Theorie des Volkskundlers Otto Lauffer, zit. nach Spanuth, a. a. O., S. 23.

[15] Arno Borst: Lebensformen im Mittelalter, Frankfurt, Berlin 1979, erwähnt den Fall von Konstantinopel (1453), der 4 Wochen später schon in Venedig (1 400 km Luftlinie) bekannt wurde (S. 155).

[16] Ebd., S. 156. In diesem Zusammenhang ist auch aufschlußreich der Aufsatz von Achatz von Müller: „Geh mit den Deutschen!" Deutschenverachtung im mittelalterlichen Italien, in: Journal für Geschichte, 11/83, Braunschweig 1983, S. 4 ff. Der Titelsatz fungierte als schärfster Ausdruck des Überlegenheitsgefühls über die unzivilisierten Barbaren im kultivierten Italien, eine Entwicklung, zu der die Kreuzzüge besonders beigetragen haben.

[17] Henri Pirenne: Sozial- und Wirtschaftsgeschichte Europas im Mittelalter, München [4]1976, S. 166.

[18] Fr. Sprenger: Geschichte der Stadt Hameln, Hannover 1826, S. 13.

[19] Ebd.

[20] Ebd., S. 341. Auffällig ist die Animosität des Verfassers gegen den Klerus, eventuell erklärlich aus jahrelangen Streitereien zwischen Magistrat und Stift über Schulfragen. Bis 1540 ist Latein noch wichtiger als Deutsch in den Schulen. Dann wird die erste protestantische Schule eingerichtet. Vorher übernahmen vielfach Durchreisende (d. i. „fahrende Schüler") den Unterricht.

[21] S. die wenig später einsetzenden Hexenprozesse.

[22] Hans Boesch: Kinderleben in der deutschen Vergangenheit, Leipzig 1900 (Reprint Düsseldorf, Köln 1979). Vgl. auch Ariès, Geschichte der Kindheit.

[23] Pirenne, a. a. O., S. 168.

[24] Ingeborg Weber-Kellermann: Die Familie, Frankfurt [2]1977, S. 51 ff.

[25] Ariès, Geschichte der Kindheit, a. a. O., S. 46.

[26] Vgl. Boesch, a. a. O., S. 34 (Abb.: Amme mit Säugling).

[27] Ebd., S. 24.

[28] I. Weber-Kellermann: Die deutsche Familie, Frankfurt 1974, S. 46.

[29] Ariès, Geschichte der Kindheit, a. a. O., S. 54; vgl. auch Lloyd de Mause: Hört ihr die Kinder weinen, Einleitung.

[30] Robert Reinick / Ferdinand Hiller: ABC-Buch für kleine und große Kinder, Leipzig 1876.

[31] Vgl. Boesch, a. a. O., S. 40.

[32] Michel de Montaigne: Essais II, 8; zit. nach Ariès, Geschichte der Kindheit, a. a. O., S. 210.

[33] Dieses Motiv spielt eine große Rolle in einem mit Lagerlöfs „Nils Holgersson" kongenialen Kinderbuch von Tamara Ramsay: Wunderbare Fahrten und Abenteuer der kleinen Dott, Stuttgart 1960. Statt über Schweden, überfliegt sie die Mark Brandenburg, Schlesien und Sachsen. Ihre Reisegefährten sind Reiher; die Heldin ist ein Mädchen.

[34] Das Märchen und die Phantasie des Kindes, [4]1958.

[35] Vgl. das antike sokratische Ideal der Kalokagathie (d. i. „schön und gut").

[36] Alexander Mitscherlich: Auf dem Weg zur vaterlosen Gesellschaft. Väter und Väterlichkeit. Frankfurt 1983 (Ges. Schriften in 10 Bänden, Bd. 3).

2. „von des teuffels gewalt" — ein Tagebuch

[37] Spanuth, a. a. O., S. 24.
[38] Vgl.: Bamberger Chroniken, 2. Hälfte, hrsg. von Chroust, 1912, S. 410 ff. (Kopie der Hrsg. im Rattenfänger-Museum von Hameln).
[39] Spanuth, a. a. O., S. 24.
[40] Vgl. hierzu das Kapitel V.5 dieser Arbeit.
[41] Ph. Ariès: Geschichte der Kindheit, a. a. O.
[42] Z. B. der „fliegende Holländer"; Hauff: Das Gespensterschiff; G. A. Bürger: Lenore; u. v. a. Auch Wieder*geburts*phantasien gehören in diesen Kontext, z. B. im Buddhismus.
[43] Handwörterbuch des deutschen Aberglaubens, a. a. O., S. 572.
[44] Die Religion in Geschichte und Gegenwart, a. a. O., Bd. 6, S. 704.
[45] S.: *FAUST.*
[46] RGG, Bd. 6, S. 709.
[47] Vgl. die Redensart: „Der Teufel ist los."
[48] Lexikon für Theologie und Kirche, a. a. O., Bd. 10, S. 5; Luther sagt 1523: Der Teufel „äfft" Gott nach.
[49] Vgl. auch das Lächerlichmachen des Teufels in der Schwankdichtung des 16. und 17. Jahrhunderts.
[50] S. auch: RGG, Bd. 6, S. 507.
[51] Laplanche, J. / Pontalis, J.-B.: Das Vokabular der Psychoanalyse, Bd. 1—2, Frankfurt 1973. Hier: Bd. 2, S. 399 ff.
[52] Ebd., S. 400.

3. „Wunderzeichen" — Hiob Fincelius

[53] Jobus Fincelius: Wunderzeichen, 1656, 1. Teil (1559 und 1562 folgen zwei weitere Teile). Im Jahr 1556 drei verschiedene Drucke: Jena, Frankfurt, Nürnberg.
[54] Vgl.: Johan Huizinga: Herbst des Mittelalters. Studien über Lebens- und Geistesformen des 14. und 15. Jahrhunderts in Frankreich und in den Niederlanden, Stuttgart [11]1975, S. 5 und S. 209—268; vgl. auch die Kreuzzugs-Wanderprediger; oder: „Wallensteins Lager", die predigt des Kapuzinermönchs usw.
[55] Freud spricht im Hinblick auf die (organisierte) Masse der Gläubigen von „zwei künstlichen Massen" (die zweite ist die Armee!), vgl.: Studienausgabe, a. a. O., Bd. IX, S. 88.
[56] Ulrich Bräker: Lebensgeschichte und Natürliche Abentheuer des Armen Mannes im Trockenburg, Basel 1945, (nach der Ausgabe von 1789), Bd. 1, S. 126.
[57] Vgl.: Spanuth, a. a. O., S. 27 f.
[58] Z. B. Caspar Goltwurm Athesinus (Hessen): Wunderwerck und Wunderzeichen Buch, Frankfurt 1557, fol. Cccjj. Goldwurms Bericht vom Kinderauszug ist eine fast wörtliche Wiedergabe des Fincelius-Berichts.

4. Kausalität der „ratzenmaterie"

[59] Zimmerische Chronik, (Graf von Zimmern, 1566 gest.). Erste wiss. Ausg. in 4 Bdn., veranstaltet von Karl Barack 1869. Neue Ausg. 1932. Das Original befindet sich im Schloßarchiv Donaueschingen (2 Hs.). Hier ist zit. aus der 2. Auflage 1881, Teil 3, S. 198—200, vgl.: Dobbertin, Quellensammlung, a. a. O., S. 24 f.
[60] Z. B. Rollenhagen: Froschmeuseler; Mérimée: Bartholomäusnacht; usw.

III. Das 16. Jahrhundert

[1] Das Epos wurde 1566 begonnen, 1569 beendet, aber erst 1595 konnte es erscheinen.

² Vgl. die heutigen lateinischen und griechischen Übersetzungen von „Max und Moritz" (W. Busch).

³ D. i. 2. Bd., 3. Buch, 1. Teil, XIV. Kap.

⁴ Er hat soeben kraft seines Gebets die verseuchten Brunnen des Dorfs wieder rein gemacht, s. 2. Buch der Könige, 2, 23 und 24.

⁵ 1532–1564 erscheint das Hauptwerk von François Rabelais: Gargantua et Pantagruel, mit seinen ungeniert-drastischen Freß- und Saufszenen und satirischen Obszönitäten auf dem Hintergrund derselben humanistischen Universalbildung wie bei Rollenhagen dem „Froschmeuseler" vergleichbar – auch was den Mammutumfang betrifft. Bezeichnenderweise nennt auch Rabelais sein Werk „chronique" oder „historie", um ebenso wie Rollenhagen unter dem Vorwand der Erzähl- und Fabulierlust aktuelle Zeiterscheinungen ironisch beleuchten zu können.

⁶ Vgl.: Rollenhagen, a. a. O., Vorwort, S. XXVIII.

⁷ Ebd., S. XXX.

IV. Das 17. und 18. Jahrhundert

¹ Heinrich Spanuth: Der Rattenfänger von Hameln, a. a. O., bes. S. 38–76.

² Ebd., S. 39.

³ Vgl.: Jean Baudrillard: Der Tod tanzt aus der Reihe, Paris 1976 (deutsch 1979). Der Text ist das 5. Kapitel aus dem Buch: „L'échange symbolique de la mort." Baudrillard bezieht sich u. a. auf G. Batailles Auffassung vom Tod als „exzessives Prinzip" und als „Anti-Ökonomie" (S. 78); die Begrifflichkeit scheint wie das Phänomen der „Todestänze" bzw. Veitstänze gemünzt.

⁴ Vgl.: Spanuth, a. a. O., S. 40.

⁵ Vgl.: Handwörterbuch des deutschen Aberglaubens, a. a. O., Bd. VIII, Sp. 1542.

⁶ Corveyer Chronik, Blatt 58 (Foliozählung), Hildesheim 1604, 2. erw. Aufl. Die 1. Aufl., 1590 in Hamburg erschienen, enthält zwar auch ein Kapitel über den Veitstanz, es fehlen aber die Erfurter und Hamelner Nachrichten.

⁷ Vgl. das später besprochene Stück von Zuckmayer: Der Rattenfänger (1975), in dem das Tanzen eine ähnliche Rolle spielt und an einer Stelle tatsächlich zum „Todestanz" wird.

⁸ Nach Büchmann (Geflügelte Worte) leitet sich die Redensart von Herodot bzw. Äsop ab (Fabel vom flötenblasenden Fischer); vgl. auch Matthäus-Evangelium 11, 17: „Wir haben euch aufgespielt und ihr wolltet nicht tanzen", ähnlich: Lukas 7, 32, der Matth. fast wörtlich zitiert.
Die reichste „Illustration" erfährt die Wendung in den mittelalterlichen Totentänzen, die den Tod als Spielmann darstellen, wobei jedem Stand ein anderes Instrument zuerkannt ist (vgl. Lutz Röhrich: Lexikon der sprichwörtlichen Redensarten, 4 Bde., hier: Bd. 3, S. 723, Freiburg, Basel, Wien 1973).
Vgl.: Der tanzende Tod. Mittelalterliche Totentänze, hrsg., übersetzt und kommentiert von Gert Kaiser, Frankfurt 1983. Das Spannungsverhältnis zwischen exaltierter Lust und Todesangst gilt dabei für jedes Alter und alle Stände. In diesem Sinn entfalten die „Totentänze" ein Maximum an Sinnlichkeit, allerdings zum Zwecke der indirekten Bußpredigt: Über Sprache (Verse und Prosa), Bilder und (abgebildete) Musik, über allegorische und naturalistische Anschauung wird die Angst gesteigert und zugleich verhöhnt, eine Methode, die fortwirkt bis ins 19. Jahrhundert, in Heines „Buch der Lieder", d. h. deren Auftakt, die „Traumbilder".

⁹ Michel Foucault: Psychologie und Geisteskrankheit, Frankfurt ⁴1972 (Paris 1954), S. 93.

¹⁰ Ähnlich im 17. und 18. Jahrhundert später die Irrenhäuser für die gebildeten Gesellschaftsschichten, vgl. z. B. die Anfangsszene in Peter Weiss, Verfolgung und Ermordung des Jean Paul Marat . . . (s. Bibl.), wo das Irrenhaus direkt zum Schauspielhaus wird und die Kranken die Rollen der Gesunden „spielen".

[11] Vgl. auch das Märchenmotiv als Strafe und Folter (eiserne Pantoffel), oder „die roten Schuhe", wo die Lust unmittelbar in Verzweiflung umschlägt (Andersen).

[12] „La Danse Macabre", 1424 auf den Arkaden des Beinhauses auf dem Friedhof des Franziskanerklosters Aux. SS. Innocents, Paris, fertiggestellt. „Der doten dantz mit figuren clage und antwort schon von allen staten der werlt", nach 1485 anon. entstanden (Buch-Totentanz); Holzschnitte, Nachdruck in Mainz und München, 1. Hs. Kassel. „Baseler Totentanz" (1431—1448) an der Kirchhofmauer des Predigerklosters, genannt: „Der liebe Tod von Basel" und Wahrzeichen der Stadt (wie der Rattenfänger für Hameln). Hier erscheint auch 1524 das Totentanz-Alphabet von Hans Holbein; hier entstehen auch Merians Kupferstiche des Prediger-Totentanzes, die die Zerstörung des Originals überdauern. Sei noch der „Berner Totentanz" erwähnt, der im 16. Jahrhundert an die Kirchhofmauer des Berner Dominikanerklosters gemalt wird, von Niklaus Manuel, gen. Deutsch. Auffällig ist der offenkundige Kommunikationswert der Friedhöfe im Mittelalter. In der Umgebung der Gräber geht es laut und fröhlich zu, Boutiquen sind aufgeschlagen, Spaziergänger promenieren usw. (vgl.: Pierre Champion, La danse macabre de Guy Marchant, Notice par —. Paris 1925, S. 5).

[13] Der Volksprediger Geiler von Keysersberg empört sich über die Tänze des 15. Jahrhunderts.

[14] Hans Eberhard Mayer: Geschichte der Kreuzzüge, Stuttgart/Berlin [4]1976, S. 190.

[15] Ebd., S. 189; vgl. auch Ariès: Geschichte der Kindheit, a. a. O., S. 144.

[16] Um 1510, s. Uffizien, Florenz.

[17] S. Letzner: Braunschw.-Lüneb.-Göttingische Chronik, Mscr. Münster, 7. Buch, 67. Kap. (um 1600).

[18] Ders.: Corvey-Chronik, 1604, 2. Ausg., Bl. 58 (Folio-Zähl.).

[19] Horkheimer/Adorno: Dialektik der Aufklärung. Philosophische Fragmente, Frankfurt 1969 (cop. 1944 New York), S. 9.

[20] Vgl. J. B. Basedow: Maßnahmen zur Unterscheidung von Kindern und Erwachsenen (1773), in: K. Rutschky: Schwarze Pädagogik, Frankfurt 1977, S. 116—118.

[21] Hier wäre eigentlich ein Exkurs über die Geschichte der Hexenprozesse angebracht, der aus Platzgründen unterbleiben muß. Die letzten Hexen wurden Ende des 18. Jahrhunderts verbrannt (auch Kinder!), vgl. Soldan-Heppe, W. G.: Geschichte der Hexenprozesse, Darmstadt 1843; sowie Becker/Bovenschen/Brakkert: Aus der Zeit der Verzweiflung. Zur Genese und Aktualität des Hexenbildes, Frankfurt [2]1978; und Manfred Hammes: Hexenwahn und Hexenprozesse, Frankfurt [3]1979.

[22] Auch die „Geistlichkeit" beteiligt sich an diesem Streit um die „Wahrheit" — auf ihre Weise. Ernst Heinrich Rehermann weist in seinem Buch: Das Predigtexempel bei protestantischen Theologen des 16. und 17. Jahrhunderts (Göttingen 1977) eine Tradition der Rattenfängergeschichte nach, in der die Warn- und Beispielerzählungen der Aufklärung antizipiert sind. Die „Predigtmärlein" waren überaus beliebt und würden auch den Bekanntheitsgrad des Motivs plausibler machen. In Musterbüchern und mündlich erfuhren sie unaufhörliche Verbreitung, am stärksten direkt von der Kanzel.

V. Das 19. Jahrhundert

1. L'enfance Retrouvée oder: Kindheit aus zweiter Hand

Im folgenden wird das Radlauf-Märchen zitiert nach: Clemens Brentano: Werke. Ausgew. und mit einem Nachwort versehen von Geno Hartlaub, Hamburg o. J., Hoffmann und Campe Verlag.

[1] C. Brentano: Werke, a. a. O., S. 182.

[2] Ebd., S. 36 (gehört in den Kontext der Rosenkranz-Romanzen).

[3] Ebd., S. 38 (die schwermütigen Terzinen verstärken die beklommene Grundstimmung).

[4] Ebd., S. 278.

[5] Vielleicht gibt es deshalb keine besonders typische Rattenfänger-Version in der Aufklärung; nur ein paar realgeschichtliche Verifizierungsversuche, die auf frühere Deutungen zurückgreifen (Schlacht bei Sedemünde, Veitstanz, Pest, böhmische Werber und andere öffentliche Katastrophen). Zum Ummünzen in eine der in der Aufklärung so beliebten Warn- und Strafgeschichten war sie zu wenig eindeutig. Der tödliche Ausgang bleibt zu ungewiß, ebenso die Gründe, die dahin führen. Dazu später mehr.

[6] Z. B. Wilhelm von Humboldt: Briefe an eine Freundin (1814–1835), Berlin 1921; ebenso Briefe Schleiermachers an die Frau seines Freundes, Henriette, die er später, nach dessen Tod, heiratet u. v. a. m.

[7] Das schier unermeßliche Briefwerk beispielsweise der Rahel Varnhagen, aber auch Bettines von Armin, Carolines von Günderode usw. wird inzwischen vom breiten Schrifttum *über* diese romantische Briefliteratur fast schon übertroffen. Hier nur Auswahlhinweise: Herbert Scurla: Rahel Varnhagen. Die große Frauengestalt der deutschen Romantik. Eine Biographie, Frankfurt 1980; Hannah Arendt: Rahel Varnhagen – Lebensgeschichte einer deutschen Jüdin aus der Romantik, München 1959; Karl Heinz Hahn: Bettina von Armin in ihrem Verhältnis zu Staat und Politik, Weimar 1959; Jugenderinnerungen von Henriette Herz. Mitteilungen aus dem Literaturarchiv in Berlin, 1896, usw. Nicht zu vergessen auch die schriftstellerischen Arbeiten zu einzelnen Gestalten: I. Drewitz: Bettine; Chr. Wolf: Kein Ort, Nirgends, (Günderode); K. Reschke: Verfolgte des Glücks, (Henriette Vogel); s. auch: Text-Sammlung: Frauenbriefe aus der Romantik, hrsg. und mit einem Nachwort von K. Behrens, Frankfurt 1981, (it 545).

[8] Dabei bleibt außer acht gelassen, ein wie schweres und ernstes Geschäft das Kindsein ist, selbst *ohne* materielle Not. Nur scheinbar wird auch für die sich bewahrende „kindlich reine Seele" (vgl. L. Schiller) die Trennung zwischen Kindheit und Erwachsensein aufgehoben. Tatsächlich bleibt sie im wehmütigen Genuß des selbst erinnerten oder für andere gefürchteten Verlustes ständig gegenwärtig bzw. vertieft noch die Kluft durch die Weigerung, den *Mythos* Kind an der zeitgeschichtlichen Realität von Kindern zu messen. Kleists „zweite Naivität", die verlorene „Unschuld", wird durch das *Bewußtsein* ihres Wertes ersetzt – die Erinnerung weicht der Projektion.

[9] Vgl. besonders die *Traumdeutung*. Sigmund Freud: Studienausgabe Bd. 1–10 (hier: Bd. II), Frankfurt 1975.

[10] Unter falschen Namen und unter Mißbrauch seiner Fähigkeit, fremde Stimmen täuschend ähnlich zu imitieren, verführt er ein blindes Mädchen, das sich in den Armen ihres Geliebten glaubt.

[11] Vgl.: „Godwi" (1801), in: Werke, a. a. O., 2. Bd., München 1963, z. B. S. 284 ff.

[12] Das Reden und Schweigen zur jeweils rechten Zeit ist ein altes Volksmärchenmotiv, wobei das Schweigen meist als Strafe oder Bewährungsprobe verordnet ist und selbständig nicht aufgehoben werden kann. Meist sind es Frauen oder Mädchen, auf die die Rolle der Stummheit fällt, wohl um die zwiefache Wehrlosigkeit verleumdeter Unschuld zu betonen. Das Schweigen als Topos der unsichtbaren Aktivität des Opfers wird beredt. Für Brentanos Zwecke mag diese eindimensionale Weltordnung nicht genügt haben. Der „Held", der erlöst werden will, ist er ja selbst, das Kind, das er einmal war und wieder werden möchte.

[13] Auch Brentano „bearbeitet" die vorgefundenen Texte, aber weniger „philologisch" wie die Brüder Grimm, sondern eher ideologisch, z. B. in den ursprünglich überaus drastischen Basile-Märchen.

[14] Johan Huizinga: Homo Ludens. Vom Ursprung der Kultur im Spiel, Hamburg 1956 (1938 ersch.), S. 118.

[15] Vgl.: Werner Hoffmann: Clemens Brentano. Leben und Werk, Bern/München 1966, S. 47 ff.

[16] C. Brentano: Gesammelte Schriften V, 9/10.

[17] Herbert Marcuse: Triebstruktur und Gesellschaft, Frankfurt 1973 (1957 deutsch erschienen), S. 24.

[18] Vgl.: Kittler, Friedrich / Turk, Horst: Urszenen. Literaturwissenschaft als Diskursanalyse und Diskurskritik, Frankfurt 1977, S. 7.

[19] Seine Mutter ist die einst von Goethe heiß verehrte Sophie La Roche. Über die Bedeutung der Mutter für Brentano s. Rolf Nägele: Die Muttersymbolik bei C. Brentano, (Diss.), Winterthur 1959.

[20] Zur wechselnden Einschätzung von Märchen und Phantasie vgl.: D. Richter / J. Merkel: Märchen, Phantasie und soziales Lernen, Berlin 1974 (Basis Theorie 4), oder: Kritisches Lesen. Märchen, Sage, Fabel, Volksbuch. Projekt Deutschunterricht 1, Stuttgart 1971. In Theodor Brüggemanns „Handbuch zur Kinder- und Jugendliteratur 1750—1800", Stuttgart 1982 ist für den angegebenen Zeitraum kein einziges Märchen verzeichnet.

[21] Vgl. moderne Märchen, z. B. die „kindliche Königin" in Michael Endes Kultbuch: Die unendliche Geschichte. Oder bei Janusz Korczak: König Hänschen (1958) u. a.

[22] Vgl. hierzu auch J. J. Bachofens Mutterrechtsstudien, in denen er das ganze (gynaikokratisch ausgerichtete) Dasein als durch Religion geprägt versteht (nicht umgekehrt die Religion als ein soziales und kulturelles Phänomen im Sinne Freuds). Mutterrecht wird in seinem Sinn zur „Naturwahrheit" (vgl. S. XXVI), in: Das Mutterrecht, Frankfurt ⁴1982 (1861 ersch.).

[23] Vgl.: Philippe Ariès: Geschichte der Kindheit, München/Wien 1975; Donata Elschenbroich: Kinder werden nicht geboren. Studien zur Entstehung der Kindheit, Frankfurt 1977; ebenso in einzelnen Gestalten, z. B. Mignon, u. a.

[24] Vgl.: Vorlesungen zur Einführung in die Psychoanalyse, Studienausgabe, a. a. O., Bd. I.

[25] Charles Fourier: Aus der neuen Liebeswelt, Berlin 1977 zwischen 1808 und 1835 entstanden), weist auf Freud schon voraus.

[26] Gerhard Schaub: Le Génie Enfant, Berlin 1973, S. 124.

[27] Walter Benjamin: Gesammelte Schriften, Werkausgabe, ed. suhrkamp, 12 Bde., Frankfurt 1980, S. 290 f.

[28] Vgl.: Marie Luise Könnecker (Hrsg.): Kinderschaukel 1. Ein Lesebuch zur Geschichte der Kindheit in Deutschland 1745—1860, Darmstadt und Neuwied 1976, z. B. S. 32: Gefährliche Genüsse; oder S. 37: J. A. C. Loehr: Der Freßsack; S. 36: J. Glatz: Fritz der Näscher, usw.; vgl. auch: Grimm: Hänsel und Gretel.

[29] Vgl.: Johann Friedrich Oest: Höchstnöthige Belehrung und Warnung für Jünglinge und Knaben, die schon zu einigem Nachdenken gewöhnt sind, Wolfenbüttel 1787 (Reprint 1977).

[30] Schaub, a. a. O., S. 148 f.

[31] Brentano, Werke II, a. a. O., S. 253.

[32] Novalis: Werke, Briefe, Dokumente, Bd. 1, S. 242 (zit. nach: Schaub, S. 153).

[33] Benjamin: Gesammelte Schriften, a. a. O., Bd. IV/1, s. „Einbahnstraße".

[34] Georg Groddeck: Der Mensch als Symbol, Wiesbaden 1973, (ersch. 1933), besond. Kap. 5—7.

[35] Freud, a. a. O., IV, S. 223: Der Familienroman der Neurotiker (1909).

[36] Georg Groddeck: Das Buch vom Es, München o. J., (1. Aufl. 1923), S. 160.

[37] Ebd.

[38] Katharina Rutschky (Hrsg.): Schwarze Pädagogik. Quellen zur Naturgeschichte der bürgerlichen Erziehung, Frankfurt/Berlin 1977, S. XXII.

[39] Vgl.: Immanuel Kant: Mutmaßlicher Anfang der Menschengeschichte, Werke (10 Bde.), hrsg. von W. Weischedel, Darmstadt 1968, Bd. 9, S. 92.

[40] Ebd., S. 91 f.

[41] S. Rutschky, a. a. O.

[42] Rutschky, a. a. O., S. 147.

[43] Horkheimer/Adorno: Dialektik der Aufklärung, Frankfurt 1969, S. 9 (cop. 1944 New York).

44 Clemens an Bettina, in: C. Brentanos Frühlingskranz, S. 36/37, B. von Armin; hrsg. von H. Amelung, Leipzig 1921.

45 Hoffmann: Clemens Brentano, a. a. O., S. 36.

46 Der „Metaphysik von Zucht und Strafe" ist eine breite Literatur gewidmet, vgl.: Rutschky, a. a. O., (Handbuch 1887), vgl. dazu: Michel Foucault: Überwachen und Strafen, Frankfurt ⁴1981 (ersch. 1975), der die verfeinerte Disziplinierungstechnik in der bürgerlichen Strafpraxis beschreibt bis hin zur „Kontrolle der Normalität".

47 Brentano: Sämtliche Werke V, S. 288 ff. (hrsg. unter der Leitung von C. Schnüddekopf, München/Leipzig 1909–1917. Von den 18 geplanten Bänden sind nur 11 erschienen).

Resumée

48 Theodor Adorno: Versuch über Wagner, Berlin/Frankfurt 1952, S. 198.

49 Benjamin: Gesammelte Schriften, a. a. O., (Einbahnstraße).

50 Freud, a. a. O., VIII, S. 234 (Formulierungen über die zwei Prinzipien des psychischen Geschehens).

51 S. Rutschky, a. a. O., (Fall Schreber u. a.).

2. Die Brutalität der Tugend

52 Ausgabe, nach der zitiert wird: Gustav Nieritz: Die Wunderpfeife oder die Kinder von Hameln. Ein geschichtliches Mährchen, Leipzig 1844.

53 J. H. Campes philanthropischer Ehrgeiz, schon im 18. Jahrhundert eine Bibliothek für Kinder zu schaffen (1779–1784), ist in diesem Kontext bereits deutlich ein Produkt der „Vergangenheit" bzw. hat sich mit seinem pädagogischen und ästhetischen Anspruch im breiten Schrifttum nicht durchgesetzt.

54 Hier sind neben den durch die Brüder Grimm gesammelten Volksmärchen vor allem auch die unmittelbaren „Folgeerscheinungen" gemeint: die Verarbeitung verschiedener Volksmärchenmotive zu *Kunstmärchen* (Brentano, Tieck, Hauff, Musäus u. a., vgl.: Volker Klotz: Weltordnung im Märchen, in: Neue Rundschau 81 (1970), S. 73–91 und Jens Tismar: Das deutsche Kunstmärchen des zwanzigsten Jahrhunderts, Stuttgart 1981.

55 Gustav Nieritz: Wie ich zum Schriftstellern kam, in: Centralblatt für deutsche Volks- und Jugendliteratur, 1857, S. 41.

56 Ebd., S. 52.

57 Z. B. Daniel Defoe: The Fortunes and Misfortunes of the Famous Moll Flanders, 1722.

58 Rudolf Schenda: Die Lesestoffe der kleinen Leute. Studien zur populären Literatur im 19. und 20. Jahrhundert, München 1976, S. 108.

59 Vgl.: Walter Benjamin: Gesammelte Schriften, II, 1: Zur Kritik der Gewalt, Suhrkamp-Werkausgabe, Frankfurt 1980, S. 179–203.

60 Erich Fromm, Das Menschliche in uns, Konstanz 1968, S. 21–38.

61 Vgl.: J. Galtung: Strukturelle Gewalt, Beiträge zur Friedens- und Konfliktforschung, Reinbek b. Hamburg, ³1978.

62 Vgl. die profunde Untersuchung von Katharina Rutschky in der Einleitung zu: „Schwarze Pädagogik", Quellen zur Naturgeschichte der bürgerlichen Erziehung, Frankfurt/Berlin 1977, S. XVII–LXVI.

63 Vgl.: Max Lüthi: Das europäische Volksmärchen. Form und Wesen, Bern ³1968.

64 Vgl.: Alice Miller: Am Anfang war Erziehung, Frankfurt 1980, S. 78.
Vgl. hierzu den äußerst kritischen bzw. polemischen, dabei vergnüglichen Aufsatz von Gisela von Wysocki: Wenn die Psyche zur „Seele" wird. Alice Miller und ihre deutschen Leser, in: Literaturmagazin 14, Reinbek b. Hamburg 1981, S. 101–111. Die Verfasserin argwöhnt, daß Millers hervorgekehrte Vorurteilslosigkeit „Das Versteck für Normen und Zensuren" ist (S. 103) und *daß* durch die Eliminierung der komplexen, widersprüchlichen Strukturen kultureller Prozesse eine zu stark vereinfachende, gesetzmäßige Kausalität auf den Plan gerufen wird,

238

die zwar die Leser fasziniert, weil sie so zu einer Art „Schicksalsgemeinschaft"
zusammenwachsen, deren Genese sich aber einer sachlichen Analyse widersetzt.
Gefühl (= Kind) steht gegen Intellekt (= Erwachsen), Millers Pathos des Weltan-
schaulichen negiert wieder die von Freud entdeckten Ambivalenzen der Kindheit
und führt zu einer Entmaterialisierung auf allen Ebenen. Die m. E. zutreffenden
und scharfsinnigen Einwände betreffen jedoch den zitierten Ge- und Verbots-
katalog nicht.

[65] Vgl.: J. Glatz: „Fritz der Näscher", 1819, in: Kinderschaukel 1. Ein Lesebuch zur
Geschichte der Kindheit, hrsg. und eingel. von M. L. Könnecker, Darmstadt
1976, S. 36 u. v. a.

[66] Vgl.: Schenda, Lesestoffe . . ., a. a. O., S. 128 ff.

[67] Vgl.: Ingeborg Weber-Kellermann: Die deutsche Familie, Versuch einer Sozialgeschichte, Frankfurt [4]1978, S. 110.

[68] Zit. nach: Jürgen Kuczynski: Studien zur Geschichte der Lage des arbeitenden
Kindes in Deutschland von 1700 bis zur Gegenwart, Berlin 1968, S. 73 f. (Die
Geschichte der Lage der Arbeiter unter dem Kapitalismus, Bd. 19).

[69] Ebd.

[70] Ebd., S. 70 f.

[71] S. J. H. Campe: Robinson der Jüngere. Ein Lesebuch für Kinder, Aufl. 1868
(1. Aufl. 1779/80), Braunschweig 1975, S. 215 f.

[72] Vgl.: Hermann Leopold Köster: Geschichte der deutschen Jugendliteratur,
Nachwort der 4. Aufl. 1927, München/Berlin 1972, S. 292.

[73] Köster, Geschichte . . ., a. a. O., S. 292.

[74] Vgl.: Alice Miller, Am Anfang . . . a. a. O., S. 279 (Versuch einer Kindheitsana-
lyse von Hitler).

[75] Ebd., S. 280 (Hervorhebung E. L.).

[76] Vgl.: Kuczynski, a. a. O., S. 12 ff.

[77] Noch im Jahre 1949/50 wurde ich selber an einer ganz gewöhnlichen deutschen
Volksschule — wie es damals noch hieß — zu wiederholten Malen vor die Klasse
zum „Tatzen" empfangen kommandiert, auf die gespannte Innenseite der Hand
versteht sich, und je weniger ich meinen Schmerz zeigte, mit desto lustvollerer
Wut holte die Lehrerin aus. Auch eine Eselskappe bekam ich einmal in meinem
Leben noch aufgesetzt (von einer strengen Tante), ganz zu schweigen vom
Teufel, der mir von der Religionslehrerin (evangelisch!) unter langwierigen
Gebeten und lautstarken Beschwörungen bzw. zügellosem Gebrüll vor der
versammelten Klasse — natürlich vergeblich — ausgetrieben werden sollte. Nicht
einmal durchs bereitwillig geöffnete Fenster wollte er abspringen. Das Resultat
war meine haßerfüllte bis scheue Ächtung durch den Klassenverband.

[78] Köster, a. a. O., S. 292.

[79] Der Anfragende ist Professor und Hrsg. eines verbreiteten Kalenders.

[80] Puppe, Fibel, Schießgewehr. Das Kind im kaiserlichen Deutschland, Katalog zur
Ausstellung der Akademie der Künste v. 5. 12. 76 — 30. 1. 77, Akademie-Katalog
113, Berlin 1977, S. 84 f.

[81] Ebd., S. 85.

[82] Vgl.: Kuhn/Merkel: Sentimentalität und Geschäft. Zur Sozialisation durch
Kinder- und Jugendliteratur im 19. Jahrhundert, Berlin 1977 (Basis Theorie 6).

[83] Nieritz: Selbstbiographie, S. 421, zit. nach: Schenda: Volk ohne Buch. Studien
zur Sozialgeschichte der populären Lesestoffe 1770—1910 1977 (1. Aufl. 1970).

[84] Schenda, Volk ohne Buch, a. a. O., S. 160—172.

3. „Die Schwanenfeder der Historie"

[85] Fritz Martini: Deutsche Literatur im bürgerlichen Realismus 1848—1898,
Stuttgart [3]1974 (Epochen der deutschen Literatur. Geschichtliche Darstellungen,
Bd. V/2), S. 5.

[86] Wilhelm Raabe: Gesammelte Werke, Braunschweiger Ausgabe, Bd. 9, S. 446.

[87] Raabe, a. a. O., Bd. 4, S. 467, zit. nach: Hermann Pongs: Wilhelm Raabe. Leben
und Werk, Heidelberg 1958, S. 143.

[88] Vgl. H. Pongs: Wilhelm Raabe. Leben und Werk. Heidelberg 1958, S. 148.

[89] Ebd.

[90] Zit. nach: Pongs, a. a. O., S. 147.

[91] Am weitesten treibt es in dieser Hinsicht die Erzählung von 1860: „Auf dunklem Grunde".

[92] „Unseres Herrgotts Kanzlei", 1861 (Stadtroman um das Magdeburg von 1550, eigentlich eine große Erzählung; „Die Leute aus dem Walde", 1862 (Berliner Erziehungsroman) u. a.

[93] Fein: Die entlarvete Fabel vom Ausgang der Hamelschen Kinder. Eine nähere Entdeckung der dahinter verborgenen wahren Geschichte. Nebst Beylagen, Hannover bei Joh. Christoph Richter, 1749 (47 Seiten).

[94] Spanuth, Der Rattenfänger . . ., a. a. O., S. 62.

[95] Vgl./ ebd., S. 138. Zu der Sage und ihren Problemen hat Harenberg wie folgt Stellung genommen: 1) in einer „Beschreibung der Herren und Grafen von Stumpenhausen und Hoya" (ca. 1740—1750 verf.), Handschrift der Niedersächs. Landesbibliothek, auch in der Schrift von Fein in z. T. veränderter Form enthalten; 2) in einem Sendschreiben über eine westfälische Reise (in der Vermischten Hamburger Bibliographie III, S. 904 ff.); 3) in einer „Geschichte der Gandersheimer Kirche" von 1734, S. 382 f.

[96] S. Raabe, Braunschweiger Ausgabe, Bd. 9/1, S. 446.

[97] Vgl.: Friedrich Sprenger, Geschichte der Stadt Hameln, Hannover 1826, S. 408 ff.

[98] Raabe, a. a. O., S. 134.

[99] Vgl.: Heinrich-Wilhelm Rotermund: Vom wilden Hamelschen Peter, Lüneburg 1825, Sonderdruck aus: Neues Vaterländisches Archiv oder Beiträge zur allseitigen Kenntnis des Königreichs Hannover, S. 285—289. Graf Zinzendorff wollte 1726 aus Forschungsgründen den „wilden Peter" zu sich nehmen, es bekam ihn aber statt dessen die Prinzessin von Wales. Auch bei Linné ist er erwähnt. (Vgl. die Parallelen zu Swifts Beschreibung der Yahoos in „Gulliver's Reisen"). Eine vorzügliche Untersuchung zur Phänomenologie der „wilden Kinder" bieten Lucien Malson / Jean Itard / Octave Mannoni: Die wilden Kinder, Frankfurt ³1976 (Originaltitel: Les enfants sauvages. Mythe et Réalité). Das bemerkenswerte *Gehör* dieser Kinder wird hier eigens erwähnt (S. 53).

[100] Hans-Heinrich Reuter verweist in seinem Aufsatz „Der wendische Hund" (ein historischer „Kommentar" Theodor Fontanes zu W. Raabes Erzählung: Die Hämelschen Kinder, in: Weimarer Beiträge, Zs. für Literaturwissenschaft, Jahrg. XII, Berlin-Weimar, 1966, S. 573—580) auf eine humanistisch-noble Parallele zwischen den einander nicht sonderlich schätzenden Dichtern des Realismus, indem er an verschiedenen Fundstellen Fontanes vorurteilsfreie Schilderung des wendischen Charakters (Böhmen, Mähren usw.) bzw. seine Entstellung durch die deutschen Besieger zitiert (z. B. in Theodor Fontane: Die Wenden in der Mark, in: Blatt des Johanniterordens, Nr. 40—43, 2.—23. Oktober 1867). Meines Erachtens wird hier vor lauter Übereinstimmungsfreude Raabes Entstellung geschürt — seine Darstellung schließt eher an die von Fontane bekämpfte rassistische Gehässigkeit an.

[101] Vgl. das später folg. Kap. VI. 6.1 dieser Arbeit über *Dramatisierung* des Rattenfängerstoffs, in dem die Oper von V. E. Nessler „Der Rattenfänger von Hameln" besprochen wird.

4. Utopie versus (heroische) Idylle

[102] Hermann von Friesen: Novellen und Erzählungen I, Bunzlau 1836, „Der Rattenfänger"; die Erzählung ist hier nicht behandelt, da sie noch sehr viel unbekannter ist als die Raabe'sche und keine nennenswerten Abweichungen bringt.

[103] Vgl.: G. v. Wilpert, Lexikon der Weltliteratur, Stuttgart 1963.

[104] Zur Herkunft des Ausdrucks s. v. Wilpert, Sachwörterbuch der Literatur, Stuttgart ⁵1969, vgl. auch: Günter Böhmer: Die Welt des Biedermeier, München 1968.

[105] Goethes Gedicht vom Jahr 1804 steigert die „Fänger-Qualitäten" von Ratten über Kinder bis zu Weibern und begründet damit eine andere Rezeptions-Nuance:

> Ich bin der wohlbekannte Sänger,
> Der vielgereiste Rattenfänger,
> Den diese altberühmte Stadt
> Gewiß besonders nötig hat.
> Und wären's Ratten noch so viele,
> Und wären Wiesel mit im Spiele,
> Vor allen säub're ich diesen Ort,
> Sie müssen miteinander fort.
>
> Dann ist der gutgelaunte Sänger
> Mitunter auch ein Kinderfänger,
> Der selbst die wildesten bezwingt,
> Wenn er die goldnen Märchen singt.
> Und wären Knaben noch so trutzige,
> Und wären Mädchen noch so stutzig,
> In meine Saiten greif ich ein,
> Sie müssen alle hinterdrein.
>
> Dann ist der vielgewandte Sänger
> Gelegentlich ein Mädchenfänger;
> In keinem Städtchen langt er an,
> Wo er's nicht mancher angetan.
> Und wären Mädchen noch so blöde,
> Und wären Weiber noch so spröde,
> Doch allen wird so liebebang,
> Bei Zaubersaiten und Gesang.

s. auch Kap. VI. 8 „Rattenfängerlieder"

[106] Vgl. hierzu: Alfred Adler: Möblierte Erziehung. Studien zur pädagogischen Trivialliteratur des 19. Jahrhunderts, München 1970, bes. Kap. II: Kinder des Biedermeier, S. 46; ebenso Ingeborg Weber-Kellermann: Die Familie. Frankfurt ²1977, S. 93–127.

[107] W. Benjamin: Gesammelte Schriften, a. a. O., II, 2, S. 622 (Essay: Traumkitsch).

[108] Ein vorzügliches Bild der Zeit gibt Jost Hermand in seinem Aufsatz: Der gründerzeitliche Parvenü, in: Aspekte der Gründerzeit, 1870–1890, Katalog einer Ausstellung der Akademie der Künste, Berlin 1974, S. 7–16.

[109] In ihrem Band: „Kritische Stichwörter zur Kinderkultur", München 1978, versuchen die Herausgeber Karl W. Bauer und Heinz Hengst eine erste phänomenologische Bestandsaufnahme dessen, was der Terminus alles miteinschließt. Vgl. auch: Klaus-Dieter Lenzen, Kinderkultur – die sanfte Anpassung, Frankfurt 1978.

[110] Vgl.: „Puppe, Fibel, Schießgewehr. Das Kind im kaiserlichen Deutschland". Katalog zur Ausstellung der Akademie der Künste 1976–1977, Berlin, S. 66 ff.

[111] Hier sei noch einmal an die *Oper* über Wolffs Text erinnert: V. E. Nessler: Der Rattenfänger von Hameln, 1879, die an spätere Stelle (Dramatisierungen) besprochen wird.

[112] „Puppe, Fibel . . .", a. a. O., S. 67 ff.

[113] Weber-Kellermann, Die Familie, a. a. O., S. 127.

[114] „Puppe, Fibel . . .", a. a. O., S. 65.

[115] In seinem Essay über „Spielzeug und Spielen" (Ges. Schriften, III, a. a. O., S. 127 ff.) wehr sich Benjamin gegen die Behauptung, das Kind wolle bei seiner Puppe nur, was es bei den Großen sieht: „Nein, nicht auf die Puppe geht das zurück; dem spielenden Kind ist seine Puppe bald groß, bald klein, und gewiß als ein untergebenes Wesen oft eher das letztere. Vielmehr war eben bis ins 19. Jahrhundert hinein der Säugling als geistgestaltetes Wesen völlig unbekannt und andererseits der Erwachsene dem Erzieher das Ideal, nach dem er die Kinder zu

bilden gedachte." Benjamin ordnet diesen Befund durchaus dem „Ernst" als der Kindern gemäßen Sphäre zu, an der es nichts zu belächeln gibt. Statt dessen ironisiert er den „subalternen Humor im Spielzeug als Ausdruck jener Unsicherheit, die der Bourgeois im Umgang mit Kindern nicht loswird, zugleich mit den großen Formaten" (S. 129).

[116] Z. B. Mädchenpensionate (s. E. v. Rhoden: „Trotzkopf") oder die Erziehungsstätten der Ottilie v. Wildermuth, ebenso die erwähnten „Pagerien", Kadettenanstalten usw.

[117] Vgl.: „Puppe, Fibel . . .", a. a. O., S. 106 ff. Die geschilderten Zustände spiegeln das Leben in den Kasernen z. T. bis heute.

[118] Vgl. die Erzählung von Oscar Wilde, Der Geburtstag der Infantin, in dem sich die versammelten Kinder an den Todeszuckungen des Zwerges weiden, ohne zu ahnen, daß er tatsächlich stirbt, in: The happy Prince and the other Tales, 1888.

[119] Ähnliche Verniedlichungen treibt J. P. Wich: Steckenpferd und Puppe, 1843:

> Vor dem Städtchen sitzt ein Zwerglein,
> hinterm Zwerglein steht ein Berglein,
> aus dem Berglein fließt ein Bächlein,
> auf dem Bächlein schwimmt ein Dächlein,
> unterm Dächlein steckt ein Stüblein,
> in dem Stüblein sitzt ein Büblein,
> hinterm Büblein steht ein Bänklein,
> auf dem Bänklein ruht ein Schränklein,
> in dem Schränklein steht ein Kästlein,
> in dem Kästlein liegt ein Nestlein,
> vor dem Nestlein sitzt ein Häslein,
> merken will ich mir das Plätzlein.

nach: Weber-Kellermann, Die Familie, a. a. O., S. 139. Hinter der Form des Diminutivs und seiner exzessiven Anwendung verschwindet scheinbar die vom Text suggerierte Angst, um gleichsam wider Willen im innersten Versteck-Gehäuse des „Angsthasen" ihren Ausdruck zu finden.

[120] Vgl.: Alexander und Margarete Mitscherlich: Eine deutsche Art zu lieben, 2. Aufl., München 1970. sowie: Die Unfähigkeit zu trauern. Grundlagen kollektiven Verhaltens, 9. Aufl., München 1973.

5. Die Spur des Ikarus oder: Hartnäckige Holdseligkeit

[121] Genaugenommen handelt es sich um eine Mischung aus Puppen- und Zeichentrickfilm aus *England*, Director: Marc Hall, dte. Bearbeitung: ZDF 1983. In Deutschland gesendet am 15. 1. 83 im ZDF. Der Text basiert auf Browning, ist in deutsche Verse übersetzt. Musik und Text sind nicht koordiniert. Die Synchronisation läßt zu wünschen übrig, die Übersetzung desgleichen. Äußerst gelungen sind dagegen sowohl die *Kinder* als auch die *Ratten*. Die Ratsherren sind überaus kritisch dargestellt, fast ironisch: sie fressen, schweigen und schnarchen. Mit Farbbeuteln usw. entfesselt das „Volk" eine richtige Revolution (sehr schön die Kostüme und die mittelalterliche Szenerie). Das übriggleibende Kind fast ergreifend in seiner Einsamkeit. Es bleibt als Gemälde im Kirchenfenster zurück.

[122] William Macready (s. Kindlers Literatur Lexikon 8, S. 2043).

[123] F. J. Harvey Darton: Children's Books in England. Five Centuries of Social Life, Cambridge, University Press 1966.

[124] Desgleichen Joachim Heinrich Campe mit seiner in England ebenso berühmt gewordenen *Robinson*-Bearbeitung „Robinson der Jüngere" (1779/80), von der es heißt, sie sei „more logical than Rousseau (gemeint ist der „Emile") and more honest than Defoe", a. a. O., S. 115.

[125] F. E. Halliday: Robert Browning. His Life and Work. Jupiter Books, London 1975.

[126] Browning folgt einer alten englischen Quelle von 1605: Richard Verstegens „Restitution of Decayed Intelligence in Antiquities". Von einer anderen Version

der „story" spricht: The Oxford Companion to English Literature, compiled and edited by Sir Paul Harvey, ³1846, reprint 1958; Brownings Vater soll sie verfaßt haben, sie war mir leider nicht zugänglich.

[127] Um möglichst dicht am Original zu bleiben, habe ich auf die unzulänglichen deutschen Vers-Übersetzungen verzichtet und wörtlich übersetzt.

[128] Moderne wissenschaftliche Untersuchungen haben ergeben, daß die *Ratten* die einzigen Säugetiere sind, die einen Atomkrieg überleben würden.

[129] Im Jahr 1880 versucht ein zeitgenössischer Kritiker, Tennyson und Browning miteinander zu vergleichen bzw. gegeneinander abzusetzen: „Mr. Browning commonly allows the study of the purely psychological to absorb too much of his moods and of his genius. It has a fascination for him which he is seemingly unable to resist. He makes of his poems too often mere searchings into strange deeps of human character and human error ..." Vgl.: Browning. The Critical Heritage, edited by Boyd Litzinger and Donald Smalley, London 1970, S. 468.

[130] Vgl. auch die „Porträt"-Statue des Komturs in Mozarts Don Giovanni.

[131] Z. B. die „Heinzelmännchen" zu Köln usw.

[132] Die hier zugrundeliegende Ausgabe wurde in aufwendiger Ausstattung in den siebziger Jahren neu aufgelegt bzw. nachgedruckt und auch in Deutschland erfolgreich vertrieben.

[133] The Kate Greenaway Book, Bryan Holme, New York 1976, S. 106.

[134] Z. B. „The Illustrated London News" u. a.

[135] Vgl. die multimedial Vermarktung der Sarah Key — Figuren zur Zeit.

[136] Vgl.: Rodney K. Engen: Kate Greenaway, Academy Editions, London 1976, S. 6 f.

[137] Zit. nach: Engen, a. a. O., S. 52 (aus einem Brief vom Jahr 1899).

[138] Vgl. Arnold Hauser: Sozialgeschichte der Kunst und Literatur, München 1972 (cop. 1953), S. 870.

[139] Vgl. Günter Metken: Die zornigen Viktorianer. In: „Präraffaeliten", Kat. zur Ausstellung in Baden-Baden 1973/74, S. 5.

[140] R. K. Engen, a. a. O., S. 5.

[141] Ebd.

[142] Vgl. auch Wilhelm Busch: „Die Krinoline".

[143] Isolde Kurz: Aus meinem Jugendland, Stuttgart/Berlin 1918, S. 122 f.

[144] In diesen Kontext gehört auch die parallele Entwicklung von Frauenprojektionen (eigentlich: „Männerprojektionen") wie „femme fragile", die Kindfrau, „femme fatale" usw.

[145] Z. B. Menstruation.

[146] Max Lüscher: Der Lüscher-Test. Persönlichkeitsbeurteilung durch Farbwahl. Reinbek b. Hamburg 1971 (cop. 1948), S. 26.

[147] Hier sind tatsächlich Anklänge an Botticelli zu finden, evtl. auch atmosphärisch an Hans Thomas „Kluge Jungfrauen" oder das „Paradies".

[148] Illustrierte Zeitung, Leipzig 1844, S. 218 f. (zit. nach: Die gesellschaftliche Wirklichkeit der Kinder in der bildenden Kunst [Neue Gesellschaft für bildende Kunst, Staatliche Kunsthalle Berlin], Berlin 1980, S. 114).

[149] Stummfilm von Fritz Lang, etwa 1926.

[150] Friedrich Engels: Die Lage der arbeitenden Klasse in England, Berlin 1952, S. 151.

[151] Clara Zetkin: Ausgewählte Reden und Schriften, Bd. 1, Berlin 1957, S. 202.

[152] Diese authentische, durch Wagners spätere, gründerzeitliche Selbstherrlichkeit lange in Vergessenheit geratene Deutung des Werks ist erst wieder durch die jüngeren Inszenierungen von Patrice Chereau in Erinnerung gerufen worden.

[153] Vgl.: „Little Dorrit" (1857), „Pickwick Papers" (1837), „Edwin Drood" (1870) usw.

[154] Bekanntestes Werk, in dem die Kinderarbeit angeprangert wird: „The Water-Babies" (1863). Bezeichnenderweise findet auch hier der arme Schornsteinfegerjunge sein Glück im *Wasser* (s. Brentano)!

[155] Unter dem Pseudonym „Currer Bell" 1847 erschienen.

[156] Vgl.: E. W. F. Tomlin (Hrsg.): Die Welt des Charles Dickens, Hamburg 1969, S. 160 (Original-Titel: „Charles Dickens 1812–1870", London 1969).

[157] Das erste Mal 1832. Ebenso in München 1854/55.
[158] Ebd., S. 161.
[159] Zit. nach: Tomlin, a. a. O., S. 161.
[160] Ebd., S. 87.
[161] „Gebt ihnen Wasser, verhelft ihnen zur Reinlichkeit"! 1851 (s. Tomlin, a. a. O., S.160).
[162] Hervorhebung, E. L.
[163] Zit. nach: Tomlin, a. a. O., S. 90.
[164] Vgl.: Die gesellschaftliche Wirklichkeit der Kinder . . ., a. a. O., S. 212 (Zeichnungen und Skizzen aus dem England von 1890).
[165] Die Gesellschaftliche Wirklichkeit der Kinder . . ., a. a. O., S. 235.
[166] Ähnlich wie bei Brentanos Rheinmärchen sei hier auf J. J. Bachofen: Das Mutterrecht (1. Aufl. Stuttgart 1861), Ffm. [4]1982 verwiesen, dessen erstaunliche Visionen von einem gynaikokratischen Weltalter unserer Vorzeit im Rheinmärchen ebenso ins (literarische) Bild gesetzt scheinen wie im oben beschriebenen Werk: Der Berg / Das Refugium im (Frucht-)Wasser als Symbol der „bergenden" Rücknahme der Kinder in den Mutterleib, den „Schoß„ der Erde (vgl. auch die naheliegende psychoanalytische Deutbarkeit).

Resumée

[167] Signiert mit: Dorothy Buckley, o. J.
[168] Im Zusammenhang mit Dickens verweist Mario *Praz* in seiner fundamentalen Studie zur „schwarzen Romantik" (Liebe, Tod und Teufel. Die schwarze Romantik, München 1963, Original-Titel: La carne, la morte e il diavolo nella letteratura romantica, Florenz 1930) auf den versteckten *Sadismus* in einigen Romanen, besonders „Oliver Twist" (1838). Unverhohlener als z. B. bei Nieritz wird hier die *Schule* zum Ort, an dem der Direktor günstige Gelegenheit zur Ausübung seiner Grausamkeiten findet. Dementsprechend schlägt Praz vor, den Titel (in Anlehnung an de Sade) in: „Oliver Twist ou les Malheurs de la Vertu" zu ändern und zitiert den kuriosen Aufsatz von *Lafourcade* über Dickens' Sadismus: „Charles Dickens ou le Rose et le Noir", in: Marsyas IV, 162, Juni 1934, S. 760 bis 762: „Er (d. i. Dickens) frisierte merkwürdige Begebenheiten durch Nächstenliebe und Philanthropie auf, die als solche nichts von Nächstenliebe und Philanthropie an sich hatten."

VI. Das zwanzigste Jahrhundert

1. „La guerre, ce sont nos parents" (1. Weltkrieg)

[1] Ellen Key: Das Jahrhundert des Kindes. Studien, 7.–10. Tsd., Berlin 1907 (a. d. Schwed.).
[2] Kinderarbeit wird von den Betroffenen noch lange als „kleineres Übel" bzw. als selbstverständlich betrachtet, bevor sich die Pädagogen dagegen stark machen. Vgl. „Puppe, Fibel, Schießgewehr . . .", a. a. O., S. 175.
[3] St. Poerschke: Die Entwicklung der Gewerbeaufsicht in Deutschland, Jena 1913. Dazu muß man sich vergegenwärtigen, daß auch die Gesetze zur Mäßigung der Kinderarbeit weniger aus Mitleid oder Menschlichkeit erfolgten, sondern um billige Arbeitskräfte bzw. zukünftige Soldaten nicht allzu verschwenderisch zu verschleißen. Vgl. die Studie von Kuczynski zur Lage des arbeitenden Kindes, a. a. O.
[4] S. Kuczynski: Lage des arbeitenden Kindes, a. a. O., S. 130.
[5] Aus einer Petition der Streichgarn- und Vigogne-Spinnerei-Unternehmer in Crimmitschau, Glauchau, Plauen und Werdau (1877), zit. nach: Kuczynski, ebd., S. 129.

⁶ Erna M. Johansen: Betrogene Kinder. Eine Sozialgeschichte der Kindheit, Frankfurt 1978.

⁷ 13. Mai 1902 im „Thüringer Boten", ohne Verfasserangabe.

⁸ Else Ury: Nesthäkchen und ihre Puppen, Berlin o. J., S. 10 (1918 ersch.).

⁹ Ebd., S. 168.

¹⁰ Um 1900 gibt es in manchen Industriedörfern, z. B. im Erzgebirge, bis zu 80% arbeitender Kinder bis zu 16 Jahren. Ihre Lage wird durch das Kinderschutzgesetz von 1903 kaum tangiert, da ihre Arbeitskraft zur Wahrung des Existenzminimums benötigt wird. Vgl. „Puppe, Fibel, Schießgewehr . . .", a. a. O., S. 178.

¹¹ Von 24 Millionen Mark im Jahr 1895 auf 55 Millionen Mark im Jahr 1902.

¹² Weihnachtsschmuck und Kriegsspielzeug sind die Hauptexportartikel, ebd., S. 67.

¹³ Beispielgebend waren z. B. Bilder wie: „Die Kinder unseres Kaisers beim Weihnachtsspiel" von Wilhelm Pape, auf dem die festlich gekleideten Kinder (Matrosenkleider und -anzüge) lachend mit Kanonen, Soldaten und Leichen hantieren. Vgl. „Puppe, Fibel, Schießgewehr . . .", a. a. O., S. 185 (aus Engl., ca. 1880).

¹⁴ Wenig später kommt die erste Schildkröt-Puppe als „Feldgrauer" (mit Kindergesicht!) auf den Markt.

¹⁵ Walter Benjamin: Berliner Kindheit um 1900. Gesammelte Schriften, a. a. O., Bd. IV, 1, S. 236 ff.

¹⁶ Ottmar von Mohl: Fünfzig Jahre Reichsdienst, Leipzig 1921, S. 311 f.

¹⁷ Reden Kaiser Wilhelm II., zusammengestellt von Axel Matthes, München 1976, S. 131.

¹⁸ Johannes Penzler: Die Reden Kaiser Wilhelm II., 4 Bde., Leipzig 1897–1913, bes. Bd. 4, hrsg. von Bogdan Krieger, („Der Kaiser im Felde", Berlin 1916).

¹⁹ Damit wird die Erinnerung an die idealistische Tradition des Nations-Syndroms nach z. B. Fichte und Gneisenau in einer Weise heraufbeschworen, die nicht hält, was sie verspricht. In seinen berühmten „Reden an die deutsche Nation" (1807/1808) propagiert Fichte neben dem „Volksheer" (Gneisenau!) auch eine umfassende Volksschulung, die die Nation geistig erneuert. Dabei beruft er sich auf Luther, das Bürgertum und die freien Reichsstädte. Der Appell an die „Deutschheit in allen" in der 14. Rede zielt auf eine bis dahin nicht gekannte Vaterlandsliebe im Sinne eines „Ausblühen des Göttlichen in der Welt", wobei bemerkenswerterweise die Arbeit der Erneuerung bei den Armen und den *Kindern* beginnen soll.

²⁰ S. Deutscher Geschichtskalender vom 7. 2. 1915, zit. nach „Reden Kaiser Wilhelms II.", hrsg. von: Matthes, a. a. O., S. 169.

²¹ Diederich Heßling in Heinrich Manns „Untertan" benutzt diese selben Worte anläßlich einer Rede zur Einweihung des Kaiser-Wilhelms-Denkmals (Hamburg 1958, S. 487).

²² S.: Anm. 20, a. a. O., S. 213 (Rede vom 26. 2. 1897).

²³ Vgl. Friedrich Heer: Kreuzzüge — gestern, heute, morgen? Luzern und Frankfurt 1969, S. 187.

²⁴ Hans Wollschläger: Die bewaffneten Wallfahrten gen Jerusalem. Geschichte der Kreuzzüge, Zürich 1973. Darüber wird später ausführlicher berichtet: Kap. „Kinderkreuzzungsdiskurs".

²⁵ Briemle, Theodosius P. (Pfarrer): Kinderkreuzzug in Deutschland und Österreich. Zur Erlangung von Sieg und Frieden. Zur Durchführung des neuen Papstprogrammes. Zwölf Kriegspredigten an Eltern und Kinder, nebst Anleitung zur Organisation des Kinderkreuzzugs, Paderborn 1915. Vorangestellt ist ein Motto von Kardinal und Erzbischof von Hartmann, Köln: „Kinder, ihr müßt euch alle zusammentun und ein großes Heer bilden, ein ganzes Heer von betenden Kindern. Nicht bloß heute und morgen, sondern bis der Sieg für uns errungen und der Friede wieder da ist."

²⁶ Böhme, Klaus (Hrsg.): Aufrufe und Reden deutscher Professoren im Ersten Weltkrieg, Stuttgart 1975, S. 93 f.

²⁷ Ebd., S. 90 f.

[28] Episoden. Sechs Jahrzehnte Kampf um den Sozialismus, Berlin/DDR 1969, zit. nach W. Emmerich (Hrsg.): Proletarische Lebensläufe, Bd. 1, S. 383. Der zweite Bericht des Verf. über ein Manöver und den Rekrutenabschied wurde abgelehnt und nicht gedruckt.

[29] Karl Liebknecht: Nieder mit dem imperialistischen Krieg!, s. Grünberg, in: Emmerich, a. a. O. Schon 1889 erscheint Bertha von Suttners Roman: Die Waffen nieder! Dresden, (1905 erhält sie den Friedensnobelpreis), in dem sie vor allem auch die Frauen zur Verweigerung der Mithilfe zum Krieg und Mord auf den Plan ruft. Ihre Appelle, sich seiner Empfindungen nicht zu schämen, sondern danach zu *handeln,* sind unverändert aktuell. Vgl. auch das einzige Anti-Kriegsbuch für die Jugend von Wilhelm Lamszus: Das Menschenschlachthaus. Bilder vom kommenden Krieg, Hamburg 1912 (Neu hrsg. von J. Merkel und D. Richter, München 1980). Der Verf. erhielt Berufsverbot (s. das wichtige Nachwort von E. F. Suhr).

[30] Helmut Kopetzky: In den Tod — Hurra! Deutsche Jugendregimenter im Ersten Weltkrieg. Ein historischer Tatsachenbericht über Langemarck, Köln 1981, S. 30.

[31] Vgl. z. B. die Autobiographie von Ernst Toller: Eine Jugend in Deutschland, Hamburg 1963.

[32] Kopetzky, a. a. O., S. 31.

[33] Ebd., S. 74.

[34] Ebd.

[35] Zit. nach Kopetzky, a. a. O., S. 134.

[36] Ebd., S. 132.

[37] Thomas Mann: Der Zauberberg, Frankfurt ²1956, S. 657 (ersch. 1924).

[38] Ebd., S. 658.

[39] Kurt Kläber (Hrsg.): Volksbuch vom großen Krieg, Berlin 1929.

[40] Voller Wortlaut:

Chor der Engel
Ruhet, ihr Knaben vor Langemarck
Und wartet den Frühling ab.
Die treibende Erde sprengt Euern Sarg
Und der warme Wind Euer Grab.

Wenn nun die Wolken nach Osten stehn
Und der Acker sich wieder benarbt,
Werdet Ihr Deutschland wiedersehn
Und die Wälder, für die Ihr starbt.

In den Gärten, für die Ihr gingt,
Blüht Ihr dann im Gerank.
Und der Sommer darüber singt
Euern Ruhm und unsern Dank.

Aus der Kantate von Wolfang Möller und Georg Blumensaat: „Briefe der Gefallenen", in: Langemarck" — Das Opfer der Jugend an allen Fronten, o. O., 1938.

[41] Thimmermann: Der Sturm auf Langemarck — Von einem, der dabei war, München 1933, zit. nach Kopetzky, a. a. O., S. 178.

[42] Anna Seghers: Die Toten bleiben jung, Berlin/DDR 1949. Das Phänomen des „Jungbleibens" über die Wiederkehr verdrängter Erinnerungen im Gedächtnis des Nazi-Schlächters betrifft hier die *beiden* Opfer: Vater und Sohn.

[43] Zit. nach: Kopetzky, a. a. O., S. 155.

2. Deus lo vult — Gott will es

[44] Franz Köhler: Das religiös-sittliche Bewußtsein im Weltkriege, Tübingen 1917, S. 31 (Religionsgeschichtliche Volksbücher, V. Reihe: Weltanschauung und Religionsphilosophie. Religiöses Leben der Gegenwart, 21. Heft). Die Schrift mutet wie eine fast böswillige Verprimitivierung von Kants „Ewigem Frieden" an.

[45] Ebd., S. 33. Hervorhebung E. L.

⁴⁶ Dazwischen liegt ein Prozeß, den man als „Vergottung der Nation" bezeichnen könnte, d. h. die Entdifferenzierung von Philosophie und Theologie in der idealistischen Tradition. Die Transzendenz wird irdisch dingfest und funktionabel gemacht.

⁴⁷ Allerdings müßte das eigene Missionsbewußtsein des Armutspredigers erwähnt werden. An Plünderungen beteiligte er sich grundsätzlich nie. Dadurch verlor er auch wieder viele Anhänger.

⁴⁸ Mayer, der selber als einer der renommiertesten Erforscher der Kreuzzüge gilt, bezieht sich hier auf S. Mähl: Jerusalem in mittelalterlicher Sicht. Die Welt als Geschichte 22, 1962, S. 11 ff.

⁴⁹ Vgl. Hans Eberhard Mayer: Geschichte der Kreuzzüge, Stuttgart/Berlin ⁴1976, S. 17.

⁵⁰ Z. B. Thea Haupt: Viel Steine gabs und wenig Brot. Die abenteuerliche Geschichte des Bauernkreuzzugs, Stuttgart 1980.

⁵¹ Kurt Frischler: Das Abenteuer der Kreuzzüge. Heilige, Sünder und Narren, München 1973.

⁵² Vgl. hierzu die in der Einleitung im Zusammenhang mit Roland Barthes erläuterte „künstliche" Natürlichkeit des Mythos.

⁵³ Frischler, a. a. O., S. 13.

⁵⁴ Z. B. in der Landwirtschaft Abwehr gegen die sich nur zäh durchsetzende Dreifelderwirtschaft.

⁵⁵ M. M. Postan: The Cambridge Economic History of Europe, vol. I: The Agrarian Life of the Middle Ages, Cambridge ²1966, S. 622.

⁵⁶ Vgl. Wolfram Fischer: Armut in der Geschichte. Erscheinungsformen und Lösungsversuche der „sozialen Frage" in Europa seit dem Mittelalter, Göttingen 1982, S. 12 ff.

⁵⁷ Frischler, a. a. O., S. 15.

⁵⁸ Vgl. das gleichnamige Buch von Hans Wollschläger: Die bewaffneten Wallfahrten gen Jerusalem. Geschichte der Kreuzzüge, Zürich 1973, in dem er ebenso kenntnisreich wie leidenschaftlich bzw. satirisch den Wahnsinn der Kreuzzüge anprangert im Sinne eines Plädoyers gegen Krieg überhaupt.

⁵⁹ R. Sprandel: Sozialgeschichte 1350–1500, in: H. Aubin und W. Zorn (Hrsg.): Handbuch der deutschen Wirtschafts- und Sozialgeschichte, Bd. I, S. 376; vgl. auch U. Lindgren: Europas Armut, in: Saeculum XXVIII, 1977, S. 399 f.

⁶⁰ Vgl. Fischer, Armut i. d. Geschichte, a. a. O., S. 26; ebenso H. Bolkestein: Wohltätigkeit und Armenpflege im vorchristlichen Altertum. Ein Beitrag zum Problem „Moral und Gesellschaft", Utrecht 1939, S. 329 f.

⁶¹ Fischer, a. a. O., S. 27 f.

⁶² E. Maschke: Die Unterschichten der mittelalterlichen Städte Deutschlands, in: E. Maschke und J. Sydow (Hrsg.): Gesellschaftliche Unterschichten in den südwestdeutschen Städten, Stuttgart 1967, S. 71 ff.; s. auch Fischer, a. a. O., S. 28 f. Eine romanhafte Schilderung der Verhältnisse findet sich in Umberto Eco: Der Name der Rose, 1982.

⁶³ Vgl. Steven Runciman: Geschichte der Kreuzzüge, 3. Bd., München 1960, S. 145 ff.

⁶⁴ Ebd., S. 148.

⁶⁵ Annales Stadenses, anno 1212, MGH, Script. XVI., S. 355, zit. nach Wollenschläger, a. a. O., S. 191.

⁶⁶ Runciman, a. a. O., S. 148 ff.

⁶⁷ Ebd., S. 150.

⁶⁸ Frischler, a. a. O., S. 311.

⁶⁹ Friedrich Heer: Das Mittelalter. Kindlers Kulturgeschichte, Zürich 1961, S. 222.

⁷⁰ H. E. Mayer, a. a. O., S. 189.

3. Der deutsche Engel

⁷¹ RGG (Religion in Geschichte und Gegenwart) und das katholische Pendant: LTK (Lexikon für Theologie und Kirche).

⁷² Vgl. Entstehungsbedingungen und Schicksal der Fabeln des Aisopos bereits im 6. Jahrhundert vor Christus.
⁷³ „Legenda Aurea" des Jakob de Voragine, 13. Jahrhundert.
⁷⁴ S. Hans und Erna Melchers (Hrsg.): Das große Buch der Heiligen, München ²1978, S. 624.
⁷⁵ Ebd., S. 626.
⁷⁶ Vgl. Apokalypse des Johannes. Ähnlich haben ihn Dürer, d. h. die ganze Gotik und Renaissance bis hin zu Ernst Barlach (s. Totenmal in Kiel nach dem 1. Weltkrieg) dargestellt.
⁷⁷ Vgl. Ludwig Benninghoff: Michael. In: „Der Kreis". Zeitschrift für künstlerische Kultur, 7. Jg., Hamburg 1930, 11. Heft, S. 633.
⁷⁸ Ebd., S. 632.
⁷⁹ Dies auch der Titel eines Bandes Erzählungen von 1952.
⁸⁰ Der Verf. bewegt sich hier — womöglich gegen seine bewußte Intention — in den Fußspuren der sogenannten „Schwarzen Romantik", die im neunzehnten Jahrhundert in allen nur vorstellbaren Spielarten der Dekadenz eine „Ästhetik des Schreckens" kreiert, in der Grausamkeit und Wollust (sowohl in Kunst, als auch in der Lit.) sich zu einem Paroxysmus von Gefühlsintensität vereinigen. Vgl. hierzu Mario Praz: Liebe, Tod und Teufel. Die schwarze Romantik, München 1963 (cop. Florenz 1930).
⁸¹ Ebenso „liebt" der Frauenmörder in Musils Erzählung: Claudine oder die Vollendung der Liebe (Novellen „Vereinigungen", 1911) seine Opfer. Das muß u. a. ein „Thema" der Zeit gewesen sein, denn es taucht auch wieder im „Mann ohne Eigenschaften" auf (Moosbrugger).
⁸² Vgl. die Untersuchungen von Georges Batailles: Die Tränen des Eros, München 1981, der das Ineinanderwirken von *Eros* und *Thanatos* in Literatur *und* bildender Kunst, von der Antike (Dionysos) bis zur modernen chinesischen Folter als kulturgeschichtliches und psychologisches Phänomen beschreibt.
⁸³ Vgl. die zentrale Rolle, die der verschwundene zweite Teil der Poetik des Aristoteles (über die *Komödie* und überhaupt das *Lachen*) in Ecos Roman: „Der Name der Rose" spielt. Lachen als Inbegriff des Bösen.

Resumée

⁸⁴ S. „Eckart". Blätter für evangelische Geisteskultur, 7. Jg., Berlin 1931, S. 381.
⁸⁵ Ebd., S. 382.

4. Dialektik der Unschuld — Kinderkreuzzugsdiskurs

⁸⁶ Hartlaub selbst hat keine seiner schriftstellerischen Arbeiten veröffentlicht. Nur durch die Bemühungen seiner Schwester Geno und des Vaters wurde posthum sein Werk bekannt: Felix Hartlaub, Das Gesamtwerk. Dichtungen, Tagebücher, aufgrund der Originalhandschriften hrsg. von Geno Hartlaub, Frankfurt 1955. Nach dieser Ausgabe wird zitiert.
⁸⁷ Vgl. Walter Jens: Der Mann mit der Tarnkappe, in: Texte und Zeichen. Eine literarische Zeitschrift, hrsg. von Alfred Andersch, 2. Jg., 1956, 1. H., S. 80.
⁸⁸ S. „Literarische Skizzen", in: Hartlaub, Gesamtwerk, a. a. O.
⁸⁹ S. Freud: Drei Abhandlungen zur Sexualtheorie (1905), in: Studienausgabe, Bde. 1—10, a. a. O., Bd. V.
⁹⁰ Vgl. Theodor W. Adorno: Ohne Leitbild. Parva Aesthetica, Frankfurt ⁴1970.
⁹¹ Die kurz darauf entstehende Erzählung „Schlitters" schließt insofern konsequent an, als hier der gleichfalls jugendliche „Held" einen Klassenkameraden versehentlich getötet zu haben glaubt und sich mit seiner vermeintlichen Tat so intensiv auseinandersetzt, daß die späte Mitteilung, der andere bleibe *doch* am Leben, den Entwicklungsprozeß nicht mehr bremst.
⁹² S. Anmerkungen der Schwester im Gesamtwerk.

[93] S. ebda.: „Die Geschichte vom Jungen" (Serie von Zeichnungen zu „Schlitters".

[94] Christian-Hartwig Wilke: Die Jugendarbeiten Felix Hartlaubs. Ein Vergleich der veröffentlichten Fassungen mit den Originalen, in: Literaturwissenschaftliches Jahrbuch, hrsg. von Hermann Kunisch, neue Folge, 7. Bd., Berlin 1966. Kritisch anzumerken wäre zu diesem eigentlich informativen und verdienstreichen Aufsatz, daß der Verf. rein positivistisch verfährt. Aus dem, was er konstatiert, werden keine Schlüsse gezogen, außer, daß Wilke sich ganz pauschal gegen die Vereinnahmung der frühen Hartlaub-Texte wehrt, um dessen Größe und Frühreife zu demonstrieren.

[95] Ebd., S. 265.

[96] Ebd.

[97] Vgl. hierzu Peter Sloterdijk: Kritik der zynischen Vernunft, Bde. 1–2, Frankfurt 1983, wo ausführlich zwischen dem zynischen und dem kynischen „Helden" unterschieden wird, besonders im Hinblick auf militärischen Zynismus, Bd. 2, S. 403.

[98] Wilke, a. a. O., S. 264.

[99] Ebd., S. 268 f.

[100] Wer sich näher mit Hartlaub befassen will, müßte ergänzend seine Kriegstagebücher (2. Weltkrieg) als Berichte von einem ganz anderen „Kriegsschauplatz" hinzuziehen.

[101] Zit. wird nach Ernst Wiechert: Tobias. Novellen, Düsseldorf 1948 (Schulausgabe).

[102] Zu ähnlichen Ergebnissen kommt Jean Améry: Deutsche Landschaft, deutsche Seele. Hermann Stehr, Ernst Wiechert mit Familie, in: Bücher aus der Jugend unseres Jahrhunderts. Mit einem Vorwort von Gisela Lindemann, Stuttgart 1981. Er bezeichnet die Autoren als „Flüchtlinge aus ihrer Epoche" (S. 38), versucht aber dennoch nachzuweisen, daß das „Pflänzlein des deutschen Widerstands" aus der Saat *auch* eines Autors wie Wiechert, allerdings mehr aus seinen Reden, erwuchs.

[103] Silvia Schlenstedt glaubt hierin eine Anspielung auf die Volksfront zu erkennen, vgl. S. Schlenstedt: Kinderkreuzzug 1939, in: Weimarer Beiträge; Literaturwissenschaftliche Zeitschrift, Brecht-Sonderheft 1968, Berlin und Weimar, S. 22.

[104] Weitere Interpretationen und Lit. Angaben s.: Kurt Bräutigam: Moderne deutsche Balladen („Erzählgedichte"). Versuche zu ihrer Deutung, Frankfurt/Berlin u. a. 1968, S. 35 ff. (Strophenbezifferung nicht von B. B.).

[105] Aus der Sammlung „Fürchte dich nicht", Gedichte, New York 1940.

[106] Vornehmlich diesem zweckdienlichen Changieren seiner Sprache entsprechend dem jeweiligen „point of view" des Betrachters ist es zu danken, daß er sich nach Kriegsende rasch wieder als Verfolgter des Regimes etablieren konnte und heute preisfähig ist.

[107] Vgl. H. E. Mayer: Geschichte der Kreuzzüge, a. a. O., S. 47 f. Arme, Kranke und Alte sollten zurückgehalten werden, was aber nicht gelang, weil sie auf die mit der Kreuznahme verbundenen Privilegien nicht verzichten wollten.

[108] Vgl. Marcel Schwob: La Croisade des enfants, Paris 1896, deutsch 1947. Keine Erzählung im klassischen Sinn, sondern eine Reihe von (inneren) Monologen. Ort und Zeit halten sich an die historischen Fakten des französischen Kinderkreuzzugs 1212, ebenso ein Großteil des Personals. Schwob veranschaulicht so sein Menschen- bzw. Geschichtsbild: „Lebensgeschichten" (unzusammenhängend) als ein Konglomerat von gelebtem Leben vor dem selben hist. Hintergrund, gebrochen und reflektiert im Spiegel auch intimster Empfindungen einer bestimmten Person. In der transparenten Symbolik der „Weis(s)heit" gerät die mittransportierte Analogie zur Politik zu einer artistischen Apologie des Anheimstellens und weckt — angesichts des Entstehungs- bzw. Übersetzungsdatums (also Europa zwischen aufblühendem Imperialismus und totalem Zusammenbruch, zumind. in Deutschland) ungute Assoziationen an die stets zu bewahrende „weiße Weste" — Kindlichkeit als Alibi auch hier.

[109] Vgl. Hans Roos: Geschichte der polnischen Nation 1916–1960, Stuttgart 1964, S. 238.

[110] Z. B. Adam Ważyk in seinem „Gedicht für Erwachsene" schon 1955 oder Andrzejewski in seinem 1957 — also während der Tauwetterperiode — geschriebenen Roman „Finsternis bedeckt die Erde" („Ciemności kryja ziemie"), in dem er mit dem Stalinismus abrechnet, hier in der historischen Verkleidung der Inquisition. Im Mittelpunkt beider Werke steht die Gewalt, deren Einsatzberechtigung der Verf. grundsätzlich in Frage stellt, seis auch für den Zweck „heiliger" neuer Ordnungen.

Resumée

[111] In diesen Kontext würden noch mindestens drei weitere Texte gehören, die hier aber nicht ausführlich besprochen werden können: Arno Holz: Der Kinderkreuzzug, aus *PHANTASUS*, ersch. 1898 ff., erw. 1916, 1924. Das umfassende, kunstvoll (leicht expressionistisch) rhythmisierte Gedicht beschreibt nur auf hist. Grundlage und verzichtet auf jegliche Deutung. Interessant wird es vor allem durch die Erzählung aus der Perspektive eines beteiligten Kindes.
Sodann: A. Rutgers van der Loeff-Basenau: Die Kinderkarawane, ersch. 1949 in Holland, d. 1953. Der ebenfalls auf hist. Tatsachen basierende Jugendroman schildert die Odyssee von 7 Geschwistern, die nach dem Tod ihrer Eltern den gefahrvollen Treck durch den Nordwesten Amerikas fortsetzen und — Durchhaltenaturen, die sie sind — das gelobte Land von Oregon tatsächlich heil erreichen (Die Sager-Kinder um 1844). Obwohl von *Krieg* hier nicht die Rede ist, geht es doch auch um Krieg und Kampf (Indianer, Naturgewalten, Tiere), wobei der „Wilde Westen" nur als Staffage herhalten muß und der geschichtliche Hintergrund unausgeleuchtet bleibt zugunsten eines latent rassistischen Heroismus, der letztlich das alte kolonialistische Denken eher verfestigt als erschüttert.
Zuletzt: Evan Rhodes: Die Armee der Kinder. Wien, München, New York 1982. Das Buch verbreitet einen Hauch von Metro-Goldwyn-Meyer um sich, geriert sich prononciert apolitisch und bietet einen bunten Bilderbogen ohne eigentliche Aussage. Historie als Mäntelchen für politische Meinungslosigkeit, versetzt mit pikanten (erfundenen) Sensatiönchen und getragen von der unverkennbaren Bewunderung für die *Reinen* und *Starken*. Bedenkenswert von daher das Erscheinungsjahr — ein „harmlos"-hübsches Aushängeschild für die Reagan-Ära.
[112] Lloyd de Mause: Historische Gruppenphantasien, in: Journal of Psychohistory, Vol. 7, No. 1, New York 1979, S. 1—70.
[113] Gemeint ist: Eine Kindheitserinnerung des Leonardo da Vinci (1910), Studienausgabe, a. a. O., Bd. 10 (Bildende Kunst und Literatur).
[114] Gez. von: rhr, in: Stuttgarter Zeitung v. 28. 4. 1983.
[115] Vgl.: „Paris Match" v. 22. Juli 1983: Les petits Soldats de Khomeiny, eine Reportage über neun, z. T. eng bedruckte Seiten mit Interviews und authentischen Äußerungen der meist etwa 12jährigen Kindersoldaten, von denen zwei der schrecklichsten hier wiedergegeben seien: „J'ai tué beaucoup d'hommes, j'ai lancé des grenades, j'etais heureux." (Ich habe viele Menschen getötet, ich habe Granaten geworfen, ich war glücklich). Und: „Un mollah a tué ma mère, parce qu'elle pensait que j'etais trop jeune pour aller à la guerre. Il avait *raison!*" (ein Mullah hat meine Mutter umgebracht, weil sie meinte, ich sei zu jung, um in den Krieg zu ziehen. Er hat *recht* gehabt!), S. 16.

5. Missionar in Sachen (deutsche) Heimat

[116] Th. W. Elbertzhagen: Der Rattenfänger von Hameln. Die alte Sage im neuen Gewand, Braunschweig/Berlin/Hamburg 1934. (Lebens-)Bücher der Jugend 56). Zit. wird nach der Ausgabe: Konstanzer Volksbücher, Bd. 5, 1954.
[117] Ernst Bloch: Das Prinzip Hoffnung, 3 Bde., Frankfurt 1970 (1959 ersch.), Bd. 3, S. 1628.
[118] Es scheint manchmal in Vergessenheit zu geraten, daß schon im Versailler Vertrag Polen, Westpreußen, das Memelgebiet, das Hultschiner Ländchen und Oberschlesien, ebenso Elsaß-Lothringen usw. an die verschiedenen Siegermächte

abgetreten werden mußten, also daß nicht erst Adenauer nach dem Ende des *zweiten* Weltkriegs, sondern auch Hitler in der Weimarer Republik bzw. nach der Machtergreifung eine „Wiedervereinigung" projektierte.

[119] S. Anm. 118 d. Kap.

[120] Vgl. hierzu den Bericht über die KLV (d. i. Kinderlandverschickung) — Evakuierung von 5 Millionen deutscher Kinder in eben jene Gebiete während des zweiten Weltkriegs, eine Aktion, die Elbertzhagen in fast prophetischer Voraussicht antizipiert, in: Claus Larass: Der Zug der Kinder, München 1983. Allerdings entspricht seine oberflächlich-schwülstige Idylle bestenfalls den Presseberichten um 1944, nicht der Realität, die der Verf. dankenswerterweise und m. E. als erster anhand von Dokumenten, Briefen und Erlebnisberichten Überlebender dem „offiziellen" Bild gegenüberstellt, wobei man freilich über die Quellen oft gern genauer Auskunft hätte. Sie kommen zugunsten eines gewissen Pathos in der Darstellungsweise viel zu kurz.

[121] 1933 ernennt sich Baldur v. Schirach selber zum Vorsitzenden des Jugendherbergsverbandes. Ihm waren auch die KLV-Lager unterstellt.

[122] Melitta Maschmann: Fazit. Mein Weg in der Hitler-Jugend, München ⁴1981 (cop. 1963 Stuttgart).

[123] Vgl. Joseph Rovan: Der Aufbau der Hitler-Jugend, in: Wie war es möglich? Die Wirklichkeit des Nationalsozialismus, hrsg. von Alfred Grosser, München/Wien 1977, S. 83. Ab. 1933 wird die „Gleichschaltung" der noch miteinander rivalisierenden Jugendverbände in die „Hitlerjugend" mit Macht betrieben.

[124] Vgl.: Rovan, a. a. O., S. 97 ff.

[125] Vgl.: Maschmann, a. a. O., letztes Kapitel.

Resumée

[126] Cesare Pavese: Junger Mond, Hamburg 1982 (1954 ersch.), Originaltitel: La luna e i falò, 1950. Der Verf. wurde 1935 vom faschistischen Regime wegen seiner politischen Gesinnung in die Verbannung geschickt. S. 11.

[127] Vgl. Michel Tournier: Le Roi des Aulnes. Paris 1970. (d. Der Erlkönig, München, Zürich 1975.) Tournier hat sich, wie er mir gegenüber in einem Gespräch äußerte, in der Materie des Dritten Reichs überaus sorgfältig kundig gemacht, er kennt die Schriften von Rosenberg, Hitler, Schirach usw. und hat die Tagebücher von Goebbels in Frankreich mit einem eigenen Vorwort neu herausgegeben. Alle Nazigrößen kommen — kaum verschlüsselt — im Roman vor. Dennoch ist es eigentlich kein Buch über die Nazizeit, eher eine metaphorische Vision unterschiedlicher Spielarten von Gigantomanie und ihres schicksalhaften Zusammenwirkens. Über Tourniers Schicksalbegriff läßt sich indessen streiten (aber nicht mit *ihm!*). Vgl. auch Helmut Fischer: Die Diffusion der Rattenfängersage. Eine vorbereitende Skizze, in: H. Fischer / R. Stach (Hrsg.): Aspekte der Vermittlung von Jugendliteratur, Jugendbuchmagazin-extra 1, Essen 1980, S. 89, wo er die didaktischen Implikationen des Dritten Reichs erläutert. Die Sage als volkstümliches Bildungsgut wird — soweit möglich — benutzt als „Erziehung durch die Heimat zur Heimat". S. auch J. Hansen: Volkskunde und völkische Schule. Braunschweig, Berlin, Hamburg 1935.

6. Das Drama des Rattenfängers

[128] Schon vorher gab es eine Oper von Zacharias Werner: Der Rattenfänger von Hameln, aus dem Jahr 1808. Es ist eine Burleske und hat mit der Thematik nichts gemein als den Namen der Hauptperson und der Stadt. Im Mittelpunkt steht die obligate Liebesgeschichte.

[129] Nessler hat schon sechs Opern vorher geschrieben, ohne großen Erfolg, ehe er mit dem *Rattenfänger* berühmt wurde. Sein Gesamtwerk ist so umfangreich, daß allein daran die Leichtigkeit, mitunter fast „Fahrlässigkeit" der Produktion deutlich wird, etwa nach der Art der Heftchen-Romanschreiber. Er lebte 1841–1890 und

stammt aus einem protestantischen Pfarrhaus. Die MGG widmet ihm nur einen kurzen Artikel (Musik in Geschichte und Gegenwart).

[130] Text nach dem gleichnamigen Epos, V. v. Scheffels Erstlingswerk.

[131] Zit. nach Gustav Kölle: Operntypen, Berlin 1882. Reprint Harenberg Kommunikation, Dortmund 1979, hrsg. und erl. von Hermann Hildebrandt, S. 240 f. Eduard Hanslick ist für das 19. Jahrhundert praktisch der „Musikpapst" der Nation. Bei allen wesentlichen Entscheidungen, seis die Festsetzung des Stimmtons, Stipendienfragen, Prüfungskommissionen, Jurytätigkeiten, Vertretung auf Weltausstellungen usw. hat er mitgewirkt. Seine Kritiker- und Schriftstellertätigkeit war daneben überaus fruchtbar, seine Urteile gelten in Fachkreisen noch heute als kenntnisreich und kompetent.

[132] 1876 wird das Bayreuther Festspielhaus eröffnet, mit dem „Ring", der aber vorher schon in Einzelaufführungen über die meisten Bühnen ging.

[133] Vgl.: „Tristan" und „Wesendonck-Lieder" usw.

[134] Vgl. Schiller: Und es wallet und siedet und brauset und zischt . . . (Taucher).

[135] Theodor W. Adorno: Einleitung in die Musiksoziologie, Frankfurt 1962/1968.

[136] Adorno konstatiert diese „Begierde" seit dem 16. Jahrhundert.

[137] Vgl. Adornos Begriff des „Ressentiment-Hörers", ebd., S. 21.

[138] Der sogenannte „Bitterfelder Weg" (2 Konferenzen, 1959 und 1964) legt die Literatur- und Kulturpolitik der DDR fest und fordert die Volksverbundenheit der Kunst.

[139] Iwan Groskij war Leiter des Organisationskomitees zur Gründung eines Schriftstellerverbandes in der Sowjetunion. Auf dem ersten sowjetischen Schriftstellerkongreß 1934 unter Stalin erfolgt dann die Proklamation (und Annahme) des Begriffs durch Gorki.

[140] Vgl. Günther Mehnert: Aktuelle Probleme des sozialistischen Realismus. Lektionen der Parteihochschule „Karl Marx" beim ZK der SED, Berlin (O) 1968, S. 20.

[141] In seinen früheren Werken überwiegt die romantisierende Realitätsabkehr, die für das Rußland des ausgehenden 19. Jahrhunderts typisch ist. Die Helden sind Individualisten, Landstreicher und Arme Teufel, die sich an keine Regeln halten, sondern sich ihr Recht selbst verschaffen, wenn man es ihnen verweigert.

[142] MEW, Bd. 37, zit. nach Marx/Engels: Über Kunst und Literatur, 1. Bd. Berlin 1967, S. 157 f.

[143] Mehnert, a. a. O., S. 43 f. Der Verf. ist der maßgebliche DDR-Literaturtheoretiker.

[144] „Comédie humaine" ist der Titel des gesamten Romanwerks von Balzac 1799 bis 1850.

[145] Bertolt Brecht: Katzgraben-Notate, in: Schriften zum Theater, Bd. 7, S. 77—199.

[146] Im folgenden stütze ich mich auf die überaus materialreiche und klar strukturierte Untersuchung von Christel und Heinz Blumensath: Einführung in die DDR-Literatur, 2. Aufl., Stuttgart 1983, S. 106.

[147] Vgl. Blumensath, a. a. O., S. 114.

[148] Kulturpolitisches Wörterbuch. Bundesrepublik Deutschland / DDR im Vergleich, hrsg. von W. R. Langenbucher u. a., Stuttgart 1983, S. 300: Kapitalismus.

[149] Weiterführende Literatur: Dieter Schlenstedt: Die neue DDR-Literatur und ihre Leser. Wirkungsästhetische Analysen, München 1980. Auf dem SED-Parteitag von 1958 unter Ulbricht werden die innerstaatlichen, klassenkämpferischen Antagonismen für besiegt erklärt. Kunst und Literatur werden offiziell zur Mitarbeit am neuen sozialistischen Menschen aufgefordert.

[150] Kulturpolitisches Wörterbuch, a. a. O., S. 479.

[151] S. die Devise: „Schriftsteller in die Betriebe . . .!" und „Kumpel, greif zur Feder, die sozialistische Nationalkultur braucht dich!" (vgl. Rede von Kulturfunktionär Alfred Kurella, 1. Bitterfelder Konferenz, Quelle: Neue Deutsche Literatur (NDL), 6/1959, S. 7 f.). Blumensath (a. a. O., S. 200 f.) zählt für das Jahr 1960 in der DDR 167 Zirkel von „schreibenden Arbeitern"; 1973 sind rund *eine* Million Menschen in rund 20 000 Gruppen (Laientheatergruppen, Musikgruppen, Schreibgruppen usw.) erfaßt.

[152] Das Stück muß insofern als Gemeinschaftsproduktion bezeichnet werden, als nur noch Inhalt und Sprache sowie Details aus dem dörflichen Milieu von Strittmatter stammen, Dramaturgie, Personenzeichnung und einzelne Szenen jedoch von Brecht, der auch stolz vermerkt: „Katzgraben" ist meines Wissens das erste Stück, das den modernen Klassenkampf auf dem Dorfe auf die deutsche Bühne bringt."

[153] 1956 gibt es auch schon Proteste auf dem 4. Schriftstellerkongreß (z. B. von Stefan Heym) und 1961 auf dem 5. durch Paul Wiens.

[154] Vgl. Hans Dietrich Sander: Geschichte der Schönen Literatur in der DDR, ein Grundriß, Freiburg 1972; zu Unrecht spricht Sander pauschal der Literatur der DDR jeden Kunstcharakter ab. Eine übersichtliche Darstellung der kulturpolitischen Etappen s. Konrad Franke: Die Literatur der DDR, Berlin 1982.

[155] Begriff von Stalin, zit. nach: Sander, a. a. O., S. 43. Wenigstens erwähnt sei aber, daß sie als Autorin, im Gegensatz zu vielen anderen, doch in „Kurze Geschichte der Literatur" (DDR 1983) angeführt ist, ebenso in der „Großen Literaturgeschichte der DDR", Bd. 11, und zwar auch als Übersetzerin.

7. Utopie der (Selbst-)Befreiung

[156] Anton Krättli, in: Schweizer Monatshefte, 55. Jahr, 4/1975—3/1976, Zürich, S. 17.

[157] Vgl. William Golding: Lord of the Flies. 1954; oder Lisa Tetzner: Die Kinder auf der Insel. In beiden Romanen reagieren die gesunden Kinder sich brutal bis zur Gewaltanwendung und bis zum Mord (Golding) an den Verkrüppelten ab.

[158] In „Viktor oder die Kinder an die Macht", Theaterstück von Roger Vitrac, 1928, entdecken die Kinder von selber die Wahrheit als ihre furchtbarste Waffe gegen die Eltern.

[159] Eigentlich eher eine Mischung der platonischen und der sokratischen Auffassung. Sokrates betont mehr die Zuneigung zwischen Lehrer und Schüler, Platon mehr die Liebe zur Erkenntnis der Ideen.

[160] Vgl. den gleichnamigen Erzähl-Band von Peter Weiss: Abschied von den Eltern (1961), sowie David Cooper: Der Tod der Familie, Reinbek b. Hamburg 1974 (1971 ersch.). Cooper ist Psychologe, ein Schüler von Ronald *Laing.* Die innere Abtötung der familiären Prägungen und Dressate ist für ihn erste und wichtigste Voraussetzung für echte Autonomie, nicht im Sinn der prinzipiellen Abkehr, sondern als Möglichkeitsraum für freie Entscheidungen.

[161] Jean-Jacques Rousseau: Emile, 1762. In diesem Zusammenhang ist erwähnenswert, daß Emile als einziges *Buch* den *Robinson* in die Hand kriegen soll, um seine Abenteuer und Tätigkeiten soweit wie möglich nachzuahmen und sich am steigenden Schwierigkeitsgrad des *allein* Bewältigten heranzubilden zu einem von gesellschaftlichen Institutionen unabhängigen Dasein.

[162] Mechthild und Wilhelm Dehn versuchen in ihrem Aufsatz: Produktive Textarbeit. Reduktion und Entfaltung am Stoffkomplex des „Rattenfängers", in: Der Deutschunterricht 31, (1979) 4, S. 31—46 anhand von vier Bearbeitungen, u. a. auch von Zuckmayer, besonders am Beispiel der Lieder, die Reduktion auf Symbolfiguren bzw. Denkbilder zu verdeutlichen (im Sinn eines „spiralförmigen Lernens"). Ihr Verständnis des „Rattenfängertums" als Position des „Intellektuellen zwischen den Fronten" bzw. — noch stärker versachlicht — als „Sache jener Kräfte der Erwachsenenwelt, die aus verschiedenen gesellschaftlichen Lagern gegeneinander und gegen die schwächeren Generationen vorgehen" (S. 44), erscheint mir zu unscharf und zu sanft ausgedrückt angesichts der tödlichen Bedrohung, die hinter den Auseinandersetzungen für alle Beteiligten steht.

[163] Marjorie L. Hoover: Carl Zuckmayer. Der Rattenfänger, in: Books abroad. An International Literary Quarterly, Oklahoma 1976, S. 395.

[164] Vgl. Beckett: Endspiel. Adorno spricht von „Kulturmüll" (Noten zur Literatur).

[165] Vgl. Konrad Z. Lorenz: Die Rattenfänger, in: Festschrift für C. Zuckmayer zu seinem 80. Geburtstag 1976, hrsg. von der Landeshauptstadt Mainz u. d. C. Zuckmayer-Gesellschaft, S. 76 f.

[166] Schweizer Monatshefte, a. a. O., S. 17.
[167] Vgl. Helen Swediuk-Cheyne, Waterloo: Ontario, in: German Life and Letters, A quarterly Review, Vol. XXXII / No. 1, Oxfort 1978/79, S. 80 ff.
[168] Von den Brüdern *Taviani* ist auch die Verfilmung des Romans: „Padre Padrone".
[169] Kommentar innerhalb des Films während der Bildfolgen alternativer Glückseligkeit.
[170] Vgl.: Schweizer Monatshefte, a. a. O., S. 16.

8. Rattenfängerlieder

[171] Der volle Wortlaut der Gedichte und Lieder befindet sich zum Teil im Anhang: zu Goethe s. Kap. V.4, Anm. 104.
[172] Merkwürdigerweise sind fast alle dieser berühmten alten Gedichte, die man ob ihrer Belanglosigkeit heute eher vergessen wähnt, in dem Band von James Krüss: So viele Tage, wie das Jahr hat. 365 Gedichte für Kinder und Kenner, Gütersloh 1959 versammelt. „Kindlich" sind sie wahrhaftig nicht.
[173] Vgl. Karl Riha: Morität, Bänkelsong, Protestballade. Zur Geschichte des engagierten Liedes in Deutschland, Frankfurt 1975, S. 78.
[174] Man denke z. B. an die Brecht-Vertonungen von Eisler.
[175] In: Christiane und Fredrik: Der Fuchs (Lustige und listige Kinderlieder) Die Rübe 2, MC 902 Stereo, Stereo-LP Nr. K 20 902, Verlag „pläne", Dortmund 1974.
[176] Riha, a. a. O., S. 86.
[177] Vgl.: Rothschild, a. a. O., S. 86.
[178] S. auch I. Keun: Das Mädchen, mit dem die Kinder nicht verkehren durften (1936).
[179] Bild für den sozialistischen Menschen, Gegenbild zu Anpassung und Kriechertum. „Mit aufrechtem Gang" ist auch der Titel eines späteren Liedes von Degenhardt (bzw. einer Platte), Rothschild kritisiert hier die „schiefe Parabel", a. a. O., S. 58.
[180] Hannes Wader: Der Rattenfänger, Philips 6305 20 7, Stereo-LP Phonogramm, Hamburg o. J. (um 1973/74).
[181] Ingrid Röbbelen betont diesen Akzent über Gebühr stark in ihrem Aufsatz: „Fast jeder weiß, was in Hameln geschah / vor tausend und einem Jahr ..." Hannes Wader: Der Rattenfänger, in: „Praxis Deutsch 35", 1979, S. 52–54.
[182] Die literarische Assoziation an tausendundeine Nacht fängt die Aufmerksamkeit der Kinder erfahrungsgemäß sogleich ein.
[183] 1968 erscheint auch seine erste LP: Hannes Wader singt eigene Lieder.
[184] S. Freud: Studienausgabe, a. a. O., Bd. IV, S. 121: Der Familienroman der Neurotiker 1909.
[185] Vgl. Thomas Rothschild: Liedermacher. 23 Porträts, Frankfurt 1980, S. 182.
[186] Vgl. ebd., S. 181. In diesem Zusammenhang geriet Wader auch vorübergehend in den Verdacht, Terroristen-Sympathisant zu sein.
[187] Vgl.: Lechzend nach Tyrannenblut. Ballade, Bänkelsong und Song. Colloquium über das populäre und das politische Lied, Berlin 1972, S. 64.
[188] Ebd., S. 65.

9. Repressive Toleranz

[189] Burkhardt Lindner: Das Interesse an der Kindheit, in: Literatur-Magazin 14, hrsg. von J. Manthey, Reinbek b. Hamburg 1981.
[190] Andere Beispiele waren nicht zugänglich oder brachten noch weniger neue Aspekte.
[191] Joachim Heinrich Campe: Robinson der Jüngere (1779/80). 1796 publiziert Campe auch einen „Neuen Froschmäusler".
[192] Spanuth behauptet, sie sei in Brownings Fassung das am meisten verbreitete und bekannte Kinderbuch in England.
[193] S. Anm. 189.

[194] A. a. O., S. 112.

[195] Lieselotte Schwarz: Der Rattenfänger, München 1970.

[196] Philippa Little: De Rattenvanger van Hameln, Tilburg o.J. / Lezen en Leren, Classics.

[197] Ebd., letzte Seite (ohne Seitenzählung).

[198] Vgl. die sachdienlichen, belehrenden Gesprächseinschübe in Campes „Robinson der Jüngere", 1779/80.

[199] Max Weber: Die protestantische Ethik I und II, München, Hamburg 1968.

[200] Adalbert Merget: Geschichte der deutschen Jugendliteratur, Berlin ³1882, S. 28, der die belehrenden Zugaben als langweilig bezeichnet und sowohl Kinder, als auch Verleger erwähnt, die darauf verzichten.

[201] Tony Ross (bewerkt door Hermann Pieter de Boer): De Rattenvanger van Hameln (cop. London 1977), Amsterdam 1978.

[202] Fran Hunia: The Pied Piper of Hamelin, adapted for easy reading from the traditional tale, illustrated by Brian Price Thomas, Leicestershire 1978.

[203] Ingeborg Engelhardt: Der Ruf des Spielmanns, Stuttgart 1977.

[204] Fred Julsing: De Rattenvanger van Hameln, Malmberg den Bosch 1981.

[205] Leo Lionni: Geraldine und die Mäuseflöte, Köln ²1982.

[206] Beatrix Rief: Dramatisierung und Realisierung der Sage „Die Kinder zu Hameln" durch die Klasse 6 a der Gesamtschule Bockenheim-Süd. Darstellendes Spiel im Unterricht als Medium zur Förderung kognitiver, affektiver und sozialer Fähigkeiten. Frankfurt 1980 (unveröffentl.).

[207] Clemens-Schule Münster/Hiltrup, 4. Klasse, Weihnachten 1982, Mentorin: Frau Egger. Einsemestriges Praktikums-Projekt im Zuge der Lehrerausbildung, mit Studenten der Primarstufe. Wie in Frankfurt wurden Kostüme, Masken und Bühnenbild von den Kindern im Kunstunterricht selbst angefertigt.

[208] „Der Auszug der Kinder", nach dem Stück „Der Rattenfänger" von Carl Zuckmayer. Aufführung der Theater-AG der Hermann-Ehlers-Oberschule, Berlin 1983.

[209] SS/1980, Liebs/Pielow: „Rattenfänger" oder: Spiel mir das Lied vom Tod. Kindheitsmythen. Universität Münster.

[210] Gundel Mattenklott: Literarische Geselligkeit — Schreiben in der Schule. Stuttgart 1979.

[211] Vgl. auch Fritzsche/Bütow/Blumensath (Hrsg.): Kreatives Schreiben. Berlin 1983, S. 157–205.

[212] KUMULI: d.i. Freie Schule für Kunst, Musik, Literatur in Berlin, seit 1979. Die Schule ist orientiert am Konzept der Jugend-Kunst-Schulen in Nordrhein-Westf.; sie hat ca. 7–10 ständige Mitarbeiter; Gundel Mattenklott leitet die Abteilung Literatur, früher auch die Abteilung Theater.

[213] Daß auch Erwachsene damit beginnen, starre Rollenbilder kreativ anzuzweifeln bzw. umzuphantasieren, davon zeugt ein gegenwärtig im Entstehen begriffener Roman von Winfried Pielow (Münster), der unter dem Arbeitstitel „Such, such, verloren" einen eher weiblichen Rattenfänger durch die Länder und Menschenmassen geistern läßt, die sich in ebenso irrationaler wie mitreißender Aufbruchseuphorie (vergleichbar dem mittelalterlichen Kreuzzugsfieber) in Richtung Santiago de Compostella zum Heiligen Jakob bewegen. „The Pilgrim's Progress" (Bunyan 1678–84) verschmilzt mit „The Rake's Progress" (deutsch unzureichend mit „Der Wüstling" übersetzt; Oper von Strawinsky, Text von W. H. Auden, Th. Manns Schwiegersohn, und C. Kallman, insgesamt eine englische Variante des nordischen Peer-Gynt-Stoffs), die damit endet, daß der „Held" zwar den Verstand, aber nicht die Seele verliert. (1951 ersch.)

[214] Roland Barthes: Literatur oder Geschichte, Paris 1963 (d. Frankfurt 1969), S. 102 ff.

VII. Ende (offen)

[1] Neil Postman: Das Verschwinden der Kindheit, Frankfurt ^{2}1983; vgl. auch das pessimistische Vorwort von Hartmut von Hentig zu Ariès „Geschichte der Kindheit".

[2] Auffällig sind die zahlreichen Hinweise auf die „Schuldlosigkeit" der Verantwortlichen und der Institutionen. Manfred Waffender versucht in der Zs „Konkret", H.1, Januar 1984, der Faszination von Kindern durch Computerspiele auf die Spur zu kommen: „Beim Programmieren erleben Kinder, was sie sonst in ihrem Alltag vermissen: Feedback, Bestätigung, Geduld", – ein Phänomen, das ihn zu dem Ausruf veranlaßt: „Wieder einmal ist der *Rattenfänger von Hameln* am Werk" (a. a. O., S. 62). Das Zitat bedarf keiner weiteren Erläuterung. Vielmehr schließt es so nahtlos an die Ausgangshypothese über den Hintergrund des Verschwindens der Hamelner Kinder an (daß sie sich beim Rattenfänger vielleicht mit ihren Bedürfnissen besser aufgehoben fühlten), daß es auch immer neu der Frage wert scheint, was für eine „Kindheit" wir heutigen Kindern anbieten: *ihre* eigene, unsere frühere – oder zweckdienliche Projektionen der Erwachsenen.

[3] Barthes: Mythen des Alltags, a. a. O., s. auch Einleitung meiner Arbeit.

[4] Postman, a. a. O., S. 110.

[5] Georges Devereux: Angst und Methode in den Verhaltenswissenschaften, München o.J. (ersch. Paris 1967), S. 186.

[6] Ebd., S. 290 (u. a.). Unter „Übertragung" versteht die Psychoanalyse die Wiederholung infantiler Vorbilder, die im Rahmen einer bestimmten Beziehung (Analyse) als unbewußte Wünsche aktualisiert werden. „Gegenübertragung" ist die „Gesamtheit der unbewußten Reaktionen des Analytikers auf die Person des Analysanden und ganz besonders auf dessen Übertragung" (s. Laplanche/Pontalis, a. a. O., S. 164).

[7] Alice Miller: Du sollst nicht merken. Variationen über das Paradies-Thema, Frankfurt 1981. So vehement und berechtigt Miller gegen die seit der Aufklärung verinnerlichte „Schonungsbedürftigkeit" der Eltern zu Felde zieht, so kurzschlüssig ist ihre Theorie vom „guten Kind", dessen verborgene Kindheitsnarben im späteren Erwachsenenleben nur artikuliert und aufgedeckt werden müssen, um über die Wiederbelebung des Erlittenen Verhaltens- und Gesellschaftsveränderungen zu erzielen.

[8] Bezeichnenderweise verzichtet auch die Friedensbewegung auf „Führer" jeglicher Art.

Anhang

Der Rattenfänger von Hameln   L. A. von Arnim / C. Brentano

> Wer ist der bunte Mann im Bilde,
> Er führet Böses wohl im Schilde,
> Er pfeift so wild und so bedacht;
> Ich hätt mein Kind ihm nicht gebracht!

> > In Hameln fochten Mäus und Ratzen
> > Bey hellem Tage mit den Katzen,
> > Es war viel Noth, der Rath bedacht,
> > Wie andre Kunst zuweg gebracht.

> Da fand sich ein der Wundermann,
> Mit bunten Kleidern angethan,
> Pfif Rath und Mäuse zusamm ohn Zahl,
> Ersäuft sie in der Weser all.

> > Der Rath will ihm dafür nicht geben,
> > Was ihm ward zugesagt so eben,
> > Sie meinten, das ging gar zu leicht
> > Und wär wohl gar ein Teufelsstreich.

> Wie hart er auch den Rath besprochen,
> Sie dräuten seinem bösen Pochen,
> Er konnt zuletzt vor der Gemein
> Nur auf dem Dorfe sicher seyn.

> > Die Stadt von solcher Noth befreyet,
> > Im großen Dankfest sich erfreuet,
> > Im Betstuhl saßen alle Leut,
> > Es läuten alle Glocken weit.

> Die Kinder spielten in den Gassen,
> Der Wundermann durchzog die Straßen,
> Er kam und pfiff zusamm geschwind
> Wohl auf ein hundert schöne Kind.

> > Der Hirt sie sah zur Weser gehen,
> > Und keiner hat sie je gesehen
> > Verloren sind sie an dem Tag
> > Zu ihrer Aeltern Weh und Klag.

> Im Strome schweben Irrlicht nieder,
> Die Kindlein frischen drin die Glieder,
> Dann pfeift er sie wieder ein,
> Für seine Kunst bezahlt zu seyn.

„Ihr Leute, wenn ihr Gift wollt legen,
So hütet doch die Kinder gegen,
Das Gift ist selbst der Teufel wohl,
Der uns die lieben Kinder stohl."

in: Des Knaben Wunderhorn. Alte deutsche Lieder I. (C. Brentano: Sämtliche Werke und Briefe 6, hrsg. von H. Rölleke, Stuttgart/Berlin/Köln/Mainz 1975, S. 41–42.

Der neue Rattenfänger   Joseph von Eichendorff

Juchheisa! Und ich führ den Zug
Hopp über Feld und Graben.
Des alten Plunders ist genug,
Wir wollen neuen haben.

Was! Wir gering? Ihr vornehm, reich?
Planierend schwirrt die Schere,
Seid Lumps wie wir, so sind wir gleich,
Hübsch breit wird die Misere!

Das alte Lied, das spiel ich neu,
Da tanzen alle Leute,
Das ist die Vaterländerei,
O Herr, mach uns gescheute! –

in: Joseph von Eichendorff, Werke, München 1959, S. 148.

Rattenzug   Albrecht Haushofer

Ein Heer von grauen Ratten frißt im Land.
Sie nähern sich dem Strom in wildem Drängen.
Voraus ein Pfeifer, der mit irren Klängen
zu wunderlichen Zuckungen sie band.

So ließen sie die Speicher voll Getreide –
was zögern wollte, wurde mitgerissen,
was widerstrebte, blindlings totgebissen –
so zogen sie zum Strom, der Flur zuleide ...

Sie wittern in dem Brausen Blut und Fleisch.
verlockender und wilder wird der Klang –
sie stürzen schon hinab den Uferhang ——

ein schriller Pfiff – ein gellendes Gekreisch:
Der irre Laut ersäuft im Stromgebraus ...
die Ratten treiben tot ins Meer hinaus ...

in: Moabiter Sonette, München 1976, S. 49.

Die wahre Geschichte vom Rattenfänger von Hameln   Bertolt Brecht

Der Rattenfänger von Hameln
Durch die Stadt ist er gegangen
Hat mit seinem Pfeifen all die
Tausend Kindlein eingefangen.
  Er pfiff hübsch. Er pfiff lang.
  's war ein wunderbarer Klang.

Der Rattenfänger von Hameln
Aus der Stadt wollt er sie retten
Daß die Kindlein einen bessern
Ort zum Größerwerden hätten.
  Er pfiff hübsch. Er pfiff lang.
  's war ein wunderbarer Klang.

Der Rattenfänger von Hameln
Wohin hat er sie verführet?
Denn die Kleinen waren alle
Tief im Herzen aufgerühret.
  Er pfiff hübsch. Er pfiff lang.
  's war ein wunderbarer Klang.

Der Rattenfänger von Hameln
Als er aus der Stadt gegangen
Hat ihm, heißt es, sein Gepfeife
Selbst die Sinne eingefangen.
  Ich pfeif hübsch. Ich pfeif lang.
  's ist ein wunderbarer Klang.

Der Rattenfänger von Hameln
Um den Berg ist er gebogen
Hat die Kindlein aus Versehen
In die Stadt zurückgezogen.
  Pfiff zu hübsch. Pfiff zu lang.
  's war zu wunderbar ein Klang.

Den Rattenfänger von Hameln
Haben sie am Markt gehangen
Aber um sein Pfeifen, Pfeifen
Ist noch lang die Red gegangen.
  Er pfiff hübsch. Er pfiff lang.
  's war ein wunderbarer Klang.

in: Bertolt Brecht, Gedichte 1938–1941.

Spiel nicht mit den Schmuddelkindern   Franz Josef Degenhardt

„Spiel nicht mit den Schmuddelkindern, sing nicht ihre Lieder, geh doch in die
Oberstadt, mach's wie deine Brüder!" So sprach die Mutter, sprach der Vater, lehrte
der Pastor. Er schlich aber immer wieder durch das Gartentor und in die Kaninchenställe, wo sie Sechs-und-sechzig spielten um Tabak und Rattenfelle, Mädchen unter
Röcke schielten, wo auf alten Bretterkisten Katzen in der Sonne dösten, wo man,
wenn der Regen rauschte, Engelbert dem Blöden lauschte, der auf einem Haarkamm
biß, Rattenfängerlieder blies. Abends am Familientisch, nach dem Gebet zum Mahl,
da hieß es dann: „Du riechst schon wieder nach Kaninchenstall!"

259

Spiel nicht . . . – Sie trieben ihn in eine Schule in der Oberstadt, kämmten ihm die Haare und die krause Sprache glatt. Lernte Rumpf und Wörter beugen, und statt Rattenfängerweisen mußte er das Largo geigen und vor dürren Tantengreisen unter roten Rattenwimpern par coeur Kinderszenen klimpern, und verklemmt in Viererreihen Knochen morsch und morscher schreien, zwischen Fahnen aufgestellt brüllen, daß man Freundschaft hält. Schlich er manchmal abends zum Kaninchenstall davon, dann hockten da die Schmuddelkinder, sangen voller Hohn:

Spiel nicht . . . – Aus Rache ist er reich geworden in der Oberstadt, da hat er sich ein Haus gebaut, nahm jeden Tag ein Bad. Roch, wie beßre Leute riechen, lachte fett, wenn alle Ratten ängstlich in die Gullis wichen, weil sie ihn gerochen hatten. Und Kaninchenställe riß er ab, an ihre Stelle ließ er Gärten für die Kinder bauen, liebte hochgestellte Frauen, schnelle Wagen und Musik, blond und laut und honigdick. Kam sein Sohn, der Nägelbeißer, abends spät zum Mahl, dann roch er an ihm, schlug ihn, schrie: „Stinkst nach Kaninchenstall!"

Spiel nicht . . . – Und eines Tages hat er eine Kurve glatt verfehlt. Man hat ihn aus einem Ei von Schrott herausgepellt. Als er später durch die Straßen hinkte, sah man ihn an Tagen auf nem Haarkamm Lieder blasen, Rattenfell am Kragen tragen. Hinkte hüpfend hinter Kindern, wollte sie am Schulgang hindern und strich um Kaninchenställe. Eines Tages in aller Helle hat er dann ein Kind betört und in einen Stall gezerrt. Seine Leiche fand man, die im Rattenteich rumschwamm, und drum herum die Schmuddelkinder bliesen auf dem Kamm: Spiel nicht . . .

Länger als wir gefürchtet   Walter Helmut Fritz

Nicht nur in Hamelns Straßen
hört man noch immer das Stöhnen
unter dem Pflaster, hinter den Mauern,
hört man noch immer das Höhnen
dessen, der seine Menschenverachtung
leicht nur getarnt hat, länger
als wir gefürchtet, bleibt uns
die Fratze, der Rattenfänger.

in: Walter Helmut Fritz, Straßen Gedichte / Anthologie, hrsg. von Joachim Fuhrmann, Heyne Verlag 1982, S. 14.
(Der Text gehört in den Kontext Drittes Reich, wird hier aber nicht eigens interpretiert.)

Der hinkende Teufel   Walter Mehring

Er hat ein verkniffenes boshaftes Gesicht.
Kein Wunder, er ärgert sich, daß er so klein geblieben ist.
        Ödön von Horváth: „Ein Kind unserer Zeit"

Nachts, wenn die Herzen ticken –
        der Leichennebel kocht,
Schleicht sich der Hinkende Teufel und
        schaut und kraucht und pocht

Dachauf, dachab — in lahmem Trab —
Durch Mauerwerk und Menschenhaut
Gafft er mit geilen Blicken,
Und hockt er auf dem Schornsteinriff,
So wimmelts rings auf seinen Pfiff
Wenn der Hinkende Teufel am Kragen Euch hat,
Befallen die Ratten die sinkende Stadt —

Mit seinen Ratzenspitzeln
    durchschnüffelt er Bett um Bett —
Sie ritzen und sie schnitzeln
    sein Fickwort in jedes Brett —
Papier — aus jedem Tintenfaß —
Besudeln sie mit Rattenhaß
    Sie hetzen und sie kritzeln —
    Den Ahnenkult, der tot sich barg,
    den nagen sie aus seinem Sarg —
Wo der Hinkende Teufel vom Dache schwatzt,
ist gleich die ganze Kultur verratzt —

Mit wehrhaft blankem Kiefer
    höhlen sie Keller und Haus —
Fressen sich tiefer, noch tiefer
    und quieken: Menschen raus!
    Sobald die Bäuche voll bepackt,
    Schließen sie ihren Afterpakt
    Mit allem Ungeziefer —
Dann rüsten sie das Henkersmahl
Dem Volk im Einheitstopf total —
Und der Hinkende Teufel führt sie zur Macht
Und liefert die Große Ernährungsschlacht.

Nachts, wenn die Wände ächzen,
    ist die Parteihölle los,
Sie spukt —
    HEIL krächzend ins Braunhemd,
    und stemmt und bläht es groß.
DEUTSCHLAND, erwache! Aufgemacht!
Daß Kraft durch Freude — Augen rechts! —
    reinrattig sich begatte!

Und schleift vom Volksgenossenbett
die Beischlaftrunkenen ins KZ.
Und der Hinkende Teufel begeilt sich und gafft:
DIE RASSENSCHANDE IST ABGESCHAFFT.

in: Walter Mehring, Staatenlos im Nirgendwo. Die Gedichte, Lieder und Chansons 1933—1974, Düsseldorf 1981, S. 80.

Der Rattenfänger   Christiane & Fredrik

    In bunten Lumpen den Sandweg hinaus
    Zog ein Spielmann vor langer Zeit.
    Und er setzte sich unter den Apfelbaum
    Und blies Flöte zuerst ganz leis.

Und dann blies er lauter, sein Lied, das klang
Durchs stille Land dahin.
Über Felder und Wiesen bis hinten zum Wald
Trug es ein leichter Wind.
Da warfen die Bauern die Sensen ins Korn
Und liefen hin zu dem Mann.
Sie sperrten den Mund auf und auch die Ohrn
Und staunten den Fremden an.
„Mein Gott pfeift der schön,
Und wat pfeift der lang!
S'ist ein wunderbarer Klang!"

Sie gaben dem Spielmann Schlagwurst und Brot,
Bevor er weiterzog
Nach Hameln, der schönen Stadt an der Weser,
Die war in großer Not.
In Hameln, da huschten die Ratten umher,
Die Ratten waren überall.
Sie fraßen den Armen das letzte Stück Brot
Und die Kerzen im Rathaussaal.
Doch die Wache am Tor, die ließ ihn nicht ein.
„Solch Lumpenpack brauchen wir nicht!"
Und als er nicht gehn wollte, schnappten sie ihn
Und schlugen ihm ins Gesicht.
„Der ist arm, der ist fremd!
Der soll machen, daß er rennt!"

Die Hamelner flehten zum lieben Gott,
Doch der liebe Gott rührte sich nicht.
Selbst der Bürgermeister magerte ab
Und sprach mit bleichem Gesicht:
„Wer es schafft, die Stadt Hameln, mit Gott oder nicht,
Von der Rattenbrut zu befreien,
Der kriegt hundert Golddukaten zum Lohn
Und soll Hamelner Bürger sein."
Der Spielmann am Stadttor, der hörte davon
Und sagte: „Ich bin der Mann,
Der die Stadt für den versprochenen Lohn
Von den Ratten befreien kann.
Ich pfeif schön, ich pfeif lang.
Es ist ein wunderbarer Klang."

Er lief durch die Gassen am Ende der Nacht
Und blies einen hellen Ton,
Einen Ton, den hörten die Ratten sofort
Und liefen und folgten ihm schon.
Er durchschwamm die Weser, die Ratten ertranken,
Sie wollten hinter ihm her.
Und in Hameln gab es seit diesem Tag
Keine einzige Ratte mehr.
„Herr Bürgermeister, die Stadt ist befreit,
Jetzt gebt mir meinen Lohn!"
Doch der Bürgermeister, der lachte ihn aus:
„Den kannst du beim Teufel holn!
Du bist arm, du bist fremd,
Du sollst machen, daß du rennst!"

Der Spielmann ging fort, verbittert und arm.
Nur die Kinder in der Stadt,
Die erzählten noch lang, wie der Bürgermeister
Den Spielmann betrogen hat.
Doch der Mann kam zurück am Johannistag
Als Jäger mit rotem Hut,
Blies Flöte. Die Kinder spitzten die Ohrn.
Die Töne verstanden sie gut.
Auf Zehenspitzen, da schlichen sie sich
Aus den engen Häusern hinaus.
Sie hatten den süßen Klang im Ohr,
Da wollten sie nie mehr nach Haus.
„Horch, was pfeift der schön, und was pfeift der lang!
Das ist ein wunderbarer Klang!"

Sie klagten dem Rattenfänger ihr Leid
Und sagten ängstlich und bleich:
„Wir müssen immer gehorsam sein,
Sonst schlägt man uns windelweich.
Die Stuben hier sind dunkel und eng.
Manches Kind in unserer Stadt
Ist zufrieden, wenn es ein Bett aus Stroh
Und ein wenig zu essen hat."
Da erzählte ihnen der fremde Mann
Von einem fremden Land,
Wo kein Kind vor Angst und Kälte weint,
Wo jeder Mensch glücklich sein kann.
Er sprach schön, er sprach lang.
Und die Kinder glaubten dran.

Dann liefen sie alle fort aus der Stadt.
Der Spielmann blies wunderschön.
Sie zogen hinaus zum Poppenberg
Und waren bald nicht mehr zu sehn.
Sie suchten und suchten und fanden es nicht,
Das ferne versprochene Land,
Und sagten am Ende zu den eigenen Kindern:
„Das nehmen wir selbst in die Hand!"
Und seitdem, da baun sie gegen Krieg und Not
An einer besseren Welt,
Wo kein Kind zu hungern und zu weinen braucht,
Wie's der Spielmann einst erzählt.
Er pfiff schön, er pfiff lang.
Es war ein wunderbarer Klang.

in: Christiane & Fredrik: Der Fuchs. Lustige und listige Kinderlieder. Die Rübe 2, MC 902
Stereo, LP Nr. K 20 902, Verl. „pläne", Dortmund.

Als ich zehn Jahr alt war
lag ich im Bett — müde zwar,
doch voller Gedanken und Träume.
Ich weiß nicht mehr, ob ich schon schlief
als es begann,
als das Lied in mich drang.
Das Lied, das mich nie ganz verläßt,
das schwächer wird und stärker —
doch nie stark genug.
Ich bin noch hier.

Der Kindermörder von M.

Ich, genannt der Kindermörder von M., schildere hiermit die wahren Hintergründe
für die Geschehnisse im März 1981:

Als die Stadt M. nach einem Ausweg suchte, das zunehmende Wachstum der Bäume
zu verhindern, stellte ich ihnen meine Erfindung vor, die alle Bäume im Nu ohne
Gefahr für Menschen zerstöre. Die Stadt M. nahm meinen Vorschlag freudig an, da
sich so endlich die Möglichkeit bot, die Straßen zu erweitern, Wohnsilos zu bauen
und Kraftwerken Platz zu schaffen. Man bot mir 100 l Superbenzin, so daß ich
meine Erfindung ohne weiteres anwandte. Außer dem Aufschrei der Bäume ging die
Sache schnell und lautlos voran. Zwei Tage später bot mir der Bürgermeister noch-
mals die gleiche Belohnung an, wenn ich ebenfalls die Kinder der Stadt verschwinden lassen könnte: Damit könnten Schulen, Kindergärten, Spielplätze und Lehrer
eingespart werden, so daß Platz sei für Fabriken, Flugplätze und Frischzellen-
Kliniken. Das Arbeiterangebot würde um die Lehrerschaft vergrößert, die Leute
könnten mehr Steuern zahlen, da die Belastung „Kind" wegfiele. Ja, ich muß sagen,
dieser Mann besitzt Geschäftssinn und konnte mich überzeugen; aber wie die
Kinder weglocken? Mein Urahn hatte es im Mittelalter leichter, die unnötigen Esser
wegzuführen — ins Verderben? Ja, das war auch ein Problem — wohin mit den
Kindern? Töten ist in unserer Gesellschaft, die streng auf die Einhaltung der
Menschenrechte besteht, strengstens verboten!

Aber ich fand die Lösung: Die Kinder folgten mir leicht. Ich versprach ihnen, sie in
ein Land zu führen, in dem es Liebe und Zärtlichkeit gibt. Dieses letzte ihnen
unbekannte Ding „Liebe", von dem die Großeltern manchmal noch erzählen,
wollten sie einmal sehen. Ich führte diese dummen Kinder in die Berge, wo ich sie
verließ. Wo sie heute sind? Vielleicht haben sie die „Liebe" gefunden, aber die gibt es
ja nicht, da ich erfahren habe, daß auch Ehrlichkeit gestern gestorben ist — mein
Benzin habe ich nicht bekommen und der, der mir den Job anbot, stellt mich nun
als Bestie dar. Na ja, die Beerdigung wird nicht groß werden.   gez. Otto K.

Die Geschichte von der schönen Wasserfrau oder: Erlkönigin

Es windet sich frei ein klarer Fluß durch eine grüne Au,
In seinem Wasser spiegelt sich des Himmels heit'res Blau.

Es blitzt wie Gold, es schimmert weiß wohl in der klaren Flut,
das ist die schöne Wasserfrau, die auf den Wellen ruht.

„Wer spielt mit mir? wer singt mit mir, wer taucht mit mir zum Grund?
Daß ich hier muß alleine sein, das dauert mich zur Stund!

Ich wünsch mir Spielgefährten viel in meinem schönen Reich.
Ach, kämen sie doch heute noch! Wer's ist, das gilt mir gleich."

Zur Nacht, im hellen Mondenschein — die Wellen murmeln sacht,
da hat der Wächter in der Stadt das Flußtor aufgemacht.

Und sieh', es kommt ein langer Zug wohl aus dem dunklen Tor,
Zuvörderst schreitet leicht und schlank ein junger Mann hervor.

Er schreitet flötend durch die Au hinab zur kühlen Flut
doch hinter ihm quiekt trippelnd her der Ratten ekle Brut.

Sie stürzen sich in wirrem Knäul all' in den Fluß hinein,
Der Rattenfänger flötet hell sein Lied noch hinterdrein.

Laut schrie die arme Wasserfreu: „O weh, was tust du mir!
So gier'ge Spielgefährten wünscht ich wahrlich niemals hier!

Sie fressen alle Fische auf! Schnell — bring sie wieder fort!
Mein Wasser trübt sich! Pfeif und lauf, führ sie zum andern Ort!"

Der Rattenfänger lacht und sagt: „Gern will ich's tun für dich.
Doch sag, was gibst du mir für die Befreiung, sprich!"

„Ich hefte einen Zauber gut an deine Flöte an,
und flötest du das nächste Mal, was Bess'res folgt Dir dann!"

Gesagt, getan. Die Ratten zieh'n hinweg in langem Zug.
Verschwunden sind sie allzumal. Der Nixe war's genug.

Der Rattenfänger — ach und weh! — man trog ihn in der Stadt
So daß für seine Arbeit er kein' Lohn empfangen hat.

Da dacht er an der Nixe Spruch und sagt: „Jetzt will ich sehn,
Ob mir durch ihre Zauberkraft mein' Rache kann gescheh'n."

Des Sonntags in der Kirche sind die Leute all vereint.
Ganz leer ist's auf den Gassen heut', und warm die Sonne scheint.

Da horch! — welch süßen Flötenton von weitem man vernahm,
so daß aus allen Häusern flugs die frische Jugend kam.

Sie zieh'n hinab in langem Zug hinunter schnell zum Fluß,
weil dieser süßen Melodie geschwind man folgen muß.

Da schwebt die weiße Wasserfrau — die Hände streckt sie aus
„Nur her zu mir, ihr Kinderlein, jetzt seid ihr hier zu Haus!"

Sie stiegen in den Fluß hinein und sanken tief hinab,
Die Wasserfrau taucht hinterdrein in's dunkle, nasse Grab.

„Wir spielen und wir tanzen froh in meinem dunklen Grund,
Und daß ihr länger lebet, küß ich euch auf euren Mund.

Nun laßt uns froh den Fluß hinab wohl schwimmen bis ans Meer!
Jetzt hab ich Spielgefährten viel, dess' freu ich mich gar sehr!"

So spielen sie und singen fein — es hat sie nie gereut.
Und wenn sie nicht gestorben sind, so leben sie noch heut.   Ingrid Schroeder

Literaturverzeichnis

Analysierte Texte zum Rattenfänger — Motiv (und Kinderkreuzzug)

Andrzejewski, Jerzy: Die Pforten des Paradieses, München 1967 (Kinderkreuzzug).
Arnim, Achim von / Brentano, Clemens: Der Rattenfänger von Hameln, in: Des Knaben Wunderhorn. Alte deutsche Lieder, in: C. Brentano, Sämtliche Werke und Briefe 6, hrsg. von H. Rölleke, Stuttgart/Berlin/Köln 1975, S. 41 f.

Bamberger Chronik: Chroniken der Stadt Bamberg, 2. Hälfte (1556), hrsg. von Chroust, Leipzig 1912.
Beheim-Schwarzbach, Martin: Die Michaelskinder, Hamburg 1947.
Brecht, Bertolt: Kinderkreuzzug, in: Die Gedichte von Bertolt Brecht in 1 Bd., Frankfurt 1982, S. 833.
Ders.: Wahre Geschichte vom Rattenfänger von Hameln, in: Die Gedichte von Bertolt Brecht in 1 Bd., Frankfurt 1982, S. 802.
Brentano, Clemens: Das Märchen vom Rhein und dem Müller Radlauf, in: Werke. Ausgew. und mit einem Nachw. vers. von Geno Hartlaub, Hamburg o. J.
Browning, R. / Greenaway, K.: The Pied Piper of Hamlin (1888), London und New York o. J. (Repr.).

Christiane & Fredrik: Rattenfängerlied (ohne Titel), aus: Der Fuchs. Lustige und listige Kinderlieder. Die Rübe, 2 MC 902 Stereo LP Nr. K 20 902, Verl. pläne, Dortmund 1974.

Degenhardt, Franz Joseph: Spiel nicht mit den Schmuddelkindern. Chansons, Polydor Kabarett 237 816 1965.

Eichendorff, Joseph von: Der neue Rattenfänger, in: Werke, München 1959, S. 148.
Elbertzhagen, Theodor Wilhelm: Der Rattenfänger von Hameln. Die alte Sage im neuen Gewand, Braunschweig/Berlin/Hamburg 1934.
Engelhardt, Ingeborg: Der Ruf des Spielmanns, Stuttgart 1977.

Fincelius, Jobus: Wunderzeichen, 1. Teil 3 versch. Drucke, Jena/Frankfurt/Nürnberg 1556.
Flemes, Bernhard: Der Rattenfänger. Spiel um eine deutsche Sagengestalt, Hameln 1934.

Geibel, Emanuel: Lied des Rattenfängers, in: Gesammelte Werke 4, Stuttgart 1883, S. 147 f.
Goethe, Johann Wolfgang von: Der Rattenfänger, in: Gedenkausgabe, hrsg. von E. Beutler. Sämtliche Gedichte 1, Stuttgart ²1961, S. 126 f.
Goltz, Joachim von der: Der Rattenfänger von Hameln. Schauspiel in drei Akten, Bühl (Baden) 1932.

Hartlaub, Felix: Kinderkreuzzug, in: Das Gesamtwerk. Dichtungen, Tagebücher. Aufgrund der Originalhandschriften hrsg. von Geno Hartlaub, Frankfurt 1955.
Hunia, Fran: The Pied Piper of Hamelin, Leicestershire 1978.

Julsing, Fred: De Rattenvanger van Hamelen. Malmberg den Bosch 1981.

Letzner, Johannes: Braunschweigisch/Lüneburgisch/Göttingische Chronik, Mscr. Münster (Stadtarchiv), 7. Buch, 67. Kapitel (um 1600).
Lionni, Leo: Geraldine und die Mäuseflöte, Köln ²1982.

Little, Philippa: De Rattenvanger van Hameln. Tilburg o. J. (ca. 1953).

Nessler, Victor: Der Rattenfänger von Hameln. Große Oper in 5 Akten. Dichtung mit Zugrundelegung der Sage und der Fabel von J. Wolffs gleichnamiger Aventiure von F. Hofmann. Breitkopf & Härtel, Leipzig 1879.
Nieritz, Gustav: Die Wunderpfeife oder die Kinder von Hameln. Ein geschichtliches Mährchen. Leipzig 1844.

Raabe, Wilhelm: Die Hämelschen Kinder, in: Werke, Braunschweiger Ausgabe, Braunschweig.
Rollenhagen, Georg: Froschmeuseler. Hrsg. von Karl Goedeke, 1. und 2. Teil, Leipzig 1876.
Ross, Tony: De Rattenvanger van Hameln, Amsterdam 1978 (cop. London 1977).
Rhodes, Evan: Die Armee der Kinder, Wien/München/New York 1982.
Rutgers van der Loeff-Basenau, An: Die Kinderkarawane, Köln 1953.

Schwarz, Lieselotte: Der Rattenfänger. München 1970.
Schwob, Marcel: La Croisade des enfants, Paris 1896 (d. „Kinderkreuzzug" 1947).
Simrock, Karl: Der Rattenfänger, in: Ausgewählte Werke in 12 Bdn. 1, Leipzig o. J., S. 77 f.

Tournier, Michel: Der Erlkönig. München/Zürich 1975.

Viertel, Berthold: Kinderkreuzzug, in: Fürchte Dich nicht! Gedichte, New York 1940.

Wader, Hannes: Der Rattenfänger, Philips 6305 20 7 Stereo LP Phonogramm, Hamburg o. J. (1973/74).
Wiechert, Ernst: Kinderkreuzzug, in: Tobias. Novellen, Düsseldorf 1948.
Wiede, Anna Elisabeth: Die Ratten von Hameln, in: Neue Deutsche Literatur. Monatsschrift für Schöne Literatur und Kritik 4, Berlin 1958.
Wolff, Julius: Der Rattenfänger von Hameln: Eine Aventiure, Rotterdam 1976 (Repr. von ²1896).

Zimmersche Chronik: (1557). Erste wiss. Ausgabe in 4 Bdn., von Karl Barack 1869 (neue Ausg. 1932).
Zuckmayer, Carl: Der Rattenfänger. Eine Fabel, Frankfurt 1975.

Benutzte Literatur

Abel, W.: Massenarmut und Hungerkrisen im vorindustriellen Deutschland, Göttingen 1972.
Ackermann, Paul (Hrsg.): Politische Sozialisation (Studienbücher zur Sozialwissenschaft 15), 1974.
Adler, Alfred: Möblierte Erziehung. Studien zur pädagogischen Trivialliteratur des 19. Jahrhunderts, München 1970.
Adorno, Theodor W.: Einleitung in die Musiksoziologie, Frankfurt 1962/1968.
Ders.: Eingriffe. Neun kritische Modelle, Frankfurt ⁵1968.
Ders.: Erziehung zur Mündigkeit, Frankfurt 1970.
Ders.: Ohne Leitbild. Parva Aesthetica, Frankfurt ⁴1970.
Ders.: Versuch über Wagner, Berlin/Frankfurt 1952.
Ders.: Studien zum autoritären Charakter, Frankfurt 1973.
Alt, R.: Bilderatlas zur Schul- und Erziehungsgeschichte, Bd. II, Berlin 1966.
Amelung, H. (Hrsg.): Clemens Brentanos Frühlingskranz, Leipzig 1921.
Améry, Jean: Bücher aus der Jugend unseres Jahrhunderts, Stuttgart 1981.
Annales Stadenses, Anno 1212, MGH, Scirpt XVI, Stade 1212.
Apel, Friedmar: Die Zaubergärten der Phantasie. Zur Theorie und Geschichte des Kunstmärchens, Heidelberg 1978.

Arendt, Hannah: Rahel Varnhagen. Lebensgeschichte einer deutschen Jüdin aus der Romantik, München 1959.
Ariès, Philippe: Geschichte der Kindheit, München/Wien 1975.
Ders.: Geschichte des Todes, München/Wien 1980.
Arnold, Carl: Das Kind in der deutschen Literatur des 11. bis 15. Jahrhunderts, Greifswald 1905 (Diss.).
Aspekte der Gründerzeit. 1870–1890. Katalog zur Ausstellung der Akademie der Künste, Berlin 1974.
Aubin/Zorn (Hrsg.): Handbuch der deutschen Wirtschafts- und Sozialgeschichte, Bd. I, Stuttgart 1971.

Bachofen, Johann Jakob: Das Mutterrecht. Eine Auswahl hrsg. von H. J. Heinrichs, Frankfurt ⁴1982.
Badinter, Elisabeth: Die Mutterliebe. Geschichte eines Gefühls vom 17. Jh. bis heute, München 1981.
Baer, Frank: Die Magermilchbande. Mai 1945, Hamburg 1979.
Barthes, Roland: Kritik und Wahrheit, Frankfurt 1967.
Ders.: Literatur oder Geschichte, Frankfurt 1969.
Ders.: Die Lust am Text, Frankfurt 1980.
Basedow, Johann Bernhard: Maßnahmen zur Unterscheidung von Kindern und Erwachsenen (1773), in: K. Rutschky, Schwarze Pädagogik, Frankfurt 1977.
Batailles, Georg: Die Tränen des Eros, München 1981.
Baudrillard, Jean: Der Tod tanzt aus der Reihe, Paris 1976.
Bauer, K. / Hengst, H.: Kritische Stichwörter zur Kinderkultur, München 1978.
Bausinger, Hermann: Formen der „Volkspoesie", Berlin 1968.
Ders.: „Historisierende" Tendenzen im deutschen Märchen seit der Romantik. Requisitenverschiebung und Requisitenerstarrung, in: Wirkendes Wort 10 (1960), S. 279–286.
Bausinger, H. / Jeggle, U. / Korff, G. / Scharfe, M.: Grundzüge der Volkskunde, Darmstadt 1978.
Bast, H. (Hrsg.): Gewalt gegen Kinder, Reinbek b. Hamburg 1975.
Beckmann, Bjarne: Die Maus im Altertum. Vorbereitende Untersuchungen zu einer Herausgabe der mittelalterlichen Mäusesagen, Zürich 1972.
Benjamin, Walter: Berliner Kindheit um 1900, in: Gesammelte Schriften, Bd. IV, 1, S. 236 ff.
Ders.: Gesammelte Schriften. Werkausgabe in 12 Bden., Frankfurt 1980.
Benninghoff, Ludwig: Michael, in: „Der Kreis". Zeitschrift für künstlerische Kultur, 7. Jg., 11. Heft, Hamburg 1930.
Bernfeld, Siegfried: Sisyphos oder die Grenzen der Erziehung, Leipzig/Wien/Zürich 1925.
Bloch, Ernst: Das Prinzip Hoffnung, Bd. 1–3 (wiss. Sonderausgabe), Frankfurt 1970.
Blumensaat, Georg / Möller, Wolfgang: Die Briefe der Gefallenen (Kantate), in: Langemarck – Das Opfer der Jugend an allen Fronten, 1938.
Blumensath, Christel und Heinz: Einführung in die DDR-Literatur, Stuttgart ²1983.
Bode, Ingrid: Die Autobiographien der deutschen Literatur, Kunst und Musik 1900–1965, Stuttgart 1966.
Böhme, Franz, M.: Geschichte des Tanzes in Deutschland, Leipzig 1886.
Böhme, Klaus (Hrsg.): Aufrufe und Reden deutscher Professoren im Ersten Weltkrieg, Stuttgart 1975.
Böhmer, Günter, Die Welt des Biedermeier, München 1968.
Boesch, Hans: Kinderleben in der deutschen Vergangenheit, Leipzig 1900 (Reprint Düsseldorf 1979).
Borst, Arno: Lebensformen im Mittelalter, Frankfurt/Berlin 1979.
Bovenschen, Silvia: Tierische Spekulationen. Bemerkungen zu den kulturellen Mustern der Tierprojektionen, in: Neue Rundschau, 1/83, Frankfurt 1983, S. 5–28.
Bräker, Ulrich: Lebensgeschichte und Natürliche Ebentheuer des Armen Mannes im Tockenburg, Basel 1945 (nach der Ausg. von 1789).

Bräutigam, Kurt: Moderne deutsche Balladen, Frankfurt/Berlin 1968.
Braunmühl, E. von / Kupfer, H. / Ostermeyer, H.: Die Gleichberechtigung des Kindes, Frankfurt 1976.
Briemle, Theodosius, P.: Kinderkreuzzug in Deutschland und Österreich. 12 Kriegspredigten an Eltern und Kindern, Paderborn 1915.
Bröger, K.: Der Held im Schatten, Jena 1920.
Brüggemann, Theodor / Ewers Hans-Heino: Handbuch zur Kinder- und Jugendliteratur von 1750–1800, Stuttgart 1982.
Bühler, Charlotte: Das Märchen und die Phantasie des Kindes, 1918/[4]1958.
Dies.: Das Seelenleben des Jugendlichen, 1922/[5]1929.
Bürger, Christa: Textanalyse als Ideologiekritik. Zur Rezeption zeitgenössischer Unterhaltungsliteratur, Frankfurt 1973.

Caesar, B.: Autorität in der Familie. Ein Beitrag zum Problem der schichtenspezifischen Sozialisation, Reinbek bei Hamburg 1972.
Campe, Joachim Heinrich: Robinson der Jüngere. Ein Lesebuch für Kinder. Teil 1–2. Braunschweig 1868.
Champion, Pierre: La danse macabre de Guy Marchant. Paris 1925.
Chessex, Jacques: Der Kinderfresser, Frankfurt 1981.
Christadler, Marieluise: Kriegserziehung im Jugendbuch. Literarische Mobilmachung in Deutschland und Frankreich vor 1914, Frankfurt [2]1979.
Cooper, David: Der Tod der Familie, Reinbek b. Hamburg 1974.
Curtius, Ernst Robert: Europäische Literatur und lateinisches Mittelalter, Bern [2]1954.

Dahrendorf, Malte: Soziologische Aspekte der Kinder- und Jugendliteratur, in: Jugendliteratur und gesellschaftliche Wirklichkeit, (2. Jahrb. des AK für Jug.-Lit.) Bad Heilbrunn 1974.
Ders.: Literaturdidaktik im Umbruch, Düsseldorf 1975.
Darton, F. J. Harvey: Children's Books in England. Five Centuries of Social Life, Cambridge 1966.
Degenhardt, Franz Josef: Mit aufrechtem Gang, Polydor Stereo LP, 2371 599, 1975.
Ders.: Zündschnüre, Hamburg 1973.
Dehn, Mechthild und Wilhelm: Produktive Textarbeit. Reduktion und Entfaltung am Stoffkomplex des Rattenfängers, in: Der Deutschunterricht 31 (1979) 4.
Deleuze, Gille / Guattari, Félix: Anti-Ödipus, Frankfurt 1977.
Dobbertin, H.: Quellensammlung zur Hamelner Rattenfängersage, Göttingen 1970.
Drewitz, Ingeborg: Bettine von Arnim, Düsseldorf/Köln 1979.
Drews, Jörg (Hrsg.): Zum Kinderbuch, Frankfurt 1975.

„Eckhart". Blätter für evangelische Geisteskultur, 7. Jg., Berlin 1931.
Elschenbroich, Donata: Kinder werden nicht geboren. Studien zur Entstehung der Kindheit, Frankfurt 1977.
Emmerich, Wolfgang (Hrsg.): Proletarische Lebensläufe, 2 Bde., Reinbek b. Hamburg 1974.
Engels, Friedrich: Die Lage der arbeitenden Klasse in England, Berlin/DDR 1952.
Engen, Rodney, K.: Kate Greenaway, London 1976.
Episoden. Sechs Jahrzehnte Kampf um den Sozialismus, Berlin/DDR 1969.
Erich, Samuel: Exodus Hamelensis 1654 (letzte d. Aufl. 1690; lat. Übersetzung verschollen).
Ewald, R.: Das Bild des Kindes bei Clemens Brentano (Diss.). Graz 1966.

Farson, R.: Menschenrechte für Kinder, München 1975.
Fein: Die entlarvete Fabel vom Ausgang der Hämelschen Kinder 1749.
Firestone, Shulamith: Nieder mit der Kindheit! in: Frauenbefreiung und sexuelle Revolution, Frankfurt [4]1978.
Fischer, Helmut: Diffusion der Rattenfängersage. Eine vorbereitende Skizze, in: H. Fischer / R. Stach (Hrsg.), Aspekte der Vermittlung von Jugendliteratur. Jugendbuchmagazin-extra 1, Essen 1980.

Fischer, Wolfram: Armut in der Geschichte. Erscheinungsformen und Lösungsversuche der „sozialen Frage" in Europa seit dem Mittelalter, Göttingen 1982.
Foucault, Michel: Überwachen und Strafen. Die Geburt des Gefängnisses, Frankfurt [4]1981.
Foucault, Michel: Die Ordnung des Diskurses, München 1982.
Ders.: Psychologie und Geisteskrankheit, Frankfurt [4]1972.
Fourier, Charles: Theorie der vier Bewegungen und der allgemeinen Bestimmungen. Einleitung von Elisabeth Lenk, Frankfurt 1966.
Ders.: Aus der neuen Liebeswelt, Berlin 1977 (zwischen 1808 und 1835 entst.). Frankfurter Rundschau, 7. Jan. 1980.
Franz, G. (Hrsg.): Quellen zur Geschichte des deutschen Bauernstandes in der Neuzeit, Darmstadt 1963.
Frauenbriefe der Romantik, hrsg. und mit einem Nachwort vers. von Katja Behrens, Frankfurt 1981.
Freud, Sigmund: Der Familienroman der Neurotiker (1909), in: Studienausgabe, Bd. IV, Frankfurt 1975.
Ders.: Massenpsychologie und Ich-Analyse (1921) in: Studienausgabe, Bd. IX, Frankfurt 1975.
Ders.: Studienausgabe, Bd. I–X, Frankfurt 1975.
Friedell, Egon: Kulturgeschichte der Neuzeit, 2 Bde., München 1976 (1927–1931 ersch.).
Friesen, Hermann von: Der Rattenfänger, in: Novellen und Erzählungen I, Bunzlau 1836.
Frischler, Kurt: Das Abenteuer der Kreuzzüge, München 1973.
Fromm, Erich: Das Menschliche in uns, Konstanz 1968.

Gallas, Helga: Notizen zum Interpreten und seiner Tätigkeit, in: Literatur & Erfahrung, 12/13, Berlin 1983, S. 21 ff.
Galtung, J.: Strukturelle Gewalt. Beiträge zur Friedens- und Konfliktforschung, Reinbek b. Hamburg [3]1978.
Die Gesellschaftliche Wirklichkeit der Kinder in der bildenden Kunst. Katalog zur Ausstellung der Staatlichen Kunsthalle, Berlin 1980.
Golding, William: Der Herr der Fliegen, Frankfurt 1983.
Gottschalch, Wilfried: Schülerkrisen. Autoritäre Erziehung, Flucht und Widerstand, Reinbek b. Hamburg 1977.
Ders.: Sozialisationsforschung. Materialien, Probleme, Kritik, Frankfurt 1971.
Groddeck, Georg: Der Mensch als Symbol, Wiesbaden 1973 (1933 ersch.).
Ders.: Das Buch vom Es, München o. J. (1923 ersch.).

Hagemann-White, Carol / Wolff, Reinhart: Lebensumstände und Erziehung. Grundfragen der Sozialisationsforschung, Frankfurt 1975.
Hagen, Rainer: Kinder, wie sie im Buche stehen, München 1967.
Halliday, F. E.: Robert Browning. His Life and Work, London 1975.
Hammerstein, Reinhold: Tanz und Musik des Todes. Die mittelalterlichen Totentänze und ihr Nachleben, Bern/München 1980.
Hammes, M.: Hexenwahn und Hexenprozesse, Frankfurt 1977.
Hansen, J.: Volkskunde und völkische Schule, Braunschweig/Berlin/Hamburg 1935.
Hardach-Pinke, Irene (Hrsg.): Deutsche Kindheiten 1700–1900, Kronberg 1978.
Hartwig, Helmut: Jugendkultur. Ästhetische Praxis in der Pubertät, Reinbek b. Hamburg 1980.
Harvey, Paul (ed.): The Oxfort Companion to English Literature, compiled and edited by −. Oxfort 1846 (Reprint 1958).
Haupt, Thea: Viel Steine gabs und wenig Brot. Die abenteuerliche Geschichte des Bauernkreuzzugs, Stuttgart 1980.
Hausen, Karin: Zum Jahr des Kindes. Kindheitsgeschichte, in: Journal für Geschichte 1/1979, S. 3–6.
Dies.: Familie als Gegenstand historischer Sozialwissenschaft, in: Geschichte und Gesellschaft, Jg. 1 (1975), Heft 2/3, S. 201.

Hauser, Arnold: Sozialgeschichte der Kunst und Literatur, München 1972.
Haushofer, Albrecht: Moabiter Sonette, München 1976 (1947 ersch.).
Heer, Friedrich: Kreuzzüge – gestern, heute, morgen? Luzern/Frankfurt 1969.
Ders.: Das Mittelalter, Zürich 1961.
Heinsohn, G. / Knieper, R.: Menschenproduktion. Allgemeine Bevölkerungslehre der Neuzeit, Frankfurt 1979.
Dies.: Theorie des Familienrechts, Frankfurt ²1976.
Helfer, Ray E. / Kempe, Henry G. (Hrsg.): Das geschlagene Kind. Mit e. Einl. von Gisela Zenz, Frankfurt 1978.
Hengst, H. / Köhler, M. / Riedmüller, B. / Wambach, M. M.: Kindheit als Fiktion, Frankfurt 1981.
Hermand, Jost: Der gründerzeitliche Parvenü, in: Aspekte der Gründerzeit 1870–1890 (Katalog zur Ausstellung zur Akademie der Künste) Berlin 1974.
Herz, Henriette: Jugenderinnerungen von –. Mitteilungen aus dem Literatur-Archiv, Berlin 1896.
Hetzer, Hildegard: Kindheit und Armut (1929), Leipzig ²1937.
Hitler, Adolf: Mein Kampf. 810.–814. Aufl. 1943.
Hoffmann, Werner: Clemens Brentano. Leben und Werk. Bern/München 1966.
Hoover, Marjorie: Carl Zuckmayer. Der Rattenfänger, in: Books Abroad. An International Literary Quarterly, Oklahoma 1976.
Horkheimer, M. / Adorno, Th. W.: Dialektik der Aufklärung, Frankfurt 1969 (ersch. 1944).
Holme, Bryan (ed.): The Kate Greenaway Book, New York 1976.
Horkheimer, Max: Autorität und Familie, 1968.
Huizinga, Johan: Herbst des Mittelalters, Stuttgart ¹¹1975.
Ders.: Homo Ludens. Vom Ursprung der Kultur im Spiel, Hamburg 1956 (1938 ersch.).
Humboldt, Wilhelm von: Briefe an eine Freundin (1814–1835) Berlin 1921.

Iben, G. u. a.: Randgruppen der Gesellschaft, München ²1972.
Irmscher, Johannes: Das große Lexikon der Antike, München ³1979.

Jens, Walter: Der Mann mit der Tarnkappe, in: Texte und Zeichen. Eine literarische Zeitschrift, hrsg. von Alfred Andersch, 2. Jg., 1. Hälfte, 1956.
Johansen, Erna M.: Betrogene Kinder. Eine Sozialgeschichte der Kindheit, Frankfurt 1978.
Jolles, André: Einfache Formen. Tübingen 1958.
Jung, C. G. / Kérényi, K.: Einführung in das Wesen der Mythologie. Hildesheim 1980.

Kaiser, Gert (Hrsg.): Der tanzende Tod. Mittelalterliche Totentänze, Frankfurt 1982.
Kant, Immanuel: Mutmaßlicher Anfang der Menschengeschichte. in: Werke in 10 Bdn., hrsg. von W. Weischedel, Darmstadt 1968.
Karst, Theodor / Overbeck, Renate / Tabbert, Reinbert: Kindheit in der modernen Literatur, Bd. 1, Kronberg 1976.
Key, Ellen: Das Jahrhundert des Kindes, Berlin 1907.
Dies.: Die junge Generation, München 1913.
Keun, Irmgard: Das Mädchen, mit dem die Kinder nicht verkehren durften, 1936 ersch.
Kingsley, Charles: The Water-Babies, London/Glasgow o.J., (ersch. 1863), d.: Die Wasserkinder, Frankfurt/Salzburg 1981.
Kittler, F. A. / Turk, H. (Hrsg.): Urszenen. Lit.wiss. als Diskursanalyse und Diskurskritik, Frankfurt 1977.
Kläber, Kurt (Hrsg): Der Krieg. Das Volksbuch vom großen Krieg, Berlin 1929.
Klönne, Arno: Gegen den Strom. Bericht über die Jugendopposition im Dritten Reich, Hannover o.J. (1957).
Klose, W.: Generation im Gleichschritt. Ein Dokumentarbericht, Oldenburg/Hamburg 1964.

Klotz, Volker: Interpretieren? — Zugänglich machen! in: Literatur & Erfahrung 12/13, Berlin 1983, S. 11 ff.
Klotz, Volker: Weltordnung im Märchen, in: Neue Rundschau 81 (1970), S. 73—91.
Koch, W. H.: The Hitler Youth. Origins and Development 1922—1945, London 1975.
Köhler, Franz: Das religiös-sittliche Bewußtsein im Weltkriege, Tübingen 1917.
Kölle, Gustav: Opern-Typen, Berlin 1882 (Repr. Harenberg Kommunikation) Dortmund 1979.
Könnecker, Marie-Luise (Hrsg.): Kinderschaukel 1 und 2. Ein Lesebuch zur Geschichte der Kindheit in Deutschland 1745—1860, Darmstadt und Neuwied 1976.
Köster, Hermann L.: Geschichte der deutschen Jugendliteratur, München/Berlin 1972 (Rep. von ⁴1927).
Kopetzky, Helmut: In den Tod — Hurra! Deutsche Jugendregimenter im Ersten Weltkrieg. Ein historischer Tatsachenbericht über Langemarck, Köln 1983.
Krättli, Anton (Rez.), in: Schweizer Monatshefte, 55. Jahr, 4/1975 bis 3/1976 Zürich.
Kreis, Rudolf: Die verborgene Geschichte des Kindes in der deutschen Literatur, Stuttgart 1980.
Kritisches Lesen: Märchen, Sage, Fabel, Volksbuch, in: Projekt Deutschunterricht 1, Stuttgart 1971.
Krüss, James: So viele Tage, wie das Jahr hat. 365 Gedichte für Kinder und Kenner, Gütersloh 1959.
Kuczynski, Jürgen: Studien zur Geschichte der Lage des arbeitenden Kindes in Deutschland von 1700 bis zur Gegenwart, Berlin/DDR 1968.
Kuhn, Andrea / Merkel, Johannes: Sentimentalität und Geschäft. Zur Sozialisation durch Kinder- und Jugend-Literatur im 19. Jahrhundert, Berlin 1977.
Kulischer, J.: Allgemeine Wirtschaftsgeschichte des Mittelalters und der Neuzeit, München ⁴1971, Bd. 1 und 2.
Kulturpolitisches Wörterbuch. Bundesrepublik Deutschland / DDR im Vergleich. Hrsg. von W. R. Langenbucher u. a., Stuttgart 1983.
Kurz, Isolde: Aus meinem Jugendland, Stuttgart/Berlin 1918.

Lafourcade: Charles Dickens ou le Rose et le Noir, in: Marsyas IV., 162, Juin 1934, S. 760 ff.
Lagerlöf, Selma: Wunderbare Reise des kleinen Nils Holgersson mit den Wildgänsen, München 1948.
Langemarck — Das Opfer der Jugend an allen Fronten, Stuttgart 1938.
Lamszus, Wilhelm: Das Menschenschlachthaus. Bilder vom kommenden Krieg (1912), neu hrsg. von J. Merkel und D. Richter, München 1980.
Laplanche, J. / Pontalis, J.-B.: Das Vokabular der Psychoanalyse, Bde. 1—2, Frankfurt 1973.
Larass, Claus: Der Zug der Kinder, München 1983.
Lechzend nach Tyranneblut. Ballade, Bänkelsong und Song. Kolloquium über das populäre und das politische Lied, Berlin 1972.
Le Goff, J.: Die Kultur des Europäischen Mittelalters, München/Zürich 1970.
Lenzen, Klaus Dieter: Kinderkultur — Die sanfte Anpassung, Frankfurt 1978.
Lexikon der Kinder- und Jugend-Literatur in 3 Bdn., hrsg. von Klaus Doderer, Weinheim und Basel 1975.
Lexikon für Theologie und Kirche, Freiburg 1934.
Liebs, Elke: Schwierige Idylle. Kinder-Geschichten aus dem 19. Jahrhundert, in: Friedrich Glasenapp: Das Marienbüchlein (1847), neu hrsg. von J. Merkel / D. Richter, München 1980.
Lindgren, U.: Europas Armut, in: Saeculum XXVIII, 1977.
Lindner, Burkhardt: Das Interesse an der Kindheit, in: Literatur-Magazin 14, hrsg. von Jürgen Manthey, Reinbek bei Hamburg 1981.
Link, Jürgen: Kollektiv-Symbolik und Medien-Diskurse, in: „Kulturrevolution", Zs. für angewandte Diskurs-Theorie, Nr. 1, Bochum 1982.
Litzinger, Boyd / Smalley, D. (ed.): Browning. A Critical Heritage, London 1970.

Lorenz, Konrad: Der Rattenfänger, in: Festschrift für Carl Zuckmayer zu seinem 80. Geburtstag 1976, hrsg. von der Landeshauptstadt Mainz und der C. Zuckmayer-Gesellschaft.
Lüscher, Max: Der Lüscher—Test, Reinbek bei Hamburg 1971.
Lüthi, Max: Das Europäische Volksmärchen. Form und Wesen, Bern [3]1968.
Ders.: Märchen, Stuttgart [7]1979.

Mähl, S.: Jerusalem in mittelalterlicher Sicht. Die Welt als Geschichte, 1962.
Malson, Lucien / Itard, Jean / Mannoni, Octave: Die wilden Kinder, Frankfurt [3]1976.
Mann, Heinrich: Der Untertan, Hamburg 1958.
Mann, Thomas: Der Zauberberg, Frankfurt o.J. (ersch. 1924).
Marcuse, Herbert: Triebstruktur und Gesellschaft, Frankfurt 1973.
Martini, Fritz: Deutsche Literatur im Bürgerlichen Realismus 1848—1898, Stuttgart [3]1974.
Marx, Karl / Engels, Friedrich: MEW, 39 Bde., Berlin/DDR.
Dies.: Über Kunst und Literatur, Berlin/DDR 1967.
Maschke, E. / Sydow, J. (Hrsg.): Gesellschaftliche Unterschichten in den südwestdeutschen Städten, Stuttgart 1967.
Matthes, Axel (Hrsg.): Die Reden Kaiser Wilhelms II., München 1976.
Mause, Lloyd de: Historische Gruppenfantasien, in: Journal of Psychohistory, vol. 7, No 1, New York 1979, p. 1—70.
Ders.: (Hrsg.): Hört ihr die Kinder weinen? Eine psychogenetische Geschichte der Kindheit, Frankfurt 1977.
Mayer, Hans Eberhard: Geschichte der Kreuzzüge, Stuttgart/Berlin [4]1976.
Mehnert, Günther: Aktuelle Probleme des Sozialistischen Realismus, Berlin (O) 1968.
Mehring, Walter: Müller. Chronik einer deutschen Sippe, Stuttgart 1982 (geschr. 1934).
Ders.: Staatenlos im Nirgendwo. Die Gedichte, Lieder und Chansons 1933—1974, Düsseldorf 1981.
Melchers, Hans und Erna (Hrsg.): Das Große Buch der Heiligen, München [2]1978.
Mendel, G.: Plädoyer für die Entkolonisierung des Kindes 1973.
Merget, Adalbert: Geschichte der deutschen Jugendliteratur, Berlin [3]1882.
Metken, Günter: Die zornigen Viktorianer, in: Präraffaeliten, Katalog zur Ausstellung in Baden-Baden 1973/74.
Mies, Maria: Gesellschaftliche Ursprünge der geschlechtlichen Arbeitsteilung, in: Beiträge zur feministischen Theorie und Praxis 3: Frauen und Dritte Welt, München 1980, S. 61 ff.
Milburn, Douglas: Kindesmord, Berlin/Schlechtenwegen 1982.
Miller, Alice: Am Anfang war Erziehung, Frankfurt 1980.
Mitscherlich, Alexander und Margaret: Die Unfähigkeit zu trauern. Grundlagen kollektiven Verhaltens, München [9]1973.
Dies.: Eine deutsche Art zu lieben, München [2]1970.
Mitterauer, M.: Vorindustrielle Familienformen, in: Fürst, Bürger, Mensch, hrsg. von Fr. Engel-Janosi / G. Klingenstein / H. Lutz, München 1975.
Mohl, Ottmar von: Fünfzig Jahre Reichsdienst, Leipzig 1921.
Moser-Rath, Elfriede: Predigt-Märlein der Barockzeit, Berlin 1964.
Müller, Achatz von: „Geh mit den Deutschen!" Deutschenverachtung im mittelalterlichen Italien, in: Journal für Geschichte 11/1983 Braunschweig 1983.

Nägele, Rolf: Die Muttersymbolik bei Clemens Brentano, Winterthur 1959 (Diss.).
Neue Deutsche Literatur, 6/1959.
Nieritz, Gustav: Selbstbiographie, o.O. 1872.
Ders.: Wie ich zum Schriftstellern kam, in: Centralblatt für deutsche Volks- und Jugend-Literatur 1857.
Nippold, Otfried: Der deutsche Chauvinismus, Stuttgart 1913.

Oest, Johann Friedrich: Höchstnöthige Belehrung und Warnung für Jünglinge und Knaben, die schon zu einigem Nachdenken gewöhnt sind, Wolfenbüttel 1787 (Reprint 1977), hrsg. von J. Merkel und Dieter Richter, München 1977.

Pavese, Cesare: Junger Mond, Hamburg 1982 (1954 ersch.).
Paris Match vom 22. Juli 1983 (Document Paris Match).
Pedenzani-Weber, Julius: Der Kinderkreuzzug, Leipzig, o. J. (um 1910).
Peiper, Albrecht: Chronik der Kinderheilkunde, Leipzig [4]1965.
Peltre, Monique: Mythos und Roman am Beispiel von Michel Tourniers „Erlkönig", in: Erzählung und Erzählforschung im 20. Jahrhundert., hrsg. von R. Kloepfer und G. Janetzke-Dillner, Stuttgart/Berlin 1981.
Penzler, Johannes: Die Reden Kaiser Wilhelms II., 4 Bde., Leipzig 1897–1913.
Pirenne, Henri: Sozial- und Wirtschaftsgeschichte Europas im Mittelalter, München [4]1976.
Poerschke, St.: Die Entwicklung der Gewerbeaufsicht in Deutschland, Jena 1913.
Pongs, Hermann: Wilhelm Raabe. Leben und Werk, Heidelberg 1958.
Postan, M. M.: The Cambridge Economic. History of Europe, Bd. I: The Agrarian Life of the Middle Ages, Cambridge [2]1966.
„Präraffaeliten". Katalog zur Ausstellung in Baden-Baden 1973/74.
Praz, Mario: Liebe, Tod und Teufel. Die schwarze Romantik, München 1963.
Prestel, Josef: Sage und Volkheit, Leipzig 1935.
Ders.: Volkshafte Dichtung, Besinnungen und Durchblicke, Leipzig 1935.
Preußen. Versuch einer Bilanz, 5 Bde. (Ausstellung Berlin 1981), Reinbek b. Hamburg 1981.
Puppe, Fibel, Schießgewehr. Das Kind im kaiserlichen Deutschland. Katalog zur Ausstellung der Akademie der Künste, Berlin 1976.

Ramsay, Tamara: Wunderbare Fahrten und Abenteuer der kleinen Dott, Stuttgart 1960.
Rehermann, Ernst Heinrich: Das Predigtexempel bei protestantischen Theologen des 16. und 17. Jahrhunderts, Göttingen 1977.
Reik, Th.: Aus Leiden Freuden. Masochismus und Gesellschaft, Hamburg 1977.
Reinick, Robert / Hiller, Ferdinand: ABC-Buch für kleine und große Kinder, Leipzig 1876.
Die Religion in Geschichte und Gegenwart. Handwörterbuch für Theologie und Religionswissenschaft, Tübingen [3]1962.
Reschke, Karin: Verfolgte des Glücks. Findebuch der Henriette Vogel, Berlin 1982.
Reuter, Hans Heinrich: Der „wendische Hund". Ein „historischer" Kommentar Theodor Fontanes zu W. Raabes Erzählung: Die Hämelschen Kinder, in: Weimarer Beiträge. Zeitschrift für Literaturwissenschaft, Jg. XII, Berlin/Weimar 1966.
Richter, D. / Merkel, J.: Märchen, Phantasie und soziales Lernen, Berlin 1974.
Riha, Karl: Moritat, Bänkelsong, Protestballade. Zur Geschichte des engagierten Liedes in Deutschland, Frankfurt 1975.
Rilla, Paul: Heimatliteratur oder Nationalliteratur, in: Paul Rilla: Essays, Berlin 1955.
Ritter, G. A. / Kocka, J.: Deutsche Sozialgeschichte. Dokumente und Skizzen, 2 Bde., München 1974.
Ribbelen, Ingrid: „Fast jeder weiß, was in Hameln geschah / vor tausend und einem Jahr ..." Hannes Wader: Der Rattenfänger, in: „Praxis Deutsch" 35 (1979), S. 52–54.
Röhrich, Lutz: Lexikon der sprichwörtlichen Redensarten, 4 Bde., Freiburg/Basel/Wien 1973.
Roos, Hans: Gedichte der polnischen Nation 1916–60, Stuttgart 1964.
Rotermund, Heinrich Wilhelm: Vom wilden Hamelschen Peter, Lüneburg 1825 (Sonderdruck aus: Neues Vaterländisches Archiv oder Beiträge zur allseitigen Kenntnis des Königsreichs Hannover, S. 285–287).
Rothschild, Thomas: Liedermacher. 23 Portraits, Frankfurt 1980.

Rousseau, Jean Jaques: Emile oder über die Erziehung. Einleitung von Martin Rang, Stuttgart 1963.
Rovan, Josef: Der Aufbau der Hitler-Jugend, in: Wie war es möglich? Die Wirklichkeit des Nationalsozialismus, hrsg. von Alfred Grosser, München/Wien 1977.
Rühle, Otto: Das proletarische Kind (1911), Frankfurt 1970.
Ders.: Illustrierte Kultur- und Sittengeschichte des Proletariats, Berlin 1930.
Runciman, Steven: Geschichte der Kreuzzüge, 3. Bd., München 1960.
Rutschky, Katharina (Hrsg.): Schwarze Pädagogik. Quellen zur Naturgeschichte der bürgerlichen Erziehung, Frankfurt/Berlin 1977.

Sander, Hans Dietrich: Geschichte der Schönen Literatur in der DDR. Ein Grundriß, Freiburg 1972.
Sapper, Agnes: Im Thüringer Wald, o. O., 1914.
Scurla, Herbert: Rahel Varnhagen. Die große Frauengestalt der deutschen Romantik. Eine Biographie, Frankfurt 1980.
Seghers, Anna: Die Toten bleiben jung, Berlin 1949.
Sloterdijk, Peter: Kritik der zynischen Vernunft, 2 Bde., Frankfurt 1983.
Snell, R. (Hrsg.): Kunst und Kultur im deutschen Faschismus, Stuttgart 1978.
Soldan-Heppe, W. G.: Geschichte der Hexenprozesse, 2 Bde., Darmstadt 1843 (Nachdruck der 3. Aufl., Hanau o. J.).
Spanuth, Heinrich: Der Rattenfänger von Hameln. Vom Werden und Sinn einer alten Sage, Göttingen 1951 (unv. Diss.).
Sprenger, Fr.: Geschichte der Stadt Hameln, Hannover 1826.
Suhr, Ernst Friedrich: Deutschland vor dem Ersten Weltkrieg — Bilder aus einer Gesellschaft, in: Wilhelm Lamszus: Das Menschenschlachthaus (1912), neu hrsg. von J. Merkel / D. Richter, München 1980.
Suttner, Bertha von: Das Maschinenzeitalter, 1889 (Reprint Düsseldorf 1983).
Dies.: Die Waffen nieder! Dresden 1889 (38. Aufl. 1907).
Swediuk-Cheyne, Hellen: „Statements of Hope", in: German Life and Letters. A Quarterly Review Vol. XXXII / No. 1, Oxfort 1978/79.
Szövérffy, Josef: Irisches Erzählgut im Abendland. Studien zur vergleichenden Volkskunde und Mittelalterforschung, Berlin 1957.
Schaub, Gerhard: Le Génie Enfant. Die Kategorie des Kindlichen bei Clemens Brentano, Berlin 1973.
Schenda, Rudolf: Die Lesestoffe der Kleinen Leute. Studien zur populären Literatur im 19. und 20. Jahrhundert, München 1976.
Ders.: Volk ohne Buch. Studien zur Sozialgeschichte der populären Lesestoffe 1770—1910, München 1977 (1970 ersch.).
Schenzinger, Karl Aloys: Der Hitlerjunge Quex, Berlin o. J. (1932 ersch.).
Schérer, René: Das dressierte Kind. Sexualität und Erziehung — Über die Einführung der Unschuld, Berlin 1975.
Schérer, René / Hocquenghem, Guy: Co — ire. Kindheitsmythen, München 1977.
Scherpner, H.: Geschichte der Jugendfürsorge, Göttingen 1966.
Schirach, Baldur von: Ich glaubte an Hitler, Hamburg 1967.
Schlenstedt, Dieter: Die neue DDR-Literatur und ihre Leser. Wirkungsästhetische Analysen, München 1980.
Schlenstedt, Silvia: Kinderkreuzzug 1939, in: Weimarer Beiträge. Literaturwissenschaftliche Zeitschrift (Brecht Sonderheft), Berlin/Weimar 1968.
Schlumbohm, Jürgen (Hrsg.): Kinderstuben. Wie Kinder zu Bauern, Bürgern, Aristokraten wurden 1700—1850, München 1983.
Schwoob, Marcel: Le Vies imaginaires, Paris 1896 (d. „Roman der 22 Lebensläufe, 1925).
Stege, Fritz: Das Okkulte in der Musik, Münster 1925.
Stierlin, Helm: Eltern und Kinder im Prozeß der Ablösung, Frankfurt 1975.
Stuttgarter Zeitung vom 28. April 1983.

Taylor, D. R.: Kulturgeschichte der Sexualität, Frankfurt 1977.
Tetzner, Lisa: Die Kinder auf der Insel, Aarau/Frankfurt o. J. (1944 ersch.).

Theroux, Paul: Orlando oder die Liebe zur Fotographie, Frankfurt 1982.
Thimmermann: Der Sturm auf Langemarck – Von einem, der dabei war, München 1933.
Tismar, Jens: Das deutsche Kunstmärchen des 20. Jahrhunderts, Stuttgart 1981.
Toller, Ernst: Eine Jugend in Deutschland, Hamburg 1963.
Tomlin, E. W. F. (Hrsg.): Die Welt des Charles Dickens, Hamburg 1969.
Tournier, Michel: Die Familie Adam. Erzählungen, Hamburg 1981.
Ders.: Kaspar, Melchior und Balthasar, Hamburg 1983.
Ders.: Der Wind Paraklet. Ein autobiographischer Essay, Hamburg 1979.

Uhlig, Ludwig: Der Todesgenius in der deutschen Literatur von Winckelmann bis Thomas Mann, Tübingen 1975.
Ury, Else: Nesthäkchen und ihre Puppen, Berlin o. J. (1918 ersch.).

Varnhagen, Rahel: Briefwechsel mit Alexander von der Marwitz, München 1966.
Versteeg-Sollefeld, C. M.: Das Wiegenlied, in: Image, XXIII, Den Haag 1937, zit. nach: W. Kaminski / U. Pech (Hrsg.): Kinderliteratur und Psychoanalyse. Beiheft 19 zum Bulletin Jugend und Literatur 1982.
Verstegen, Richard: Restitution of Decayed Intelligence in Antiquities, London 1605.
Voragine, Jakobus de: Legeda Auria. Heiligenlegenden, Zürich 1982.
Voß, Ursula (Hrsg.): Kindheiten, Wien/Zürich 1976.

Weber-Kellermann, Ingeborg: Die Familie, Frankfurt [2]1977.
Dies.: Die deutsche Familie. Versuch einer Sozialgeschichte, Frankfurt [4]1978.
Dies.: Die Kindheit. Kleidung und Wohnen. Arbeit und Spiel. Eine Kulturgeschichte, Frankfurt 1979.
Wehler, H.-U.: Das deutsche Kaiserreich 1871–1918, Göttingen [2]1975.
Weiss, Peter: Abschied von den Eltern, Frankfurt 1961/1980.
Ders.: Die Verfolgung und Ermordung Jean Paul Marats, dargestellt durch die Schauspielgruppe des Hospizes zu Charenton unter Anleitung des Herrn de Sade. Drama in 2 Akten, Frankfurt 1964.
Whitney, A. Weston: Folk-Lore from Maryland, in: MAFS 18, New York 1925.
Wilke, Christian-Hartwig: Die Jugendarbeiten Felix Hartlaubs. Ein Vergleich der veröffentlichten Fassungen mit den Originalen, in: Literaturwissenschaftliches Jahrbuch, hrsg. von Hermann Kunisch, Neue Folge, 7. Bd., Berlin 1966.
Wolf, Christa: Kein Ort. Nirgends. Der Schatten eines Traumes. Caroline von Günderode – ein Entwurf, Büchergilde Gutenberg, 1981.
Dies.: Kassandra, Darmstadt und Neuwied 1983.
Dies.: Voraussetzungen einer Erzählung: Kassandra, Darmstadt und Neuwied 1983.
Wollschläger, Hans: Die bewaffneten Wallfahrten gen Jerusalem. Geschichte der Kreuzzüge, Zürich 1973.
Wysocki, Gisela von: Wenn die Psyche zur „Seele" wird. Alice Miller und ihre deutschen Leser, in: Literatur Magazin 14, Reinbek b. Hamburg 1981, S. 101–111.

Zetkin, Klara: Ausgewählte Reden und Schriften, Bd. 1, Berlin/DDR 1957.
Zuckmayer, Carl: Aufruf zum Leben, Frankfurt 1976.

ADDENDA

Aall, A.: Zur Psychologie der Wiedererzählung, in: Zeitschrift für angewandte Psychologie VII, 1913.
Adorno, Theodor W.: Noten zur Literatur, Frankfurt 1974 (Ges. Schriften, 17 Bde., Bd. 11).

Bachtin, Michail: Literatur und Karneval. Zur Romantheorie und Lachkultur, München 1969.
Bentley, Nicolas, The Victorian Scene, o. O. 1968.
Blankertz, Herwig: Bildung und Brauchbarkeit, Braunschweig 1965.
Brecht, Bertolt: Katzgraben-Notate, in: Schriften zum Theater, Bd. 7, Frankfurt 1980.

Choran, Jacques: Der Tod im abendländischen Denken, Stuttgart 1967.

Doehlemann, Martin: Von Kindern lernen: Zur Position des Kindes in der Welt der Erwachsenen, München 1979.
Doormann, Lottemi (Hrsg.): Kinder in der Bundesrepublik. Materialien, Initiativen, Alternativen, Köln 1979.

Enzensberger, Christian: Literatur und Interesse, 2 Bde., München, Wien 1977.

Fischer, O.: Th. und F. Platter und Th. A. D'Aubigne: Lebensbeschreibungen, München 1911.
Franke, Konrad: Die Literatur der Deutschen Demokratischen Republik, Berlin 1982.
Freud, Anna: Das Ich und die Abwehrmechanismen, Wien 1936.
Fritzsche, Joachim / Bütow, Th. / Blumensath (Hrsg.): „Kreatives Schreiben" in Schule, Universität, Volkshochschule und in anderen Gruppen, Berlin 1983.
Fromm, Erich: Die Furcht vor der Freiheit, Frankfurt 1975.

Gray, Ursula: Das Bild des Kindes in der altdeutschen Literatur, Bern/Frankfurt 1974.
Grimm, Jak. u. Wilh.: Deutsche Sagen, Bd. I, Berlin 1816.

Handwörterbuch des deutschen Aberglaubens, hrsg. von Hanns Bächtold-Stäubli, Berlin 1927—42.

Kaminski, Winfred / Pech, Klaus Ulrich: Kinderliteratur und Psychoanalyse, Beiheft 19 zum Bulletin „Jugend und Literatur" 1982.
Kind, Hansgeorg: Das Kind in der Ideologie und der Dichtung der deutschen Romantik, Leipzig 1936 (Diss.).

Levi-Strauss, Claude: Das wilde Denken, Frankfurt 1968.

Maschmann, Melitta: Fazit. Mein Weg in der Hitlerjugend, München [4]1981 (ersch. 1963).
Miller, Alice: Du sollst nicht merken. Variationen über das Paradies-Thema, Frankfurt 1981.
Minckwitz, F. und Kiepenheuer, N. (Hrsg.): Das Reich der Kindheit. Aus deutschen Lebenserinnerungen und Dichtungen des 18. und 19. Jahrhunderts, Weimar 1966.
Mitscherlich, Alexander: Auf dem Weg zur vaterlosen Gesellschaft. Väter und Väterlichkeit. Frankfurt 1983 (Ges. Schriften in 10 Bde., Bd. 3).
Müller, C. D. G.: Die Bücher der Einsetzung der Erzengel Michael und Gabriel, Löwen 1962.
Die Musik in Geschichte und Gegenwart, hrsg. von Friedrich Blume, Bd. 1—16, Kassel 1951—1979.

Negt, Oskar / Kluge, Alexander: Geschichte und Eigensinn, Frankfurt 1981.

Péguy, Charles: Le Mystère des Saints Innocents (Das Mysterium der unschuldigen Kinder), Wien/München 1958.
Postman, Neil: Das Verschwinden der Kindheit, Frankfurt 1983.

Rehm, Walther: Der Todesgedanke in der deutschen Dichtung vom Mittelalter bis zur Romantik, Tübingen ²1967.
Ritter, Henning: Zur Geschichte des Todes, in: Journal für Geschichte, Heft 1, 1981.
Rittner, Volker: Kollektive Einstellung und sozialer Wandel im Mittelalter, Bd. 1, Böhlau/Köln 1973.
Röhrich, Lutz: Sage, Stuttgart 1965.
Rutschky, Katharina: Deutsche Kinder-Chronik. Wunsch- und Schreckensbilder aus vier Jahrhunderten, Köln 1983.

Schoenberner, G.: Der gelbe Stern, Hamburg 1960.

Ueding, Gert: Verstoßen in ein fremdes Land. Kinderbilder in der deutschen Literatur, in: Neue Rundschau, H. 4, 1977.
Unkrodt, R.: C. Brentano als Märchendichter, Marburg 1951 (Diss.).

Vitrac, Roger: Victor oder die Kinder an der Macht, o. O. 1928.

Wittkowski, Joachim: Tod und Sterben. Ergebnisse der Thanatopsychologie, Heidelberg 1978.

Zorn, Fritz: Mars. Vorwort von A. Muschg, München 1979.

Namenregister

De rattenvanger van Hamelen.

In een groote Duitsche stad,
Die men Hamelen geheeten had
Waren toch voor vele jaren
Vele rat- en muizenscharen.

Om te dooden dit gespuis,
Liep hond en kat door elk huis
Het hielp hun niet, wat men ook deed,
Toch kwamen zij nog bij de vleet.

In keuken, kelder en in kast,
Bij 't middagmaal, ja altijd vast,
Was rat en muis altijd aan 't knagen,
In't bed waren zij ook al aan 't plagen.

Toen liep de gansche stad tegader,
Vertoornd naar 'kunnen Burgervader.
„Gij moet ons van die plaag bevrijden
Wij willen het niet langer lijden".

De Burgervader sprak: „Och, menschen,
't Gaat altijd niet zooals wij wenschen,
'k Heb met mijn sabel niet ontacht,
Wel duizenden ter dood gebracht.

Toen kwam op eens een vreemde man,
Die zegt, dat hij ons helpen kan,
Een fluitje houdt hij in de hand,
Zijn kleeding was uit 't vreemde land.

Toen men dit goede nieuws vernam,
Kwam ieder vroolijk naar dien man,
Beloofde goud en stukken land,
Als de verdelging kwam tot stand.

De vreemde sprak: „Gij ziet mij weer,
Ras vindt gij rat noch muizen meer"
Zet nu zijn fluitje aan zijn mond,
Zoodat het klinkt zeer ver in 't rond.

Uit vensters en deuren komen terstond
De ratten en muizen als uit den grond,
Vervullen de straten met hun getier,
De man met zijn fluitje blies voort met
                                        pleizier.

Hij richtte zijn schreden naar 't water nu heen,
Liep midden er door met zijn fluitje alleen,
En alle ratten, zoo groote als klein
Volgden den man op zijn vroolijk refrein.

En toen het liedje was gedaan,
Zag men geen rat noch muis voort aan
Men prees hem toen uit aller oord,
En bouwde hem een eerepoort.

Doch toen hij nu zijn loon kwam vragen,
Kwam niemand met het geld aandragen,
Het aanbod was niet geldig, meen,
Nu liep hij woedend van hen heen.

Toen liep hij weg en nam zijn fluit,
Ku paakt er zachte toon uit,
Staat voor een huis en op 't geluid,
Komt daar een heel lief knaapje uit.

Nu volgen hem de kinderscharen,
Die toch in Hamelen te vinden waren,
Hij speelde stukjes mooi en fijn,
En allen volgden groot en klein.

Daar gaat de berg van zelf open,
De speelman laat de kinderen loopen,
De berg sluit zich nu spoedig weer,
Men ziet nu nooit de kinderen weer.

Geen enkel kind werd meer gevonden,
De berg had allen toch verslonden.
Doch hoe men jammeren moest of weenen,
Weg bleven nu toch al de kleenen.

No. 83.   Neu-Ruppin, bij Oehmigke & Riemschneider.